本书受到云南省哲学社会科学学术著作出版专项经费资助

zhongguoteseshehuizhuyizai
xinanbianjiangduominzudiqudetansuoyushijian

中国特色社会主义在西南边疆多民族地区的探索与实践

任新民◎主编　朱勇◎副主编

中国社会科学出版社

三　"两个共同"主题是推进中国特色社会主义民族理论和民族
　　　　工作创新的指导方针 …………………………………………（59）
　　四　坚持"两个共同"，推进中国特色社会主义在边疆多民族地区
　　　　探索与实践 ……………………………………………………（65）

第三章　社会主义初级阶段：西南边疆多民族地区中国特色社会
　　　　　主义探索与实践的总依据 ……………………………（73）
　　一　脱胎差异：西南边疆多民族地区社会主义现代化道路的
　　　　历史起点 ………………………………………………………（73）
　　二　社会主义制度的建立为云南各民族共同团结奋斗、共同繁荣
　　　　发展奠定了制度基础，创造了政治条件 ……………………（79）
　　三　西南边疆多民族地区社会主义进程中的曲折与反复 ………（82）
　　四　初级阶段：西南边疆多民族地区中国特色社会主义道路的
　　　　起点 ……………………………………………………………（86）
　　五　坚持社会主义初级阶段是推动西南边疆多民族地区中国特色
　　　　社会主义发展的客观依据 ……………………………………（97）

第四章　发展是解决西南边疆多民族地区所有困难和问题的
　　　　　关键 ……………………………………………………（104）
　　一　民族发展的关键在于经济的发展 ………………………（105）
　　二　西南边疆少数民族和民族地区中国特色社会主义经济发展
　　　　道路的探索与实践 …………………………………………（111）
　　三　跨越式发展是西南边疆多民族地区加快经济发展的战略
　　　　选择 …………………………………………………………（122）
　　四　全面建成小康社会：边疆少数民族和民族地区跨越式的
　　　　奋斗目标 ……………………………………………………（131）

第五章　西南边疆多民族地区民族区域自治制度的探索与实践 …（140）
　　一　民族区域自治是少数民族地区政治文明建设的重要内容 …（140）
　　二　改革开放以来，西南边疆民族地区促进民族区域自治制度
　　　　发展的实践探索 ……………………………………………（150）

三　西南边疆多民族地区贯彻落实民族区域自治法面临新的挑战 …………………………………………………………（157）

第六章　坚持中国特色社会主义先进文化道路,推动少数民族文化大发展大繁荣 ………………………………………（170）
一　高度的文化自觉,始终把民族文化建设作为各民族发展的重要任务 ……………………………………………………（170）
二　新中国成立初期西南边疆多民族地区文化建设的初步探索 ………………………………………………………………（181）
三　改革开放以来民族文化建设的繁荣发展 ………………（184）
四　推进民族文化大发展大繁荣,促进西南边疆各民族经济社会协调式发展 ……………………………………………（200）
五　制定民族文化发展规划,实现西南边疆多民族地区文化大发展大繁荣 ……………………………………………（210）

第七章　加强社会建设,促进西南边疆多民族地区社会和谐 ………（218）
一　构建社会主义和谐社会是中国社会主义现代化总体布局中的重要内容 …………………………………………………（218）
二　改善民生、保障民生:西南边疆多民族地区社会建设的重要内容 ……………………………………………………（228）
三　以利益协调为着力点,创新边疆民族地区基层社会管理机制 ………………………………………………………（241）

第八章　民族政策在西南边疆多民族地区中国特色社会主义实践探索中的催化作用和红利现象 ……………………………（253）
一　民族政策在西南边疆多民族地区中国特色社会主义探索与实践中的催化作用 …………………………………（253）
二　民族政策在西南边疆多民族地区经济社会发展中的红利现象 …………………………………………………（260）
三　制约民族政策催化和红利现象的问题及其原因分析 ……（269）
四　加强民族政策研究:充分发挥民族政策在西南边疆多民族地区跨越式发展中的催化作用 …………………………（274）

第九章　中国特色社会主义在西南边疆多民族地区探索与实践推动了马克思主义民族理论中国化的历史进程 ………… (283)

　一　马克思主义民族理论中国化是中国特色社会主义在西南边疆多民族地区探索与实践的必然要求 …………………… (283)

　二　中国特色社会主义民族理论的特征 …………………… (292)

　三　中国特色社会主义民族理论和实践发展中面临的挑战 …… (310)

参考文献 ………………………………………………………… (324)

后记 ……………………………………………………………… (333)

前　言

一　选题的价值和意义

我国是一个多民族国家，今天的56个民族是历史上众多民族长期发展、融合的结果。长期的发展和融合不仅使我国的56个民族联结成了"你中有我，我中有你"的血肉关系，而且已经将各民族的命运凝聚在一起。"西南"是一个具有多项意指的范畴，最初也是最基础的含义为地理方位，指中国的西南部，但其边界在何处是不确定的，具有模糊性。在行政区划意义上，西南包括重庆市、贵州省、四川省、云南省、广西壮族自治区、西藏自治区六个省级行政区。边疆是一个地理概念，中国的边疆包括陆疆和海疆。陆疆是指沿国界内侧有一定宽度的地区，必须具备一定条件的地区才可称为陆疆地区，即一要有与邻国相接的国界线；二要有自然、历史、文化诸多方面的自身特点。以此为据，中国的西南地区包括西藏自治区、四川省、云南省、贵州省、广西壮族自治区。中国的西南陆疆省区应该指云南省、广西壮族自治区和西藏自治区。由于西藏自治区的特殊情况，一般来说，西南边疆多民族地区主要指云南省、广西壮族自治区。云南省是我国少数民族最多的省份，全国56个民族中，云南省就有52个，广西除了汉族以外，还有11个少数民族，据2010年第六次全国人口普查数据显示，云南省除汉族外，各少数民族人口为1 533.7万人，占总人口的33.37%，少数民族人口仅次于广西壮族自治区的1 711.05万人，居全国第二位。广西是以壮族为主体的多民族聚居的边疆省区。从多民族地区聚居地的少数民族种类和人口比例上来看，滇桂两省区更具代表性，特别是云南省更具有边疆多民族聚居地区的特点，云南省有25个边境县（市）分别与缅甸、老挝、越南接壤，边境线长4 061公里。云南省有彝、哈尼、壮、傣、苗、傈僳、拉祜、佤、瑶、景颇、布朗、布依、阿昌、怒、德昂、独龙16个少数民族跨境而居，是全国跨境民族最多的省份。因而，我们的研究主要集中于云南省边疆多民族聚居地区，同时，参考并选用广西壮族自治区的相关资料。西南边疆是西北少数民族南下、西南少数民族北上的迁徙走廊，在这一地区保存了极为丰富的民族学资料。因此，国内外学者十分重视研究该地区的少数民族。

新中国成立以后，处于不同社会历史发展阶段的中国各少数民族通过不同的方式走上了社会主义的发展道路。社会主义制度消灭了阶级压迫，消除了民族歧视和民族隔阂，为实现各民族共同团结奋斗、共同繁荣发展奠定了制度基础，创造了政治条件。改革开放以来，在中国特色社会主义的探索和实践中，在国家的大力支持和帮助下，少数民族和民族地区经济获得了快速的发展，人民群众生活水平得到显著提高，各民族形成了平等团结互助和谐的关系，和睦相处、和衷共济、和谐发展，实现跨越式发展，取得了令人瞩目的成就。正如党的十八大报告所指出的："回首近代以后中国波澜壮阔的历史，展望中华民族充满希望的未来，我们得出一个坚定的结论：全面建成小康社会，加快推进社会主义现代化，实现中华民族伟大复兴，必须坚定不移走中国特色社会主义道路。"

从前资本主义诸社会发展阶段直接跨入社会主义社会的西南边疆少数民族，如何摆脱历史所造成的脱胎差异，实现政治、经济、文化和社会的跳跃式发展，创造与其他民族事实上的平等的社会条件？怎样选择符合本民族客观实际的社会主义现代化道路？怎样与全国各民族同步实现全面建成小康社会的目标？这一课题就成为高举坚持中国特色社会主义旗帜，坚定不移走中国特色社会主义道路的重要内容。西南边疆多民族地区社会主义发展进程中，不仅全国意义上的普遍性问题在这里有特殊的表现，而且还有一些特殊的问题和矛盾。总结改革开放近30年来边疆多民族地区对社会主义道路探索和实践的经验，对深化边疆多民族地区的改革开放有着十分重要的理论及现实意义。党的十八大报告在民族事务方面提出了新任务，要求全面正确贯彻落实党的民族政策，坚持和完善民族区域自治制度，牢牢把握各民族共同团结奋斗、共同繁荣发展的主题，深入开展民族团结进步教育，加快民族地区发展，保障少数民族合法权益，巩固和发展平等团结互助和谐的社会主义民族关系，促进各民族和睦相处、和衷共济、和谐发展。①

　　这对于实现全面建成小康社会、社会主义现代化和中华民族伟大复兴事业，丰富和发展马克思主义民族理论具有重要的理论价值和实践意义。

　　从发展中国特色社会主义的角度来看，无论是把一般性的理论、分析框架拿来分析这里的问题和矛盾，还是把在其他地区行之有效的政策和办法直接拿到边疆多民族地区来实施，都难免脱离实际，在理论上陷入误区，在实践上也与预期要求不符。边疆多民族地区建设和发展中国特色社会主义，必须在理论上和实践上对这里的具体问题进行具体分析，把普遍性的理论和其他地区成功的做法与这里的实际相结合，才能对边疆多民族地区实现社会主义现代化目标，全面建成小康社会，构建社会主义和谐社会面临的问题和矛盾进行准确地把握，提出切实有效的政策建议，有效推进这里的社会主义事业发展。

　　中国特色社会主义的建设和发展面临着一系列具有普遍性的重大问题，如社会主义市场经济体制的初步建立，推动了社会分化，加大了地区、城乡、社会阶层、贫富之间的社会矛盾冲突。受特殊的社会历史条件的影响，这些矛盾在边疆民族地区无论是在表现形式、演变的特点和规律上，还是在未来走向、导致的后果、解决的方式上，都与其他地区相区别。同时，边疆民族地区还存在着许多与其他地区没有或者表现不突出的问题，如民族关系复杂，民族矛盾凸显；宗教和宗教问题对社会生活的影响深远；传统社会与现代化的冲突明显，多元性的民族文化在现代化进程中的冲突与调适；国际环境影响突出，尤其是周边国家的各种问题和因素都对这里的经济、政治和社会发挥着直接的影响等。边疆民族地区探索和实践中国特色社会主义，必须注重研究这些问题在特定环境中的生成机制、表现形式、发展规律，并提出从实际出发的解决问题的思路和对策，以便各级政府采取切实有效的措施来解决这些问题，实现边疆的稳定、民族的团结和谐与平等繁荣。根据实现社会主义现代化建设战略目标和全面建成小康社会目标的总任务，从中国特色社会主义处于社会主义初级阶段的总依据、现代化建设五位一体总布局的角度来对这些问题进行深入研

---

① 胡锦涛：《坚定不移沿着中国特色社会主义道路前进，为全面建成小康社会而奋斗——在中国共产党第十八次全国代表大会上的报告》，《人民日报》2012年11月18日。

究，做出新的分析和解释，对于推动西南边疆多民族地区跨越式发展，实现边疆稳定，促进各民族共同团结奋斗、共同繁荣发展具有十分重要的实践价值。

二 课题研究的基本情况

国家哲学社会科学基金项目"中国特色社会主义在西南边疆多民族地区的探索与实践"于2008年获准立项（2007年度国家社会科学基金重大项目投标中标而转为2007年度重点项目，批准号07AMZ003）。该项目立项以后，主持人迅速召集课题组成员研究，就课题研究的主要思路、主要内容、工作方案、课题完成的进程及课题组成员的分工进行了充分讨论，制定了完整方案，开始了课题研究工作。

项目研究大致分五个阶段进行：一是2008年，主要是相关文献资料的收集与整理，对中国特色社会主义、马克思主义民族理论与政策和云南省、广西壮族自治区两地的民族基本情况、社会经济发展、对外开放、民族区域自治等方面情况进行了广泛的收集和熟悉。二是2009年1月—2010年1月，集中开展社会调研工作及开展相关内容的课题研究。课题组成员先后走遍云南省8个民族自治州，25个边境县（市）、数十个村寨，广西壮族自治区百色地区、南宁市。调研工作采取查阅历史档案、文件，与当地政府官员、基层领导、相关研究者和普通群众座谈，讨论及发放调查问卷等方式进行。调研工作收集整理了大量的实证材料，为课题形成最终成果奠定了科学的基础。同时，课题组成员还展开了相关内容的一些小型研究，如改革开放30年民族政策在云南的探索与实践、民族区域自治在边疆多民族地区基层实践研究、云南省非法移民问题研究、边疆少数民族青少年国家认同问题研究等，这些工作为课题研究提供了重要的思想观点，奠定集体研究的分工协作基础。三是2010年1月撰写课题阶段性成果的关键阶段。这个阶段课题组成员在调研工作的基础上，根据自己的课题研究分工，撰写了一批公开发表的论文，部分论文被中国人民大学报刊复印资料转载。针对研究中出现的一些问题，课题组也进行了相应的工作调整，保证了课题研究的顺利进行。四是2011年8月综合性成果形成阶段。对各个课题组成员的分报告进行全面梳理，形成完整的逻辑结构和整体观念，统一写作规范，进行文字处理。期间召集了几场小型研讨会，广泛征求一些相关专家的意见。对原来一些设想进行了调整，对相关材料进行了再次调研和补充。由于对"中国特色社会主义"这个核心概念，学术界存在着不同的理解和认识，主持人感觉到基本框架并不十分清晰，把握不太准确，为保证课题研究的质量，课题组按照《国家社会科学基金项目管理方法》相关规定申请了课题研究延期。2012年11月，党的十八大报告中对"中国特色社会主义"进行了全面系统的论述，从而为课题的研究指明了方向。因此，课题组在学习党的十八大报告精神的基础上，重新梳理课题成果后申请结题，该项目于2013年11月通过全国哲学社会科学规划办公室验收，评级为良好。

三　课题研究的基本思路和特点

民族问题是社会总问题的一部分。课题研究始终坚持以党的十八大报告关于"中国特色社会主义"的科学命题作为指导思想，把西南边疆多民族地区的社会发展纳入中国特色社会主义的现代化历史进程来进行整体性研究。十八大报告指出：

中国特色社会主义，既坚持了科学社会主义基本原则，又根据时代条件赋予其鲜明的中国特色，以全新的视野深化了对共产党执政规律、社会主义建设规律、人类社会发展规律的认识，从理论和实践的结合上系统回答了在中国这样人口多底子薄的东方大国建设什么样的社会主义、怎样建设社会主义这个根本问题，使我们国家快速发展起来，使我国人民生活水平快速提高起来。实践充分证明，中国特色社会主义是当代中国发展进步的方向，只有中国特色社会主义才能发展中国。

课题以此思想观点为指导，从研究的结构上，共分为六个方面的内容，九个章节：一是阐明了历史和逻辑的统一是中国特色社会主义形成与发展的指导原则，总结分析国际共产主义运动和中国社会主义建设的经验教训，以邓小平"走自己的路"，不断丰富和发展中国特色社会主义的四个特色，坚定对中国特色社会主义的三个自信作为课题研究的整体指导原则。二是从多民族的实际出发，坚持把中国特色社会主义各民族共同团结奋斗、共同繁荣发展的民族工作主题作为课题研究的中心目标和基本原则。三是根据建设中国特色社会主义，总依据是社会主义初级阶段，总布局是五位一体，总任务是实现社会主义现代化和民族伟大复兴的要求，从西南边疆多民族地区处于社会主义初级阶段低层次的实际出发,来研究中国特色社会主义在西南边疆多民族地区的探索和实践。四是从边疆多民族地区实现五位一体的现代化建设目标要求,突出发展是解决民族问题的关键、民族区域自治是维护实现各少数民族和民族地区的制度保障、发展繁荣民族文化和构建和谐社会几个具有边疆多民族地区特点的内容展开了全面的研究。五是在中国这样一个多民族国家的现代化进程中,在实现各民族共同团结奋斗、共同繁荣发展的民族工作主题时,党和国家对加快西南边疆少数民族跨越式发展,尽快消除各民族之间事实上存在的不平等,不让一个少数民族在发展中掉队,采取了帮助支持少数民族和民族地区经济社会发展的政策和措施。这是中国特色社会主义边疆少数民族和民族地区走上社会主义繁荣富强道路、发展进步的重要手段和突出特点。分析这些政策措施所产生的红利现象,提出改进工作、提高政策红利的建议。六是对中国特色社会主义在西南边疆多民族地区探索和实践中的经验上升到推进马克思主义民族理论中国化的高度,进行了初步的梳理,提出了马克思主义民族理论中国化产生的应该是中国特色社会主义民族理论,并对这个理论的构建提出了自己的观点和看法。

  课题研究始终坚持把中国特色社会主义道路、理论体系和制度保障三个内容紧密融合,不仅局限于单纯的实践成果阐述,或者理论的文本化分析。课题研究最终力图阐明一个基本的原理,即"中国社会的发展充分证明,只有高举中国特色社会主义伟大旗帜,对中国特色社会主义具有三个自信,我们才能团结带领全党全国各族人民,在中国共产党成立100周年时全面建成小康社会,在新中国成立100周年时建成富强民主文明和谐的社会主义现代化国家,赢得中国人民和中华民族更加幸福美好的未来。"[①]

  课题研究注重以历史为线,以理论阐述为点,以历史说明证实理论阐述,以理论阐明历史的规律。即始终坚持从西南边疆多民族地区、从不同社会历史发展阶段性进入社会主义时所遗留的脱胎差异,及由此产生的代差效应出发,突出边疆多民族地区发展中面临着的特殊情况,如扶贫帮困、教育文化落后、产业结构层次较低等问题,分析研究党和国家政策的发展变化,这些政策措施对边疆多民族经济社会发展的影响。课题研究报

[①] 胡锦涛:《坚定不移沿着中国特色社会主义道路前进,为全面建成小康社会而奋斗——在中国共产党第十八次全国代表大会上的报告》,《人民日报》2012年11月18日。

告对九个章节所力图表达的六个方面的内容，都首先进行了理论的分析和研究，把实践的发展、数据的收集、材料的整理用来证实理论的观点，而不仅仅是总路线的各种发展数据和图表罗列，使课题研究既有实践和调查研究，又能够有理论的支撑和指导，从而更具有说服力。

课题研究坚持以中国特色社会主义"民族化"为指导，重点探讨改革开放以来，中国特色社会主义在边疆民族地区特定区域社会中的探索和实践。边疆民族地区的社会主义是在国家指导和推动下的特殊历史进程，国家在推进边疆民族地区发展中，容易忽视边疆民族地区和民族自身社会发展的特点，制定统一的发展目标，实施统一的发展战略。在实践中往往表现为政策的快速激进，缺乏相应的适应、分化阶段，导致民族地区传统与现代之间的碰撞、冲突未能得到充分的展示和表现。边疆民族地区社会发展与传统在社会变革中产生了非同步的矛盾，造成了逐渐复苏的传统文化相对滞后于社会发展的变革，形成了边疆民族地区社会主义发展道路的复杂性。尤其是在建立社会主义市场经济体制的历史背景下，边疆民族地区的社会开始全面分化，民族关系和民族矛盾出现新的特点。只有以马克思主义社会跳跃式发展理论来分析和研究边疆民族地区中国特色社会主义发展道路的特殊性，揭示边疆民族地区坚持中国特色社会主义道路中历史的偶然性和必然性的统一，揭示边疆民族地区中国特色社会主义所面临的问题与困难，寻求边疆民族地区发展中国特色社会主义的途径。

课题研究从中国特色社会主义"特色"产生的历史和逻辑的统一开始，坚持从西南边疆多民族地区少数民族从不同社会历史发展阶段进入社会主义的脱胎差异和代差效应在中国特色社会主义探索和实践中所产生的影响，充分表达了边疆多民族地区实现社会主义现代化的长期性、复杂性和困难性。并通过对中国特色社会主义边疆多民族地区探索和实践的研究，回到马克思主义民族理论中国化的归宿点。不仅丰富了科学社会主义基本原则，深化了对中国特色社会主义理论的认识，更重要的是通过深入研究边疆民族地区的中国特色社会主义的丰富实践和理论探索，力求揭示出边疆民族地区建设和发展中国特色社会主义的特殊性规律，在发展中国特色社会主义的实践探索中，形成中国特色社会主义民族理论的理论思考。

课题研究注重突出调查研究，特别是实证调查研究。在课题的九个章节都大量引用了实证调查研究的材料,引用了大量的数据作为理论研究的支撑,增强理论逻辑论证的说服力。

四 主要内容

本书由九大章节组成,各个章节相对独立又紧密联系,形成一个完整的逻辑体系:

(1) 所谓特色,就是指一种事物在同类事物相比较中,从不同角度展现出来的不同于同类事物的特点。在"中国特色社会主义"的概念中,所谓"特色"就是与其他各种形式的社会主义理论、思潮和发展模式在道路、理论体系和制度相比较而产生、表现出来的不同点。坚持历史与逻辑的辩证统一是形成和发展中国特色社会主义的根本指导原则。中国特色社会主义从社会主义初级阶段的基本国情出发,以现代化和中华民族伟大复兴为总任务,坚持以中国社会主义建设的伟大实践为根据,成功地回答了在一个经济文化落后国家如何实现社会主义现代化建设这样一个历史课题,以中国社会主义发展中的实践特色、理论特色、民族特色、时代特色推进了社会主义历史发展的新进程,丰富了科学社会主义理论。

(2) 民族问题是世界范围内国家之间和各多民族国家必须正视和面对的矛盾问题,它既包括民族自身的发展,又包括民族之间、民族与阶级、国家之间等方面的关系。民族问题是社会发展总问题的一部分,在不同的社会发展阶段和历史条件下,具有不同的内容和性质。马克思主义关于民族和民族问题以及如何科学地认识和正确地处理民族问题的一系列基本观点、原则和方法是中国共产党认识和处理民族问题的指导思想。在中国特色社会主义的实践探索中,中国共产党把马克思主义民族理论与中国多民族国家的实际相结合,从民族关系中"两个离不开"的思想到"三个离不开"思想,进一步到各民族"共同团结奋斗,共同繁荣发展",在坚持马克思主义民族平等、民族团结核心范畴的基础上,正确把握中国民族问题具体实践的规律和发展趋势,推进了马克思主义中国化的历史进程,形成了具有中国特色的民族理论体系。"两个共同"是我国现阶段民族工作的主题,是做好新时期我国民族工作的主题、中心目标和基本要求,是实现中华民族伟大复兴的根本保障。

（3）社会主义初级阶段是中国的基本国情，是我们建设中国特色社会主义的历史起点和逻辑起点，也是中国特色社会主义在西南边疆多民族地区实践探索的客观依据和出发点。西南边疆少数民族从不同社会历史发展阶段进入社会主义，一方面，西南边疆各民族社会主义道路脱胎于中国半封建半殖民地社会，具有中国社会主义初级阶段的共同特征和共同的历史任务；另一方面，边疆各民族又脱胎于原始社会末期、奴隶社会、封建领主社会等不同的社会历史发展阶段，造成了边疆各民族大多数还处于社会主义初级阶段的低层次。他们实现社会主义现代化的任务远比其他先进民族地区更复杂更艰巨，需要的历史进程更长。这种长期性、复杂性和艰巨性要求我们只有坚持用社会主义初级阶段理论来观察探索研究边疆多民族地区中国特色社会主义的实践，才能充分认识边疆少数民族地区现代化建设道路的长期性、复杂性和多样性，推动中国特色社会主义在边疆多民族地区的发展。

（4）由于历史、自然、社会等多种因素，西南边疆少数民族和民族地区间与东部发达地区存在着巨大的发展差距。加快少数民族和民族地区的经济社会发展，尽快缩小各民族地区之间的经济发展差距，是党在民族地区工作的中心任务，是解决民族问题的关键和根本途径，也是实现民族平等、民族团结和各民族共同繁荣的出发点和归宿。边疆少数民族地区的经济发展，首先是与内地或沿海地区在发展进程、方针政策、具体步骤、实施途径上具有共同性，但西南边疆多民族地区经济发展又具有自己发展的特点。根据邓小平关于两个大局的战略规划，我们可以大致将其分为两个大的阶段。从改革开放到新世纪以前，主要从国家实施非均衡发展的战略规划，西部地区要积极支持东部发展的大局出发，根据边疆民族地区经济总体水平低、发展不平衡的实际，围绕解决温饱、摆脱贫困、初步实现小康的现代化战略的目标，从各民族地区的实际情况出发，因地制宜，分类指导，注意在实践中探索。进入新世纪以后，在国家全面实施西部大开发战略实施的背景下，少数民族和民族地区的经济发展被纳入国家经济整体发展战略进程。加大对外开放的力度，建立区域性战略产业，发展县域经济，加快产业结构调整、升级已经成为民族地区经济发展的重要特征。

（5）世界各国在处理民族关系、解决民族问题的国家治理结构上大致有三种主要的形式：联邦制、中央集权制和邦联制。我国是一个多民族的国家,多元一体是国家民族关系的基本形式。在对待民族问题和处理民族关系上,我国选择了民族区域自治制度。民族区域自治反映的是国家整体与部分的关系,中央与地方权力结构的形式。民族区域自治作为党解决民族问题、处理民族关系的基本政策,促进各民族的平等、团结、进步是其最高的价值目标;维护和确保国家统一是制定民族政策的基本价值原则;符合各民族人民的根本利益是民族政策制定的价值出发点和政策效益目的[①]。民族区域自治是中国共产党对马列主义国家学说和民族问题的继承和发展,是马克思主义民族理论中国化的优秀典范。

(6)文化是民族的重要特征,少数民族文化是中华文化的重要组成部分。国家尊重和保护少数民族文化,支持少数民族优秀文化的传承、发展、创新,鼓励各民族加强文化交流。大力发展教育、科技、文化、卫生、体育事业,不断提高各族群众的思想道德素质和科学文化素质。发展民族文化的目的,也就是不断提高各族群众的思想道德素质和科学文化素质,从根本上加快少数民族和民族地区的发展。要在尊重的前提下,保护好、传承好民族文化。要在继承民族优秀传统文化的基础上,发展好、创新好民族文化;中国特色社会主义在边疆多民族地区的探索实践,为少数民族文化事业发展开辟了广阔的道路,是我国少数民族文化发展最稳定、成果最丰富的时期,也是边疆各民族多彩多姿的文化交相辉映、中华文明焕发出蓬勃生机和活力的时期。

(7)党的十八报告提出:"加强社会建设,是社会和谐稳定的重要保证。必须从维护最广大人民根本利益的高度,加快健全基本公共服务体系,加强和创新社会管理,推动社会主义和谐社会建设。"[②] 社会建设是中国特色社会主义现代化五位一体总体布局中的一个重要组成部分。我们党从中国特色社会主义事业总体布局和全面建设小康社会全局出发,提出构建社会主义和谐社会的重大战略任务,为边疆多民族地区加强社会建设,创新社会管理机制提供了思想指导。关注改善民生,加大对边疆多民族地区民生的投入,探索社会利益协调机制,是加强社会建设的两大突出工作。

---

① 何龙群:《论中国共产党民族政策的价值取向》,《学术论坛》2003年第2期。
② 胡锦涛:《坚定不移沿着中国特色社会主义道路前进,为全面建成小康社会而奋斗——在中国共产党第十八次全国代表大会上的报告》,《人民日报》2012年11月18日。

（8）民族政策体现出党和国家民族理论和民族工作的主题，不仅体现国家在处理民族问题、调整民族关系上的价值倾向，体现着国家政治发展的价值追求，而且在国家经济社会的发展中发挥着资源配置、资源调整、国家发展战略布局调整及规范国家行为等作用。在边疆民族地区中国特色社会主义实践探索证明，国家特殊优惠政策不仅实现国家在资源分配上对边疆民族地区的特殊支持和帮助，为各民族"共同团结奋斗，共同繁荣发展"创造了良好的社会条件，而且发挥了把边疆民族地区的资源优势转变成竞争优势、发展优势的催化作用，产生的红利现象，有力地促进了跨越式发展。随着实现社会主义现代化和中华民族伟大复兴事业的深入发展，党和国家对民族地区的关注程度更高，支持力度更大，国家政策对西南边疆民族地区发展的促进作用越突出。

（9）中国特色社会主义在边疆多民族地区的探索实践中，我们不仅始终坚持把马克思主义基本原理同中国民族问题的实际相结合，更重要的是"相结合"后形成了中国特色社会主义民族理论，在解决中国民族问题的道路、理论和制度方面，形成了自己的实践特色、理论特色、民族特色和时代特色。总结中国特色社会主义在西南边疆多民族地区探索和实践经验，对于丰富马克思主义民族理论中国化，进一步推进中国特色民族理论的学术话语体系建设，丰富马克思主义民族理论的中国特色、中国风格和中国气派具有十分重要的意义。理论是实践经验的系统化。把中国特色社会主义在西南边疆多民族地区探索和实践的经验上升到理论的高度，不仅丰富、促进了马克思主义民族理论中国化的进程，而且逐步形成了中国特色社会主义民族理论。

西南边疆民族地区的社会主义进程是国家主导下的社会发展变迁，边疆各民族纳入社会主义历史进程的起点各不相同，社会发育程度也存在较大的差距，社会主义在边疆民族地区的实践必然存在着社会主义与边疆民族地区原有的社会政治制度和民族传统文化冲突与调适的问题，尤其是在推动社会主义市场经济体制的进程中，随着边疆民族地区社会交往的不断扩大，社会分化程度也不断加快，中国特色社会主义普遍性的问题在边疆民族地区也出现了，但具有自身的特点。边疆民族问题、民族关系出现了新的特点，出现了新的矛盾与冲突。如城镇化进程中，少数民族权利保障与维护；文化交往交流中，少数民族传统文化的丧失；社会流动中，少数民族特征的逐步消失。如何解决好国家政策与促进边疆民族地区自我发展,如何完善民族区域自治制度,维护好、实现好少数民族的合法权益,增强民族认同与国家认同的统一,如何处理中国特色社会主义与民族传统文化的冲突与调适等问题,要求我们充分深入边疆民族地区,了解、认识和研究少数民族社会发展实际,才能制定适合边疆民族地区社会发展实际的特殊政策,加快边疆民族地区跨越式发展。

第一章

历史和逻辑的辩证统一：西南边疆多民族地区中国特色社会主义探索与实践的根本指导原则

十月革命胜利使社会主义站到新的历史起点。理论构想与实践基础、理想境界与现实国际环境、东西方不同文化背景下的"三个错位"，成为社会主义道路的"特色"的历史依据。坚持历史与逻辑的辩证统一是形成和发展中国特色社会主义的根本指导原则。中国特色社会主义从社会主义初级阶段的基本国情出发，以现代化和中华民族伟大复兴为总任务，坚持以中国社会主义建设的伟大实践为根据，成功地回答了在一个经济文化落后的国家如何实现社会主义现代化建设这样一个历史课题，以中国社会主义发展中的实践特色、理论特色、民族特色、时代特色推进了社会主义历史发展的新进程，丰富了科学社会主义理论。

一 "三大错位"：社会主义"特色"产生的历史起点

所谓特色，就是指一种事物在与同类事物相比较中，从不同角度展现出来的不同于同类事物的特点。在"中国特色社会主义"的概念中，所谓"特色"就是与其他各种形式的社会主义理论、思潮和发展模式在道路、理论体系和制度上相比较而产生、表现出来的不同点。

一般而论，意识形态不仅仅是经济基础的反映，更重要的是回答时代发展对理论提出的挑战。列宁深刻地指出："以往的历史理论，至多是考察了人们历史活动的思想动机，而没有考究产生这些动机的原因，没有摸到社会关系体系发展的客观规律性，没有看出物质生产发展程度是这种关系的根源"。① 研究历史现象不能超越其产生的历史根源和历史条件。十月革命胜利后，社会主义在从历史哲学形态转变到现实实践进程中，面临着新的矛盾和问题。

（一）理论构想的基础与具体实践进程之间的错位

任何社会改造的理论都是特定社会发展中社会矛盾冲突的集中反映，具有明确的针对性，受到特定社会发展历史条件的制约。因此，任何理论一旦超越具体的社会历史条件，不仅不可能实现对实践的指导价值，甚至还会制约或阻碍实践活动的发展。马克思指出："各民族之间的相互关系取决于每一个民族的生产力、分工和内部交往的发展程度。这个原理是公认的。然而不仅一个民族及其他民族的关系，而且一个民族本身的内部结构都取决于它的生产以及内部和外部的交往的发展程度。"② 马克思社会主义原则的构想，建立在对西欧国家在实现资本主义工业化现代化进程，并向全球扩张中所暴露出来的社会基本矛盾分析的基础上。马克思关于社会主义原则的构想并不否定资本主义制度在人类文明历史中的进步作用，而是力图解决在资本主义制度下推进市场化、工业化、全球化进程中产生的社会基本矛盾的社会改造方案。马克思要否定的是资本主义制度，而不是资本主义对人类文明进步的历史贡献。相反，市场经济所推动的工业化社会化分工和世界的普遍交往是社会主义构想实现的物质基础和必备的历史条件。

社会主义首先在小农经济占主导、经济文化落后的国家首先成为现实，实践中的社会主义是一种缺乏社会主义物质基础的"社会主义"。如何利用市场经济手段建立和推进工业化社会化分工体系，扩大普遍的世界交往是经济文化落后国家面临着的历史任务。恩格斯曾经指出："要处在较低的经济发展阶段的社会来解决只是处在高得多的发展阶段的社会才产生的和才能产生的问题和冲突，这在历史上是不可能的。"③ 十月革命胜利后，列宁曾经设想过通过战时共产主义，全面实现马克思对社会主义的构想。但在遭受重大挫折后，列宁才意识到："从资本主义向社会主义过渡

---

① 《列宁选集》第2卷，人民出版社1995年版，第586页。
② 《马克思恩格斯选集》第1卷，人民出版社1993年版，第68页。
③ 同上书，第209页。

可以有各种不同的形式，这主要取决于国内是大资本主义关系占优势，还是小农经济占优势"。"如果一个国家大工业占优势，或者即使不占优势，但是十分发达，而且农业中的大生产也很发达，那么直接向共产主义过渡是可能的。没有这种条件，向共产主义过渡在经济上是不可能的。"① 列宁对小农经济占优势的俄国提出了："我们用'强攻'的办法即用最简单、迅速、直接的办法来实行社会主义的生产和分配原则的已告失败。必须退回到国家资本主义的阵地上去，从'强攻'转为'围攻'"。② 列宁果断地放弃了"战时共产主义"政策，选择了"新经济政策"。新经济政策实质上就是力图通过市场化手段推进俄国的工业化社会化分工和建立普遍的世界交往，从而创造出实现社会主义基本原则所需要的物质基础。斯大林所建立的社会主义模式，实质上是一种特殊的战时模式，即在世界性战争随时可能爆发的背景下，利用政治上的集权，通过国家强制力量集中占有社会全部资源，产生特殊的聚集效应。这种模式在第二次世界大战中显示出其优越性。然而，在战后和平与发展已经成为时代主题、全球化进程不断发展的情况下，苏联模式逐渐显示出其不适应性，最终导致苏联的解体。

（二）理想境界与现实国际环境的错位

马克思从世界普遍联系与普遍交往出发，提出了无产阶级革命的共同发生、共同胜利的设想。马克思对社会主义的构想是超越民族国家之上的"超民族国家"形式的世界社会主义。十月革命的胜利开启了社会主义以民族国家的形式实现的历史进程。社会主义以民族国家的形式实现，而整个世界仍然是资本主义体系，这就不免产生两个现实的课题：一是如何认识社会主义发展的国际环境，妥善地处理社会主义国家与资本主义国家、与世界各种形态国家之间的关系，处理与各种文明形态之间的关系；二是在社会主义作为民族国家的形态融入世界历史进程，民族国家必然具有自身独特的民族利益，这些利益形态与意识形态有相互重合的部分，也有与意识形态不相符合的独立部分。仅仅以意识形态的利益来否认民族国家利益，以某个国家的社会主义模式来评价裁定其他国家社会主义道路的合理化合法性，就会否定社会主义道路的复杂性、多样性；如果一味强调民

---

① 《列宁全集》第 41 卷，人民出版社 1986 年版，第 70 页。
② 同上书，第 50 页。

族国家的利益而否认了社会主义的基本原则,也会导致极端民族主义。社会主义的"世界性"是与不同文明之间的并存共处,以相互联系、相互渗透、相互交流、相互交锋为前提,以尊重民族国家道路选择的多样性为条件。

(三) 马克思理论与社会主义实践中不同民族文化之间的错位

文化是民族历史的积淀,不同民族的思维方式、精神状态、价值判断直接影响到不同民族国家对社会主义的理解和认识。作为产生于工业化进程早期资本原始积累罪恶的批判,马克思主义对人的主体性的理解,对市场经济催生的政治民主化的改造思想是处在小农经济占主导地位的东方民族国家难以深刻理解和把握的。在小农经济占主导地位的东方社会,人们征服自然的能力十分弱小,表现在政治领域,正如马克思指出的:"他们不能代表自己,一定要别人来代表他们。他们的代表一定要同时是他们的主宰,是高高站在他们之上的权威,是不受限制的政府权力,这种权力保护他们不受其他阶级侵犯,并从上面赐给他们雨水和阳光。"① 两种文化传统的差异决定了对社会主义一系列社会价值目标、实现手段等多个方面理解上的差异。这种文化差异也是社会主义实践中为什么政治民主化的推进十分艰难,个人崇拜,权力高度集中垄断,以言压法、以权压法、徇情枉法,依法治国难以实现的文化根源。

列宁在对社会主义早期的探索中,曾深刻地指出:"现有一切都在于实践,现有已经到了这样一个历史关头:理论正变为实践,理论由实践赋予活力,由实践来修正,由实践来检验。"②

二 抽象理论与具体实践的辩证统一:社会主义"特色"发展的逻辑依据

马克思曾经指出,唯物史观"不是在每个时代中寻找某种范畴,而是始终站在现实历史的基础上,不是从观念出发解释实践,而是从物质实

---

① 《马克思恩格斯选集》第 1 卷,人民出版社 1993 年版,第 63 页。
② 《列宁专题文集》,人民出版社 2009 年版,第 399 页。

践出发来解释观念的东西"。① 理论是对实践的总结和提炼,是从对事物现象的认识上升到对事物本质的把握,是对事物运动发展规律性的把握。作为人类实践活动的成果,理论的本质不仅仅局限于对经验的总结提炼,更重要的是依据过去的经验对社会发展未来进行预测,即根据人们对事物规律性的认识和把握,为解决和处理事物发展中的矛盾,推动实践深入发展提供行动指南。逻辑推理的特点之一就是在给定条件下对事物发展趋势的预测。只要给定条件存在,事物发展就会出现预期现象,达到预期目标。一旦事物发展没有达到所需条件的要求,就不可能实现预期目标。在社会主义发展的实践进程中,如果我们忽视了实现社会主义理论构想的社会历史条件,把马克思对未来社会构想的原则当作规定和评判社会主义实践活动的标准,就从根本上背离了马克思主义的基本立场。这恰恰也是社会主义实践进程不断经历曲折和反复的深刻认识原因。恩格斯明确表示:"社会主义自从成为科学,就要求人们把它当作科学对待。"② 并提出,我们的理论是发展的理论,而不是背得烂熟并机械地加以重复的教条。列宁曾经讽刺那种做每一件事,说每一句话都要到马克思主义那里寻找根据的人,简直同盲人依靠竹竿走路一样可怜。列宁认为,马克思主义者必须考虑生动的实际生活,必须考虑现实的确切事实,而不应当抱住昨天的理论不放,因为这种理论和任何理论一样,至多只能指出基本的、一般的东西,只能大体上概括实际生活的一般情况。

新中国成立以后,在一个人口多底子薄的东方大国建设什么样的社会主义,怎样建设社会主义这个根本问题的认识经历了一个深刻的历史进程。毛泽东在最早的实践探索中,选择了"以俄为师"的方式,即以苏联社会主义建设的方式来发展中国的社会主义。苏共二十大以后,毛泽东意识到苏联模式存在问题,提出了"以苏为鉴"的思想,开始了中国自己对社会主义道路的探索。但由于历史和现实多种社会原因的局限,毛泽东对中国社会主义道路的探索理论上仍然是根据马克思对社会主义的基本构想,以马克思主义书本上的社会主义为指导,实践中却背离了党的实事求是的思想路线,脱离了中国社会主义建设的基本国情和历史条件,而是以主观主义、唯心主义为基本特征,导致了"大跃进"和"文化大革命"

---

① 《马克思恩格斯选集》第 1 卷,人民出版社 1993 年版,第 43 页。
② 《马克思恩格斯选集》第 2 卷,人民出版社 1993 年版,第 300 页。

两次曲折与反复。但是这些历经挫折的实践也为我们开创中国特色社会主义留下了宝贵经验、理论准备和物质基础。20世纪末，苏联社会主义的解体和东欧社会主义的剧变再次提醒我们，我们必须意识到社会主义具体实践受到社会客观条件的制约，思想永远不可能超越历史活动中社会客观条件的制约。脱离社会主义实践进程的历史起点，制定超越社会主义实际的路线、方针、政策，必然导致社会主义发展的曲折和反复。同时，我们也不能忽视社会历史进程中从事具体实践活动的人的主体性地位。实践是人有意识地认识和改造客观世界的活动，人在实践中的主体性活动直接影响到逻辑推理所预测的事物发展趋势和人的实践达到预期目标的效果。正是人在实践活动中的主体性地位，人在特定历史条件下的自主性选择性决定了人们对历史活动认识的视野和对历史规律的认识与把握，对历史活动实践的选择，造就了社会主义道路的多样性，也必然导致社会主义实践的成败。

黑格尔曾经说过，当思维与现实发生冲突的时候，出毛病的总是思维一方。人类的概念思维主要有三个缺陷：一是抽象性，用一般取代了具体；二是隔离性，把客体分隔成各个方面、各个性质等独立的内容；三是凝固性，概念界定清楚，内涵就要稳定。一旦确定以后，它就容易凝固起来。经验的模式化、知识的绝对化和思维模式的积淀往往使我们的思维、理论落后于现实的变化。总结社会主义具体实践过程中出现的曲折与反复的根源，一是把理论视为不变的教条，照搬照抄，或者以对社会主义教条式、错误式的理解来指导实践。二是把某个国家社会主义建设的经验上升为普遍的模式去衡量、评判其他社会主义国家的实践活动，忽视了不同民族国家具体实践的复杂性、差异性和多样性。三是习惯于用姓资姓社的目光来认识社会主义的创新和发展，潜意识下的恐资症使得人们忽视了社会主义对人类文明成果的借鉴与利用。坚持以实践中的探索与创新来推动社会主义发展，实质上就是推翻以逻辑推理来裁决或评判变化发展的实践的传统观念束缚，破除传统体制模式化对丰富实践探索的禁锢，颠覆长期积淀的阶级对抗思维方式的制约，恢复并确立社会主义发展中的实践品格，恢复实践活动中的人的历史主体性地位，在新的历史条件下自由而独立地探索未曾被人们认识的真理，推动社会主义的发展。

社会主义具体实践是在自觉的目的和严谨逻辑指导下的"主观见之于客观"的活动，在不同民族国家社会主义发展的历史起点上形成，是在实践、理论、民族和时代四个相互联系的维度下表现出来的认识和推进社会主义历史进程的活动。社会主义实践中的四个不同维度，形成了不同民族国家社会主义发展中的"特色"。一是实践特色。理论的指导价值在于其必须还原为事物现象的多样性和丰富性。一个国家的基本国情和社会发展面临着的历史任务是这个国家对社会主义道路选择中自主性和自决性的根本依据，是形成社会主义发展实践特色的历史依据。二是理论特色。各个不同民族国家基于不同的历史起点，根据不同的历史任务，在社会主义发展道路、理论体系和制度上的选择必然表现出各自的特点，从而形成相对应的理论上的基本范畴和特定的逻辑结构，形成了理论形态上的差异，构成了各自的理论特色。三是民族特色。社会主义理论要实现对民族国家的社会发展的指导作用，就必须能够满足不同民族国家对社会主义的价值期盼和价值诉求，就必须植根于不同民族国家深厚的历史文化土壤中。并且在表现形式上必然烙上不同民族文化的印迹，表现突出的民族特色。四是时代特色。社会主义实践的发展是在特定时空条件下的活动，受到特定时空条件的制约和影响。随着世界普遍交往不断深入，各种文明之间交往、交流、交融不断扩大，世界历史发展不断出现新的阶段性特征。以民族国家为主体的社会主义实践活动必然受到世界发展阶段性特征的影响，形成自己国家处理各种不同社会制度国家和地区的关系，处理不同文明之间相互影响、相互渗透、相互借鉴的对外关系和对外开放战略，构成了社会主义发展进程中的时代特色。

理论的活力和生命力，在于其能够不断回答和解决实践提出的问题。理论设想一旦落后于丰富多样、不断变化发展的实践，不能回答实践提出的问题，就会成为实践的思想束缚，必然产生对实践的误导、制约作用。坚持实践是认识论中首先和第一的观点，即坚持通过实践创造突破传统理论设想的束缚，用实践中的创造推动理论的创新，用新的理论开创更加辉煌的实践局面。实践中的突破不亚于一场社会革命。改革就是坚持通过实践中的大胆创造，寻求解决社会主义理论构想与具体实践矛盾冲突，推动社会主义发展的最好形式。

实践活动的丰富多彩、生动和具体，是理论本质在特定历史条件下的展现而不是对理论本质的否定。社会主义的"特色"并不能否定社会主义理论根本的价值追求和基本原则。马克思主义"与早期的空想社会主义不同的是，他们没有停留于空想社会主义对资本主义的道德批判和沉溺于重建传说中的理想国的幻想之中,而是力图从资本主义制度机器大工业中寻找实现社会公正的经济和社会基础。他们从工业的勃兴看到了实现社会主义理想的希望,认为社会主义已经从一种空想变成经过严密论证的科学,于是他们把自己的学说称为'科学社会主义'"。①

社会主义揭示了人类社会历史发展的趋势、社会主义社会的基本原则和最终价值目标。社会主义的价值目标和基本原则就是社会主义发展中的"共性",是社会主义的本质规定。我们研究社会主义"特色"必须建立在坚持社会主义"共性"的基础上,我们要根据实践的进程和发展不断丰富社会主义基本原则的内容和实现形式,但绝不能改变社会主义的价值追求和基本原则。否认社会主义的"共性"也就没有了社会主义,更不能称之为社会主义。

三 走自己的路:中国特色社会主义历史和逻辑的辩证统一

社会主义制度在新中国建立后,在探索一个经济文化落后国家如何实现社会主义现代化和中华民族伟大复兴的实践中,中国共产党经历了艰难曲折的探索。探索的实质就是寻找自己的路。真正的实践探索是从总结经验教训开始,发展往往源于对原有实践活动的怀疑。关于"实践是检验真理的唯一标准"的大讨论是中国特色社会主义认识形成的新的起点。通过这场大讨论,我们总结了中国社会主义建设的经验教训,重新恢复确立了实事求是的思想路线,回到了解答社会主义基本问题的实践起点。在党的十二大上,邓小平提出了"把马克思主义的基本原理同中国的具体国情相结合,探索一条具有中国特色的社会主义道路",明确提出"走自己的路"。"走自己的路"不仅坚持社会主义实践主体的自主性、选择性,坚持社会主义发展中的实践品格,而且要求我们始终把坚持历史和逻辑的辩证统一作为社会主义发展的根本原则。

"走自己的路",首先要准确把握中国社会主义发展的历史的起点和基本的国情。党的十三大召开前夕,邓小平特别指出:"我们党的十三大

---

① 吴敬琏:《当代中国经济改革》,上海远东出版社2004年版,第8页。

要阐述中国社会主义是处在一个什么阶段，就是处在初级阶段，是初级阶段的社会主义。社会主义本身是共产主义的初级阶段，而我们中国又处在社会主义的初级阶段，就是不发达的阶段。一切都要从这个实际出发，根据这个实际来制定规划。"[1] 社会主义初级阶段阐明了在社会发展性质上，中国已经进入社会主义，不可能回到资本主义、封建主义；在社会发展水平和发展程度上，中国还处于社会主义初级阶段；更重要的是"这里所说的初级阶段，不是泛指任何国家进入社会主义都会经历的起始阶段，而是特指我国在生产力水平不高、商品经济不发达条件下建设社会主义必然要经历的特定历史阶段"[2]。恩格斯明确指出："大工业得到比较充分的发展时就同资本主义生产方式用来限制它的框框发生冲突了。新的生产力已经超过这种生产力的资产阶级自利用形式。现代社会主义不过是这种实际冲突在思想上的反映。"[3] 因此，从初级阶段这个实际出发，全面建立社会主义市场经济体制，以市场经济的发展促进工业化和现代社会分工；加大对外开放战略的实施力度，推进中国与世界的普遍交往，自觉地融入国际化分工体系，妥善处理与不同意识形态国家之间的关系，创造社会主义基本原则实现所需的物质基础，这是中国特色社会主义发展面临着的主要任务。党的十三大总结了初级阶段的七个基本特征，党的十五大概括了初级阶段九个历史发展的过程性特征，其中，"一是摆脱不发达状态，基本实现社会主义现代化的历史阶段"，"九是逐步缩小同世界先进水平的差距，在社会主义基础上实现中华民族伟大复兴的历史阶段"，是对初级阶段基本特点和历史任务的总概括。始终坚持初级阶段的基本国情，这是中国特色社会主义的历史起点，是推进中国特色社会主义总依据。按照邓小平的话，处于社会主义初级阶段的社会主义是"不合格的社会主义"、"不发达的社会主义"，因此，初级阶段的主要任务是发展生产力，实现社会主义基本原则实施的物质基础。"社会主义现代化"就成为中国特色社会主义的主要价值目标。初级阶段的基本国情是中国特色社会主义的总依据，根据不发达状态，邓小平提出了"三步走"的发展战略，这就是今天中国特色社会主义战略总规划，是我们的总任务，从现代化发展的历

---

[1] 《邓小平文选》第3卷，人民出版社1993年版，第252页。
[2] 本书编写组：《毛泽东思想与中国特色社会主义理论体系概论》，高等教育出版社2008年版，第137页。
[3] 《马克思恩格斯选集》第3卷，人民出版社1993年版，第376页。

史发展进程中,我们逐步把人类社会的规律、社会主义建设规律和执政党的执政规律有机结合起来,提出了五位一体的现代化总布局。

"走自己的路",要始终坚持中国特色社会主义的实践特色。道路的选择是从实践的探索开始,实践中的探索任务是艰巨的。中国特色社会主义的实践特色,首先是敢于通过具体实践探索,不断破除传统体制和观念、马克思教条式错误式的理解,突破主观主义唯心主义的影响,根据新的历史条件的变化,以实践活动中的成功推动理论的创新,以理论的创新促进社会主义实践的发展。改革开放的成功,在根本上源于我们实践中的大胆探索和不断创新与发展,说出了老祖宗没有说过的新话,开拓了马克思主义的新境界。正如邓小平指出:"改革开放胆子要大一些,敢于试验,不能像小脚女人一样。看准了的,就大胆地试,大胆地闯。没有一点闯的精神,没有一点'冒'的精神,没有一股气呀、劲呀,就走不出一条好路。"[①] 从社会主义初级阶段的实际出发,我们在社会主义发展道路上形成了党的基本路线、基本纲领、基本经验和基本政策,在社会主义制度建设上完善发展了人民代表大会的根本制度、共产党领导的多党合作和政治协商制度、民族区域自治制度、社会主义初级阶段基本经济制度和分配制度等基本制度及经济管理、政治管理和文化管理等相关的具体制度。在理论形态上,形成了中国特色社会主义理论体系。

其次,实践的探索本身也是一个试错的过程,改革开放出现一些问题是不可避免的。坚持发展中出现的问题必须靠深化改革去解决,而不能靠停止改革或者退回到改革开放前的状态来解决。

再次,中国特色社会主义的实践,必须坚持改革开放是社会主义制度的自我完善,坚持以人民为实践主体,尊重人民的首创精神,强调改革发展必须坚持"有利于生产力发展,有利于综合国力提高,有利于人民生活水平提高"的发展标准,实现共同富裕的价值标准和社会主义的基本原则。

最后,"空谈误国、实干兴邦",逻辑的预测和推理必须经过实践的检验。在理论与实践的矛盾冲突中,我们必须坚持以实践的创造和成功来推动理论的创新与发展,以实践来检验丰富和修改我们对社会主义的认识。理论的"预测"和"逻辑构想"必须在实践中不断得到检验、不断

---

① 《邓小平文选》第3卷,人民出版社1993年版,第367页。

丰富和发展，才有可能实现对实践的指导作用。那种力图在理论成熟后再实践，围绕理论的争论不休，已经被证实不仅束缚人的思想，束缚社会主义实践探索，而且也贻误了改革开放的最好时机。

"走自己的路"，要不断丰富中国特色社会主义的理论特色。恩格斯指出："每一个时代的理论思维，以及我们时代的理论思维，都是历史的产物。它在不同的时代具有完全不同的形式，同时具有完全不同的内容。"[1] 在中国特色社会主义的形成与发展中，我们党非常注意对改革开放实践的总结和提炼，注重总结一个底子薄、人口多、经济文化落后的国家在探索社会主义现代化和实现中华民族伟大复兴道路中的经验和基本规律，从而形成了中国特色社会主义理论体系。首先，中国特色社会主义理论体系是随着中国改革开放实践的深入发展而不断深化丰富发展起来的。以马克思主义中国化为主线，围绕"什么是社会主义，建设一个什么样的社会主义？""建设一个什么样的党，怎样建设这样一个党""为什么发展、实现什么样的发展"三个基本问题，邓小平开创了中国特色社会主义，江泽民捍卫了中国特色社会主义，科学发展观坚持和发展了中国特色社会主义。三个理论形态之间一脉相承、与时俱进，组成了中国特色社会主义理论体系，不断丰富深化了对中国特色社会主义发展规律的认识。

其次，社会主义体现着世界历史发展的必然趋势，是世界文明进步的高级阶段。社会主义并没有彻底否定人类文明的普遍意义，而是对一切优秀文明成果更加宽宏包容。不断加大对外开放的力度，加大文明之间的交流、交融、交锋，丰富我们对现代化建设规律的认识，更加充分利用人类一切优秀文明成果来推动中国现代化建设的发展，把人类社会发展规律、社会主义建设规律和执政党的执政规律有机统一起来，这是中国特色社会主义重要的理论特色。

最后，理论是由一系列基本范畴，按照特定的逻辑结构形成的体系。不同的范畴和不同的逻辑结构形成了不同的理论特色。理论是实践经验的总结和对经验的系统化。中国特色社会主义理论是中国特色社会主义道路的系统化、理论化的表现。中国特色社会主义表现在理论形态上，是源于中国社会主义道路中一系列基本范畴、基本概念所组成的逻辑结构系统。

---

[1] 《马克思恩格斯选集》第4卷，人民出版社1993年版，第281页。

这种表现形态既充分体现了中国特色社会主义实践中的政策、纲领和经验，又抽象出了一般性的本质，揭示了中国特色社会主义发展的规律。对中国特色社会主义规律的认识为中国特色社会主义的实践提供了行动指南。中国特色社会主义理论体系反映出中国特色社会主义发展的基本规律，体现出中国共产党人对社会主义的认识和把握，也是被中国社会主义实践所证实的能够指导中国特色社会主义不断发展的行动指南。

"走自己的路"，要始终坚持中国特色社会主义的民族特色。文化是历史进程中传统的积淀。文化是一个民族的精神家园和灵魂，文化深深地影响着民族对自身利益以及民族国家以外世界的理解。社会主义在实践进程中必须满足不同民族国家特殊的价值追求和价值理想，才能成为不同民族国家社会发展的精神旗帜和思想指导，具有广泛深厚的社会基础。鸦片战争以后，在与西方现代文明的竞争中，中国最后沦落为一个半封建半殖民地的社会。多少年来，实现现代化和中华民族伟大复兴成为多少代中国志士仁人的梦想和追求。中国共产党成立后，选择了马克思主义，走社会主义的道路，我们很快实现了民族的独立和人民的解放。

在探索一个经济文化落后国家现代化道路和民族振兴发展的历史进程中，中国共产党领导集体在改革开放三十多年一代一代的理论与实践的探索中，坚定不移高举中国特色社会主义伟大旗帜，既不走封闭僵化的老路，也不走改旗易帜的邪路。形成了中国特色社会主义道路，中国特色社会主义理论体系，中国特色社会主义制度，这是我们党和人民九十多年奋斗、创造、积累的根本成就，必须倍加珍惜、始终坚持、不断发展。①

同时，社会主义在民族国家里是通过特定的民族文化符号表现出来。中国特色社会主义在不仅在价值追求体现着中华民族的理想和诉求，而且必须"和民族的特点相结合，经过一定的民族形式"② 表现出来。

"走自己的路"，要坚持中国特色社会主义的时代特色。历史时代的主要矛盾决定了时代的不同特征，也形成了社会主义历史进程中不同的时

---

① 胡锦涛：《坚定不移沿着中国特色社会主义道路前进，为全面建成小康社会而奋斗——在中国共产党第十八次全国代表大会上的报告》，《人民日报》2012 年 11 月 18 日。

② 《毛泽东选集》第 2 卷，人民出版社 1966 年版，第 707 页。

代特征。二十世纪初，列宁根据帝国主义国家之间经济政治发展的不平衡规律，提出了帝国主义是世界战争的根源，战争形成帝国主义统治链条上的薄弱环节，社会主义在一个国家可以首先爆发社会主义革命的论断，揭示了世界历史进程中"战争与革命"的时代特征。第二次世界大战结束以后长期相对稳定的和平局面和新科技革命的发展促进了世界普遍交往的进一步加深，推动了各个民族国家之间的相互交流、交融、交锋，为经济的发展创造了良好的世界环境。维护世界和平，促进共同发展成为世界历史进程中的主题。全球化进程的深入发展，各种不同文明间的交流、交往、交融、交锋导致每个国家的发展不仅受到本国社会条件的影响，同时，也受到全球化的直接影响。改革开放以来，邓小平明确提出和平与发展是时代主题的科学判断，果断把党和国家的工作重心转移到经济建设上，集中精力搞建设。邓小平从维护民族国家利益的高度来审视社会主义国家与世界各种不同意识形态国家的关系，从为中国的现代化建设和改革开放创造一个和平稳定的国际环境的目标出发，提出坚持独立自主、和平共处五项原则、发展多边外交战略等一系列重要思想，形成了中国特色社会主义的外交战略。同时，为中国特色社会主义的发展更深度地融入世界普遍交往，更好地利用和充分借鉴一切优秀的文明成果，尽快缩短与发达国家的历史差距，加快中国特色社会主义现代化建设，制定了中国特色社会主义全面对外开放战略，形成了中国特色社会主义显著的时代特征。

　　社会主义的"特色"并不能否定社会主义理论的基本原则。科学社会主义理论的基本原则揭示的是人类历史的必然趋势，阐述的是社会主义的价值追求和价值目标，明确的是社会主义与资本主义比较的优越性，体现的是最广大人民共同富裕的理想和追求。社会主义的"特色"是必须在坚持社会主义"共性"基础上，即在坚持社会主义基本原则的前提下实现。否认社会主义的"共性"也就没有了社会主义，不能称之为社会主义。正如党的十八大报告所指出的：

　　中国特色社会主义，既坚持了科学社会主义基本原则，又根据时代赋予其鲜明的中国特色。以全新的视野深化了对共产党执政规律、社会主义建设规律、人类社会发展规律的认识，从理论和实践结合上系统回答了在中国这样人口多底子薄的东方大国建设什么样的社会主义、怎样建设社会主义这个根本问题，使我们国家快速发展起来，使我国人民生活水平快速提高起来。实践证明,中国特色社会主义是当代中国发展进步的根本方向,只有中国特色社会主义才能发展中国。①

四 坚持历史与逻辑的辩证统一:中国特色社会主义在西南边疆多民族地区探索与实践的根本指导

民族问题是社会总问题的一部分。中国特色社会主义在西南边疆多民族地区的实践探索,具有两个"脱胎差异"的特点,又表现出明显的代差效应。一方面,西南边疆各民族社会主义道路脱胎于中国半封建半殖民地社会,具有中国社会主义初级阶段的共同特征和共同的历史任务;另一方面,边疆各民族又脱胎于原始社会末期、奴隶社会、封建领主社会等不同的社会历史发展阶段,造成了边疆各民族大多数还处于社会主义初级阶段的低层次,他们实现社会主义现代化的任务远比其他先进民族地区更复杂更艰巨,需要的历史进程更长。这种长期性、复杂性的艰巨性要求我们在中国特色社会主义的实践探索中,必须坚持实事求是的思想路线,坚持历史与逻辑辩证统一的指导原则。

(一)慎重稳进:西南边疆各民族从不同社会历史形态进入社会主义成功典范

新中国成立初期,西南边疆少数民族地区经济社会发展严重落后,发展不平衡。新中国成立前,西南边疆各少数民族分别处于不同的社会历史发展阶段,从而被称为"一部活的人类社会发展史"。一是景颇、布朗、基诺、傈僳、佤、怒、独龙和部分苗、瑶、拉祜等民族处于原始社会末期向阶级社会过渡的阶段,约占当时云南少数民族人口的10%,有的仍处在刻木、结绳记事的原始状态。二是小凉山的彝族,还处在奴隶制社会,占当时云南少数民族人口的10%。三是广西的苗族、瑶族、藏、普米、傣、哈尼、阿昌、拉祜和一部分彝、纳西等民族,处于封建领主制阶段,占当时云南少数民族人口的50%。四是白、回、纳西、蒙古及部分壮族、

---

① 胡锦涛:《坚定不移沿着中国特色社会主义道路前进,为全面建成小康社会而奋斗——在中国共产党第十八次全国代表大会上的报告》,《人民日报》2012年11月18日。

彝族等民族，处于封建地主经济并出现了资本主义萌芽的阶段，占当时云南少数民族人口的20%。新中国成立以后，根据云南边疆民族地区情况特殊、民族关系复杂的实际，中国共产党在探索中形成了"慎重稳进"的工作方针，采取"两步走"、因地制宜、分类指导的方针，完成社会主义改造，建立社会主义制度。

1. 从边疆多民族地区实际出发，采取慎重稳进的工作方针，采取分类指导，完成边疆多民族地区社会改革，建立社会主义制度

1949年12月云南和平解放后，要完成剿灭匪特、巩固边疆，建立和巩固新生的人民政权、民主改革等一系列艰巨任务，必须解决好民族问题。1950年8月19日，中共中央西南局给云南省委《关于边界地区工作方针问题》的批复中指出："云南面临着国防、民族和土匪三个重大问题，核心是民族问题，只有解决民族问题，才能解决国防和土匪问题"。① 云南省委、省政府从当时云南面临国防、民族和土匪三大问题出发，坚决贯彻执行。1950年至1952年，中共云南省委和省人民政府采取了以下一系列具体措施：

（1）开展民族识别工作，确认民族平等的主体，为制定民族政策提供客观依据。新中国成立初期，云南少数民族的种类和分布情况十分复杂，各地上报的少数民族种类多达260多个。从1950年开始，云南省民族事务委员会经过一年多的调查整理，少数民族人口初步统计为483.35万人，占总人口的33.82%，经初步归并后民族种类有132个。为进一步查清云南少数民族的现状，结束旧中国遗留下来的族体民族成分和族称混乱不清的状况，1954年，云南省成立"云南民族识别调查组"，深入云南少数民族地区进行调查。经过大量的调查研究，并以马克思主义民族理论为指导，结合云南各民族实际，坚持历史唯物主义观点，主要是依据民族是一个相对稳定的人们共同体的特征，以及本民族的意愿，确定了云南少数民族的称谓。至1954年年底，经省委讨论，中央民委认定，云南共有少数民族21种。② 1979年6月，经国务院批准，基诺人确定为基诺族，成为我国民族大家庭中的一员。1987年8月，云南省政府根据全省苦聪

---

① 当代云南编辑部编写：《当代云南简史》，当代中国出版社2004年版，第94页。
② 《云南民族工作40年》编写组编：《云南民族工作40年》上卷，云南民族出版社1994年版，第276页。

人的意愿，批准恢复拉祜族称谓。

（2）中央访问团深入民族地区慰问少数民族，宣传党的民族平等团结政策。1950年6月，中央人民政府政务院派出中央民族访问团，分赴川、滇、黔等少数民族地区进行访问，传达党和政府的关怀，宣传党的民族政策。1950年8月6日，中央民族访问团云南分团来到昆明。中共云南省委抽调一批干部参加访问团，还给访问团配备了医疗队、文工队、展览组、放映队和摄影组等参加慰问。① 访问团带着毛主席和其他中央领导的题词、慰问品，不辞辛劳，访问边疆和民族地区，慰问各族群众，宣传党的民族平等团结政策，开展调查研究，先后访问了9个专区42个县，往返行程近2万公里。

（3）组织少数民族内地参观团，进行生动的爱国主义教育。中央派出访问团的同时，中共云南省委和省人民政府分批分期地组织了以少数民族上层人士为主的到北京和内地参观的民族参观团或代表团。自1950年至1954年，全省共组织了45批4 170名少数民族代表到北京和内地参观学习。1950年9月，根据中央和西南局的安排，云南组织53人的少数民族参观团到首都北京参加首届国庆观礼，受到毛主席等党和国家领导人的亲切接见。1951年1月1日，在赴京参加首届国庆盛典代表的倡议下，普洱区第一届兄弟民族代表会议通过了建立"民族团结誓词碑"的决议，在宁洱红场召开了数千人的大会，举行了传统的"剽牛"、"喝咒水"仪式，普洱区48位土司、头人、各族代表和党政军领导用汉文、傣文、拉祜文郑重签下自己的名字，共同立下了"民族团结誓词碑"。碑文为："我们二十六种民族（注：系自称）的代表，代表全普洱区各族同胞，慎重地于此举行了剽牛，喝了咒水，从此我们一心一德，团结到底，在中国共产党的领导下，誓为建设平等自由幸福的大家庭而奋斗！此誓。"②

（4）建立民族区域自治制度。根据《中国人民政治协商会议共同纲领》有关实行民族区域自治的规定和1952年8月中央人民政府批准政务院的《中华人民共和国民族区域自治实施纲要》的规定，到1954年年底，云南先后在内地和边疆建立了相当于专区级（现为自治州）的4个

---

① 当代云南编辑部编写：《当代云南简史》，当代中国出版社2004年版，第100页。
② 参见《云南文史资料选集》第44辑，《云南民族工作回忆录》（一），云南人民出版社1993年版，第31页。

自治区(西双版纳傣族自治区、德宏傣族景颇族自治区、红河哈尼族自治区、怒江傈僳族自治区)和峨山等9个县级自治区(现为自治县)(以后有所调整)。在民族杂居区,则通过召开各族各界代表会议,选举成立民族民主联合政府。

(5)大力发展生产,发展教育文化卫生事业。国家采取"团结、生产、进步"的方针,对少数民族坚持"多予少取"甚至"只予不取"的政策,帮助群众发展生产。以贸易开路,组织各族群众急需的商品予以供应,在整个商业活动中坚持"一少、二多、三公道"(少要、多给、价格公道)原则,让各族群众得到实惠。在国家的大力帮助下,边疆地区办起了当地第一批学校,短短几年时间,就消灭了危害人民生命健康的疟疾、天花、霍乱、鼠疫等疾病。

云南民族学院创办于1951年8月,当时以短期培训为主,以适应边疆民族地区急需干部的要求。至1954年,全省共培养了11 300多名少数民族干部(云南民族学院培养3 400多名)。[①] 通过以上一系列工作,至1954年边疆民主改革前,边疆地区日趋稳定,民族关系得到根本改善,民族隔阂基本消除,群众生活比新中国成立前有了很大提高。

2. 采取分类指导,完成边疆多民族地区社会改革,建立社会主义制度

面对云南各民族的社会发展处于不同历史发展阶段的复杂情况,中共云南省委坚持调查研究,区分不同情况,采取稳妥的政策措施,先后在民族地区顺利地完成了民主改革。一是内地坝区民族地区和山区民族地区是与汉族同步于1952年年底以前完成土地改革的,但在政策上则有许多严格具体的规定。立足于云南省各少数民族地区经济社会发展实际,制定了"因地制宜、分类指导"的社会主义改造指导方针。采取了五种土地改革方式,即对云南坝区进入封建领主经济的彝族、白族、回族等少数民族地区实行与汉族大体相同形式的土地改革;对居住在高寒山区的少数民族地区采取稍宽一些的政策;对与边境相邻的少数民族地区采取比较温和的缓冲区政策;对保留着土司制度或处于封建领主制的傣族、哈尼族等少数民族地区,采取"自上而下和平协商解决土地问题的改革方法";特别是对

[①] 《云南民族工作40年》编写组编:《云南民族工作40年》下卷,云南民族出版社1994年版,第55页。

阶级分化不明显、土地占有不集中、生产力水平低下的独龙族、怒族、傈僳族、基诺族、德昂族、佤族、布朗族等少数民族地区采取了"直接过渡"的方式，成功解决了处于不同社会发展阶段的民族共同进入社会主义的问题。①

3. 社会主义制度建立后，为帮助边疆少数民族和民族地区经济社会的发展，党和政府采取了特殊的帮扶措施

1956年至1964年，国家专设"直过区"经费4 450万元，帮助"直过区"开展基础设施建设、兴修水利、修筑公路，无偿提供家具、粮食、食盐、衣物等，对供应"直过区"的商品，采取"不赚不赔、有赚有赔、以赚补赔"的特殊贸易政策。从1952年到1965年，中央设立"少数民族教育事业补助费"，用于解决少数民族地区学校设备、教师待遇、学生生活等方面的特殊困难，并制定了"直过区"扫盲规划，大力发展中小学教育，对大中专生采取保送培养的方法等措施，提高民族文化素质。改善少数民族的卫生状况是建国初期边疆民族工作中的一项重要内容。1950年到1952年，中央政府拨款1 000万元，用于少数民族地区的卫生事业。组织医疗队，到少数民族地区送医送药，免费医疗。中央派遣了两个疟疾防治队到疟疾高发区开展防治工作，建立边疆少数民族地区县一级卫生基层组织，使疟疾等传染病等到有效控制。

（二）坚持历史与逻辑的辩证统一：中国特色社会主义在边疆多民族地区实践探索的历史起点

1. 党的十一届三中全会以后，从根本上纠正了"文化大革命"期间及其以前"左"的错误，重新确立了党的解放思想、实事求是的思想路线，做出了把党的工作重点转移到社会主义现代化建设上来的战略决策

1980年4月，中共中央批转《西藏工作座谈会纪要》，明确指出："在我国各民族都已实行了社会主义改造的今天，各民族间的关系是劳动人民之间的关系。因此，所谓'民族问题实质是阶级问题'的说法是错误的，这种宣传只能在民族关系上造成严重误解。"② 中共中央以解决西

---

① 钟世禄主编：《云南民族"直过区"经济社会发展研究资料汇编》，云南民族出版社2006年版，第4页。
② 国家民族事务委员会、中共中央文献研究室编：《新时期民族工作文献选编》，中央文献出版社1990年版，第34页。

藏工作问题为起点，为解决各民族地区的问题所采取的决策和措施，从理论、政策和实践上指出了新时期民族工作的方向和任务，从而结束了民族工作徘徊不前的局面。

首先，对"民族问题的实质是阶级问题"进行理论上的拨乱反正。1978年开展真理标准问题大讨论期间，云南省委领导通过在民族地区的实际调查指出：在一切工作中，都要从实际出发，实事求是，凡是实践证明是正确的，就要敢于坚持；凡是实践证明是错误的，就要勇于改正。特别是在民族工作中，更要坚持实践是检验真理的唯一标准。[①] 在我国各民族都已实行了社会主义改造的今天，各民族间的关系都是劳动人民间的关系，坚持以阶级斗争为纲，必然混淆两类不同性质的矛盾；社会主义改造基本完成以后，我国所要解决的主要矛盾，是人民日益增长的物质文化需要同落后的社会生产之间的矛盾，因此必须坚持以经济建设为中心，大力发展社会生产力。理论上的拨乱反正、正本清源，纠正了各级干部的思想路线，正确地执行了党的民族政策。

其次，拨乱反正，对极"左"思潮在边疆多民族地区造成的冤假错案进行全面平反。粉碎"四人帮"以后，云南省委先后多次召开会议，落实党的民族、宗教政策。一是重申了全省各少数民族的正式称谓，禁止使用侮辱性的称呼；二是恢复少数民族上层人士的工资和固定生活补贴；三是彻底否定了在边疆民族地区推广使用的"政治边防"和"二次土改"；四是肯定了50年代实行和平协商土地改革和"直接过渡"方针的正确性，否定了"文化大革命"期间在这些地区补划的阶级成分，对在重划阶级和"扫四旧"中没收的群众和民族上层的财物，进行清理退赔，由于被没收财物造成生产生活困难的，在经济上给予补助；五是尊重信教群众正当的宗教信仰，对"文化大革命"中被查抄的经书和房屋进行归还，对少数民族与宗教有关的生活禁忌、风俗习惯也进行特殊照顾等。党的十一届三中全会以后，通过大量的调查研究，经中共中央批准，云南为"沙甸事件"，河口县"瑶山事件"，楚雄州武定县苗族地区"小石桥事件"，德宏州所谓"反共救国军"错案，临沧地区"叛国外逃集团"，澜沧县所谓"拉祜族共和国"等冤假错案进行了平反。与此同时，大批民

---

① 云南省民族事务委员会：《新中国成立60年云南民族工作大事记》（下），《今日民族》2009年第11期。

族干部和群众的冤情也相继得到昭雪，一大批受到打击迫害的干部的工作重新得到了安排，被打伤致残的得到了治疗，被迫害致死的恢复名誉，家属得到抚恤。

再次，确立新时期民族工作的方针任务，坚定不移地关心、帮助少数民族的政治、经济和文化的全面发展，沿着社会主义道路不断前进，逐步实现各民族事实上的平等。1981年2月中共中央书记处听取了云南省委关于云南民族工作情况的汇报，形成了《云南民族工作汇报纪要》（以下简称《纪要》）。《纪要》强调多民族边疆省是云南的基本特点，民族问题在云南有其特殊意义。明确指出党的民族工作的总方针是"坚定不移地关心、帮助少数民族的政治、经济和文化的全面发展，沿着社会主义道路不断前进，逐步实现各民族事实上的平等。"① 《纪要》对云南各级党政组织如何经常关心、帮助各少数民族在政治、经济、文化上的发展，提出了明确的任务和要求。《纪要》是当时云南省指导民族工作的一个纲领性文件。这一重要文件的下发和贯彻执行，标志着云南民族工作在指导思想上的拨乱反正工作基本完成，云南民族工作进入了以经济建设为中心的健康发展的新时期。

2. 恢复和新建民族自治地方，加强民族区域自治制度建设，保障各民族的平等权利和自治权利

一是改革开放以来，云南省不但恢复了原来被取消或合并的民族自治地方，而且新建了一批自治地方。从1979年至1990年5月，经国务院批准，云南省又新建了墨江哈尼族自治县、寻甸回族彝族自治县等14个自治县。至此，云南全省共建立了8个自治州、29个自治县。二是逐步恢复和建立省民族事务委员会、省委民族工作部、省少数民族语文指导工作委员会和民族工作队等民族工作机构。至1986年年底统计，全省各地（州）、县（市）均建立了民委（或其他民族工作机构），有民族工作干部704人。② 还先后建立和加强了一批其他民族工作机构。三是加快民族区域自治法制建设步伐。1984年《民族区域自治法》颁布实施后，云南省人民政府颁布了《云南省贯彻〈中华人民共和国民族区域自治〉的若干规定（试行）》（1988年4月实行）。根据《宪法》和《民族区域自治

---

① 《云南民族工作40年》编写组编：《云南民族工作40年》上卷，云南民族出版社1994年版，第232页。

② 《云南民族工作40年》编写组编：《云南民族工作40年》下卷，云南民族出版社1994年版，第270页。

法》的有关规定，云南结合民族地区的实际，全省各民族自治地方已先后制定、施行了自治条例，有些民族自治地方还制定单行条例和法规，制定了关于禁毒、森林资源保护、澜沧江和洱海管理等方面的五个单行条例，制定了七个民族自治地方关于执行《中华人民共和国婚姻法》的变通规定或补充规定等。[①] 这些条例和规定的施行，使民族自治地方的工作从只靠政策逐步转到既靠政策指导又靠法律保障的轨道上来，从而进入用法律规范人们依法施政、依法办事的新阶段，为进一步充实和完善民族区域自治制度打下了基础。

3. 云南边疆多民族地区处于社会主义初级阶段低层次，确立了中国特色社会主义实践探索的历史起点和总依据

党的十三大指出，中国处于并长期处于社会主义初级阶段是我国的基本国情，是我们建设中国特色社会主义的总依据，是我们实现社会主义现代化和中华民族伟大复兴的历史和逻辑起点。围绕社会主义初级阶段理论的争论，云南省提出，边疆多民族地区不仅处于社会主义的初级阶段，与祖国的东部、中部相比，与西部的较发达和次发达地区相比，云南边疆多民族地区显得较为落后，应属于社会主义初级阶段的较低层次。通过民主改革和社会主义改造，边疆各族人民消灭了剥削阶级、剥削制度和原始落后的社会制度，从不同历史发展形态走上了社会主义道路。生产关系可以跨越几个社会历史发展阶段，生产力却无法在短时期内实现"惊险的跳跃"。社会主义现代化建设是一个经济政治文化社会事业和生态文明全面协调可持续发展的过程。由历史发展中的脱胎差异而产生的代差效应，生产力水平、交往方式、传统观念和行为方式，社会事业整体水平的落后并未随着社会主义制度的建立而消失，仍然长期存在并影响着边疆多民族地区现代化建设的发展，这决定了边疆民族地区处于社会主义初级阶段的长期性、发展社会生产力的艰巨性、实现现代化建设的复杂性。这种较低层次的特征是：社会进步起点低；经济建设起步晚；经济技术底子薄；社会发育不成熟；贫困面大，贫困程度深。云南省对边疆多民族地区处于并长期处于社会主义初级阶段低层次的认识，反映出边疆多民族地区社会主义现代化的客观实际，是中国特色社会主义实践探索的总依据，是实现边疆

[①] 《云南民族工作40年》编写组编：《云南民族工作40年》上卷，云南民族出版社1994年版，第234页。

多民族地区科学发展、"两个共同"民族工作主题的历史和逻辑起点。

4. 积极开展边疆多民族地区社会主义现代化建设实践探索

党的十一届三中全会以后，云南省在落实党的民族政策的同时，重新恢复并制定了一系列旨在加快民族地区经济发展的政策，采取特殊措施来帮助民族地区恢复和发展经济，取得了很大成效。这些政策措施主要有：一是在农村经济体制改革中，实行政企分开，推行以家庭联产承包责任制为基础的双层经营体制，打破了平均主义的大锅饭，大大调动了群众的生产积极性。二是在产业结构的调整中，打破了"以粮为纲"那种基本上是单一经营的格局，在重视粮食稳定增产的前提下，开展多种经营，发展林、牧、副、渔各业，特别重视扩大种植经济作物、热区植物和经济林木，开发矿产资源，并且发展了加工业、建筑业、交通运输业、商业和服务业，促使自然经济向商品经济转化。三是在一些城镇和乡村中兴办和发展了乡镇企业，扩大了边疆农村的就业门路，增加了各民族群众的收入，并逐步形成了基诺山以科技开发促进经济快速发展、大理周城以兴办乡镇企业实现经济飞跃发展、新平以矿产资源开发带动民族经济发展、瑞丽以边疆贸易促进经济全面发展等经济跨越式发展模式。在共同发展中，不同的民族地区分别在烟、糖、茶、橡胶、咖啡、水果、冬早蔬菜、药材、香料、矿产以及边贸和旅游等方面，逐步形成和发展了各民族自治地方优势产业。[①] 四是利用边疆地区丰富的自然资源，培育区域性战略产业。云南省利用优良的烟草资源、丰富多彩的人文历史资源、丰沛的水利资源、储量丰厚的矿产资源等，逐步培育起以烟草、旅游、水电、矿产资源开发为支柱的区域性战略产业，提升了边疆多民族地区产业结构，为实现社会主义现代化创造了坚实的经济基础。五是在对内和对外开放中，开展了国内、省内各地的横向经济联系和经济技术协作，从省外和国外引进了一批资金、技术、设备和人才，开拓了新的生产领域，提高了经济效益。1992年，云南省设立了瑞丽、畹町、河口三个开放城市，以后相继建立了一批国家级口岸和省级口岸，发展了与周边国家的边境贸易和转口贸易，有力促进了边疆多民族地区经济的跨越式发展。六是在社会事业发展方面，云南省提出并推动创建"民族文化强省"的目标，通过对边疆各民族地区

---

① 王连芳主编：《云南民族工作的实践和理论探讨》，云南人民出版社1995年版，第309页。

历史文化的保护与创新，促进了边疆少数民族文化产业的发展，推动了边疆少数民族地区经济社会的协调发展，并创造了解决社会利益矛盾中以"孟连经验"为代表的一批社会治理和党建工作等方面新经验。

5. 坚持把国家政策作为帮助支持边疆多民族地区经济社会发展的重要手段

在边疆多民族地区中国特色社会主义实践探索中，党和国家从边疆民族地区历史、自然、社会等多种因素造成的脱胎差异而产生的代差效应的实际出发，不断加大政策上的支持与扶持力度，通过制定一系列特殊政策，采取积极措施，有力地促进了边疆多民族地区的现代化建设。

首先，改革开放30年来，通过采取一般性财政转移支付、专项财政转移支付、民族优惠政策财政转移支付和公益性项目建设减免配套等优惠政策措施，确保了民族地区党政机关和事业单位正常运转，确保提供基本公共服务，确保投入基础教育经费。另外，对民族自治地方加大了财政资金的投入，加强了发展的动力。

其次，党和国家从国家战略规划的层面实施的"兴边富民工程"、西部大开发战略和扶持人口较少民族发展等工程，极大地推动了边疆多民族地区跨越式发展。2005年，云南省委、省政府制定下发了《中共云南省委、云南省人民政府关于实施"兴边富民工程"的决定》，采取10项政策措施，办好30件实事，实现10项任务目标，三年共完成投资48.06亿元，为边境民族地区办了大量好事、实事。2008年5月，省政府印发了《云南省新三年"兴边富民工程"行动计划（2008—2010年）》，计划用三年时间，重点实施基础设施建设工程、温饱安居工程、产业培育工程、素质提高工程、社会保障和社会稳定工程、生态保护与建设工程等六大工程，办30件惠民实事，并落实国家和云南省支持资金107亿1847万元，边境各项事业得到进一步全面推进。

再次，国家西部大开发战略的实施，国家一批重大项目的建设，把边疆多民族地区的发展纳入国家战略发展的高度，极大地推动了边疆多民族地区的发展。

最后，2002年，云南省决定对独龙、怒、普米、德昂、阿昌、布朗、基诺等七个民族加快脱贫发展步伐，力争五年解决温饱，到2010年全部脱贫。2005年中央扶持人口较少民族政策出台，更加推动了这一工作的开展。省委、省政府成立了扶持人口较少民族发展工作领导小组。2006年3月，省政府通过《云南省扶持人口较少民族发展规划（2006—2010年）》。目前，云南省扶持人口较少民族发展工作按计划有序地进行，已取得丰硕成果。2008年，共整合国家和省级部门及上海对口帮扶资金3.1亿元投入扶持人口较少民族发展，实施了491个人口较少民族聚居自然村整村推进，超额完成了省政府20项重要工作要求的400个村的任务；通过了109个行政村的考核验收，超额完成了国家民委下达的51个村的任务。[①]

（三）中国特色社会主义在边疆多民族地区初步实践探索，促进了边疆多民族地区综合经济实力显著增强，人民生活得到明显改善，社会事业迅速发展

以云南为例，从1978年到2007年，云南民族自治地方经济建设取得了辉煌的成就（见表1、表2）。

表1　1978年与2007年云南民族自治地方主要经济发展指标对比表

指标\年份	地区生产总值（亿元）	人均生产总值（亿元）	财政收入（亿元）	财政支出（亿元）	农业总产值（亿元）	工业总产值（亿元）	国有经济固定资产投资（亿元）	社会消费品零售总额（亿元）
2007年	1 820.20	8 154	130.55	428.36	548.95	1442.95	426.83	481.38
比1978年	翻57.6倍	翻41.7倍	翻43倍	翻85倍	翻23倍	翻105倍	翻157.7倍	翻36倍

指标比较\年份	职工工资总额（亿元）	职工平均工资（元）	农民人均纯收入（元）	农民人均纯收入（元）	卫生机构数（个）	卫生床位数（张）	专业卫生技术人员（人）	通车里程（公里）
2007年	203.18	19 180	2 194	2 194	4 517	53 203	55 019	133 337
比1978年	翻56倍	翻26.2倍	翻29.7倍	增加2 120	增加1 836	增加23 384	增加24 964	增加105 104

---

① 王承才：《抓住机遇、开拓进取，推动全省民委经济工作再上新台阶》，《今日民族》2009年第7期。

表2　1978年与2007年云南民族自治地方主要农产品和工业产品产量指标比较表

粮食产量（万吨）	甘蔗产量（万吨）	烤烟产量（万吨）	大牲畜年末头数（万头）	糖（万吨）	钢（万吨）	生铁（万吨）	原煤（万吨）	发电量（万千瓦时）	卷烟（万箱）
759.83	1 386.73	36.53	698.58	131.2	235	298	2379	3 341 548	91
增加303.83	增加1 270.23	增加33.13	增加293.58	增加123.2	增加234.51	增加293.6	增加1959	增加3 161 048	增加89.7

资料来源：根据云南民族事务委员会、云南省民族理论学会编《云南民族团结进步事业光辉历程（1949—2009）》（云南民族出版社2009年版）等资料整理而成。

2008年，云南民族自治地方实现生产总值2 139亿元，同比增长11.3%，增速比全省平均水平（11.0%）高出0.3个百分点。这是云南民族自治地方生产总值连续第6年保持两位数增长。2003—2008年，云南民族自治地方GDP分别同比增长10.9%、12.4%、11.2%、14.3%、13.5%和11.3%。继2006年云南民族自治地方财政收入首次突破100亿大关后，2008年达159.3亿元，比上年净增28.8亿元，占全省地方财政收入的25.9%。在财政收入大幅提高、实力增强的基础上，云南民族自治地方财政支出规模不断扩大，2008年达到535.9亿元，占全省地方财政支出的比重达36.4%，比2007年净增107亿元。2008年云南民族自治全社会固定资产投资达到1 281亿元，同比增长22.9%，占全省投资总额的36.3%。农民人均纯收入达2 695元，比上年净增501元，同比增长11.8%。城镇居民人均可支配收入达12 022元，比上年净增1 447元，同比增长13.7%。①

五　不断丰富"四个特色"，推动西南边疆多民族地区跨越式发展

马克思曾深刻地指出："人们自己创造自己的历史，但他们并不是随

---

① 王承才：《抓住机遇、开拓进取，推动全省民委经济工作再上新台阶》，《今日民族》2009年第7期。

心所欲地创造，并不是他们自己选定的条件下创造，而是在直接碰到的、既定的、从过去承继下来的条件下创造。"① 尽管中国特色社会主义的发展创造了世界经济增长史上的奇迹，实现了人民生活水平的不断提高，社会总体和谐与稳定，中国的国际影响力不断提高。但正如党的十八大报告所指出的那样，"我们必须清醒认识到，我国仍处于并将长期处于社会主义初级阶段的基本国情没有变，人民日益增长的物质文化需要同落后的社会生产之间的矛盾这一主要社会矛盾没有变，我国是世界上最大发展中国家的国际地位没有变。在任何情况下都要牢牢把握社会主义初级阶段这个最大的国情，推进任何方面的改革发展都要牢牢把握社会主义初级阶段这个最大实际。"②

（一）坚持从边疆多民族地区处于并长期处于社会主义初级阶段低层次的实际出发

2012年，云南省第九次党代会提出，云南省与全国同步全面建成小康社会的任务十分艰巨：一是经济总量较小，民营经济发展不足，县域经济发展较差，贫困面大程度深，加快发展任务艰巨；二是产业层次较低，发展的资源环境约束凸显，城镇与乡村、山区与坝区、内地与边境以及经济与社会之间发展不平衡，转变经济发展方式任务艰巨；三是思想观念和体制障碍仍较突出，资金投入和基础设施瓶颈制约尚未根本破除，科技和人才短板问题没有明显缓解，强化发展支撑任务艰巨；四是社会利益关系日益复杂，群众诉求更加多样化，腐败现象不同程度存在，统筹兼顾各方、满足群众新期盼新要求的难度加大，防范各类突发事件的压力增大，化解各种风险、维护社会和谐稳定任务艰巨。

（二）坚持在实践中不断探索、不断创新，以深化改革推动中国特色社会主义在边疆多民族地区的跨越式发展

发展中国特色社会主义要求我们不断丰富中国特色社会主义的实践特

---

① 《马克思恩格斯选集》第1卷，人民出版社1993年版，第63页。
② 胡锦涛：《坚定不移沿着中国特色社会主义道路前进，为全面建成小康社会而奋斗——在中国共产党第十八次全国代表大会上的报告》，《人民日报》2012年11月18日。

色。经济的长期高速增长已经累积了大量的社会矛盾，中国社会的发展正进入经济增长的放缓期、社会矛盾的敏感期、政府公共服务的压力期，改革进入体制攻坚的时期，经济发展进入结构调整的关键时期。面对发展中的新情况、新困难、新问题以及国际国内出现的复杂局面，我们必须坚持树立勇于思考、勇于探索、勇于创新的精神，在实践中大胆地去试，大胆地去闯，深化体制改革来推动中国特色社会主义的发展，以改革的红利来破解发展中的难题。

首先，必须破除旧的体制观念、对社会主义教条式错误式理解和主观主义唯心主义的束缚，以实践中的大胆突破来实现科学发展。发展总是在困境中突破，思路总是在压力下产生，强烈的问题意识和忧患意识是发展的重要动力。改革就是解决实践提出的新课题，就是打破旧的体制观念束缚，这是一个创新的发展过程。农村家庭联产承包制曾创造了中国农村发展的新奇迹，但不走土地流转、不走现代农业的道路，制度的潜力将穷尽。辩证的否定是社会发展的必然要求。

其次，规律不是设定的，不是在理论上争论出来的，而是人在实践中不断深化认识探索出来的。改革往往是"逼"出来的。社会矛盾的激化要求我们发展要有新思路，增量发展的道路已经面临越来越大的困难，越走越窄。不打破增量发展的体制束缚和惰性，不走体制创新的道路，不可能推动中国特色社会主义的深入发展。"孟连经验"是在特殊情况下闯出来的，可以说是逼出来的。没有完全设定的模式可以照搬照抄，从不同历史发展阶段进入社会主义的边疆多民族地区自然环境和社会条件的不同，需要我们在实践中"杀"出自己的发展道路。

再次，深化改革需要一种大无畏的革命精神。改革实质上是社会利益结构的大调整，怕得罪人，怕失去眼前利益、怕冒犯领导、怕丢官、怕负责任，怎么能够闯出一条新路，怎么能够干出一番新的事业？有了几怕，就容易失去实事求是的精神状态，就没有发展的意识和思路，就丧失了深化改革的胆量和勇气。实现跨越式发展不是口号，而是一种胆识、是一种大无畏的革命精神。

最后，"走自己的路"，在推动中国特色社会主义的历史进程中必须始终坚持社会主义初级阶段的总依据，五位一体的现代化总布局，社会主义现代化和中华民族伟大复兴的总任务，以中国特色社会主义的基本路线、基本纲领、基本经验和基本政策为指导原则，促进中国特色社会主义实践在边疆多民族地区的实践探索。

（三）不断总结边疆民族地区中国特色社会主义实践经验，丰富中国特色社会主义的理论特色

首先，始终坚持"理论上的成熟是政治上坚定的基础，理论上的与时俱进是行动上锐意进取的前提，思想上的统一是全党步调一致的重要保证"。边疆多民族地区的中国特色社会主义实践在深入发展，及时总结我们在实践中的经验，并不断根据实践的要求，加强理论的研究，推动中国特色社会主义理论在边疆多民族地区的不断创新，是我们丰富马克思主义民族理论中国化，促进中国特色社会主义实践的不断发展的必然要求。

其次，在边疆多民族地区中国特色社会主义的实践探索中，必须坚持从边疆多民族地区现代化中的特殊性、复杂性、长期性出发，推进马克思主义中国化大众化时代化的进程。实践需要理论的指引，理论的力量在于不仅能够满足群众在社会发展不同阶段的价值诉求，以群众能够接受的方式使理论转变为群众自觉的行动指南，更重要的是能够总结实践中的经验，总结边疆多民族地区实现社会主义现代化建设的规律性，指导实践的深入发展。推进中国特色社会主义在边疆多民族地区大众化和时代化的进程，就是中国特色社会主义理论体系、马克思主义民族理论中国化发展的过程。

（四）中国特色社会主义在边疆多民族地区的发展，要求我们不断丰富马克思主义民族理论的中国特色

毛泽东指出："我们要把马、恩、列、斯的方法用到中国来，在中国创造出一些新的东西。只有一般的理论，不用于中国的实际，打不得敌人。但如果把理论用到实际上去，用马克思主义的立场、方法解决中国问题，创造些新的东西，这样就用得了。"[①] 边疆多民族地区从不同的社会历史形态进入社会主义，本身就是对马克思东方社会理论的丰富和发展，中国特色社会主义在边疆多民族地区的实践，如我们党对"民族"概念

---

① 《毛泽东文集》第2卷，人民出版社1993年版，第408页。

的新定义、对多民族国家民族关系的"两个离不开""三个离不开""两个共同",处理民族关系的区域自治制度、解决民族关系的关键在于发展及民族地区跨越式发展等理论观点,创造出西南边疆多民族地区历史进程中"新的东西",不断说出老祖宗没有说过的新话,开拓马克思主义民族理论发展的新境界,形成了特色社会主义民族理论。在民族问题面临着复杂的国际背景,在推进城镇化进程中,社会流动进程不断加快,国家区域战略布局日趋突出等多种背景下,如何利用国家政策,抓住边疆多民族地区的发展战略,实现跨越式发展;在民族间交往、交流、交融不断发展的趋势下,如何更好保留民族优秀传统文化,制定各民族平等发展政策,加快边疆多民族地区发展等问题的解决,需要我们坚持立足于边疆多民族地区脱胎差异所产生的代差效应,把社会主义现代化建设"和民族的特点相结合,经过一定的民族形式"表现出来,深化边疆多民族地区的改革开放,以改革红利来破解边疆多民族地区现代化建设中的难题,实现科学发展、和谐发展和跨越式发展。

(五)不断开拓创新,丰富边疆民族地区中国特色社会主义的时代特色

进入新世纪后,在国家贯彻落实科学发展观、全面落实国家十二五规划的进程中,特别是实施西部大开发战略后,边疆多民族地区已经更全面更深入纳入国家整体发展战略的格局中。"中国梦"凝聚了中华民族多少代志士仁人的理想和追求,也是西南边疆多民族地区各民族浴血奋战、不懈探索发展的目标,"中国梦"为实现边疆多民族地区跨越式发展,实现各民族平等团结繁荣发展提供了实现途径、理论指导和制度保障。实现边疆桥头堡建设为中国特色社会主义在边疆多民族地区的发展提供了跨越式发展的重要战略机遇。以对外开放促进边疆多民族地区产业结构的调整,加快工业化、城镇化的进程,推动科学发展、和谐发展和跨越式发展,实现经济、政治、文化、社会管理和生态文明五位一体的现代化战略,已经成为边疆多民族地区的战略选择。党的十八大报告指出:"全面正确贯彻落实党的民族政策,坚持和完善民族区域自治制度,牢牢把握各民族共同团结奋斗、共同繁荣发展的主题,深入开展民族团结进步教育,加快民族地区发展,保障少数民族合法权益,巩固和发展平等团结互助和谐的社会主义民族关系,促进各民族和睦相处、和衷共济、和谐发展。"这就是时代对边疆多民族地区工作提出的新的要求，是我们推进中国特色社会主义在边疆多民族地区实践探索的基本指导思想。

第二章

"两个共同"：中国特色社会主义探索与实践民族工作的主题

民族问题是世界范围内国家之间和各多民族国家必须正视和面对的矛盾问题，它既包括民族自身的发展，又包括民族之间，民族与阶级、国家之间等方面的关系。民族问题是社会发展总问题的一部分，在不同的社会发展阶段和历史条件下，具有不同的内容和性质。马克思主义关于民族和民族问题以及如何科学地认识和正确地处理民族问题的一系列基本观点、原则和方法是中国共产党认识和处理民族问题的指导思想。在中国特色社会主义的实践探索中，中国共产党把马克思主义民族理论与中国多民族国家的实际相结合，从民族关系的"两个离不开"思想到"三个离不开"思想，进一步到各民族"共同团结奋斗，共同繁荣发展"，在坚持马克思主义民族平等、民族团结核心范畴的基础上，正确把握中国民族问题具体实践的规律和发展趋势，推进了马克思主义中国化的历史进程，形成了具有中国特色的民族理论体系。"两个共同"是我国现阶段民族工作的主题，是做好新时期我国民族工作的基本要求，是实现中华民族伟大复兴的根本保障。

一 民族问题是社会总问题的一部分

"两个共同"既是对我国民族关系悠久历史的总结，同时也揭示出了我国民族关系现在和将来发展的特点。

（一）民族的存在与发展是一个漫长的历史过程，只要有民族和民族差异的存在，就会有民族问题的存在，这是马克思主义民族理论的一个基本观点

"民族是基于一定的文化和历史传统而形成的稳定的人群共同体。"从人类社会发展的历史来看，"当一种文化和历史传统将民族的成员联结为一个整体，民族成员对民族共同体产生文化归属感的同时，民族成员还必须通过民族群体来争取维护自己的利益，对民族共同体产生利益归属感"。因此，当"民族形成后，就有自己的民族利益而且要与其他民族共同体发生利益关系，并因而成为一定的利益群体。作为个体的民族成员则必须通过民族共同体来争取维护自己的利益。因为'利益群体具有追求和维持本利益共同体成员利益的强大力量，在利益冲突和利益角逐中，它具有比个人更为强大的效力和角逐力'"。[①]

当民族共同体形成后，民族问题与民族关系就随之产生和发展起来。在多民族聚居的国家里，民族问题和民族关系已经成为国家社会发展体系中的重要内容。恩格斯从历史唯物主义的立场出发，提出了民族问题和民族关系产生的经济基础和社会原因。在《德意志意识形态》一书中，他指出："各民族之间的相互关系取决于每个民族的生产力、分工和内部交往的发展程度。这个原理是公认的。然而不仅一个民族及其他民族的关系，而且一个民族本身的内部结构都取决于它的生产，以及内部和外部交往的发展程度。"[②] 从根本上看，"民族发展、民族关系是民族问题中的两个根本问题"。一是民族发展，民族的生存和存在首先是民族自身的发展，不发展就无法生存。二是在多民族聚居的情况下，民族关系协调对民族的发展产生了重大的影响。民族的存在、民族的发展不可能孤立地存在、孤立地发展，必然与其他民族相交往，必然与其他民族相联系。孤立存在的民族是不可能有的，孤立发展的民族也是不可能有的。因为民族关系是民族生存、存在和发展的前提、相伴之物。也就是说，民族在民族关系环境中生存发展，民族关系在民族发展中协调和谐。

民族问题的根本性质决定了民族工作的问题是协调民族关系，促进民族发展。协调民族关系，就是实现各民族的平等、团结，促进民族发展，

---

① 周平：《民族政治学》，高等教育出版社2007年版，第32页。
② 《马克思恩格斯全集》第3卷，人民出版社1972年版，第194页。

就是实现各民族的发展进步，在协调民族关系中，促进民族发展；在促进民族发展中，协调民族关系，两者相辅相成，最终实现民族的共同繁荣。

（二）民族问题关系到国家的稳定、社会的和谐

民族问题是各多民族国家和国家之间必须正视和面对的问题，它既包括民族自身的发展，又包括民族之间，民族与阶级、国家之间等方面的关系，关系到国家的稳定、社会的和谐。

纵观多民族国家的发展历史，无论是国家兴衰还是王朝更替，大都与民族问题有关，而民族问题的基本内容和解决方式又总是随着时代发展和条件变化而不断丰富的。作为社会发展总问题的一部分，民族问题在不同的社会发展阶段和历史条件下，具有不同的内容和性质。在阶级社会中，民族问题主要表现为民族不平等及由此带来的民族歧视和民族压迫等问题。要解决这种问题，关键在于消灭阶级剥削和压迫，实现真正的民族平等。民族平等和民族团结作为马克思民族理论的基本观点和核心范畴，作为中国共产党处理中国民族问题的总原则和总政策，其反映的是民族关系问题，从这个意义上来说，民族问题的核心就是实现真正平等和团结的民族关系。实现民族平等和增强民族团结是我们党的民族政策的一贯价值目标。

当今世界正处在大变革大调整中，求和平、谋发展、促合作已经成为不可阻挡的时代潮流。世界多极化不可逆转，经济全球化深入发展，科技革命加速推进，全球和区域合作方兴未艾，国际局势总体趋于稳定。但同时，我们也要看到，影响和平与发展的不稳定和不确定因素仍在增加。民族问题与宗教问题、人权问题、主权问题、领土问题、边界问题等日益复杂地交织在一起，成为一些地区局部冲突的重要原因，也是制约和困扰世界和平与发展的重要因素。巩固民族团结、维护社会稳定十分重要而紧迫，要求各民族在共同繁荣发展的基础上更加紧密地团结在一起，以迎接来自外部的各种挑战，降低和化解因各种渗透和影响带来的风险。从国内看，当代中国正在发生广泛而深刻的变革，改革开放正在新的起点上深入推进，中国特色社会主义事业正在快速发展。但由于历史、地理、气候等多种原因，我国少数民族和民族地区的发展仍然相对滞后，民族地区面临解决贫困人口温饱问题和全面建设小康社会的双重任务，加快发展的任务十分艰巨。始终坚持以科学发展观为指导，紧紧抓住和平与发展的历史机

遇，加快少数民族和民族地区经济社会发展，就能抓住解决民族地区困难与问题的关键，就能更好地体现各民族群众的共同愿望。因此，共同团结奋斗、共同繁荣发展，也就成了推动民族团结进步事业的时代主题。

（三）我国是一个多民族国家，历史上众多民族长期的发展和融合使我国的 56 个民族结成了"你中有我，我中有你"的血肉关系，将各民族的命运紧紧凝聚在一起

1992 年 1 月 14 日，江泽民在中央民族工作会议上指出："我国历来是一个统一的多民族国家，在漫长的历史发展中，经过长期的锤炼，形成了具有强大内聚力的中华民族。"①

在统一多民族国家的形成与发展过程中，各民族共同创造中国疆域的历程，实际上也是各民族不断交融、逐步形成中华民族多元一体的历史过程。"多元"指统一多民族国家形成过程中各民族所具有的"个性"和"特质"，即各民族在语言、地域、经济、文化心理等方面所具有的多样性和表现形式上的特殊性；"一体"指各民族在共同发展过程中相互融合、相互影响所形成的共同特征和"一体化"趋势。这种由多元到一体的特点在中华民族形成过程中自始至终都存在着。②

中华民族的形成与发展是一个漫长复杂的历史进程，对中华民族的认识和理解，正如费孝通先生指出的：

中华民族是包括中国境内 56 个民族的民族实体，并不是把 56 个民族加在一起的总称，因为这些加在一起的 56 个民族已结合成相互依存、统一而不能分割的整体，在这个民族实体里归属的成分都已具有高一层次的民族认同意识，即共休戚、共存亡、共命运的感情和道义。这个论点我引申为民族认同意识的多层次论。多元一体格局中，56 个民族是基层，中华民族是高层。③

鸦片战争以后，在帝国主义的侵略下，中国社会的性质发生了根本性变化，独立的中国逐步沦为半殖民地的中国，封建的中国逐步沦为半封建

---

① 江泽民：《加强各民族大团结，为建设有中国特色的社会主义携手前进》，《人民日报》1992 年 1 月 15 日，第 1 版。

② 孙懿：《国家观教育与构建和谐社会》，《云南师范大学学报》（哲学社会科学版）2009 年第 6 期。

③ 费孝通：《我的民族研究经历和思考》，《北京大学学报》1997 年第 2 期。

的中国。近代中国半殖民地半封建的社会性质决定了社会主要矛盾是帝国主义与中华民族的矛盾，封建主义与人民大众的矛盾。而帝国主义与中华民族的矛盾，又是各种矛盾中最主要的矛盾。中国社会的性质促使中国的民族关系也发生了巨大的变化。中国各民族开始具有了中国国家意识、中华民族的民族意识，在中华民族的政治利益、中华民族的感情方面产生了共同认识上的质与量的变化。近代在云南边疆为捍卫国家领土主权发生的盈江县景颇、傣、汉各族人民共同抗击英国入侵的"马嘉理事件"，文山苗、瑶、壮、傣、汉各族人民抗击法国入侵，怒江片马各民族抗击英国入侵的"片马事件"，阿佤山佤族人民抗击英国入侵的"班洪事件"，在抗日战争中云南边疆各民族为抗击日本帝国主义的侵略做出了自己的贡献。"云南各民族人民在与帝国主义的对抗中，催生了国家意识、中华民族意识，从而使中华民族在从一个自在实体向自觉实体的变化中，增添了众多的推动力。"[①]

二 "两个共同"是马克思主义民族理论中国化的创新性发展

"两个共同"是党根据新世纪、新阶段中国特色社会主义面临着的新情况，总结国际共产主义运动和我国社会主义制度下处理民族问题的经验教训而提出来的，揭示了今后我国民族关系发展的基本趋势，提出了我国民族工作的根本任务和途径，是党在中国特色社会主义实践中民族纲领的集中体现，是解决我国民族问题的根本原则，是马克思主义民族理论中国化的创新和发展。坚持以"两个共同"作为我国现阶段民族工作的主题，是做好新时期我国民族工作的基本要求，是推进西南边疆多民族地区中国特色社会主义实践的指导思想。坚持"两个共同"，必须把握新时期我国民族问题的实质和新的动向；必须坚持加快西南边疆少数民族和民族地区经济社会发展；必须巩固和发展"平等、团结、互助、和谐"的社会主义新型民族关系；必须坚决贯彻落实党的各项民族政策，切实保障少数民族的合法利益。

[①] 王文光、龙晓燕、李晓斌：《云南近现代民族发展史纲要》，云南大学出版社2009年版，第8页。

(一) 民族平等、民族团结是马克思主义民族理论的两块基石

民族平等、民族团结是科学社会主义对待民族问题的基本原则,是马克思主义民族理论的基本观点和核心范畴,也是中国共产党运用马克思列宁主义解决中国民族问题的总原则和总政策。所谓民族平等,是指各民族不分大小、强弱,在政治、经济、文化等社会生活各方面和交往联系的相互关系中,处在同等的地位,具有同样的权利;民族团结则是指不同民族在社会生活和交往联系中的和睦、友好和协调、联合。民族平等与民族团结的关系是辩证的关系,民族平等是民族团结的前提条件和基础,没有民族之间的平等,就不能有真正的民族团结。民族团结是民族平等的结果,又是进一步实现民族真正平等的保证。

马克思和恩格斯就运用辩证唯物主义和历史唯物主义来考察和研究民族和民族问题,深刻揭示了民族和民族问题的发展规律,揭示了民族问题与阶级问题、社会问题和社会革命问题的关系,阐明了正确解决民族问题的理论原则,在此基础上形成了马克思主义民族观。

民族平等是马克思、恩格斯处理民族问题的基本原则,也是他们的民族政治思想的重要内容。首先,马克思揭示了民族问题和民族关系的实质。在《德意志意识形态》中,马克思指出了经济基础对民族关系的决定性影响,民族关系对民族内部结构的影响,揭示了民族关系发展的规律。"各民族之间的相互关系取决于每一个民族的生产力、分工和内部交往的发展程度。这个原理是公认的。然而不仅一个民族及其他民族的关系,而且一个民族本身的内部结构都取决于它的生产以及内部和外部的交往的发展程度。"[①] 随着世界航海大发现,资本主义制度的产生,世界各民族普遍交往的建立,消灭了以往各民族闭关自守、互不往来的孤立状态,历史就在愈来愈大的程度上成为世界的历史。"每一个民族同其他民族的变革都有依存关系。"[②] 民族关系既有物质关系,也有文化、思想和社会发展等方面的关系。各民族之间的关系在人类社会发展的不同阶段,其内容和形式也不尽相同。其次,民族之间的独立和平等是民族交往和民族发展的基础。恩格斯非常重视民族独立与民族平等,明确指出:"民族

---

① 《马克思恩格斯选集》第3卷,人民出版社1972年版,第24页。
② 《马克思恩格斯全集》第1卷,人民出版社1972年版,第40页。

独立是一切国际合作的基础。"① 他进一步提出："不恢复每个民族的独立和统一，那就不可能有无产阶级的国际联合，也不可能有各民族为达到共同目的而必须实行的和睦与自觉的合作。"② 再次，马克思、恩格斯认为民族问题产生的根源在于资本主义制度，民族问题的解决只有通过消灭私有制度，剥削制度的消灭是建立平等团结民族关系的政治条件。恩格斯指出："现存的所有制关系是造成一些民族剥削另一些民族的原因"③，并提出"任何民族当它还在压迫民族时，不能成为自由的民族"④。恩格斯把消灭资本主义和一切剥削制度作为解决民族问题的前提条件，提出："人对人的剥削一消灭，民族对民族的剥削就会随之消灭。民族内部的阶级对立一消灭，民族之间的敌对关系就会随之消灭。"⑤ 最后，马克思认为："古往今来每个民族都在某些方面优越于其他民族……任何一个民族都永远不会优越于其他民族。"⑥ 这是民族平等的客观现实和前提。也就是说，每个民族都有可取之处，每个民族都不会在所有方面优越于其他民族。更为重要的是，由于各民族所处的自然地理环境和决定发展的其他主客观历史条件的不同，每个民族发展的程度和水平必然会体现出差异性和不对等性，各民族有先进与落后、大与小之分，但这种差异性和不对等性并不是一成不变的，民族之间没有贵贱、优劣之分，这就使得以相互平等作为处理民族关系的准则成为这一客观情况的应有逻辑。坚持民族平等原则，就必须反对任何形式的民族主义。

列宁在帝国主义和无产阶级革命时代，提出关于帝国主义时代民族殖民地革命学说的完整体系。首先，列宁创造性地提出了"资本主义在发展进程中，可以看出在民族问题上有两个历史性的趋向。第一个趋向是民族生活和民族运动的觉醒，反对一切民族压迫的斗争，民族国家的建立。第二个趋向是民族之间各种联系和发展日趋频繁，民族壁垒的破坏，资本、一般经济生活、政治、科学等等的国际统一的形成"⑦。这是列宁对马克思主义民族理论的重大贡献。从这两个历史趋向出发，马克思主义民

---

① 《马克思恩格斯选集》第3卷，人民出版社1972年版，第146页。
② 同上。
③ 《马克思恩格斯全集》第1卷，人民出版社1972年版，第287页。
④ 同上书，第288页。
⑤ 同上书，第270页。
⑥ 《马克思恩格斯全集》第2卷，人民出版社1979年版，第194页。
⑦ 《列宁全集》第20卷，人民出版社1986年版，第10页。

族理论基本原则要求我们在实践中,一方面要坚持民族独立和民族平等,反对一切民族压迫;另一方面,要坚持无产阶级国际主义,坚持各民族之间的团结与合作,反对狭隘民族主义。其次,列宁明确提出:"保障少数民族权利的原则是同完全平等的原则密切联系着的。"① 他还进一步指出:"任何一个民族、任何一种语言都不得享有任何特权!对少数民族不能有丝毫的压制,不能有丝毫的不公平!——这就是工人民主的原则。"② "保障少数民族权利同完全平等的原则是分不开的"。③ "我们要求国内各民族绝对平等,并且要求无条件地保护一切少数民族的权利"。④ 所有一切权利应包括政治、经济、文化、语言文字等各个方面的权利。实现真正的民族平等,是无产阶级政党的基本宗旨,是各族人民的根本利益之所在。是否坚持各民族平等,是区分真假马克思主义者,甚至真假民主主义者的分水岭。"谁不承认和不维护民族平等和语言平等,不同一切民族压迫或不平等现象作斗争,谁就不是马克思主义者,甚至也不是民主主义者"。⑤ 在列宁看来,民族只有发展水平上的先进和落后之分,没有优劣之别,各民族劳动人民都是推动历史发展的动力,都对人类历史文化的发展做出了应有贡献,各民族应该而且必须一律平等,任何民族都不应享有特权,这明确了民族平等的实质内容,是对马克思主义民族理论的重大发展。最后,列宁主张将民族平等原则作为无产阶级政党的纲领,提出了民主革命阶段完整的民族纲领:"各民族完全平等,各民族享有自决权,各民族工人打成一片——这就是马克思主义教给工人的民族纲领,全世界经验和俄国经验教给工人的民族纲领。"⑥

　　斯大林认为在建立社会主义制度后民族问题仍然存在,只是本质上不同于以往社会历史发展中的民族问题。他深刻地提出:"在苏维埃联邦国家内,不再有被压迫民族和统治民族,民族压迫已经消灭,但是,由于文化较发达的民族和文化不发达的民族之间还存在着旧的资产阶级制度遗留下来的事实上的不平等(文化的、经济的、政治的),民族问题就具有一

---

① 《列宁全集》第 20 卷,人民出版社 1986 年版,第 26 页。
② 《列宁全集》第 19 卷,人民出版社 1986 年版,第 74 页。
③ 《列宁全集》第 24 卷,人民出版社 1986 年版,第 145 页。
④ 《列宁全集》第 19 卷,人民出版社 1985 年版,第 100 页。
⑤ 《列宁全集》第 24 卷,人民出版社 1990 年版,第 130 页。
⑥ 《列宁选集》第 2 卷,人民出版社 1995 年版,第 347 页。

种形式,这种形式要求规定一些措施来帮助各落后民族和部族的劳动群众在经济、政治和文化上繁荣起来,使他们有可能赶上走在前面的无产阶级的俄国中部。"① 斯大林指出,实现民族间事实上的平等是一个漫长而艰巨的历史任务,"消灭民族间事实上的不平等是一个长期的过程,要求我们同民族压迫和殖民地奴役的一切残余作坚持不懈的斗争。"② 但实现民族间事实上的平等是可行的,解决问题的根本之道就是实事求是,一切从实际出发。斯大林指出:"某个民族所处的经济、政治、文化的条件便是解决该民族究竟应当怎样处理自己的事情和它的未来宪法究竟应当采取什么形式这一问题的关键。同时,很可能每个民族解决问题都需要用特殊的方法。如果在什么地方必须辩证地提出问题,那正是在这个地方,正是在民族问题上。"③

民族平等和民族团结是马克思列宁主义民族观的根本原则,是科学社会主义基本原则在民族问题上的具体体现,是我们建设中国特色社会主义,推进马克思主义民族理论中国化进程的理论指导。以马克思列宁主义民族理论的基本观点为指导,总结 20 世纪社会主义国家处理民族问题的基本经验,深化对新世纪、新时期我国民族问题的认识,贯彻落实好"两个共同"的民族工作主题,对于加快民族地区发展,保障少数民族合法权益,巩固和发展平等团结互助和谐的民族关系,促进各民族和睦相处、和衷共济、和谐发展具有重要的理论意义和现实意义。

(二)改革开放以来,党和国家对中国特色社会主义民族问题一以贯之、持之以恒,实践探索的科学认识

民族关系的性质决定了民族问题的性质和民族工作的主要任务。我国是一个多民族国家,各民族交错杂居,交往密切,一方面彼此之间保持着联系、交往和交流,另一方面由于语言、风俗习惯、心理状态、宗教信仰等方面的原因,又存在着差异和矛盾。由于历史上汉族长期处于统治民族的地位,汉族与少数民族之间存在着发展极不平衡的状况。并且历代统治

---

① 中国社会科学院民族研究所编:《斯大林论民族问题》,民族出版社 1990 年版,第 187 页。
② 中国社会科学院苏联东欧研究所、国家民族事务委员会政策研究室译:《苏联民族问题文献选编》,社会科学文献出版社 1987 年版,第 46 页。
③ 《斯大林全集》第 2 卷,人民出版社 1956 年版,第 309 页。

阶级都实行民族压迫和民族歧视政策，各民族之间的矛盾很深。社会主义制度在中国的建立，消灭了阶级剥削和阶级压迫，为实现各民族之间的平等团结，促进各民族共同繁荣发展创造了良好的政治条件。民族问题的性质发生了根本的变化。少数民族与汉族、各少数民族之间的关系成为社会主义民族关系的主要矛盾。同时，随着社会主义制度的建立，各民族实现了政治权利的平等，经济文化社会事业等方面发展不平衡的状况就突出出来。

毛泽东为认识和解决好中国特色社会主义民族问题提供了宝贵经验、理论准备和物质基础。

首先，毛泽东指出：中国现在拥有四亿五千万人口，差不多占了全世界人口的四分之一，在这四亿五千万人口中，十分之九为汉人。此外，还有蒙人、回人、藏人、维吾尔、苗人、彝人、僮人、仲家人、朝鲜人等，共有数十种少数民族，虽然文化发展程度不同，但是都有长久的历史。中国是一个多民族结合而拥有广大人口的国家。① 肯定了民族问题在国家发展中的重要地位和作用。

其次，毛泽东明确肯定了"各少数民族对中国的历史都作出过贡献"②。毛泽东认为在各民族之间的相互关系中，我们要"诚心诚意地积极帮助少数民族发展经济建设和文化建设"③。并且，毛泽东还指出这种帮助不是单向的，而是双向互助的，"不要以为只是汉族帮助了少数民族，而少数民族也很大地帮助了汉族。"④ 毛泽东是把少数民族作为中华民族整体不可分割的一部分来考虑各民族之间的关系。各民族之间的互助性和整体性是我们认识和解决民族问题必须坚持的基本指导思想。

再次，中国传统的民族主义思想，就是大汉族主义和狭隘民主主义或者地方民族主义。由于汉族人口占全国人口的绝大多数，汉族遍布中国所有地区，汉族的经济政治文化社会等方面的发展水平相对比各少数民族先进，汉族在中国历史上长期占统治地位，因此，在实现民族平等和民族团结中，毛泽东反复告诫我们："汉族和少数民族的关系一定要搞好，这个问题的关键是克服大汉族主义。在存在有地方民族主义的少数民族中间，

---

① 《毛泽东选集》（合订本），人民出版社1966年版，第585页。
② 《毛泽东选集》第5卷，人民出版社1977年版，第278页。
③ 《毛泽东文集》第7卷，人民出版社1999年版，第34页。
④ 《毛泽东文集》第6卷，人民出版社1999年版，第405页。

则应当同时克服地方民族主义,不论是大汉族主义或者地方民族主义,都不利于各族人民的团结。"① 他曾经语重心长地说,"汉族和少数民族的关系一定要搞好。这个问题的关键是克服大汉族主义"。② 1973 年,他再一次尖锐地指出:"政策问题多年不抓了,特别是民族政策,现在地方民族主义少些,不突出了,但大汉族主义比较大,需要再教育。"③ 在实现民族平等和加强民族团结问题上,毛泽东提出,要诚心诚意地"帮助各少数民族,让各少数民族得到发展和进步,是整个国家利益"④,必须帮助少数民族"争取他们在政治上、经济上、文化上的解放和发展"。⑤

邓小平在建设中国特色社会主义的历史进程中,立足于我国是一个统一的多民族国家,依据我国处于并将长期处于社会主义初级阶段的基本国情,在深刻总结国内外处理民族问题正反两方面历史经验的基础上,提出了我国民族关系中"两个离不开"的思想,形成了正确处理中国特色社会主义民族问题的理论和政策体系。

新中国成立时,邓小平就深刻揭示了我国历史上民族关系的主要特点,"在中国的历史上,少数民族与汉族的隔阂是很深的"。⑥ 从而为新中国解决民族问题提供了客观依据。只有抓住汉族与少数民族之间的关系问题,才能从根本上认识我国民族问题的广泛性和复杂性,为解决好民族问题提供正确指导原则。邓小平进一步揭示了少数民族与汉族隔阂的根源,是"历史上大汉族主义造成的",是历史上的反动统治阶级"实行大民族主义的政策"的结果。因此,邓小平提出:"只有在消除民族隔阂的基础上,经过各民族人民的共同努力,才能真正形成中华民族美好的大家庭。"⑦ 对搞好民族团结,邓小平认为:"只要一抛弃大民族主义,就可以换得少数民族抛弃狭隘的民族主义。我们不能首先要求少数民族取消狭隘的民族主义,而是应当首先老老实实取消大民族主义。两个主义一取消,团结就出现了。"⑧ 对解决好民族问题,邓小平强调民族平等不是停留在

---

① 《毛泽东文集》第 7 卷,人民出版社 1999 年版,第 227 页。
② 《毛泽东选集》第 5 卷,人民出版社 1977 年版,第 386 页。
③ 金炳镐:《新中国民族政策发展 60 年》,中国民族宗教网,2012 年 12 月 13 日。
④ 《毛泽东文集》第 7 卷,人民出版社 1999 年版,第 312 页。
⑤ 《毛泽东选集》第 3 卷,人民出版社 1991 年版,第 985 页。
⑥ 《邓小平文选》第 1 卷,人民出版社 1994 年版,第 162 页。
⑦ 同上。
⑧ 同上书,第 161 页。

书本上、形式上、口头上的平等，必须认真落到实处，让各族人民充分体会到"在政治上，中国境内各民族是真正平等的；经济上，他们的生活会得到改善；文化上，也会得到提高"①。

改革开放以后，首先，邓小平对中国民族关系的性质做出科学的判断，他指出："我国各兄弟民族经过民主改革和社会主义改造，早已陆续走上社会主义道路，结成了社会主义的团结友爱、互助合作的新型民族关系。"② 彻底否定了"民族问题实质是阶级问题"的错误观点。

其次，邓小平以中央新疆问题讨论纪要中提出的"汉族离不开少数民族，少数民族也离不开汉族"的观点，作为实现民族平等，加强民族团结，促进各民族共同繁荣进步为认识和解决民族问题的出发点。

再次，邓小平把民族平等和民族团结作为民族工作的出发点，邓小平指出，我们的政策是"真正立足于民族平等"。"我们的政策是正确的，是真正的民族平等。我们十分注意照顾到少数民族的利益"③。邓小平反复强调，中华民族是一个同呼吸、共命运的整体，合则兴，分则衰，没有各民族的团结，就没有国家的统一；破坏各民族的团结，就是破坏国家的统一。

然后，邓小平把发展作为民族问题的核心和关键，十分鲜明地提出，解决民族问题的首要任务就是"让民族发展和进步"，在关于西藏问题的讲话中，邓小平明确提出："不仅西藏，其他少数民族地区也一样。我们的政策是着眼于把这些地区发展起来"④。在祝贺广西壮族自治区成立30周年时，邓小平题词："加速现代化建设，促进各民族共同繁荣。"⑤

最后，提出中国区域性现代化建设中"两个大局"的战略构想，作为实现各民族共同繁荣发展的重要途径。邓小平指出："沿海地区要加快对外开放，使这个拥有两亿人口的广大地带较快地先发展起来，从而带动内地更好地发展，这是个事关大局的问题。内地要顾全这个大局。反过来，发展到一定的时候，又要求沿海拿出更多力量来帮助内地发展，这也

---

① 《邓小平文选》第1卷，人民出版社1994年版，第162页。
② 《邓小平文选》第2卷，人民出版社1994年版，第186页。
③ 《邓小平文选》第3卷，人民出版社1993年版，第362页。
④ 同上书，第247页。
⑤ 同上书，第407页。

是一个大局。那时沿海也要服从这个大局。"① 他进一步指出："可以设想，在本世纪末达到小康水平的时候，就要突出地提出和解决这个问题。到那个时候，发达地区要继续发展，并通过多交利税和技术转让等方式大力支持不发达地区。"② 这种通过先富帮后富，最终实现共同富裕的战略思想使各民族的共同繁荣发展成为可能和现实，是对马克思主义民族理论在中国民族问题实践中的重大创造。

世纪之交，随着苏联解体、东欧剧变，国际社会主义出现重大曲折与反复，国际政治格局向多极化发展，世界范围民族主义浪潮突起，国际敌对势力把民族问题、宗教问题作为对我国"西化""分化"的突破口，国内随着市场经济体制的初步建立，民族地区的改革发展稳定相继出现一些新情况新问题，江泽民从国家发展战略的高度认识新时期中国特色社会主义民族问题，对新时期民族关系和民族问题提出一系列新的思想，对加快民族地区的发展制定了许多重大措施，推动了中国特色社会主义在民族地区的发展。

首先，江泽民十分重视民族工作，站在国家发展的战略高度来观察和认识民族问题。1993年11月，在全国统战工作会议上，江泽民指出："民族问题关系到我们的国家统一、社会稳定、边防巩固、建设成功的大问题。在社会主义条件下，正确处理民族问题是一个带根本性的问题，加强民族团结是一个需要长期努力的重要任务。"他告诫全党："民族、宗教无小事"，强调"我们必须从振兴中华民族的高度，从巩固和发展我国社会主义事业的高度，充分认识民族工作的长期性、复杂性和重要性"。③其次，在邓小平"两个离不开"的基础上，根据民族关系的发展，江泽民在1990年8月视察新疆时提出"三个离不开"的思想，他指出："我们伟大的中华民族，是由56个民族构成的，在我们祖国的大家庭里，各民族之间的关系是社会主义的新型民族关系，汉族离不开少数民族，少数民族离不开汉族，少数民族之间也相互离不开。"从国家和中华民族的高度深刻阐述了我国维系于一个统一的大家庭，各民族的发展与伟大祖国的发展休戚与共的关系，高度概括了我国各民族平等团结的深厚基础。再

---

① 《邓小平文选》第3卷，人民出版社1993年版，第277—278页。
② 同上书，第374页。
③ 刘先照：《中国共产党主要领导人论民族问题》，民族出版社1994年版，第248—249页。

次，高度概括了新形势下民族工作的任务和要点。1993年11月，江泽民同志在全国统战工作会议上的讲话中谈到我们党对民族工作的方针时，强调了三句话：一是继续巩固和发展社会主义的民族关系，二是坚持和完善民族区域自治制度，三是加快民族地区的经济发展和社会进步。这三句话突出了新形势下我国民族工作的重点和主要内容，是对我国民族问题的正确认识，是实现各民族平等团结和共同繁荣进步的具体实现途径，丰富深化了中国特色社会主义民族理论与实践。最后，把加强民族团结、反对民族分裂、维护祖国统一作为民族工作的重要任务。在全球性民族问题突出，西方敌对势力加紧对我国"西化""分化"的背景下，1999年9月29日，江泽民在中央民族工作会议暨国务院第三次全国民族团结进步表彰大会上的讲话中强调指出："维护祖国的统一和各民族的大团结，是56个民族共同的神圣职责。我们必须旗帜鲜明地反对民族分裂主义，最大限度地团结和依靠各族干部群众，最大限度地孤立和依法打击极少数民族分裂主义分子，防范和抵御国外敌对势力的渗透破坏。"

（三）"两个共同"是新阶段新形势下民族工作主题

经过党的几代领导集体的理论创新和建国六十多年来的社会实践，我国已经形成比较巩固的"平等、团结、互助、和谐"的社会主义新型民族关系。在社会主义中国的民族大家庭里，各民族不分人口多少、历史长短、发展程度高低，一律平等，各民族在政治、经济、文化、教育、语言文字、风俗习惯、宗教信仰等诸多社会生活领域享有平等权利，具有平等参与管理国家和地方事务的权利。随着党的民族政策的贯彻落实，我国少数民族和民族地区发生了翻天覆地的变化。在探索中国特色社会主义道路上，我国民族地区经济快速发展，人民生活水平稳步提高。2008年全国民族自治地方生产总值完成27 940亿元，按可比价格计算，比上年增长13.8％，民族自治地方生产总值占全国各地区生产总值8.54％，人均生产总值达到15 889元，民族自治地方城镇居民人均可支配收入为12 980元，比上年增长15.3％。城镇居民人均消费性支出为9 250元，比上年增加15.2％。[①] 2007年，云南民族自治地方生产总值达1 820.20亿元，是

---

① 国家民委经济发展司：《2008年全国少数民族和民族自治地方国民经济社会发展统计公报》，2010年5月25日。

1978年31.62亿元的57倍；人均GDP达到8 136元，是1978年的41.7倍；农民人均纯收入达2 194元，是1978年73.95元的30倍；全社会固定资产投资达1 045.2亿元，是1978年2.71亿元的385倍；地方财政收入达135.55亿元，是1978年3.08亿元的44倍。[①] 民族地区基础设施得到全面改善，基础产业不断发展壮大，自我发展能力明显增强，群众生活质量明显提高，呈现出良好的发展态势。

中国特色社会主义制度在我国确立以后，民族问题的主要方面不再表现为过去那种民族歧视和民族压迫的不平等的民族关系，而更多地表现为多种原因所导致的各民族在经济社会发展水平上的差距或不平衡，以及由此带来的各民族之间在现实生活中存在的某些事实上的不平等问题。这种事实上的不平等，是在社会主义初级阶段的一个相对较长时间内，仍然存在民族摩擦的主要原因。正确把握民族关系的主要矛盾，对制定民族政策和处理民族问题至关重要。解决新的历史条件下的民族问题的关键是必须坚持"发展是党执政兴国的第一要务，是解决中国所有问题的关键，也是解决民族地区所有困难和问题的关键。加快少数民族和民族地区经济社会发展，是各族群众的迫切要求，也是现阶段解决民族问题的根本途径，必须摆到更加突出的战略位置"。[②] 民族工作的重点是大力支持和加快少数民族和民族地区的经济社会发展，逐步缩小民族和民族地区间的经济、文化上的差距，在发展中不断体现、巩固和发展"平等、团结、互助、和谐"的社会主义新型民族关系。目前，在我国全面建设小康社会尤其是东部地区经济社会快速发展的背景下，西南边疆少数民族和民族地区经济社会发展相对滞后，与其他地区尤其是东部沿海发达省份和地区的差距有进一步被拉大的趋势的情况就更加突出，少数民族群众对于进一步发展和改善民生、更多享受改革发展成果的要求更加迫切。民族地区的经济社会发展滞后，给建成惠及十几亿人口的更高水平的小康社会带来很多难度，一些少数民族和民族地区的贫困问题仍很突出，如果得不到有效的解决，有可能影响到民族团结、社会和谐和边疆稳定。2007年，云南省民族自治地方人均GDP为8 154元，比全国人均少10 559元，比全省人均少2 342元；

―――――――――
① 格桑顿珠：《改革开放30年云南民族团结进步事业的成就与启示》，《今日民族》2008年第12期。
② 金炳镐：《民族纲领政策汇编》，中央民族大学出版社2006年版，第933页。

人均财政收入 585 元，比全国人均少 1 203 元，比全省人均少 497 元；农民人均纯收入 2 194 元，比全国人均少 1 946 元，比全省人均少 440 元。2007年西盟县地方财政收入仅为 1 278 万元，农民人均纯收入仅为 1 080 元，贡山县农民人均纯收入仅为 894 元。① 这些问题如果不认真加以解决，势必影响平等、团结、互助、和谐的社会主义民族关系。因此，要以全面建成小康社会与实现现代化的全局和战略高度来看待民族和民族地区的发展问题，正如胡锦涛所指出的："加快少数民族和民族地区的经济社会发展，是现阶段我国民族工作的主要任务，是解决民族问题的根本途径。"②

此外，西方国家一贯坚持并加紧利用民族问题对我国实施"分化"和"西化"的战略图谋未变，受国际恐怖活动持续高发影响，境外"东突"分裂恐怖势力不断渗透煽动，拉萨"3·14"事件、乌鲁木齐"7·5"事件、新疆巴楚县"4·23"案件和云南昆明"3·1"案件等一系列暴力恐怖袭击事件的发生说明，与"藏独"、"疆独"分子"三股势力"的反分裂斗争仍然是长期的、复杂的，有时还是比较激烈的。云南省特殊的地理环境以及邻国政局动荡，使边境民族地区成为反分裂、反渗透斗争的最前沿。现有 25 个边境县（市）分别与缅甸、老挝、越南接壤，边境线长达 4 061 公里，有 16 个少数民族跨境而居，跨境民族全国最多，同时，在地缘上有"接 3 国、近 8 国"的独特区位，边境民族地区自古以来又是我国与东南亚、南亚连接的重要门户和通道。其中，苗族、傣族、瑶族、哈尼族等甚至分布于四个国家，他们虽然处于不同的国度和不同的社会制度下，但是共同的语言、文化和超越国境的共同经济生活使其来往频繁，乃至通婚、互市、过耕放牧；跨境而居的佤族、独龙族、傈僳族和景颇族等民族内部，国家制度的差异性并不能消除源远流长的民族共同性。再加上云南少数民族中还有大量的定居于东南亚国家的华裔、华侨，从而形成了境内外相互影响、相互比较的复杂关系。

2003 年 3 月 4 日，在全国政协十届一次会议少数民族界委员联组讨论会上，胡锦涛明确提出："实现全面建设小康社会的宏伟目标，就是要更好地实现各民族的共同繁荣发展。实现各民族共同繁荣发展，需要各民

---

① 张宝安：《以科学发展观为统领，解放思想创新民族工作思路》，中国民族宗教网 http://www.mzb.com.cn，2009 年 7 月 7 日。

② 胡锦涛：《在中央民族工作会议暨国务院第四次全国民族团结进步表彰大会上的讲话》，《人民日报》2005 年 5 月 27 日。

族共同团结奋斗。共同团结奋斗,共同繁荣发展,这就是我们新世纪新阶段民族工作的主题。"胡锦涛在会上全面系统地阐述了"两个共同"的深刻内涵及其辩证关系。共同团结奋斗,就是要高举民族团结的旗帜,把全国各族人民的智慧和力量凝聚到全面建设小康社会上来,凝聚到建设中国特色社会主义上来,凝聚到实现中华民族的伟大复兴上来。共同繁荣发展,就是要牢固树立和全面落实科学发展观,切实抓好发展这个党执政兴国的第一要务,千方百计加快少数民族和民族地区经济社会发展,不断提高各族群众的生活水平,让各族人民共享改革发展成果。同时,"两个共同"是辩证统一的。只有各民族共同团结奋斗,各民族共同繁荣发展才能具有强大动力;只有各民族共同繁荣发展,各民族共同团结奋斗才能具有坚实基础。

三 "两个共同"主题是推进中国特色社会主义民族理论和民族工作创新的指导方针

"两个共同"是党中央在新世纪新阶段,站在历史和全局的高度,在深刻总结历史经验、正确把握中国特色社会主义民族问题客观规律的基础上提出来的,是民族工作的主题,是我们正确处理我国民族问题的指导方针。只有抓住"两个共同"这一主题,才能抓住民族问题的规律,抓住民族团结进步的核心,抓住新形势下正确处理民族问题、切实做好民族工作的根本,才能在全面建设小康社会的历史进程中不断开创民族工作的新局面。

(一)"两个共同"从国家统一、民族团结的高度,科学认识和准确把握现阶段我国民族问题的特征,是我们确定新时期民族工作历史任务的思想指导

在现代社会中,民族是在国家政治组织形式中存在和发展。任何一个民族的形成、活动,民族的演进和发展的过程,都是在国家组织形式中展开。脱离国家组织形态的民族发展不仅在实践中不存在,甚至是不可想象的。单一民族,或者是由同一民族成员占绝大多数构成的国家,称之为民族国家。由多个民族成员构成,不同民族的成员占相当比例就是多民族国家。如果一个民族不仅具有一定的族体规模,而且形成了自己的独立生活，并在此基础上建立起自己的独立社会组织体系和国家组织机器，形成自己独立的核心价值体系，对整个社会生活进行有效调控，对民族共同体进行有效整合，民族与国家是重合或者是基本重合，往往就形成较为独立完整的单一民族国家。民族关系就比较单一，民族问题就简单。如果多个民族在长期的经济、文化交往中建立起紧密的联系，在各个不同民族的社会体系之上，建立起统一的国家政治体系，并对整个社会生活进行有效调控，形成一个多样性的命运共同体，就会形成多民族国家。

所谓民族问题，"从广义上讲，民族问题既包括民族的自身发展，又包括民族与阶级、国家之间的关系。从狭义上讲，民族问题是在民族的活动交往联系中发生的，表现在民族诸特征及形式上的民族间复杂的社会矛盾问题。"[①] 多民族国家重要职能之一，就是为国家政治共同体内的各民族提供良好的社会发展条件，为各民族发展提供组织保障、制度保障和政治保障。国家的强大为各民族发展提供了政治庇护，国家的发展为各民族繁荣提供了强有力的物质支持，国家的稳定为各民族社会进步提供了政治条件。正如江泽民指出："历史一再证明，团结就兴盛，就繁荣；分裂就动乱，就衰败。"[②] 争取更多更好的资源，在国家权力系统中争取到更大的权力，这就提出了各个不同民族群体的特殊利益诉求的矛盾问题。民族差异必然存在矛盾，产生民族问题，国家作为政治实体的重要职能之一就是通过权力分配和资源的分配，协调各民族之间的利益矛盾。不仅如此，在一个国家政治体系中，各个民族由于历史、自然、社会等多种因素的影响，在发展水平、发展的速度、发展的质量等等方面，表现出的是不平衡性、差异性、复杂性。这就需要国家通过权利分配等方式，在国家政治实体中来协调。以权利的倾斜、政策的特殊优惠对那些在国家发展中处于不利地位的民族实施法律救济、资源救济和特殊救济，来协调各民族间的关系，实现民族团结和谐，维护国家统一。

由民族关系决定并产生民族问题，民族问题的性质决定了民族工作的主题和历史任务。我国长期以来就是一个多民族国家，各民族之间始终保持着联系、交往和相互影响。在社会主义制度下的各民族之间存在着

[①] 严庆：《从正确视角审视我国当前的民族问题》，《恩施职业技术学院学报》2006年第2期。

[②] 刘先照主编：《中国共产党主要领导人论民族问题》，民族出版社1994年版，第238页。

"三个离不开"的关系，因此，"两个共同"首先反映出我国这样一个多民族国家，"国家的统一、人民的团结，国内各民族的团结，这是我们事业必定要胜利的基本保证"① 是中国共产党人在处理民族关系中根本基石。其次，在各民族之间的关系中，"我们说中国地大物博，人口众多，实际上是汉族'人口众多'，少数民族'地大物博'，至少地下资源很可能是'物博'"，少数民族与汉族的隔阂的根源是"历史上大汉族主义造成的"。② 中国民族关系的性质决定了"新中国的民族工作主要有两个历史任务：一是通过社会制度变革，引导翻身解放的各族人民走上社会主义道路；二是通过社会主义建设，加快各民族特别是少数民族和民族地区的经济社会发展，促进各民族的共同繁荣。"③ 事实上的不平等突出了民族是民族问题的关键，国家给予支持，各民族共同团结奋斗，才能实现共同繁荣进步。最后，"两个共同"要求我们在民族工作中，加大对少数民族，特别是西部少数民族地区发展的扶持力度，正如1999年6月17日江泽民在西安主持召开国有企业改革和发展座谈会时指出：

加快开发西部地区，对于推进全国的改革和建设，对于保持党和国家的长治久安，是一个全局性的发展战略，不仅具有重大的经济意义，而且具有重大的政治和社会意义。加快中西部地区发展的条件已经基本具备，时机已经成熟。从现在起，这要作为党和国家一项重大的战略任务，摆到更加突出的位置。④

（二）"两个共同"有利于形成各民族共同的理想信念，增强中华民族和国家的凝聚力

民族凝聚力是维系一个民族生存与发展的内在力量，是衡量一个国家综合实力的重要标志。在多民族国家里，客观上就存在各民族的自我认同，各民族与国家的认同，在中国这样一个由汉族占人口绝大多数的多民族国家还存在着对中华民族的认同、对中华文化的认同问题。这几个认同之间有重叠的部分，也存在着不重叠的部分，民族关系、民族问题就十分

---

① 《毛泽东选集》第5卷，人民出版社1977年版，第263页。
② 刘先照主编：《中国共产党主要领导人论民族问题》，民族出版社1994年版，第120页。
③ 金炳镐主编：《民族纲领政策文献选编》，中央民族大学出版社2006年版，第767页。
④ 江泽民：《抓住世纪之交的历史机遇，加快西部地区开发步伐》，《人民日报》1999年6月19日。

复杂。共同的理想信念是凝聚各民族的精神旗帜，是解决民族问题的思想基础，是促进各民族共同团结奋斗、共同繁荣发展的根本动力。

"中国是一个统一的多民族结合而成的拥有广大人口的国家"，"中华民族是一个有光荣的传统和优秀的历史遗产的民族。"① 我们中华民族是由居住在这块地域里的各民族组成的多元一体，中国是居住在这块地域里的各民族共同创造的，各民族创造的文明融铸了底蕴浓厚的中华文化，创造了辉煌的历史和灿烂的文明。在漫长的历史发展进程中，我国各族人民相互依存，休戚与共，水乳交融，形成了中华民族多元一体的格局和强大的民族凝聚力。在统一多民族国家的形成与发展的过程中，中国也出现短暂的分裂、割据和几个政权并存的局面。但"无论封建王朝如何更迭，不论哪一个民族建立的政权，中国始终作为一个多民族国家存在于世界之林。"② 鸦片战争以后，在帝国主义的侵略扩张中，中国逐步沦为半殖民地半封建社会。帝国主义与中国的封建势力相互勾结，千方百计分裂祖国的统一和民族团结，不断策动少数民族上层反对统治阶级进行叛乱，制造民族矛盾，实行民族强制同化。国民党政府继承历代统治阶级的民族政策，对少数民族剥削压迫，无所不至。近代中国社会帝国主义与中华民族的矛盾，帝国主义封建统治与各民族的矛盾成为基本的矛盾。中国共产党成立以后，各民族在中国共产党的领导下，在共同反对帝国主义殖民统治和封建统治的斗争中，强化了中华民族的政治纽带和中华民族的整体意识，增强了中华民族的凝聚力。新中国的建立彻底消灭了阶级剥削和阶级压迫，为各民族平等团结、共同繁荣进步创造了良好的政治条件和制度保障。在中国特色社会主义的发展中，党和国家依据民族关系中各民族之间"三个离不开"的实际，根据民族平等、民族团结的基本原则，制定一系列帮助支持少数民族和民族地区发展的政策措施，协调各民族关系，促进民族和睦相处，通过各民族共同团结奋斗，实现了各民族经济社会快速发展。历史充分证明，中国特色社会主义为各民族的平等团结进步提供了共同的理想和信念，是解决民族问题的指导思想，是增强中华民族凝聚力的思想基础。"两个共同"是推进中国特色社会主义发展、实现社会主义共同富裕和人的全面自由发展价值目标的途径和基本要求。只有牢牢把握各

---

① 《毛泽东选集》（合订本），人民出版社1966年版，第585页。
② 彭英明：《新编民族理论与民族问题教程》，中央民族大学出版社1995年版，第130页。

民族共同团结奋斗、共同繁荣发展的主题，把全国各族人民的智慧和力量凝聚到全面建成小康社会的目标上，凝聚到走中国特色社会主义道路上，凝聚到实现中华民族伟大复兴的目标，就能为增强中华民族的凝聚力提供不竭的力量之源。

（三）"两个共同"是全面建成小康社会目标，建设中国特色社会主义的必然要求

党在民族工作方面的主题、根本任务与国家社会主义建设的奋斗目标是一致的。民族工作是中国特色社会主义的重要组成部分，中国特色社会主义是解决民族问题的根本途径，"两个共同"是中国特色社会主义发展的必然要求。胡锦涛指出：

我国的民族问题必须放到建设中国特色社会主义的全局中来解决，解决好民族问题又有利于推进建设中国特色社会主义。中国特色社会主义是我国各民族的共同事业，中国特色社会主义道路是解决我国民族问题的根本道路。只有全国各族人民坚持不懈团结奋斗，中国特色社会主义事业才能不断取得成就，并最终取得成功。同时，只有在中国特色社会主义事业不断发展的过程中，在国家综合实力不断增强的基础上，我国各族人民的根本利益才能不断得到实现和保障，我国各民族共同繁荣发展的局面才能不断形成和发展。①

党的十六大提出的全面建设小康社会的宏伟目标，就是集中力量建设惠及十几亿人口的更高水平的小康社会。实现全面建成小康社会的目标，必须保持社会生活各个领域的平衡发展，必须涵盖全国的每一个地方，必须惠及每一个民族的人民群众。随着我国社会主义市场经济体制的建立和发展，经济社会结构发生了深刻变化，城乡之间、区域之间、经济社会之间发展不平衡以及经济发展与环境保护之间的矛盾日益突出，这些不平衡和矛盾在民族地区往往反映得更为明显。全面建成小康社会就是要逐步缩小发展差距，实现区域间的协调发展，实现经济与社会的协调发展，最终实现全国各族人民共同富裕的目标。我国每一个民族都是祖国大家庭不可或缺的重要成员，是全面建成小康社会、加快我国社会主义现代化、坚持

---

① 金炳镐主编：《民族纲领政策文献选编》，中央民族大学出版社2006年版，第928—929页。

和发展中国特色社会主义的重要力量,是我国现代化建设的主体。全面建成小康社会是全国各族人民的共同目标,也是一项艰巨的战略任务,没有全国各族人民的团结奋斗、共同努力,全面建成小康社会就将成为空中楼阁;没有各民族的共同繁荣发展,全面建成小康社会就将成为无源之水。因此,"两个共同"是全面建成小康社会的必然要求,又是全面建成小康社会的重要保证。

党的十八大报告指出:"建设中国特色社会主义的总依据是社会主义初级阶段,总布局是五位一体,总任务是实现社会主义现代化和中华民族伟大复兴。""两个共同"在中国特色社会主义实践中对民族关系"两个离不开"和"三个离不开"思想的基础上,以社会主义初级阶段理论为依据,根据少数民族和民族地区经济社会发展的不平衡、不协调、不可持续的实际,从国家现代化建设五位一体的战略布局和实现中华民族伟大复兴事业的要求出发,提出了解决民族问题的根本要求,为我们贯彻落实好"发展是解决民族问题的关键的核心问题"的指导思想,确定民族工作的根本任务和协调民族利益矛盾,做好新世纪新阶段民族工作提供了思想指导。"两个共同"是实现社会主义现代化和中华民族伟大复兴的重要内容。贯彻落实"两个共同",创造和谐民族关系,维护祖国统一,是实现现代化建设五位一体的战略布局和实现中华民族伟大复兴事业的基本保证。

(四)"两个共同"是做好新世纪新阶段民族工作的根本指针

江泽民指出:"社会主义阶段是各民族共同繁荣兴旺的时期,各民族间共同因素在不断增多,但民族特点、民族差异将继续存在;民族问题是社会总问题的一部分,民族问题只有在解决整个社会问题的过程中才能逐步解决,我国现阶段的民族问题只有在建设中国特色社会主义的共同事业中才能逐步得到解决。"[①] 因此,共同团结奋斗、共同繁荣发展,与党的中心任务相一致,符合国家的整体发展目标,是民族工作的核心内容。

民族和民族问题的存在是一个自然的历史过程,只要有民族和民族差异存在,就有民族问题存在,这是马克思主义民族理论的一个基本观点。

---

① 金炳镐主编:《民族纲领政策文献选编》,中央民族大学出版社2006年版,第929—930页。

随着社会主义改革开放的深入发展，各民族之间的交往、交流、交融越来越频繁，民族间共性在不断增多的同时，民族的个性和相互间的利益差异也进一步凸现，民族问题出现了许多新的情况，对传统民族理论与政策提出了严峻挑战。民族矛盾是关系到国家稳定、社会和谐、发展进步的重要因素。从我国历史的发展看，各个王朝的兴衰治乱都与统治阶级能否妥善处理民族问题息息相关。对民族矛盾的认识和把握，关系到对民族问题的认识，决定着我们民族工作的主要任务，也是检验执政党领导能力和执政水平的重要标准。在中国特色社会主义发展的实践中，我们必须注意到民族差异的存在是客观的，但民族矛盾的冲突却具有复杂的社会原因。我国是一个多民族国家，由于历史起点、自然环境及社会诸因素的影响，各民族的发展是不平衡、不协调，这是民族问题产生的根源性原因。实现各民族协调发展，不仅需要国家通过特殊政策、优惠措施给予发展落后的少数民族地区积极的支持与帮助，更重要的是各民族发展的意识和自我发展的能力的不断提高，自强不息、自我奋斗精神的不断增强。胡锦涛指出："抓住'共同团结奋斗，共同繁荣发展'这个主题，就抓住了新形势下正确处理民族问题，做好民族工作的根本，就能把全国各族人民的意志和力量凝聚到国家发展上来，就能开拓我国民族工作更为广阔的发展前景。"[1]

"两个共同"深刻地揭示了各民族的发展不是一个民族对其他民族的恩惠可以解决的，是各民族的共同团结奋斗。改变各民族命运，实现各民族团结的基础是共同奋斗的精神。共同奋斗是社会主义民族关系的基本特征和重要内容，是马克思主义民族理论"平等"原则中国化的内容，共同繁荣发展是各民族共同团结奋斗的目标和结果。没有实现各民族的共同繁荣发展，就没有各民族之间的团结和睦相处。

四 坚持"两个共同"，推进中国特色社会主义在边疆多民族地区探索与实践

（一）贯彻落实"两个共同"，必须坚持发展是现阶段民族工作的主要任务，是解决民族问题的根本途径

现阶段民族问题往往表现为"经济问题与政治问题交织在一起，现

---

[1] 人民日报评论员：《国家统一是各族人民的最高利益》，《人民日报》2009年7月16日。

实问题与历史问题交织在一起，民族问题与宗教问题交织在一起，国内问题与国际问题交织在一起。"① 民族和民族地区长期以来存在着三大发展差距，即经济发展差距（地区人均 GDP 发展差距、城乡收入差距、城乡公共服务差距）、人类发展差距（生活水平差距、生活质量差距）和社会发展差距（教育差距、信息差距、技术差距、医疗卫生差距、交通运输差距、体制差距、思维差距、生活环境差距）。② 民族问题归根到底是发展问题，少数民族自身发展和民族地区经济社会发展相对滞后，是当前我国民族问题的集中体现。新中国成立以后，各民族从不同的起点上向社会主义过渡，各民族虽然获得了政治上的解放，但由于历史形成的巨大差距难以在短期内完全消除，因而民族地区经济文化的发展仍然面临着很大困难。而要消除历史上遗留下来的民族间事实上的不平等，彻底解决民族问题，使少数民族真正跻身于先进民族的行列，唯一的途径就是帮助少数民族大力发展生产力，全面发展少数民族的经济文化，把脱贫致富作为根本任务，这是解决民族问题的关键。

随着改革开放和现代化建设的进一步深入推进，我国西南边疆少数民族和民族地区在经济社会发展上取得了前所未有的成就。民族地区经济快速发展，人民生活水平不断提高；少数民族和民族地区的教育、科学、文化、卫生、体育等社会事业全面发展；少数民族干部和人才培养取得了新突破；民族区域自治制度不断得以加强和完善；社会主义新型民族关系不断得到巩固和发展。这些成就，大大改变了少数民族和民族地区长期贫困落后的面貌。但是，我们必须清醒地认识到，少数民族和民族地区的发展是相对的，民族地区的小康只是低水平、低层次的小康，特别是一些民族地区，自然生态环境恶劣，交通闭塞，基础设施落后且不健全，信息不通畅；由于受地理条件的限制，经济结构不合理，经济效益差，市场机制不健全，发展基础薄弱，教育落后，人才紧缺，自身发展能力严重不足，与东部发达地区的差距有不断扩大的趋势。少数民族和民族地区有着强烈的发展愿望，但民族地区经济社会要进一步发展，面临着一些突出的困难和问题。民族地区面临解决贫困人口温饱问题和全面建成小康社会的双重任

---

① 胡锦涛：《在中央民族工作会议暨国务院第四次全国民族团结进步表彰大会上的讲话》，《人民日报》2005 年 5 月 27 日。
② 胡鞍钢、温军：《社会发展优先：西部民族地区新的追赶战略》，《民族研究》2001 年第 3 期。

务，加快发展的任务艰巨繁重。

江泽民指出："加快少数民族和民族地区的发展，是我国社会主义事业的本质要求在民族工作中的体现，也是党的民族政策的基本出发点和归宿，民族地区地域广大，资源丰富，潜在市场广阔，战略地位十分重要。在国家未来的发展战略中，加快民族地区的发展将摆在更加突出的位置。"① 作为社会学范畴，发展是指一个社会"以经济增长为基础的社会政治、经济、文化等结构、体制的演进和变革，特别是指从传统社会向现代社会的转化和变迁"。由此可见，社会发展是指作为一个系统的社会的全面进步，既包括了组成社会的各方面要素如经济、政治、文化的发展和进步，也包括了组成社会的主体即人的发展和进步，其最终目的在于改善作为社会主体的人的生存环境，提高人的生活品质，满足人的物质和精神需求，从而推动和促进人的全面发展。实现"两个共同"要求我们按照建设中国特色社会主义实现现代化和中华民族伟大复兴的总任务，各民族共同团结奋斗，大力加强民族地区的经济建设，加快政治、文化、科教文卫等社会事业的建设步伐，实现少数民族自身和民族地区经济社会的全面发展，消灭民族之间事实上的不平等，使少数民族和民族地区赶上汉族和发达地区的发展水平，为实现民族之间的共同繁荣发展提供强大的物质基础和人才保障，才能促进和保证中华民族的全面伟大复兴。

（二）贯彻落实"两个共同"，必须坚持国家政策和发达地区的强有力支持，坚持各民族共享改革发展成果、共同繁荣进步，不断缩小各民族之间的发展差距

当代中国，民族问题表现为少数民族和民族地区要求加快发展和发展能力不足的矛盾。国家政策是国家权力实施权力分配资源配置的重要手段。在多民族国家里，国家利用特殊政策和采取优惠措施，是国家支持和帮助经济社会发展水平比较落后的少数民族和民族地区加快发展的重要手段。在加快少数民族和民族地区发展问题上，我们党一贯坚持人民主体地位和走共同富裕道路的价值取向，通过针对少数民族地区采取差别化照顾政策和与发达省市对口帮扶政策，努力加快少数民族和民族地区经济社会

---

① 金炳镐主编：《民族纲领政策文献选编》，中央民族大学出版社 2006 年版，第 832 页。

发展。各民族既是中国特色社会主义建设事业的主体，也是实现民族地区发展的主体。没有全国各族人民的共同奋斗、共同发展和共同繁荣，国家繁荣富强和中华民族伟大复兴的目标是实现不了的。坚持以人为本，尊重人民的主体性地位，就是要做到发展为了人民、发展依靠人民、发展的成果由人民共享。近年来，胡锦涛同志先后就新疆南疆发展问题、云南德宏州部分景颇族群众生活困难问题、红河州和西双版纳州莽人和克木人贫困问题等作出重要批示，要求研究特殊情况，把握特殊规律，制定特殊扶持政策。这集中体现了我们党发展为了人民、发展依靠人民、发展成果由人民共享的理念，生动反映了我们党立党为公、执政为民、全心全意为人民服务的宗旨。随着国家综合国力的不断增长，党和国家不仅有责任，也有更多更好的能力和资源支持和帮助少数民族和民族地区的发展。坚持"两个共同"民族工作主题要求我们要在国家政策和实施措施上给予少数民族和民族地区更大的倾斜，从经济、资金、财政、税收、投资、产业等方面，支持和帮助发展水平较低的少数民族和民族地区加快经济发展，特别是关注并帮助那些处于特困状态的少数民族、边疆不发达地区的少数民族和人口较少民族加快发展。同时，加大民生工作的力度，高度重视改善民族群众的物质生活条件，提高他们生活水平，注重政治、文化、科教、卫生、生态环境的协调发展，促进民族地区社会的全面进步与和谐发展，缩小各民族之间的发展差距，巩固和发展社会主义新型民族关系，促进各民族的共同繁荣。

（三）贯彻落实"两个共同"，必须不断提高我们正确认识和处理民族问题的能力，巩固和发展"平等、团结、互助、和谐"的社会主义新型民族关系

民族关系是多民族国家在民族和经济社会发展中必须面对和处理的社会问题，其本质是利益关系，调整和处理好这种利益关系，需要我们从多维度、全方位来予以考虑。民族关系总是存在于不同民族的社会生活和交往联系的过程中，坚持民族的平等、团结、互助、和谐是我们党处理民族关系的基本原则，同时，我们党也把确立和发展平等、团结、互助、和谐的民族关系作为民族工作的重要目标。坚持"两个共同"，必须坚持在共同繁荣发展、维持利益关系平衡的基础上巩固和发展"平等、团结、互助、和谐"的社会主义新型民族关系，这种"平等、团结、互助、和谐"

的民族关系又能进一步保证实现各民族的共同繁荣发展,维护来之不易的发展成果。

2006年5月,胡锦涛到云南调研时提出,要"牢牢把握各民族共同团结奋斗,共同繁荣发展的主题,坚持和完善民族区域自治制度,大力推进民族团结进步事业,不断巩固和发展平等、团结、互助、和谐的社会主义民族关系"。胡锦涛指出:"在我国56个民族的大家庭中,人口较少民族有22个,其中独龙族、怒族、德昂族、阿昌族、普米族、基诺族、布朗族就在云南。"针对云南民族工作的特点,胡锦涛强调"更应该高度重视和切实做好民族工作"。一个"更"字,充分体现和寄托了党中央对高度重视和切实做好民族工作的极端重要性、紧迫性的殷切期望。2009年7月,胡锦涛再次强调:

我国是统一的多民族国家,各民族都是中华民族大家庭的重要成员。民族团结是党和人民事业胜利的重要保证,是民族地区繁荣发展、各族人民幸福安康的重要保证。我们一定要高举各民族大团结旗帜,把促进民族团结作为神圣职责,同各族干部群众一道,为加快民族地区经济社会发展,为巩固和发展平等团结互助和谐的社会主义民族关系作出新的更大的贡献。①

平等是指不同民族处于同等的地位,具有相同的权利,履行相同的义务;团结是指不同民族的友好、和睦、协调和联合;互助是指为了实现共同的利益和目标,相互协作、相互帮助、相互支持、共同发展;和谐是指互利互惠、互促互补、和睦相处、和衷共济、和谐发展。

和谐是民族利益之间平衡状态的表现形式,是在承认各民族差异和不同发展水平基础上形成的一种平衡状态。和谐从实质上体现的是各民族在利益占有和分配关系均衡结构的表现形态。随着中国改革开放的深入发展,社会利益矛盾的分化日益加剧,各民族之间利益矛盾也出现上升的态势。贯彻落实"两个共同",正确区分和处理好利益矛盾,通过团结、教育、化解等手段,促进发展平等、团结、互助、和谐的社会主义新型民族关系已经成为民族工作的重要内容。在我国改革开放和市场经济建设进一步深入推进的形势下,必须正视利益分化的现实,把少数民族和民族地区

---

① 孙承斌:《在七彩土地上谱写更加壮丽的篇章——记胡锦涛总书记在云南考察工作》,《中国青年报》2009年7月29日。

纳入国家的整个现代化进程，弥补少数民族和民族地区发展过程中的不足和差距，弥合因这种不足和差距带来的社会价值观念和共同理想信念的分裂，对少数民族和民族地区合理的利益诉求予以重视并作出必要回应，妥善处置和有效化解因利益问题引发的社会矛盾，维护民族关系的真正和谐和社会稳定。巩固和发展平等、团结、互助、和谐的民族关系，是实现各民族共同繁荣发展的重要条件和根本保障，是各族人民的共同愿望和根本利益所在。

（四）贯彻落实"两个共同"，必须注意尊重和保护少数民族的传统文化

文化是民族的标志和灵魂，民族文化是各民族在其历史发展过程中创造和发展起来的具有本民族特点的文化，是凝聚和内化民族力量、激励和促进民族发展的强大动力。中华民族在漫长的形成和发展历史中，形成了自己光辉灿烂的文化，在中华民族的大家庭里，各民族也有着具有本民族特点的文化，这种文化对于民族的延续，不论在过去还是现在都有着特别重要的意义。因此，了解一个民族，必须了解这个民族的文化；尊重一个民族，必须尊重这个民族的文化；发展一个民族，必须发展这个民族的文化。[1] 重视和保护少数民族文化，是民族平等的重要体现，也是增强民族团结的重要保证。多样化且相互交融的各民族优秀传统文化是各民族和睦相处、和衷共济、和谐发展的社会心理基础。

我们党和政府历来高度重视少数民族文化工作，制定和实施了一系列法律法规，采取有效措施积极支持和帮助少数民族发展繁荣文化事业。这包括发掘和保护少数民族语言文字，抢救和保护文化遗产，维修和重建大量少数民族文物古迹；收集、整理、研究和开发大量的民族民间文化艺术；重视并建立少数民族文化研究和传承人才的培养和教育机制；在继承传统文化的基础上，支持少数民族文化创新，各地创作和推广了一大批具有浓郁民族特色、体现时代气息的少数民族文化精品；少数民族语言文字新闻出版、广播影视事业不断发展；组织开展形式多样、内容丰富的文化活动，大力促进少数民族文化的对内对外交流。这些政策措施的落实，推

---

[1] 李德洙：《大力发展少数民族文化，积极推进和谐社会建设》，《求是》2007 年第 1 期。

动少数民族文化事业的繁荣和发展,形成各民族发展中各具特色、和谐发展、共同繁荣的中华文化格局。"历史和现实表明,多样态民族文化的保存使中华民族始终不失生机和创造活力。"① 2009年7月5日,国务院正式下发了《国务院关于进一步繁荣发展少数民族文化事业的若干意见》,2011年10月,党的十七届六中全会做出了深化文化体制改革,推动社会主义文化大发展大繁荣的决定,这进一步创造了有利于少数民族文化发展繁荣的条件,有利于加强西南边疆少数民族文化的继承、发展和创新,加大文化对民族地区的经济发展支持力度,促进文化发展体制转型,不断推动和促进民族文化事业的繁荣和发展。

在尊重各民族语言、文字、宗教、风俗习惯等文化多样性,保护少数民族文化的同时,我们必须注意到,从历史上看,在中华民族大家庭的形成过程中,尤其是在近现代史上,中华各民族共同面临着亡国灭种的严重危机,在共同抵御外敌入侵、反对分裂、实现中华民族独立解放的伟大斗争中,各民族在历史上形成的不可分离的关系变得更加牢固,各民族福祸与共、休戚相关的命运共同体的特征更加凸显,各族人民作为中国历史主人的责任感得到了进一步激发和增强,中国各民族共同的文化和心理特征更趋成熟,在共同的理想信念和追求的指引下,这种认同和凝聚力量成为中华民族不断向前发展和实现伟大复兴的不竭动力。在中国社会主义建设事业发展的新阶段,这个共同理想具体就是:高举中国特色社会主义伟大旗帜,以邓小平理论、"三个代表"重要思想、科学发展观为指导,解放思想,改革开放,凝聚力量,攻坚克难,坚定不移沿着中国特色社会主义道路前进,为全面建成小康社会而奋斗。这是在现在和未来相当长的一段时间内全国各族人民的根本利益和共同信念,必将激励各民族团结一心,共同奋进。

(五)贯彻落实"两个共同",必须坚持加强民族理论和政策的教育,提高各民族对国家、中华民族、中华文化的认同

胡锦涛指出:"本世纪头20年,是我国改革发展的重要战略机遇期,也是促进我国各民族共同繁荣进步的关键时期。必须围绕全面建成小康社会的宏伟目标,牢牢把握各民族共同团结奋斗、共同繁荣发展的主题,努

---

① 唐志君:《中国民族关系格局推进的历史启示》,《新疆社科论坛》2012年第6期。

力把民族工作提高到一个新的水平。"① 第一，各级领导干部都要坚持学习和实践马克思主义民族理论，深入学习党的民族政策，学习民族学、人类学、社会学和宗教学等有关民族问题的知识，不断丰富自己为做好民族工作所需要的各方面知识。要加强调查研究，深入研究新情况、解决新问题，进一步认识和把握新的历史条件下民族问题发展变化的特点和规律，创新民族工作的思路和方法，不断提高驾驭和解决民族问题的能力。第二，要抓住国家实施西部大开发的历史机遇，牢固树立和落实科学发展观，加快少数民族和民族地区经济社会发展的步伐，不断改善少数民族群众的生活。要坚持和完善民族区域自治制度，全面贯彻落实民族区域自治法，用法律法规来保障少数民族和民族地区经济社会发展，用发展的成就不断充实实行民族区域自治制度的物质基础。第三，大力保护和发展少数民族文化。要尊重和保护少数民族文化，支持少数民族文化的传承、发展和创新，扶持少数民族文化产品的生产创作，鼓励各民族加强文化交流，深化民族地区文化体制改革，加大民族地区公共文化产品和服务的供给力度，不断繁荣少数民族文化事业。第四，要贯彻人才强国战略，加强少数民族干部和人才队伍建设。要加大少数民族干部队伍建设的工作力度，注重提高素质、改善结构，做好培养、选拔、使用少数民族干部的工作，努力建设一支德才兼备的高素质少数民族干部队伍。要把民族地区人才资源开发作为一项重大战略任务抓紧抓好，加强教育科技事业的建设，不断提高干部群众的综合素质，提升民族地区发展的智力支撑能力，促进人的全面发展。第五，大力发展教育、科技、卫生、就业和社会保障事业，不断提高民族地区基本公共服务水平，推动基本公共服务均等化进程。努力构建民族事务服务体系，不断提高民族事务管理和服务水平。

---

① 胡锦涛：《高举中国特色社会主义伟大旗帜，为夺取全面建设小康社会新胜利而奋斗——在中国共产党第十七次全国代表大会上的报告》，人民出版社 2007 年版。

第 三 章

社会主义初级阶段:西南边疆多民族地区中国特色社会主义探索与实践的总依据

党的十八大报告指出:建设中国特色社会主义,总依据是社会主义初级阶段,总布局是五位一体,总任务是实现社会主义现代化和中华民族伟大复兴。社会主义初级阶段是中国的基本国情,是我们建设中国特色社会主义的历史起点和逻辑起点,也是中国特色社会主义在西南边疆多民族地区实践探索的客观依据和出发点。在研究边疆多民族地区中国特色社会主义实践问题中,我们一方面要注意到边疆各民族同内地其他各民族一样,脱胎于半封建半殖民地社会,社会发展水平具有社会主义初级阶段的共同特征,另一方面,边疆各民族大多脱胎于原始社会末期、奴隶社会、封建领主社会等不同历史发展形态,与内地其他民族相比,还处于一个更低的发展水平。这种双重脱胎差异导致边疆多民族地区在实现现代化和全面建成小康社会的目标中,面临着比其他先进民族更艰巨、更复杂、更长期的历史任务。只有坚持用社会主义初级阶段理论来观察、探索和研究边疆多民族地区中国特色社会主义的实践,才能充分认识边疆少数民族地区现代化建设道路的长期性、复杂性和多样性,推动中国特色社会主义在边疆多民族地区的发展。

一 脱胎差异:西南边疆多民族地区社会主义现代化道路的历史起点

列宁深刻地指出:"以往的历史理论,至多是考察了人们历史活动的思想动机,而没有考究产生这些动机的原因,没有摸到社会关系体系发展的客观规律性，没有看出物质生产发展程度是这种关系的根源。"① 因此，研究历史现象不能超越其产生的历史根源和历史条件。西南边疆各民族从社会历史进程中的不同社会形态进入社会主义所表现出来的脱胎差异和代差效应，是中国特色社会主义在西南边疆多民族地区实践探索的历史起点和客观依据。

（一）西南边疆多民族地区是祖国多民族大家庭的缩影

云南是祖国多民族大家庭的一个缩影，据2010年云南省第六次全国人口普查统计，除汉族外，云南省共有55个少数民族，各少数民族人口为1 533.7万人，占总人口数的33.37%；在少数民族中，人口超过100万的民族有六个，即彝族、哈尼族、白族、傣族、壮族、苗族。其少数民族人口超过全省总人口的三分之一，是全国少数民族人口超过千万的三个省区（广西、云南、贵州）之一。少数民族人口总数仅次于广西壮族自治区，居全国第二位。云南是少数民族种类最多的省份，除汉族外，人口在5 000人以上的世居少数民族有彝、白、哈尼、傣、苗、傈僳、回等25个。云南少数民族分布表现为大杂居与小聚居交错，且多居住在边疆和山区。有的民族既有一定的聚居区，又杂居于其他民族中；有的民族高度集中于一个州市，甚至一个县一个乡中；有的民族则散居于城镇、交通沿线，或以村寨聚居。全省没有一个县是单一民族居住的县，回族、彝族在全省大多数县均有分布。

云南省是中国拥有少数民族种类最多的省份，为15个。在云南省世居的少数民族中，白、哈尼、傣、傈僳、佤、拉祜、纳西、景颇、布朗、阿昌、普米、德昂、怒、基诺、独龙15个少数民族80%以上的人口分布在云南省，称为特有少数民族。

云南是跨境民族最多的省份。云南省有25个边境县（市）分别与缅甸、老挝、越南接壤，边境线长4 061公里。跨境民族是指由于长期的历史发展形成的，紧靠边境两侧，居住直接相连，分居于不同国家的同一民族。云南省有彝、哈尼、壮、苗、傣、傈僳、拉祜、佤、瑶、景颇、布朗、布依、阿昌、怒、德昂、独龙16个少数民族跨境而居，是全国跨境民族最多的省份。

---

① 《列宁选集》第2卷，人民出版社1995年版，第586页。

云南省人口较少民族的民族和人口数均占全国的三分之一。全国人口在10万以下的民族有22个（统称"人口较少民族"），其中云南省有独龙族、德昂族、基诺族、怒族、阿昌族、普米族、布朗族7个，总人口约22.9万人，民族和人口数均占全国人口较少民族的三分之一，是全国扶持人口较少民族发展任务最重的省份。7个人口较少民族主要分布在9个州（市）、31个县的175个村委会1 407个自然村，覆盖人口31万人，其中人口较少民族17.06万人，占总人口的55%，占全省人口较少民族总人口的75%。2005年，7个人口较少民族聚居的175个村委会农民人均纯收入845.7元，为全省平均数的41.42%。①

云南是我国民族自治地方最多、实行区域自治的民族最多的省份。云南省共有37个民族自治地方，25个世居少数民族中有18个少数民族实行区域自治，是全国民族自治地方最多、实行区域自治的民族最多的省份。民族自治地方共78个县（市），占全省129个县（市）的60.47%；民族自治地方面积达27.66万平方公里，占全省总面积的70.2%；另外，还先后建立了197个民族乡（至2006年3月底，已调整撤并47个，现有150个民族乡）。②

云南有8个边境州（市），25个边境县（市）。25个边境县（市），占全省129个县市的19.37%，土地面积9.25万平方公里，占全省总面积的23.45%。其中22个县是民族自治地方，17个为国家扶贫开发重点县（其中，14个县为民族自治县）。2004年，边境县（市）总人口为596.99万人，占全省的13.5%，其中少数民族人口335.53万人，占边境县总人口的56.2%，占全省少数民族人口的23.68%。③云南省是"直接过渡"民族及其地区最多的省份。"直接过渡"民族地区范围涉及8州（市）中的20个边境县（市）及5个非边境县（市）。④

广西是一个多民族聚居的边疆省区。2008年，全区总人口5 049万人，其中，少数民族人口1 959万人，占全区总人口的38.4%。世居的民

---

① 云南省民族事务委员会编：《团结友爱民族大家庭》（内部资料），2007年2月，第18页。
② 同上书，第7页。
③ 同上书，第6页。
④ 云南省民族事务委员会经济发展处编：《云南民族经济工作手册2005》（内部资料），云新出（2005）准印字300号，第139页。

族有壮、汉、瑶、苗、侗、仫佬、毛南、回、彝、水、京、仡佬等12个，其中，壮族是我国人口最多的少数民族，有1 665万人，在祖国大家庭中其人口总量仅次于汉族，占全区总人口的32.8%，占全国壮族人口的90%以上。全区8个边境县（市）总人口249万人，少数民族人口202万人，占81%。8个边境县中有3个国家级扶贫开发重点县（市），5个县（市）为区级扶贫开发重点县（市）。

（二）脱胎差异：边疆多民族地区进入社会主义的突出特征

新中国成立初期，云南省少数民族地区经济社会发展严重落后，发展不平衡，呈现出历史发展阶段上的立体交叉结构形态。历史所形成的各民族进入社会主义社会的脱胎差异特征，是我们探索中国特色社会主义道路的历史起点。

第一种社会历史类型：主要有脱胎于原始社会末期的独龙族、怒族、傈僳族、基诺族、景颇族、德昂族、佤族、布朗族等少数民族。在20世纪50年代，社会经济结构中保有浓厚的原始公社残余。阶级分化不明显，土地占有不集中，生产力发展水平低下，大部分地区实行刀耕火种，水田很少；保持着或多或少的土地公有、共耕、伙种等原始社会的生产关系；开始出现不同程度的蓄奴、雇工、土地租佃等关系。贡山县独龙族，人口约2 000人，分为15个氏族和54个家族（自然村）。每个家庭有领导的主持祭祀的家族长。生产工具有点种玉米的木棍和种小米的木锄，或在小木锄尖上包一点外地买来的铁皮。近百年才从藏族地区传入刀耕火种的砍刀和斧。能织粗麻布、编制藤竹箩筐，以物易物进行交换。解放前夕，以一个自然村为单位组成家庭公社，实行生产资料公有制和分配上的平均主义。一个家族公社分裂为几个称之为"宗"的父系大家庭。每个家庭通常住在一间大而长的公共房屋里，分隔成若干个小火塘，最长的房屋有15个小火塘，一个火塘是一个大家庭内一对夫妻的小家庭。每个大家庭由年长者担任家长，在公共土地上共同劳动，收获物存入由主妇（祖母）管理的大家庭的公共仓库。各个小家庭也可在大家庭旁边开一些自留地，收获物归小家庭的小仓库。大家庭伙食由各小家庭轮流煮饭，大仓库粮食用完了，再取之于小仓库。一年有半年缺粮食，靠采集、渔猎补充。

除独龙族以外的边疆各民族，大部分处于从原始社会向阶级社会过渡阶段，既保留着或多或少的土地公有，又出现了不同程度的蓄奴、雇工、债利及土地租佃等剥削关系。西盟县及澜沧县雪林乡和沧源县的岩帅镇是阿佤山腹心地区，约4万人，保持着较为完整的家长奴隶制。土地私有制已经确立，出现了贫富分化和占人口4%—5%的债务奴隶。奴隶多是儿童和少年，可以买卖。奴隶作为奴隶主的家庭成员，从事辅助劳动，和自由人之间没有严格的区别，不存在世代为奴和终身奴隶。

第二种社会历史类型：云南宁蒗地区的彝族保有奴隶制的基本特征。在彝族奴隶制社会中，奴隶主和奴隶是两个主要阶级，等级森严，统治严酷。按父系血统分为四个等级，即诺（黑彝）、曲诺、阿加和呷西。奴隶主由占人口7%的黑彝组成，占有70%以上的土地和牲畜，并不同程度地占有奴隶的人身。"曲诺"隶属于奴隶主，是被统治阶级的最上层，约占人口的50%，有一定的人身自由和独立的经济，一般带有少量的奴隶和生产资料，但每年必须服一定时间的劳役，不受其他多种剥削。"阿加"意为主子门内的奴隶，占人口的33%，由奴隶主拨给少量耕地，但很少有人身自由，可以买卖虐杀，大部分时间为主子无偿劳动，所生子女被奴隶主占有去当呷西。"呷西"约占总人口的10%，是等级最低的奴隶。呷西人身完全隶属于奴隶主，一无所有，终年为主子从事劳动，奴隶主对他们具有生杀大权。小凉山地处滇西北山区，山高路险，交通极为不便。彝族社会处于孤立和封闭的状态。刀耕火种的方式、大烟的广泛种植造成土地贫瘠、粮食短缺，手工业和商业很不发达，文化教育几乎是空白，医药卫生条件很差，小凉山没有一个专门的医生。

第三种社会历史类型：在云南迪庆、西双版纳、德宏地区的藏族、傣族、哈尼族等民族居住的地区，人口约500万，仍存在封建领主制和封建奴隶制。迪庆藏族地区属于政教合一的封建农奴制。不到总人口1%的土司和上层喇嘛把握着经济政治大权，通过份地把广大农奴紧紧束缚在土地上。约占总人口6%的有势力的伙头、老民把持了基层实权，大量霸占绝户地，奴役农奴，把一切封建劳役和苛派转嫁到农奴身上。土司、寺庙还有法庭、监狱和军队等暴力工具，归化寺武装喇嘛有五百多人，地方政府都要依靠其庇护。他们对广大农奴施以挖眼、抽筋等酷刑，同时还四处武装抢掠，给藏族和邻近各民族人民带来沉重的灾难。领主拥有庄园和依附在土地上的农奴。农奴占有一小块"份地"，份地有两种：一种是官田，约占总耕地的90%，种地的农奴要交粮赋，负担地方差役。另一种叫"寺田"，不负担地方赋役，但有寺庙负担和杂役。西双版纳傣族社会是以村社为基础的封建领主制。"召片领"是全区36个"召勐"的最高土地所有者,一切土地、山林、河流等都属于最高领主"召片领"所有,土地不得买卖转让,农民种田要为领主承担劳役。土地占有形式有四种:一是领主直接占有的土地,占总耕地面积的14%,征派农民自带工具,轮流代耕,产品全部归领主所有。二是村社占有的土地,占总耕地面积的58%,村社把一部分份地定期均分给村社成员耕种,条件是承担村社的内外负担。三是家族占有土地,存在于保留家族组织的村社,同样承担村社的内外负担;四是私有土地,约占耕地面积的9%,主要是村社成员开垦的荒地。"熟荒三年,生荒五年"后重新归村社集体占有。封建领主利用历史上残留的村社分配方式的陈规,以村寨为单位,把土地、官租、劳役等税赋负担分摊给农奴。

第四种社会历史类型:云南省的大理、丽江白族、纳西族居住的地区则处在地方经济阶段。农业是白族主要经济部门。90%以上的人从事农业生产,使用铁制工具,耕作技术先进,精耕细作。坝区土地大部分集中在封建地主、富农手中,他们凭借特权,常用地租、押金、高利贷、雇工等残酷手段剥削农民。少数民族农民不仅受本民族地主剥削,同时,还受汉族和其他民族地方的剥削。近代以来,大理白族地区手工业生产逐渐脱离农业,形成地区性的专业作坊。资本主义工商业得到进一步发展,出现了一些小型加工业,因而也出现了资本家和工人阶级。在抗日战争时期,先后出现了"永昌祥""锡庆祥""福春恒"等大商行。

列宁指出:"一切民族都将走到社会主义,这是不可避免的,但是一切民族的走法却不完全一样,在民主的这种或那种形式上,在无产阶级专政的这种或那种类型上,在社会生活各方面的社会主义改造的速度上,每个民族都会有自己的特点。"[①] 云南少数民族一方面脱胎于中国半殖民地半封建社会的母胎,处于社会主义的初级阶段;另一方面,大多数少数民族脱胎于原始社会末期、奴隶社会、封建领主社会等不同历史发展阶段,还处于社会主义初级阶段的低层次,解决温饱、摆脱贫困、发展生产力的任务比内地、发达地区更突出。再加上民族问题的复杂性和长期性,边疆多民族地区探索中国特色社会主义道路,实现社会主义现代化的任务就更加艰巨复杂。根据边疆多民族地区走社会主义道路的脱胎差异,研究由这

---

① 《列宁全集》第23卷,人民出版社1958年版,第64—65页。

种脱胎差异产生的代差效应，是我们探索中国特色社会主义道路的历史起点和总依据。

二 社会主义制度的建立为云南各民族共同团结奋斗、共同繁荣发展奠定了制度基础，创造了政治条件

新中国成立后，中国共产党从边疆少数民族地区面临的形势和任务出发，在探索马克思主义民族理论中国化的实践进程中，坚持实事求是的思想原则，采取了一系列特殊的方针、政策和措施，建立了社会主义制度，为实现各民族平等、团结、繁荣奠定了制度基础，创造了政治条件。

（一）"慎重稳进"：边疆少数民族地区实现社会主义的指导方针

党的七届三中全会上，毛泽东就民族关系问题指出，民族工作要慎重地做，一个条件成熟了，其他条件不成熟，也不要进行重大改革。[①] 1950年10月1日，周恩来总理指出："对于各民族的内部改革，则按照各民族大多数人的觉悟和志愿，采取'慎重稳进'的方针。"[②]

"慎重稳进"的方针是党的第一代领导集体推动马克思主义民族理论中国化重要的实践成果，是在中国共产党处理多民族国家民族问题和民族关系的工作指导方针，是我们实现"各民族共同团结奋斗、共同繁荣发展"必须坚持的历史经验和基本原则。在"慎重稳进"方针的指导下，我们在边疆多民族地区采取了适合边疆多民族地区实际的一系列不同于内地的政策，实现了边疆各民族跨越式发展，建立了社会主义制度。

（二）通过民族识别，确认民族平等的主体

要实现民族平等，促进民族团结，处理好民族关系，解决好民族问题，首先就要确认民族平等的主体。民族识别就是要搞清楚两个问题，一是搞清楚是汉族还是少数民族；二是搞清楚如果是少数民族，是单一的少

---

① 陈方斌等编：《中国共产党执政五十年》，中共党史出版社1999年版，第19页。
② 《当代中国的民族工作》编辑部：《当代中国民族工作大事记》，民族出版社1989年版，第12页。

数民族，还是某一少数民族的支系，并且确认其族称。新中国成立初期，云南少数民族的种类和分布情况十分复杂，各地上报的少数民族种类多达260多个。为了贯彻党的民族平等政策，进一步查清云南少数民族的现状，结束旧中国遗留下来的族体和民族成分、族称混乱不清的状况，1954年云南省组成"云南民族识别调查组"深入云南少数民族地区进行调查。经过大量的调查研究，确定了云南少数民族的称谓。至1954年年底，经省委讨论，中央民委认定，云南共有少数民族21种。① 1979年6月，经国务院批准，基诺人确定为基诺族，成为我国民族大家庭中的一员。1987年8月，云南省政府根据全省苦聪人的意愿，批准恢复拉祜族称谓。

（三）坚持分类指导，完成民主改革，建立社会主义

新中国成立时，面对各民族的社会发展处于不同历史阶段的复杂情况，我们党坚持调查研究，以"慎重稳进"的方针为指导，因地制宜、分类指导，根据各民族社会发展的不同情况，采取稳妥的政策措施，先后在民族地区顺利地完成了民主改革。

1951年8月，云南省委根据党的土改政策，部署全省土地改革工作。根据云南各少数民族地区地处边疆、民族众多、经济社会状况复杂的情况，制定了"因地制宜、分类指导"的社会主义改造指导方针。采取了五种土地改革方式：一是在云南坝区已经进入封建地主经济的少数民族地区，采取与汉族大体相同的土地改革；二是对居住在高寒山区的少数民族采取稍宽于汉族地区的政策；三是为减少对边境和国外的影响，对与边境相邻的少数民族地区，采取了比较温和的缓冲区政策；四是对保留着土司制度或处于封建领主制的傣族、哈尼族等少数民族地区，采取"自上而下和平协商解决土地问题"的改革方式；五是对阶级分化不明显、土地占有不集中、生产力水平低下的独龙族、怒族、傈僳族、基诺族、德昂族、佤族、布朗族等少数民族地区采取了"直接过渡"的方式，成功解决了处于不同社会发展阶段的民族共同进入社会主义的问题。②

在引导各族人民走社会主义道路中，中共云南省委坚持稳步推进的方

---

① 《云南民族工作40年》编写组编：《云南民族工作40年》上卷，云南民族出版社1994年版，第276页。

② 钟世禄主编：《云南民族"直过区"经济社会发展研究资料汇编》，云南民族出版社2006年版，第4页。

针,强调办合作社必须经过试点,入社自愿,并有许多具体政策规定,如社队规模不宜过大、照顾少数民族特殊需要等,以保证合作化的健康发展。在边疆完成民主改革后,开始仅在一些工作基础好的地方试办初级合作社,并派出一批干部帮助工作。合作化中,解决了土地等生产资料私有的问题,培养了一批基层干部,建立了党的组织,生产也得到发展。

(四) 国家对边疆多民族地区发展生产提供了支持和帮助

1956年至1964年,国家专设"直过区"经费4 450万元,加强"直过区"基础设施建设,帮助兴修水利、建房、修筑公路和人马驿站;无偿提供农具、籽种、粮食、食盐、衣物等;对供应直过区的商品,采取"不赚不赔、有赚有赔、以赚补赔"的特殊贸易政策。从1952年开始,中央特设"少数民族教育事业补助费",解决少数民族学校的设备、教师待遇、学生生活等特殊困难。1952年,党和国家拨给广西省少数民族地区各种生产救灾专款823万元,赎买耕牛8 909头,添置农具20多万件,购买种子15万公斤。完成民主改革的民族地区,开始进入社会主义改造阶段。通过社会改革,民族压迫剥削制度被废除,人民民主政权得以巩固,民族平等得到实现。

(五) 实行民族区域自治,保障各民族人民当家做主的权利

从1950年开始,我国在少数民族地区推行了民族区域自治,建立了一批不同行政级别和多种类型的民族自治地方。1951年4月,中共云南省委发出《关于目前少数民族工作问题的指示》,指示在民族聚居区实行民族区域自治。同年5月,云南省委又发出《关于成立民族区域自治的指示》,对实行民族区域自治作出具体部署。

1951年5月12日,云南省成立了峨山彝族自治区,这是全省第一个县级民族自治地方。1955年10月16日,建立耿马傣族佤族自治县;1956年9月20日,建立宁蒗彝族自治县;1956年10月1日,建立贡山独龙族怒族自治县,撤销贡山独龙族自治区;1956年11月,建立巍山彝族自治县、永建回族自治县,后来将两个自治县合并为巍山彝族回族自治县,以1956年11月9日为自治县成立时间;1956年12月31日,建立路南彝族自治县,撤销圭山彝族自治区;1953年1月24日,建立西双版纳傣族自治区,成为全省第一个专区级的民族自治地方;1956年11月22日,

建立大理白族自治州；1957年9月13日，建立迪庆藏族自治州，撤销德钦藏族自治区；1957年11月18日，建立红河哈尼族彝族自治州，撤销红河哈尼族自治区，撤销弥勒彝族自治区。经过撤并调整，至1957年，全省共建立了6个自治州、9个自治县，还有12个民族区、403个民族乡。[①]

社会主义制度为实现各少数民族和民族地区的现代化，实现各民族间的平等团结和共同繁荣进步创造了政治条件，奠定了制度基础。

三　西南边疆多民族地区社会主义进程中的曲折与反复

从不同的社会发展形态进入社会主义所形成的社会发展，存在脱胎差异，但消灭了阶级剥削，消除了民族不平等的社会政治根源，为实现边疆各民族政治权利平等和民族团结创造了政治条件，为推进边疆各民族地区的现代化建设奠定了制度基础。但要消除各民族间存在的事实上的不平等，实现处于不同经济、文化、社会发展水平的边疆各民族经济、文化、社会事业的全面进步，真正实现社会主义现代化目标，其艰巨性、复杂性、长期性远远超过发达地区。然而，在极"左"思潮的影响下，党和国家的一整套民族政策被否定，少数民族和民族地区发展处于停滞甚至倒退的状态，社会主义民族关系遭到严重破坏，民族平等政策得不到贯彻执行。

（一）理论上"民族问题的实质是阶级问题"的错误导致了阶级斗争扩大化，破坏了党的民族政策、宗教政策，使得民族关系紧张，民族团结受到严重影响，经济停滞不前，人民生活十分困难

1. 阶级斗争扩大化激化了民族矛盾，制造了民族关系的紧张

据1958年8月不完全统计，广西壮族自治区少数民族干部被划为右派分子、地方民族主义共有709人。1971年8月24日，中央对新疆、云南关于少数民族地区和牧区划分阶级成分问题的请求报告做出批示，原则同意两个省、区在没有划过阶级成分或过去虽然划过，但没有划清的少数民族地区，参照西藏社会主义改造中执行的原则和政策划分阶级成分。

---

① 云南省民族事务委员会编：《云南民族团结进步事业光辉历程（1949—2009）》，云南民族出版社2009年版，第78页。

不适当划分阶级，不仅在产生初步剥削的边疆少数民族地区展开，而且扩展到还尚未产生阶级剥削的"直过区"，造成阶级斗争扩大化，激化了民族矛盾，制造了民族关系的紧张。据云南省保山、临沧、德宏、文山、红河等10个地州的不完全统计，把贫下中农和其他劳动阶级划为地主、富农和其他剥削阶级的达7 605户。据保山地区的不完全统计，共抄家3.06万户，被抄财物约1 000万元。① 1969年，云南省三万余边民离境外迁。新中国成立以来各个时期，云南边疆少数民族地区边民外迁达到28万多人，其中主要集中在大跃进和"文化大革命"两个时期，约19万人。②

2. 在"建设政治边防"中伤害了不少少数民族干部和群众

1968年12月，云南省主要负责人在河口县红河公社座谈会上说："瑶山地区要搞阶级斗争，不搞阶级斗争，成立了公社，还是假的。""农村问题，就是要搞阶级斗争，边疆也一样，没有什么特殊的，不搞阶级斗争搞什么？"云南省共抽调83 000多人，组成"建设政治边防"工作队11 485个，进驻边防地区，到沿边村寨行使各项职权，替代地方原有各类组织和民族干部。

3. 在全省民族地区制造了大批冤假错案，最为严重的是发生了破坏党的民族政策、宗教政策的"沙甸事件""瑶山事件"

"民族问题的实质是阶级问题"给党、国家在边疆少数民族地区的执政造成了理论上的混乱和实践上的曲折与反复，给边疆各族人民带来严重灾难，严重损害了党和各少数民族之间的关系，严重破坏了边疆少数民族地区经济社会的发展，对边疆的稳定和民族地区的现代化建设造成了严重的后果。

（二）指导思想上否认民族问题的"特殊论""落后论""条件论"，严重损害少数民族利益，破坏边疆多民族地区的稳定，激化民族矛盾和冲突

社会主义时期是民族发展的繁荣时期，而不是民族的消亡时期，民族

---

① 当代云南编辑部编写：《当代云南简史》，当代中国出版社2004年版，第305页。
② 中共云南省委民族工作部：《关于外出边民回归意见》（内部资料），1983年12月27日。

差别和民族特点在这一时期将长期存在，这是马克思主义民族理论的基本原理之一。边疆少数民族地区与全国的社会发展水平相比较，存在一定的历史差距，并且这种差距很大。这种由脱胎差异导致的代差效应是客观存在的，是边疆少数民族地区建设社会主义的历史起点和客观依据。承认边疆少数民族地区的复杂性、落后性和工作条件的特殊性，有助于我们清醒地认识到边疆少数民族地区走社会主义道路的复杂性、特殊性和长期性，使我们的政策措施能够更加实事求是，符合实际。否认和反对民族问题上的"特殊论""落后论""条件论"，搞"一刀切""一律化"实质上是抹杀了边疆少数民族地区的特点，否定了边疆少数民族与内地、发达地区的历史差距和现实发展差距，必然导致实践中严重损害少数民族利益，破坏边疆多民族地区的稳定，激化民族矛盾和冲突。

(三) 制度建设上取消民族区域自治，民族政策遭受严重破坏

云南省实际撤销了西双版纳、德宏、迪庆、怒江四个自治州，分别划归思茅、保山、丽江三个地区领导。此外，撤销各级民族工作部门，中共云南省委边疆工作委员会、云南省民族事务委员会等民族工作机构以及省民族工作队都相继被取消，云南民族学院被迫停办，民族工作完全陷入瘫痪。发展民族教育、培养民族干部、少数民族语言文字的使用和发展、宗教信仰自由、尊重民族风俗习惯、少数民族特需商品的生产和供应等一系列的民族政策遭到严重破坏，无法真正贯彻落实，使各少数民族的诸多社会权利无法保障和落实。

(四) 取消国家对边疆多民族地区特殊政策和优惠措施

例如财政补贴、少数民族地区专项补助、低息贷款、税收减免、对民族贸易企业在资金、利润和价格补贴三方面给予的优惠照顾以及对少数民族自产自食的酒、茶、牲畜和木材的减免税都被取消，民族特需品也停止生产。和内地一样实行高征购，加重边疆多民族地区农民的经济负担。在"边疆也要和内地一样，对国家做出贡献，不能落后于内地"的错误政策下，国家对边疆少数民族地区实行高征购，"一平二调"。云南思茅地区边疆七个县，1970 年比 1965 年粮食减产 3.4%，公余粮则增至总产量的 35%，人均口粮下降 28.5%。许多地方农民被迫把种子粮、饲料粮甚至

于口粮都上交了。① "文化大革命"前,边疆多民族地区的公余粮负担,有的地方全部豁免,有的地方国家每年还要供应大批返销粮。

脱离边疆多民族地区由于历史所造成的脱胎差异及由此形成的代差效应的实际,认为社会主义制度在边疆多民族地区的建立,少数民族就可以实现历史发展中"惊险的跳跃",实现社会主义现代化和解决好各民族间存在的事实上的不平等,是边疆多民族地区在社会主义道路上出现的曲折与反复的理论错误根源。

19世纪70年代中期,马克思通过对"亚细亚生产方式"、对东方社会发展路径问题的深入研究,提出了以俄国为典型的东方国家有可能跨越资本主义的"卡夫丁峡谷",直接向社会主义共产主义社会过渡的设想。在这一理论的指导下,俄国、中国等国家都通过民族、民主革命,进入了社会主义形态,完成了这一跨越。但是,"社会形态跨越发展必须伴有生产力发展的跨越,单纯地进行生产关系的跨越是不能成功的"。② 与其他后发国家、地区一样,社会主义国家仍旧面临着推动生产力跨越的任务。跨越式发展一词应用在民族地区社会主义发展方面应该具有明确的内涵和指向,一是指经济社会形态落后的国家和区域,在传统经济向现代经济转换过程中,由于新技术的采用、国际资本的进入、国际资源的利用以及相关政府政策所发挥的作用等,用较短时间完成了先发国家曾经走过的道路的一种发展战略。事实上,生产力跨越式发展是一个比较的概念,比较的对象是后发区域与先发区域完成同一社会阶段发展任务所需要的时间。二是跨越式发展并不是对先发国家经济指标的简单追赶,而是整个国家、区域完成传统经济形态向现代经济形态转换的过程,当这一过程完成后,自然就会体现出一系列现代国家的经济、社会发展的指标与状态。因此,跨越式发展在本质上是以时间为参照系,以传统经济形态向现代经济形态转换为目标,推动经济、社会、政治、文化全面、协调、可持续发展的一个过程,本身具有丰富的价值内涵与发展要求。

从实践上看,边疆多民族地区由于历史上形成脱胎差异及由此产生的代差效应不可能随着社会主义制度的建立而消失,随着改革开放初期非均衡发展战略的实施,少数民族和民族地区在发展基础、发展条件、发展能

---

① 当代云南编辑部编写:《当代云南简史》,当代中国出版社2004年版,第305页。
② 冯景源:《唯物史观视野中的生产力跨越发展》,《中国人民大学学报》2001年第5期。

力等差异不但没有缩小，反而在经济社会各个领域发展中体现出来。地区之间、民族之间、民族内部成员之间的社会生存状态发生了巨大变化，民族及民族成员在基本社会权利享有方面产生了巨大的差异，两极分化的社会态势以群体性、加速性的特征在民族及民族地区之间发展着，影响民族关系运行的社会问题日益增多，成为民族关系和国家边疆稳定的不稳定性因素。边疆多民族地区与世界其他国家、地区，尤其是与周边国家、地区的发展差距拉得过大，通过比较，就容易引起各民族对自身发展状况的不满，从而引发政治风险。正如邓小平同志所指出的，"现在，周边一些国家和地区经济发展比我们快，如果我们不发展或发展得太慢，老百姓一比较就有问题了。"①

很长一段时期，人们依据马克思跨越式发展理论否定了边疆多民族地区历史发展起点所形成的代差效应对社会主义提出的历史课题，认为只要建立了社会主义制度，通过不断提高公有化，实现"一大二公"就是社会主义，生产力就会迅猛无比地自然发展起来。对马克思跨越式发展理论的错误理解，在实践中导致我们不能清醒地认识到边疆多民族地区建设社会主义的困难性、复杂性、长期性，不能充分认识到解决民族问题的特殊性、复杂性、长期性，忽视边疆多民族地区现代化建设进程中历史条件的局限性，过早推动民族融合、民族消灭、取消支持各少数民族地区发展的特殊政策在实践中严重损害了民族关系，破坏了边疆的稳定，给边疆多民族地区的现代化建设造成了不可估量的损失。这个历史的教训是极其深刻的。

四 初级阶段：西南边疆多民族地区中国特色社会主义道路的起点

党的十八大报告指出：

以邓小平为核心的第二代中央领导集体带领全党全国各族人民深刻总结我国社会主义建设正反两个方面经验，借鉴世界社会主义历史经验，作出把党和国家工作重心转移到经济建设上来、实行改革开放的历史性决策，深刻揭示社会主义本质，确立社会主义初级阶段基本路线，明确提出

---

① 《邓小平文选》第3卷，人民出版社1993年版，第375页。

走自己的路、建设中国特色社会主义，科学回答了建设中国特色社会主义的一系列基本问题，成功开创了中国特色社会主义。①

中国特色社会主义是边疆多民族地区加快社会主义现代化建设、实现各民族之间"共同团结奋斗、共同繁荣发展"的光辉旗帜，是推动边疆多民族地区跨越式发展的途径、理论指南和制度保障。

（一）拨乱反正，全面恢复和落实党的各项民族政策

新中国成立以后社会主义建设中两次大的曲折与反复，使我国的民族政策受到严重破坏。"文化大革命"结束后，民族工作的首要任务就是"拨乱反正"，全面恢复和落实党的各项民族政策。粉碎"四人帮"以后，云南省委先后多次召开会议，落实党的民族、宗教政策。一是重申了全省各少数民族的正式称谓，禁止使用侮辱性的称呼；二是恢复少数民族上层人士的工资和固定生活补贴；三是彻底否定了在边疆多民族地区推广使用的"政治边防"和"二次土改"；四是肯定了 50 年代实行和平协商土地改革和"直接过渡"方针的正确性，否定了"文化大革命"期间在这些地区补划的阶级成分，对在重划阶级和"扫四旧"中没收群众和民族上层的财物，进行清理退赔，由于被没收财物造成生产生活困难的，经济上给予补助；五是尊重信教群众正当的宗教信仰，对"文化大革命"中被查抄的经书和房屋进行归还，对少数民族与宗教有关的生活禁忌、风俗习惯给予特殊照顾等。

在平反和纠正冤、假、错案方面。党的十一届三中全会以后，通过大量的调查研究，经中共中央批准，云南省正式为"沙甸事件"平反，推动了"文化大革命"期间一系列错案的纠正。譬如，对河口县的"瑶山事件"，楚雄州武定县苗族地区的"小石桥事件"，德宏州的所谓"反共救国军"错案，临沧地区的"叛国外逃集团"，澜沧县的所谓"拉祜族共和国"等冤假错案进行了平反。与此同时，大批民族干部和群众的冤情也相继得到昭雪，一大批受到打击迫害的干部重新安排了工作，被打伤致残的得到了治疗，被迫害致死的恢复名誉，家属得到抚恤。1983 年 7 月，广西壮族自治区党委作出《关于对广西反地方主义和反地方民族主义平

---

① 胡锦涛：《坚定不移沿着中国特色社会主义道路前进，为全面建成小康社会而奋斗——在中国共产党第十八次全国代表大会上的报告》，《人民日报》2012 年 11 月 18 日。

反决定》,对1958年春反右斗争扩大到反地方主义和反地方民族主义,因而受到错误处分和受株连的人彻底平反,恢复政治名誉。

(二)坚持把发展作为解决民族问题的主题,制定优惠政策,促进边疆多民族地区经济社会快速发展

随着党在少数民族地区工作指导思想的转变,党在边疆少数民族地区的工作重心转到以经济建设为中心,全面发展经济、政治、文化,不断巩固社会主义新型民族关系,实现各民族共同繁荣发展的社会主义现代化建设新时期。改革开放初期,云南边疆多民族地区经济社会发展与全国迅速发展的形势很不适应,存在着相当大的发展差距:一是大多数少数民族地区经济发展总体水平很低,发展速度比较慢,同全国平均发展水平和发展速度之间的差距逐渐扩大;二是少数民族地区和少数民族贫困人口数量比较大,贫困面相当大;三是少数民族地区教育、科学、文化水平落后比较突出;四是缺乏资金和人才。因此,在少数民族地区的发展问题上,党中央旗帜鲜明地提出:"少说空话,多办实事,把少数民族地区的经济文化建设搞上去。"

党的十一届三中全会以后,云南在落实党的民族政策的同时,重新恢复并制定了一系列旨在加快民族地区经济发展的政策,采取特殊措施来帮助民族地区恢复和发展经济,取得了很大成效。这些政策措施主要有:一是在农村经济体制改革中实行政企分开,推行以家庭联产承包责任制为基础的双层经营体制。二是在产业结构的调整中,开展多种经营,发展林、牧、副、渔各业,特别重视扩大种植经济作物、热区植物和经济林木,开发矿产资源,发展加工业、建筑业、交通运输业、商业和服务业。三是在一些城镇和乡村中兴办和发展了乡镇企业,扩大了边疆农村的就业门路,增加了各民族群众的收入,并逐步形成了不同的经济跨越式发展模式,逐步形成和发展了各民族自治地方优势产业。四是利用边疆地区丰富的自然资源,培育区域性战略产业,实现社会主义现代化创造了坚实的经济基础。五是在对内和对外开放中从省外和国外引进了一批资金、技术、设备和人才,开拓了新的生产领域,提高了经济效益。六是在社会事业发展方面通过对边疆各民族地区历史文化的保护与创新,促进了边疆少数民族文化产业的发展,推动了边疆少数民族地区经济社会的协调发展。

(三) 重新认识和确立中国特色社会主义在边疆多民族地区实践探索的历史起点和总依据

早在1987年10月，党的十三大报告就已经全面提出并系统阐发了"社会主义初级阶段理论"，指出：所谓社会主义的初级阶段，并不是泛指任何国家进入社会主义都会经历的起始阶段，而是特指我国在生产力落后、商品经济不发达条件下建设社会主义必然要经历的特定阶段。按照邓小平的话，处于社会主义初级阶段的社会主义是"不合格的社会主义"、"不发达的社会主义"，因此，初级阶段的主要任务是发展生产力，实现社会主义基本原则实施的物质基础。"社会主义现代化"就成为中国特色社会主义的主要价值目标。根据不发达状态，邓小平提出了"三步走"的发展战略，这就是今天中国特色社会主义战略总规划，是我们的总任务。党的十八大报告指出，建设中国特色社会主义的总依据是社会主义初级阶段，从现代化发展的历史发展进程中，我们逐步把人类社会的规律、社会主义建设规律和执政党的执政规律有机结合起来，提出了五位一体的现代化总布局。

围绕社会主义初级阶段理论的争论，云南省提出，边疆多民族地区不仅处于社会主义的初级阶段，与祖国的东部、中部相比，与西部的较发达和次发达地区相比，云南边疆多民族地区显得较为落后，应属于社会主义初级阶段的较低层次。通过民主改革和社会主义改造，边疆各族人民消灭了剥削阶级、剥削制度和原始落后的社会制度，从不同历史发展形态走上了社会主义道路。生产关系可以跨越几个社会历史发展阶段，生产力却无法在短时期内实现"惊险的跳跃"。社会主义现代化建设是一个经济、政治、文化、社会事业和生态文明全面协调可持续发展的过程，由历史发展中的脱胎差异而产生的代差效应，生产力水平、交往方式、传统观念和行为方式，社会事业整体水平的落后并未随着社会主义制度的建立而消失，仍然长期存在并影响着边疆多民族地区现代化建设的发展，这就决定了边疆多民族地区社会主义初级阶段的长期性、发展社会生产力的艰巨性、实现现代化建设的复杂性。这种较低层次的特征是：社会进步起点低；经济建设起步晚；经济技术底子薄；社会发育不成熟；贫困面大，贫困程度深。边疆多民族地区处于并长期处于社会主义初级阶段低层次，反映出边疆多民族地区社会主义现代化的客观实际，是中国特色社会主义实践探索的总依据，是实现边疆多民族地区科学发展、"两个共同"民族工作主题的历史和逻辑起点。

（四）根据边疆多民族地区实际，国家制定并全面实施帮助支持边疆多民族地区经济社会发展的各项政策措施

在边疆多民族地区中国特色社会主义实践探索中，党和国家从边疆多民族地区历史、自然、社会等多种因素造成的脱胎差异而产生的代差效应实际出发，不断加大对政策的支持与扶持力度，通过制定一系列特殊政策，采取积极措施，有力促进了边疆多民族地区的现代化建设。

改革开放以来，云南省委根据少数民族地区经济社会发展的低层次水平，为加快少数民族地区经济社会的发展，制定一系列特殊政策和优惠政策，推动了少数民族地区经济社会的快速发展。1976年，云南省正式明确临沧、思茅、文山和丽江四个地区在财政上享受自治州的所有待遇。1991年，国务院明确云南省可以享受自治区有关政策待遇。从20世纪80年代开始，国家为了照顾民族自治区发展生产和文化教育事业的需要，对民族自治区及云南、贵州、青海省的定额补助费数额每年递增10%。根据这一精神，云南省全省实行财政包干体制，对于支出大于收入的民族地区，财政定额补助费每年递增10%。其中，怒江、迪庆两州为12%。1995年，国家对少数民族地区实行政策性财政转移支付的政策。2000年，云南省对散杂居民族设立了专项经费，规定"从2000年起，省财政每年安排1 000万元专项资金，用于扶持散杂居民族地区经济开发，重点用于贫困乡村。"2005年云南省规定，从2006年起，省财政每年设立少数民族发展资金1 000万元，继续安排边境事业补助费。"十一五"期间，省级民族机动金、散杂居民族工作专项经费、民族事务费在2005年的基础上，每年按3%的比例增加，其他民族专项资金根据省级财力情况逐步增加。这一系列扶持政策和措施有力地促进了云南少数民族和民族地区经济社会的发展。

云南省对少数民族和民族地区的经济发展实行适度的减税免税政策。主要是对云南民族贫困地区减免农业税，云南民族地区的企业、民族贸易和民族用品生产给予减税的照顾。云南省规定："内地和省外个人和企业到民族特困县和民族扶贫攻坚乡投资、新办的高新技术企业，从投资年度的第一、第二年免征，第三年减半征收企业所得税。"云南省对少数民族和民族地区在金融优惠政策主要体现在专项贷款、优惠利率、放宽贷款额度和还款期限等方面。同时，云南省还加大了对少数民族地区扶贫政策的力度。主要包括放宽少数民族贫困县的扶持标准；在扶贫资金、物资上向少数民族贫困县倾斜；国家在安排以工代赈资金时，把少数民族贫困地区作为投放重点；实施开发计划；设立专项资金；实施对口帮扶。在财政、税收、金融等方面制定一系列相关优惠政策，对少数民族和民族地区脱贫致富起到了重要作用。

民族工作重心的确立，国家特殊政策和优惠措施的实施，促进了云南民族自治地方经济的发展。2007 年，云南省民族自治地方生产总值达 1 820.20 亿元，是 1978 年 31.62 亿元的 57 倍；人均 GDP 达到 8 136 元，是 1978 年的 41.7 倍；农民人均纯收入 2 194 元，是 1978 年 73.95 元的 30 倍；全社会固定资产投资规模 1 045.2 亿元，是 1978 年 271 亿元的 385 倍；地方财政收入达到 1 355.5 亿元，是 1978 年 3.08 亿元的 44 倍。①

（五）实施西部大开发战略，富民兴边等行动，全面推进少数民族和民族地区经济社会跨越式发展

1999 年，党中央提出了西部大开发战略的构想，把加快西部经济社会发展同保持政治社会稳定、加强民族团结结合起来，在国家财力稳定增长的前提下，通过转移支付、逐步加大对西部地区的支持力度，在充分调动西部自身积极性的基础上，通过政策引导，吸收国内外资金、技术、人才等投入开发，有目标、分阶段地推进西部地区人口、资源环境与经济社会协调发展。西电东送、西气东输、青藏铁路等一大批西部开发标志性重大项目陆续建成，投资数百亿元的农村电网改造工程使西部 99% 的乡镇实现通电。云南省累计投资 127 亿元，解决了 200 万人的用电问题。

在国家开展的富民兴边行动中，云南省在边境 25 个县（市）实施温饱扶贫、免费教育、科技扶贫和边境文化扶贫四大工程。扶贫工程确定对 100 个边境民族乡（镇）进行扶持，每乡投入 400 万元资金。免费教育工程方面，每年安排 255 万元资金，用于边境县建立特困学生基金。在边境沿线，7 个人口较少民族及藏区实施三免费（教科书、杂费、文具费）。科技扶贫工程重点推广电脑农业专家系统。文化扶贫方面，主要推行

---

① 格桑顿珠：《改革开放 30 年云南民族团结进步事业的成就与启示》，《今日民族》2008 年第 12 期。

"千里边疆文化长廊工程",丰富少数民族地区的文化生活。到2006年年底,云南省25个边境县(市)生产总值增长38%,财政收入增长56.7%,农民纯收入由1 205元增加到1 564元。2 850个村寨群众看上了电视,60万人喝上了自来水,8.7万户农民用上了沼气,11.5万户农民住上了砖瓦房。

为促进云南少数民族和民族地区的发展,云南省"十二五"规划提出:

加大一般性财政转移和均衡性财政支付力度,财政性投资投入重点向民族地区倾斜,逐步提高补助系数。切实加大民族地区基础设施、社会事业、生态环保、扶贫、产业培植、社会保障、基层政权建设等方面的投入力度,扶贫资金重点覆盖民族乡、民族"直过区"和少数民族聚居的贫困村。落实支持藏区发展各项政策,筑牢藏区发展基础,努力将迪庆州建成全国藏区跨越式发展和长治久安示范区。中央和省级投资优先安排与民族地区生产生活密切相关的基础设施建设项目。将民族地区的基础设施项目优先纳入相关专项规划保障实施。中央安排的公益性建设项目,取消民族自治地方县以下(含县)及集中连片特殊困难地区州市配套资金,并适当提高建设补助标准,力争民族自治地方全社会固定资产投资总额年均增幅超过全省平均水平。

(六)国家积极支持并帮助少数民族和民族地区加大对外开放,为少数民族和民族地区利用人类一切优秀文明成果创造社会条件

1987年,《中共中央统战部、国家民族事务委员会关于民族工作的几个重要问题的报告》提出要新疆、西藏、云南等省区和其他十个少数民族地区,具有对外开放的优越地理条件,又有丰富的地下、地上资源和独特的旅游资源。进一步搞好改革开放,就能把某些劣势变为优势,加快经济发展。拟选择一些条件好的地方,借鉴国际上设立内陆开发区和边境自由贸易区的做法,采用沿海对外开放地区的一些政策措施,作为进一步开放的试点,探索加快发展的经验。云南少数民族地区开始了同周边国家发展边境贸易的探索,相继建立了瑞丽、河口、勐腊等相关的边境口岸,加强了同周边国家和地区的对外开放力度,推动了这些少数民族地区经济、社会、文化的发展。

1984年,北海市被国务院确定为全国14个开放的沿海港口城市之一后，广西壮族自治区拉开了对外开放的序幕。1992年，党中央作出把广西建成西南地区出海通道的决策。6月，广西壮族自治区对外开放会议提出了新的发展思路，简称"三三二"战略：即以"金三角"（北海、钦州、防城）为重点，带动"三沿"（沿江、沿海、沿边），办研修试验区（玉林城乡综合改革试验区、柳州市综合试验区、桂林旅游开发试验区），形成了全方位、多领域和多层次的对外开放格局。其中，对越边境贸易发展较快。1992年4月，广西边境友谊关开关，成为中越边境第一个正式恢复口岸。到1996年，广西七个边境县（市）全部对外开放。

云南省与越南、老挝、缅甸三国接壤，是我国通向东南亚、南亚的重要门户，边境地区有5个民族自治州、22个民族自治县（市），16个少数民族跨境而居，对外开放有自己的优势。1992年6月，国务院批准云南省瑞丽、畹町、河口三市（县）为边境开放城市，并设立边境经济合作区，给予11条优惠政策。1994年国务院批准第二批"民族自治地方改革开放试验区"的7个州（市）成为代表内陆地区对外开放的亮点。云南省八个国家级内陆边境口岸、八个省级口岸和近百条边境通道全部打开。边境贸易获得了飞速发展。1994年，云南省外贸进出口总额13.44亿美元，比1978年的1.12亿美元增长12倍，年均增长率20%。1994年边境贸易进出口总额达35.77亿元，比1978年增长40多倍。

（七）恢复和新建民族自治地方，保障各民族的平等权利和自治权利

在"文化大革命"中，许多民族自治地方被任意撤并，民族自治地方的自治权被变相取消，民族区域自治名存实亡。1979年4月，中共中央召开了全国边防工作会议，讨论新时期的民族工作。乌兰夫在报告中指出："必须重视民族问题，认真贯彻执行党的民族政策，切实尊重少数民族的平等权利和自治权利。"[①] 其后，云南省也召开了民族工作会议，全面深刻地总结了前30年民族工作的经验教训，重申了党和国家的民族政策，恢复了民族区域自治制度。一是各民族自治地方恢复和建立人民代表大会制度，加强民族区域自治政策的实施工作；二是逐步恢复对民族自治地方的各项特殊照顾；三是逐步恢复和建立省民族事务委员会、省委民族工作部、省少数民族语文指导工作委员会和民族工作队等民族工作机构；

---

① 黄光学主编：《当代中国的民族工作》，当代中国出版社1993年版，第162—163页。

四是恢复和新建了 14 个民族自治县,使全省的民族自治地方增加到 37 个。其中,由单一民族建立的有 5 个自治州、15 个自治县,两个民族联合建立的有 3 个自治州、10 个自治县,三个民族联合建立的有 3 个自治县,四个民族联合建立的有 1 个自治县。① 通过这些政策措施的落实,使民族区域自治进入了健康发展的轨道,自治权利得到了保障。1984 年 5 月 31 日,我国颁发了《中华人民共和国民族区域自治法》,民族法制建设进入了新阶段,自治权利得到了法律的有效保障。

(八)中国特色社会主义推动了边疆多民族地区现代化建设的飞速发展

改革开放以来,边疆多民族地区在中国特色社会主义的实践探索中,取得了令人瞩目的成就。根据广西壮族自治区"十二五"规划统计数字显示,广西壮族自治区在"十一五"时期,经济较快增长,初步统计年均增速 13.9%,增幅进入全国前列,质量效益明显提高。实现地区生产总值、人均地区生产总值、财政收入、工业增加值、服务业增加值、规模以上工业企业利润总额、全社会固定资产投资、社会消费品零售总额、进出口总额、实际利用外资、金融机构存款和贷款余额 12 个主要指标翻一番以上(见表 3)。

表 3　广西壮族自治区"十一五"时期主要指标增长情况

主要指标	2005 年	2010 年初步统计	2010 年比 2005 年翻番	年均增长(%)
地区生产总值(亿元)	3 984	9 502	1.25	13.9
人均地区生产总值(元)	8 590	19 471	1.18	12.8
财政收入(亿元)	475	1 228	1.37	20.9
全部工业增加值(亿元)	1 265	3 860	1.61	19.4
服务业增加值(亿元)	1 561	3 321	1.09	12.7
规模以上工业企业利润总额(亿元,五年累计)	396	1 502	1.93	28.5
全社会固定资产投资(亿元)	1 769	7 859	2.15	34.7

---

① 王连芳主编:《云南民族工作的实践和理论探讨》,云南人民出版社 1995 年版,第 278 页。

续表

主要指标	2005 年	2010 年初步统计	2010 年比 2005 年翻番	年均增长（%）
社会消费品零售总额（亿元）	1 406	3 272	1.22	18.4
进出口总额（亿美元）	51.8	177	1.77	27.8
实际利用外资（亿美元）	6.4	20	1.64	25.6
金融机构存款余额（亿元）	4 203	11 814	1.49	23.0
金融机构贷款余额（亿元）	3 057	8 980	1.55	24.1
城镇居民人均可支配收入（元）	8 917	17 064	0.94	13.9
农民人均纯收入（元）	2 495	4 543	0.86	12.7

注：地区生产总值、人均地区生产总值、工业增加值、服务业增加值年均增长按可比价格计算。

资料来源：广西壮族自治区"十二五"规划编制领导小组：《广西壮族自治区国民经济和社会发展第十二个五年规划纲要》。

到 2007 年，云南民族自治地方经济建设发展中取得了经济实现持续、健康、快速的增长，呈现出"三大亮点"。

第一，综合经济实力显著增强，人民生活得到明显改善，经济发展取得"三大突破"，呈现出一年更胜一年的令人瞩目的成绩。

第二，2007 年，云南省民族地区经济社会发展取得"三大突破"：[①] 一是人均 GDP 突破 1 000 美元。2007 年，云南民族自治地方人均 GDP 达 8 154 元，按汇率折算已突破 1 000 美元大关。二是全社会固定资产投资突破 1 000 亿元。2007 年是云南经济建设发展较快的时期，也是全省固定资产投资规模不断扩大和增速较快的时期。随着投融资体制改革步伐的加快，企业、地方和民间投资积极性普遍提高，投资增长模式由政府主导型向市场主导型转变，投资重点由基础设施主导转为向基础设施、基础产业和新型工业化并举转变，一大批具有良好社会效益和经济效益的项目在民族自治地方相继建成投产，使云南民族自治地方全社会固定资产投资规模跨上新台阶。2007 年云南民族自治地方全社会固定资产投资总额突破 1 000 亿元大关，达到 1 045.19 亿元，同比增长 25.7%，占全投资总额的 37.3%。三是农民人均纯收入突破 2 000 元。2007 年，云南民族自

[①] 云南民族事务委员会、云南省民族理论学会编：《云南民族团结进步事业光辉历程（1949—2009）》，云南民族出版社 2009 年版，第 141—142 页。

治地方农民人均纯收入达 2 194 元，首次突破 2 000 元大关，比 2006 年净增 284 元，同比增长 14.9%。

第三，2008 年，云南省民族地区经济社会发展再创佳绩：一是全省民族自治地方经济连续六年实现两位数增长。2008 年，云南民族自治地方实现生产总值 2 139 亿元，同比增长 11.3%，增速比全省平均水平（11.0%）高出 0.3 个百分点。这是云南民族自治地方生产总值连续第六年保持两位数增长。二是财政收入支出同步大幅提高。继 2006 年云南民族自治地方财政收入首次突破 100 亿大关后，2008 年达 159.3 亿元，比上年净增 28.8 亿元，占全省地方财政收入的 25.9%。在财政收入大幅提高、实力增强的基础上，云南民族自治地方财政支出规模不断扩大，2008 年达到 535.9 亿元，占全省地方财政支出的比重达 36.4%，比 2007 年净增 107 亿元。云南民族自治地方在财政支出安排上着力向公共服务倾斜、向民生倾斜、向"三农"倾斜，使广大群众享受到经济发展的成果，有力保障了各项改革的顺利进行。三是全社会固定资产投资达到 1 281 亿元，同比增长 22.9%，占全省投资总额的 36.3%。四是农民人均纯收入达 2 695 元，比上年净增 501 元，同比增长 11.8%。五是城镇居民人均可支配收入达 12 022 元，比上年净增 1 447 元，同比增长 13.7%。[1]

改革开放以来，党和国家高度重视民族问题，全面正确贯彻落实党的民族政策，坚持和完善民族区域自治制度，牢牢把握各民族共同团结奋斗、共同繁荣发展的主题，始终坚持"发展是党执政兴国的第一要务，是解决中国所有问题的关键，也是解决民族地区困难和问题的关键。加快少数民族和民族地区经济社会发展，是各族群众的迫切要求，也是现阶段解决民族问题的根本途径，必须摆到更加突出的战略位置"[2] 的要求，坚持以社会主义初级阶段为总依据，根据边疆少数民族地区经济社会发展实际，制定一系列特殊优惠政策，对加快民族地区发展，保障少数民族合法权益，巩固和发展平等团结互助和谐的社会主义民族关系，促进各民族和睦相处、和衷共济、和谐发展，有力地促进了边疆多民族地区经济社会飞速发展，推动中国特色社会主义的发展。

---

[1] 王承才：《抓住机遇、开拓进取，推动全省民委经济工作再上新台阶》，《今日民族》2009 年第 7 期。

[2] 胡锦涛：《在中央民族工作会议暨国务院第四次全国民族团结进步表彰大会上的讲话》，《人民日报》2005 年 5 月 27 日。

五 坚持社会主义初级阶段是推动西南边疆多民族地区中国特色社会主义发展的客观依据

党的十八大报告强调,建设中国特色社会主义的总依据是社会主义初级阶段。正如习近平同志指出的:

社会主义初级阶段是当代中国的最大国情、最大实际。我们在任何情况下都要牢牢把握这个最大国情,推进任何改革发展都要牢牢立足于这个最大实际。不仅在经济建设中要始终立足初级阶段,而且在政治建设、文化建设、社会建设、生态文明建设中也要牢记初级阶段;不仅在经济总量低时要立足初级阶段,而且在经济总量提高后仍然要牢记初级阶段;不仅在谋划长远发展时要立足初级阶段,而且在日常工作中也要牢记初级阶段。[①]

从社会主义初级阶段出发,我们必须注意到,尽管边疆多民族地区发展有了历史性的进步,但与全国、与内地发达地区相比,仍有较大差距,加快经济社会发展的任务仍然十分艰巨。

(一) 解决贫困问题任务十分严峻

目前云南省有国家重点扶持的贫困县73个,其中民族自治地方51个县,占69.8%;2004年全省农村低收入人口515.5万,绝对贫困人口262.3万,其中,民族自治地方低收入人口和绝对贫困人口分别为387.5万和163.3万,分别占全省的75.18%和62.25%。从典型调研来看,农村贫困问题更令人忧心。地处边境的澜沧拉祜族自治县,2004年年末贫困人口还有34万,占全县农业人口数的72.3%;有2.9万户(13.6万人)居住在不避风雨、不避寒的茅草房、杈杈房里,6 684户(2.7万人)缺乏基本生存条件,有11万人未能解决饮水困难。少数民族地区不但贫困面大,贫困程度也深,脱贫的难度很大,特别是80多万基本丧失生存条件的群众以及30多万户(150多万人)居住在茅草房、杈杈房、木楞房的农村群众,更是处在贫困的谷底,他们的处境更为艰辛。同时贫困发

---

① 习近平:《紧紧围绕坚持和发展中国特色社会主义,深入学习宣传贯彻党的十八大精神——在十八届中共中央政治局第一次集体学习时的讲话》,《成都日报》2012年11月19日。

生率居高不下，一般都在30%左右，2004年贫困发生率仍有22.03%。在国家把贫困线标准从1 500元提高到2 300元后，云南省又多几百万贫困人口，扶贫任务更为艰巨。

（二）边疆多民族地区经济总体发展滞后，同全国、全省的发展差距进一步拉大

2000年云南省GDP总量排全国17位，2010年已经落到24位，下降了7位。边疆少数民族地区与发达地区的发展差距就更大。

1. 民族自治地方与全国发展的差距不断拉大。2011年，云南民族自治地方人均国内生产总值为15 377元，分别为全国平均水平的43.9%，民族自治地方财政自给率仅为25.55%，边境县（市）财政自给率仅为18.06%。①

2. 民族自治地方与省内的发展差距也在不断拉大。2011年，云南民族自治地方人均GDP仅为全省的81.1%；截至2011年年底，云南省少数民族人口比例占30%以上的6 961个建制村中，尚有80个不通电，316个不通电话，398个不通公路，1 646个无安全饮用水，220个没有村卫生室，1 319个没有文化室，民族地区公共服务覆盖面窄、保障能力弱的问题还很突出。②

3. 边境民族地区与省内民族自治地方之间的差距不断加大。云南有25个边境县，其中，22个县属于民族自治地方。2005年，25个边境县人均GDP为4 802元、农民人均纯收入1 533元，分别仅为全省的81.42%和75.07%；也分别仅为全省民族自治地方的61.30%和83.86%。除了少数口岸经济发展较好的县，大多数边境县经济社会发展十分落后。譬如，2005年，与越南接壤的金平苗族瑶族傣族自治县人均GDP仅为2 459元，农民人均纯收入为988元；与缅甸接壤的西盟佤族自治县人均GDP为2 784元，农民人均纯收入仅为806元。

4. 民族自治地方与省内发展较快地区之间的差距更为突出。2006年，昆明市GDP总量1 203亿元，地方财政收入为128.5亿元，农民人

---

① 秦光荣：《和睦相处和衷共济和谐发展——扎实推进云南民族示范区建设》，《求是》2013年第10期。

② 同上。

均纯收入为 3 520 元。2006 年，民族自治地方的 GDP 总量为 1 527.68 亿元，仅占全省的 38.17%；8 个民族自治州 GDP 总量总和为 145.75 亿元，仅比昆明市多 16.95 亿元；地方财政收入总和为 86.86 亿元，仅相当于昆明市的 67.60%。其中，农民人均纯收入最低的怒江州比昆明市的农民人均纯收入少 2 423 元，仅相当于昆明市的 31.17%（见表 4）。

表 4　　　　　　　2006 年 8 个自治州和昆明市主要经济指标

（单位：万元、万元、元）

指标	楚雄	红河	文山	西双版纳	大理	德宏	怒江	迪庆
GDP 总量	217 424	3 603 260	1 731 505	903 892	2 752 840	703 541	431 348	348 933
地方财政收入	143 191	294 903	89 368	48 185	187 491	53 621	33 688	18 158
农民人均纯收入	2 385	2 210	1 487	2 413	2 431	1 687	1 097	1 614

资料来源：云南省民族事务委员会经济发展处编：《云南民族经济工作手册 2007》内部资料。

（三）边疆多民族地区经济总量小，人均 GDP 水平低

云南民族自治地方国土面积 27.66 万平方公里，占全省总面积的 78.2%，民族自治地方的人口占全省总数的 48.3%，而 2004 年民族自治地方生产总值只占全省数的 36.2%，与国土面积、人口比例相比，分别低 34.0 个百分点和 12.1 个百分点；同年民族自治地方人均生产总值为 5 078 元，分别只有全国、全省平均数的 48.1% 和 75.4%。财政发展能力和供给能力是经济社会发展的重要保障，而云南省民族自治地方财政发展能力和自我供给能力都比较薄弱。2004 年民族自治地方财政收入 731 354 万元，而地方财政支出达 2 304 983 万元，自给能力只达 31.7%；人均地方财政收入也同全省有较大差距，2004 年全省人均数为 599 元，民族自治地方只有 346 元，后者仅为前者的 57.8%。云南民族地区财政对国家的依赖已达到很高的程度。所有民族自治县财政都收不抵支，其中，地方财政收入较好的石林彝族自治县财政自给率也仅为 50% 左右；而财政收入较差的西盟佤族自治县，2004 年地方财政总收入只有 567 万元，支出

为 11 114 万元，地方财政自给率仅为 5.1%。① 由于民贫县穷，群众无力投入扩大再生产，地方政府无力投入搞建设，经济处于简单再循环，始终处于低水平发展状况。

（四）边疆多民族地区基础设施条件脆弱，发展后劲不足

截至 2008 年年底，在云南 7 个人口较少民族较聚居地区 1 407 个自然村中，仍有 222 个不通公路、143 个不通电、171 个未解决饮水安全问题，有的村虽然修了便道，但基本处于晴通雨阻状况。② 民族自治地方 7 362 个村委会中，还有 233 个不通路，856 个不通自来水，75 个不通电，738 个不通电话；175 个民族乡的 1 289 个村委会中，还有 71 个不通路，256 个不通自来水，31 个不通电，186 个不通电话；25 个边境县的 1 976 个村委会中，尚有 566 个没有自来水，181 个不通电，198 个不通电话，330 个收不到广播，228 个看不到电视，居住茅草房、杈杈房的就有 91.5 万人，占边境地区总人口的 16%。由于投入严重不足，民族地区农业综合生产基础设施建设严重滞后，2004 年民族自治地方 1 679 千公顷耕地中，有效灌溉面积 783 千公顷，仅占 46.6%，抵御自然灾害能力十分脆弱，农业生产还基本处于靠天吃饭的传统农业阶段，生产方式极其落后。据对"直过"民族地区调查，新中国成立 50 多年来，大多数农户生产工具和 50 年前相比，除了数量上的增加，没有大的变化，延续着落后、低效、粗放的生产方式，致富无路、增收无靠。

（五）教育滞后，人才缺乏，成为制约边疆多民族地区发展的重要因素

从历史的角度看，云南民族教育确实获得了很大发展，但与汉民族、与国内其他一些较发达的省区相比较，总体上尚有很大差距，发展滞后。据 2010 年第六次全国人口普查数据显示，全省普查实际登记的 6 周岁及以上人口中，具有大学（指大专以上）文化程度的有 265.6 万人；具有高中（含中专）文化程度的有 385.0 万人；具有初中文化程度的有 1 263.1 万人；

---

① 云南省民族事务委员会、云南省民族理论学会课题组：《促进云南少数民族地区"共同团结奋斗、共同繁荣发展"研究的总报告》，《今日民族》2006 年增刊。
② 张宝安：《云南，决不让一个兄弟民族掉队》，《今日民族》2009 年第 8 期。

具有小学文化程度的有 1 994.4 万人。同 2000 年第五次全国人口普查相比，每 10 万人中具有大学程度的由 2 013 人上升为 5 778 人；具有高中程度的由 6 563 人上升为 8 376 人；具有初中程度的由 21 233 人上升为 27 480 人；具有小学程度的由 44 768 人下降为 43 388 人。以 2005 年为例，在全省 17 个未"普九"县中，少数民族自治地方的县就占了 12 个；少数民族学生在全省普通高校的比例仅为 21.64%，其中研究生的比例更低至 13.40%。① 民族地区教师素质较低，办学条件差。教育发展不平衡，不仅与汉族以及一些较发达省区相比较发展不平衡，而且各少数民族之间、少数民族地区之间教育发展也不平衡。由于民族教育发展滞后，劳动者素质普遍偏低，人才培养困难。同时在人才培养和使用中存在以下几个突出问题：一是人才总量不足；二是总体结构不合理；三是各民族发展不平衡；四是少数民族人才来源不足；五是高层次人才缺乏。

（六）民族问题与国家安全和当今社会生活中的一些深层次问题相互交织，边疆多民族地区社会开始进入矛盾的敏感期

随着国际形势的深刻变化、我国改革开放的不断深化和社会主义市场经济的发展，民族工作面临许多新情况、新问题。党中央的基本判断是："两个没有改变、一个有所增加、面临双重任务"，即民族问题具有普遍性、长期性、复杂性、重要性这一基本特征没有改变，国际敌对势力西化、分化我国的战略图谋没有也不会改变，民族问题与当今社会生活中的一些深层次问题相互交织，引发矛盾的因素有所增加，民族地区面临着解决贫困人口温饱问题和全面建设小康社会的双重历史任务。现阶段民族问题往往表现为"经济问题与政治问题交织在一起，现实问题与历史问题交织在一起，民族问题与宗教问题交织在一起，国内问题与国际问题交织在一起"。② 这个判断符合云南实际。云南既有普遍性的问题，同时还有特殊性问题，特别是市场经济的发展，各民族交流日益频繁，民族意识增强，导致对民族利益的强调和对民族自尊的敏感，民族关系的敏感点增多。民族关系方面的问题突出表现在以下几个方面：一是文化问题成为民

---

① 和福生：《云南民族教育的发展历程及主要特点》，《云南教育·视界》2005 年第 12 期。
② 胡锦涛：《在中央民族工作会议暨国务院第四次全国民族团结进步表彰大会上的讲话》，《人民日报》2005 年 5 月 27 日。

族关系中十分敏感的问题。文化是民族的重要特征。综观历史，民族语言、风俗习惯、宗教信仰是最容易引发民族冲突、社会动荡、国家分裂的导火索。我国虽然制定了尊重、保护和发展民族文化的政策，但在现实生活中往往存在忽视民族特点、民族差异的问题。二是民族关系更为突出地表现在利益关系上，因水源、土地、山林等资源权属和利益问题引发的纠纷不断增多。三是由于历史遗留问题和复杂社会矛盾引起，局部地区民族关系紧张，稍有不慎就会引发事端；群体性要求尊重平等权益的呼声也比较强烈等。四是民族问题往往与宗教问题交织在一起，处理起来十分复杂。这些矛盾和隐患，是新形势下直接影响民族团结和边疆稳定的新问题。五是边境安全稳定问题突出。如移民问题、毒品和艾滋病的危害日趋严重，已影响到边境各民族的生存与发展等等。六是边疆多民族地区特殊的地理环境以及邻国政局动荡，使边境民族地区成为反分裂、反渗透斗争的最前沿。进入新世纪以来，国际上各种思潮趋于活跃，对民族关系产生了一定的影响。西方敌对势力同周边的地方民族势力勾结，利用民族、宗教问题进行渗透和破坏活动。意识形态领域的斗争也日益激烈，西方敌对势力利用少数民族语言文字的书刊、广播等进行渗透活动。各种思想文化相互激荡，深刻地影响着人们的思想观念和团结稳定大局。譬如，云南周边有频频开展分裂活动的王宝、扎谍、"世界文蚌民族同盟会"等民族分裂分子和境外组织，其背后由美国政府以及宗教组织的支持，其活动经费由西方国家提供赞助。因此，民族团结、边疆稳定问题是云南最紧迫的问题、最大的政治，更是事关云南经济社会发展全局的一项极为重要的工作。

　　西南边疆多民族地区跨越几个不同的历史时代完成了向社会主义的过渡，并在中国特色社会主义实践探索中取得了令人瞩目的辉煌成就。但正如党的十八大报告所指出的："我们必须清醒认识到，我国处于并将长期处于社会主义初级阶段的基本国情没有变，人民日益增长的物质文化需要同落后的社会生产之间的矛盾这一社会主要矛盾没有变。在任何情况下都要牢牢把握社会主义初级阶段这个最大国情，推进任何方面的改革发展都要立足社会主义初级阶段最大实际。"[①] 坚持以社会主义初级阶

---

　　① 胡锦涛：《坚定不移沿着中国特色社会主义道路前进，为全面建成小康社会而奋斗——在中国共产党第十八次全国代表大会上的报告》，《人民日报》2012 年 11 月 18 日。

段理论为边疆多民族地区中国特色社会主义实践探索指导，坚持从边疆多民族地区处于社会主义初级阶段低层次的实际出发，坚持慎重稳进、因地制宜、分类指导的方针，是我们探索中国特色社会主义的历史出发点和客观依据。

第四章

发展是解决西南边疆多民族地区所有困难和问题的关键

由于历史、自然、社会等多种因素，西南边疆少数民族和民族地区间与东部发达地区存在着巨大的发展差距。加快少数民族和民族地区的经济社会发展，尽快缩小各民族地区之间的经济发展差距，是党在民族地区工作的中心任务，是解决民族问题的关键和根本途径，也是实现民族平等、民族团结和各民族共同繁荣的出发点和归宿。边疆少数民族地区的经济发展，首先是与内地或沿海地区在发展进程、方针政策、具体步骤、实施途径具有共同性。但西南边疆多民族地区经济发展又具有自己发展的特点。根据邓小平关于两个大局的战略规划，我们可以将少数民族和民族地区的社会经济发展大致分为两个大的阶段。一是从改革开放到新世纪以前，主要从国家实施非均衡发展的战略规划，西部地区要积极支持东部发展的大局出发，根据边疆民族地区经济总体水平低、发展不平衡的实际，围绕解决温饱、摆脱贫困、初步实现小康的现代化战略目标，从各民族地区的实际情况出发，因地制宜，分类指导，注意在实践中探索。二是进入新世纪以后，在国家全面实施西部大开发战略实施的背景下，少数民族和民族地区的经济发展纳入国家经济整体发展战略进程。加大对外开放的力度，建立区域性战略产业，发展县域经济，加快产业结构调整、升级已经成为民族地区经济发展的重要特征。

一 民族发展的关键在于经济的发展

（一）加快少数民族和民族地区经济的发展，是党民族政策的基本出发点和归宿

加快民族地区的经济发展是消除各民族间事实上不平等，消除产生各民族间摩擦、矛盾和冲突根源的关键，我们在民族地区采取的一切政策，都必须把这些地区的生产力发展起来，并把经济建设作为检验和衡量民族工作的标准，以促进民族地区经济的快速发展作为我们民族政策、民族工作的重要内容。邓小平指出："实行民族区域自治，不把经济搞好，那个自治就是空的。少数民族是想在区域自治里面得到些好处，一系列经济问题不解决，就会出乱子。"①

对促进少数民族地区经济发展，邓小平提出了要充分发挥资源优势，通过改革开放，国家制定特殊政策给予积极支持等一系列重要思想。他指出："任何一个民族、一个国家，都需要学习别的民族、别的国家的长处，学习人家的先进科学技术。"② 由于历史、自然环境和社会等各个方面的原因，西南边疆少数民族地区经济发展的水平总体落后于东部发达地区，少数民族和民族地区要加快发展，必须加快对外开放，向先进民族学习，利用自己优越的地理条件和自然资源，加大对外开放的力度，大力发展对外贸易，充分利用一切优秀的文明成果，加快自身的进步与发展。邓小平指出："中国资源很多分布在少数民族地区，包括西藏和新疆。如果这些地区开发起来，前景是很好的。"③ "如内蒙古自治区，那里有广大的草原，人口又不多，今后发展起来很可能走进前列"。④ 少数民族地区地大物博，巨大的自然资源优势、丰富多彩的历史文化传统和自然景观，是少数民族地区经济文化发展的物质基础和优越条件。

邓小平十分重视把国家政策同少数民族地区实际相结合，提出："就是在汉族地区实行的各方面的政策，包括经济政策，不能照搬到少数民族地区去，要区分哪些能用，哪些修改了才能用，哪些不能用。要在少数民

---

① 《邓小平文选》第1卷，人民出版社1994年版，第167页。
② 《邓小平文选》第2卷，人民出版社1994年版，第91页。
③ 《邓小平文选》第3卷，人民出版社1993年版，第246页。
④ 同上书，第247页。

族地区研究出另外一套政策，诚心诚意地为少数民族服务。"①

邓小平的一系列论断，为探索适合少数民族地区经济发展的体制，培育适合少数民族地区经济快速发展的区域性产业，利用最新科学技术手段，加快对少数民族地区自然资源和历史传统文化的开发，促进少数民族和民族地区经济的跨越式发展提供了科学的理论指导。

江泽民从国家现代化建设发展的战略层面上来认识民族地区经济社会发展的重要性，把发展民族地区的经济文化事业作为我国民族工作的主要任务，作为搞好民族工作的核心问题。1992年，在中央民族工作会议上，江泽民指出："少数民族和民族地区的经济社会发展，直接关系到我国整个现代化建设目标的顺利实现。"② 强调："在新的历史时期，搞好民族工作，增强民族团结的核心问题，就是积极创造条件，加快发展少数民族和民族地区经济文化等各项事业，促进各民族共同繁荣。这既是少数民族地区人民的要求，也是社会主义民族政策的根本原则。"③

江泽民把加快少数民族和民族地区的发展看成是我国社会主义事业的本质要求在民族工作中的体现，这也是党的民族政策的基本出发点和归宿。在党的十四大政治报告中，江泽民指出："加快少数民族地区经济发展，对于加强民族团结，巩固边防，促进全国经济发展，具有极为重要的意义。对少数民族地区以及革命老根据地、边疆地区和贫困地区，国家要采取多种形式帮助他们加快发展。"④ 江泽民从党的基本路线的高度来审视民族地区经济发展对民族团结进步的战略价值和重大现实意义："民族地区存在的矛盾和问题，归根到底是要靠发展经济来解决。所以，我们处理民族地区的各种问题，都必须牢牢把握经济建设这个中心。要千方百计地加快民族地区经济的发展，逐步缩小民族之间的发展差距，逐步实现各民族的共同繁荣。"⑤ 在1999年9月，在中央民族工作会议暨国务院第三次民族团结进步表彰大会上，江泽民指出："加快少数民族和民族地区的

---

① 《邓小平文选》第1卷，人民出版社1994年版，第167页。
② 金炳镐主编：《民族纲领政策文献选编》，中央民族大学出版社2006年版，第759页。
③ 同上书，第760页。
④ 江泽民：《加快改革开放和现代化建设步伐，夺取有中国特色社会主义事业的更大胜利》，《人民日报》1992年10月12日。
⑤ 金炳镐主编：《民族纲领政策文献选编》，中央民族大学出版社2006年版，第788—789页。

发展,是我国社会主义事业的本质要求在民族工作中的体现,也是党的民族政策的基本出发点和归宿。民族地区地域广大,资源丰富、潜在市场广阔,战略地位十分重要。在国家未来的发展战略中,加快民族地区的发展将摆在更加突出的位置。"① 这次会议对加快民族地区发展提出了抓住实施本部大开发的重要战略机遇;国家逐步加大对民族地区转移支付力度,加大对外开放,引导对民族地区的资源投入;加强基础设施建设;合理开发自用民族地区资源,建立产业基地;开发资源和建设项目,一定注意让少数民族和民族地区得到利益和实惠;注意民族地区生态环境保护及加大扶贫攻坚工作的力度等措施,拉开了西部大开发战略的序幕。

进入新世纪后,胡锦涛从贯彻落实科学发展观的高度,把少数民族地区经济社会的发展视为解决民族问题的关键和根本途径,明确提出:

发展是党执政兴国的第一要务,是解决中国所有问题的关键,也是解决民族地区困难和问题的关键。加快少数民族和民族地区经济社会发展是各族群众的迫切要求,也是现阶段解决民族问题的根本途径,必须摆到更加突出的战略位置。②

实现共同进步,就是要把加快少数民族和民族地区发展作为现阶段民族工作的主要任务,采取有力的措施,显著加快民族地区经济发展,显著加快民族地区保障和改善民生工程,全面推进民族地区社会主义经济建设、政治建设、文化建设、社会建设和生态文明建设,维护各族人民根本利益,让各族人民共享改革发展成果。③

加快少数民族和民族地区的经济社会发展,关键要坚持以科学发展观统领经济社会发展全局,科学确定发展思路和发展目标,发挥自身优势,集中各族干部群众的智慧和力量,聚精会神搞建设,一心一意谋发展,着力解决当前少数民族和民族地区发展遇到的困难和问题,把发挥社会主义制度和民族区域自治制度的优越性落实到发展生产力、发展先进文化、实现各族人民的根本利益上来。④

---

① 金炳镐主编:《民族纲领政策文献选编》,中央民族大学出版社2006年版,第832页。
② 同上书,第933页。
③ 胡锦涛:《在国务院第五次全国民族团结进步表彰大会上的讲话》,《人民日报》2009年9月30日。
④ 金炳镐主编:《民族纲领政策文献选编》,中央民族大学出版社2006年版,第933页。

(二) 两个大局思想：少数民族和民族地区经济发展道路的指导方针

按照区域经济发展理论的研究，我国是把地区经济发展的不均衡性划分为三个层次，东部沿海 12 个省市属于发达地区；中部 9 个省市属于次发达地区；西部 10 个省市（区）属于不发达地区，90% 以上的人口集中在东中部地区，但资源较少；10% 的人口在西部地区，资源较为丰富，但地理环境条件很差。在改革开放过程中，三个经济层次间的梯度差距日趋明显，1992—1995 年从广西到山东沿海 7 个省市（不含上海）的经济增长占全国经济增长的 70%，其余 23 个省市自治区加在一起仅占 30%。98% 以上的外商投资份额集中在东部和中部地区，而西部地区仅占 2%。全国乡镇企业总产值的 95.6% 是由东部和中部地区创造的。东西部差距的形成既有历史原因，也有现实原因。从历史上看，我国的生产力布局主要集中在东部沿海地区，该地区工业基础历史悠久，资本技术等生产要素资源丰富；从地理环境上看，东部沿海毗邻港澳台，远到日本、东南亚、欧美，海外通道宽广，对外开放引进外资具有十分优越的区位优势；从制度因素上看，在计划体制下，国家宏观布局上形成了发达的东南沿海地区以加工工业为主导，不发达的西部地区提供原材料、资源和初级产品的格局，目前 70% 以上的工业聚集在国土面积不到 12% 的东南沿海地区，西部地区加工工业相对不足，上游产业势单力薄，缺乏前后相续产业的支撑，难以形成加工工业中的支柱产业。改革开放时，东部沿海地区充分利用国家所给予的优惠政策，大胆探索，比较灵活地运用市场机制，率先发展一些投资回报率较高的产业，并在政策上给予投资者以相当大的优惠，形成了全国的投资热点。从人力资源因素来看，东部沿海地区教育较为发达，人力资源素质比西部地区高，人力资源蓄积基础较为深厚，具备一大批各种知识类型的人才队伍。

早在 20 世纪 80 年代，在改革开放深入发展的过程中，当东西部发展差距日趋明显，如何缩小东西部发展差距就成为我国经济持续发展中的严峻课题。邓小平同志从改革开放的大局及社会主义发展的阶段战略目标出发，对缩小东西部发展差距进行了深刻的思考，发表了关于两个大局的重要思想。他指出，一个大局，就是从东部沿海地区加快对外开放，使之较快地发展起来，中西部地区要顾全这个大局；另一个大局，就是当发展到一定时期，比如本世纪末（即 20 世纪末，编者注）全国达到小康水平时，就要拿出更多的力量帮助中西部地区加快发展，东部沿海地区也要服从这个大局。邓小平关于"两个大局"的思想，是我们解决东西部差距问题的总体战略构想，是我们今天实施西部大开发战略的基本指导。

第一，邓小平两个大局的战略构想辩证地解决了非均衡发展与协调发展的关系。

从我国生产力发展的现实水平看，其突出的特征就是发展的不均衡性，各地区间经济发展的条件存在着极大的差异，因此发展也不可能实现完全的均衡。在改革开放初期，我们不能靠降低东部发展速度来缩小东西部的差距，只有支持东部地区利用一切有利的时机，加快发展，探索出在社会主义条件下，实现现代化的新道路，才能为西部的发展创造条件。但东西部地区的发展不可能长期建立在这种非均衡状态的基础上，社会主义必须建立在协调发展的基础上。当东部经济已达到一定发展水平，形成较深厚的积累时，就要考虑西部发展问题，让西部在东部的支持和带动下，也尽快发展起来。

第二，邓小平两个大局的战略构想辩证地阐明了先富与后富的关系。

邓小平同志指出，"共同致富，我们从改革一开始就讲，将来总有一天要成为中心课题。社会主义不是少数人富起来、大多数人穷，不是那个样子。社会主义最大的优越性就是共同富裕，这是体现社会主义本质的一个东西。如果搞两极分化，情况就不同了，民族矛盾、区域矛盾、阶级矛盾都会发展，相应地中央和地方的矛盾也会发展，就可能出乱子。"[①] 实现共同富裕是社会主义的价值目标，也是社会主义优越性的体现，但共同富裕并不是同步富裕、同等富裕，实现共同富裕是通过一部分人、一部分地区先富起来，树立榜样，带动其他人，其他地区也富裕起来，由点到面，逐步实现的。只讲共同富裕，不讲一部分人、一部分地区先富起来，就会制约这部分人、这部分地区实现富裕潜力的发挥，不利于生产力的发展，其结果仍是回到平均主义和大锅饭上，反之，只讲先富，而不讲共同富裕，就背离了社会主义的价值目标。

第三，邓小平两个大局的战略构想提出了实现协调发展，解决东西部地区差距的两个阶段转变的条件、时机和思路。

在改革开放初期，发达地区如何帮助贫困地区，邓小平提出过，一方

---

① 《邓小平文选》第3卷，人民出版社1993年版，第364页。

面"可以由沿海一个省包内地一个省或两个省，也不要一下子负担过重，开始时可以做些技术转让。"① 另一方面，也可以让先富起来的地区多交点利税，支持贫困地区，但这里有一个帮助的力度和时机的选择问题。邓小平认为解决东西部差距问题"太早，这样办，也不行。"否则，力度和时机掌握得不当，又可能回到平均主义的老路上去。什么时候突出地解决这个问题，邓小平认为可以研究，可以设想到本世纪末（即20世纪末，编者注），达到小康水平的时候，就要提出和解决这个问题，"不发达地区又大都是拥有丰富资源的地区，发展潜力是很大的。总之，就全国范围来说，我们一定能够逐步顺利地解决沿海同内地贫富差距问题"。这就是第二阶段的任务。由第一阶段转变到第二阶段的前提是东部地区实现小康水平，基本的思路就是东西部资源互补，协调发展。在两个大局中，前一个大局是前提，后一个大局是目的、是方向。只有前一个大局的目标实现了，后一个大局才有了保证和实现的社会条件；而实现不了后一个大局，前一个大局发展的结果必然失去方向。

按照邓小平同志两个大局的战略思想的规划，西部地区一是要逐步开放沿边城市，形成周边对外开放的格局，二是要加强沿海地区对内地的联合与辐射。这两项措施的实现，打破了长期以来西部单纯依靠东部分工体系，依赖东部市场、资金，对外开放通道的单方面格局，变不利环境为有利环境条件。形成双向市场和双向资金来源，形成了全方位开放新格局的发展思路。同时，通过东西部地区干部相互易地锻炼、对口扶贫、支教帮助等多种形式，努力实现东西部间的均衡发展。但在全国经济发展达到小康水平前，这些措施对缩小东西部发展差距的影响还不是决定性的。

按照邓小平两个大局的战略构想，才能从根本上解决东西部发展差距问题，加快西部地区的发展，最终达到社会主义共同富裕的目标。正如江泽民同志所指出的："加快西部地区的发展，对于保持西部地区政治和社会稳定，促进民族团结和保障边疆安全具有重大意义。"要"维护民族地区的稳定，很重要的一条就是要不断加快这些地区的经济发展和社会进步，经济发展了，社会进步了，各民族共同富裕了，就会进一步巩固和发展平等、团结、互助的社会主义民族关系，就会大大增强整个中华民族的

---

① 《邓小平文选》第3卷，人民出版社1993年版，第364页。

凝聚力。保持民族地区的稳定和巩固祖国边防，也就具有了更加强大的物质基础和思想政治基础。"①

二 西南边疆少数民族和民族地区中国特色社会主义经济发展道路的探索与实践

西南边疆各少数民族和民族地区从不同的历史起点进入社会主义社会后，在发展社会主义经济的道路上，由于各民族之间历史文化基础不同，发展的起点不同，所面临着的历史任务不同，所处的区位及拥有的资源不同，经济发展的方式选择也必然不同。

（一）发展不平衡、经济总体水平很低是西南边疆各少数民族和民族地区经济发展的历史起点

边疆各民族地区历史自然环境和体制等多种因素的相互交错，形成了民族地区的经济社会发展中的特殊性，也形成了少数民族和民族地区中国特色社会主义经济发展中的特点。

第一，民族地区经济发展经济的不平衡状态十分突出。

少数民族和民族地区的经济社会结构从剖面上表现为从原始公社残余公有制、奴隶制经济、封建领主经济到封建地主经济多层次的经济状况并存，手工劳动、锄耕文化、小商品经济与商品经济等多种经济形式并存。既有现代农业，也有传统农业，还保留有原始农业。1985年，德宏傣族景颇族自治州机耕面积达到400 136亩，占全省八个民族自治州机耕总面积的17%。而怒江傈僳族自治州贡山县独龙族所种的火山地占当地耕地面积60%以上。粮食单产仅有122斤。据1985年的分类统计，云南民族地区"处于商品经济发展阶段的少数民族有91万人，占少数民族总人口的8.4%；处于商品生产阶段的有140万人，占21%；处于商品生产补充阶段的有120万人，占21%；处于自给自足阶段的有228万人，占21%；处于商品生产萌芽阶段的有275万人，占25.8%，形成一个多层次的发展阶梯"。② 改革开放初期，云南省各少数民族人均工农业产值指标，超

---

① 《江泽民文选》第2卷，人民出版社2006年版，第342页。
② 杜玉亭主编：《传统与发展》，中国社会科学出版社1990年版，第49页。

过全省平均水平的只有藏族；在400元以上的只有傣族、纳西族；300元以下200元以上的有彝族、白族、傈僳族；其余各少数民族在200元以下。一些居住的山区和高寒山区的少数民族群众平均水平还要低，生活基本条件相当困难，温饱问题突出。各民族经济发展的不平衡状态、复杂性构成了各民族经济发展道路的多样性。

第二，民族聚居地区的规模小、分布散增加了经济发展的困难性。

云南少数民族居住的地域广大，极其分散，民族间分几种情况：一是数量多，但杂居分散，且发展极不平衡。如彝族，散居全省各地，滇东北与滇中地区的彝族社会发展水平差异很大。二是较为集中在一块地域，如纳西族、白族主要聚居在滇西及滇西北，但这一地区又有许多民族同时聚居，形成大杂居、小聚居的情形。三是全部民族集中在一块较小的区域，如独龙族聚居在独龙乡，基诺族聚居在基诺山。四是民族居住大部分处于高山深菁、密林峡谷，江河纵横，非常分散，交通不便，联系困难。贡山独龙族怒族自治县每平方公里约7人。构成了民族地区的经济发展点多、分散、规模小的特点。1985年统计，属于云南老、少、边、穷的69个县中有60多个区，近4 000个乡不通公路。怒江傈僳族自治州怒江、独龙江两岸的群众需要依靠49条溜索过江。独龙江区几乎是半年大雪封山，这种封闭隔绝的情况严重影响到少数民族地区经济的发展。

第三，民族地区由社会历史与自然现实所形成的封闭性、传统性决定了经济发展的艰巨性。

由于自然环境及社会历史等多种因素的影响，封闭的自然经济区域，民族地区对外交流水平不高，形成人们依赖或满足于这种自给自足、小富即安、墨守成规、因循守旧、闭关自守的观念形态。民族地区的封闭性，不仅表现在经济发展方面，也同样表现在民族心理、宗教活动、传统习俗、思想观念等方面。民族的文化遗产中，有许多优秀而独特的文化传统，是中华民族灿烂辉煌文化的重要组成部分。同时，在民族传统文化中也存在着一些与小生产、自然经济相适应的落后、保守的一部分。这部分落后文化作为历史沉淀，以传统的形式表现出来，构成了民族地区对外交往开放的障碍，也必然对民族地区经济发展产生极大的制约和影响。

第四，由于历史自然和社会多种因素的影响，云南少数民族和民族地区扶贫帮困的任务艰巨。

1985年年底，云南少数民族聚居贫困乡有2 518个，贫困农业人口

510万人，温饱问题尚未解决的多达350万人（按人均纯收入120元以下的标准计算），分别占到全省贫困乡、贫困乡农业人口和温饱尚未解决人口的70.9%、73.7%和71.1%。怒江傈僳族自治州40万人中有17万人温饱问题没有解决，人均工农业产值仅为318.9元，人均财政收入为14.6元，农村人均纯收入为197元，还有四万人居住的地区已经丧失基本的生存条件。

第五，从经济结构上看，云南民族地区生产力落后的核心要素就在于产业的落后，主要表现在三个方面：一是传统的农业构成了主要产业形态，第二产业与第三产业发展滞后；二是第二产业主要集中在自然资源开采和初级利用方面，产品以输出为主，产业链短，吸收劳动力少，价值分配链短，价值外流严重；三是第三产业层次低，这同第一、第二产业发展滞后是密切相关的。概括起来，云南民族地区产业发展呈现出产业结构不协调、产业联系不强、产业组织不合理的总体性特征，决定了云南民族地区产业能力不强的现实，也是制约跨越式发展的主要因素。

云南民族地区特殊的产业基础，决定了产业选择的特定策略与原则，也决定了特定的发展路径的选择，形成了西南各民族地区中国特色社会主义经济发展道路的独特性，理论指导上的特征和制度设计上的特点。

（二）改革开放以来，国家制定并实施了各种优惠政策，支持、帮助和全面推进少数民族和民族地区经济社会快速发展

1990年和1995年预算体制改革时，国家对五个自治区及云南、青海、贵州三省，中央除保留"三项照顾"政策外，对这些地区的补助数五年不变，收入增加部分全部留给地方。1988年实行的大包干财政体制，对边疆少数民族地区实行"定额补助"办法，仍给予照顾。在金融方面，国家从1983年开始，先后设立了"支持老少边穷地区经济发展专项低息贷款""贫困县县办企业优惠贷款""扶贫专项贴息贷款"等优惠政策。国家设立了专项资金，用于扶持和帮助边疆民族地区建设。如"支援经济不发达地区发展资金""少数民族贫困地区温饱资金""民族机动金"、民族贸易和民族用品生产贴息贷款财政贴息、民族地区乡镇企业专项贷款贴息、边境事业补助费等。仅1981年、1982年两年，中央拨给云南省边境建设事业补助费达2 500万元，主要用于边境25个县和执行边疆政策八个县的人畜饮水、水利水电、交通邮电、文教卫生、商业网点建设等方面。

　　1976年，云南省正式明确临沧、思茅、文山和丽江四个地区在财政上享受自治州的所有待遇。1991年，国务院明确云南省可以享受自治区有关政策待遇。从20世纪80年代开始，国家为了照顾民族自治区发展生产和文化教育事业的需要，对民族自治区及云南、贵州、青海省的定额补助费数额每年递增10%。根据这一精神，云南省全省实行财政包干体制，对于支出大于收入的民族地区，财政定额补助费每年递增10%。其中，怒江、迪庆两州为12%。1995年，国家对少数民族地区实行政策性财政转移支付的政策。2000年，云南省对散杂居民族设立了专项经费，规定"从2000年起，省财政每年安排1 000万元专项资金，用于扶持散杂居民族地区经济开发，重点用于贫困乡村。"

　　云南省在税收政策上，制定了对云南民族贫困地区减免农业税，云南民族地区的企业、民族贸易和民族用品生产给予减税的照顾。对特别困难的民族山区全部免去粮食征购任务，落实并放宽了"自留地""自留畜"和"三山一地"（自留地、责任山、草山、轮歇地）政策，放宽集体留材比例，特困地区可以超过全省集体留成30%的比例。国家在自治地方开发资源，在利益收益上照顾自治地方利益，如国营农场在自治地方经营橡胶，总产值3%的税金归自治地方。

　　为了支持帮助西部地区经济快速发展，国家制定实施了各展所长的发展战略——对口支援和经济技术协作的方针政策。1979年全国边防会议确定北京支援内蒙古，河北支援贵州，江苏支援广西、新疆，山东支援青海，天津支援甘肃，上海支援云南、宁夏。由少数民族集中的西南和西北地区发起，形成了西南省区（云南、贵州、四川、广西、西藏、重庆）经济协作区。1990年增加成都。1984年全国经济技术协作和对口支援会议提出：经济技术协作和对口支援两种形式都需要，要求各方互惠互利，互相支持、挖掘潜力、共同发展。"对口支援要帮助少数民族地区发展经济，让他们尽快富起来，不仅具有经济意义，而且有重大政治意义，是我国的一个政策。牺牲自己地区或者自己城市的一些利益，支援少数民族地区，如同专业户支援贫困户差不多，能使我们国家各地区逐步富裕起来，这有重大经济意义和政治意义"。[①] 到20世纪90年代，全国共签订对口

---

① 万里：《新时期民族工作文献选编》，中央文献出版社1990年版，第255页。

支援项目1 200多项，投入资金20多亿元，新增产值10多亿元，形成了一个多领域、多层次、多形式、多内容的对口支援局面，促进了连续少数民族地区资源的开发利用，深化了东西部技术合作与交流，推动了西部技术更新和产业升级。

1999年，党中央提出了西部大开发战略的构想，把加快西部经济社会发展同保持政治社会稳定、加强民族团结结合起来，在国家财力稳定增长的前提下，通过转移支付、逐步加大对西部地区的支持力度，在充分调动西部自身积极性的基础上，通过政策引导，吸收国内外资金、技术、人才等投入开发，有目标、分阶段地推进西部地区人口、资源环境与经济社会协调发展。到2007年，国家投入西部地区基础设施建设资金达一万多亿元，累计实施交通、水利、能源、通信等基础设施重大项目90多个。其中，西电东送、西气东输、青藏铁路等一大批西部开发标志性重大项目陆续建成，投资数百亿元的农村电网改造工程使西部99%的乡镇实现通电。云南省累计投资127亿元，解决了200万人的用电问题。

1999年，国家民委发起以加快边境地区经济建设为着眼点，广泛动员全社会参与和支持的富民兴边行动。云南省在边境25个县（市）实施扶贫温饱、免费教育、科技扶贫和边境文化扶贫四大工程。扶贫工程确定对100个边境民族乡（镇）进行扶持，每乡投入400万元资金。免费教育工程方面，每年安排255万元资金，用于边境县建立特困学生基金。在边境沿线，7个人口较少民族及藏区实施三免费（教科书、杂费、文具费）。科技扶贫工程重点推广电脑农业专家系统。文化扶贫方面，主要推行"千里边疆文化长廊工程"，丰富少数民族地区的文化生活。到2006年年底，云南省25个边境县（市）生产总值增长38%，财政收入增长56.7%，农民纯收入由1 205元增加到1 564元。2 850个村寨群众看上了电视，60万人喝上了自来水，8.7万户农民用上了沼气，11.5万户农民住上了砖瓦房。

2000年8月，广西壮族自治区党委、政府在边境建设工作会议上，决定"用两年左右的时间，集中人力物力和财力，在边境8个县（市、区）开展边境大会战，重点解决边境地区基础设施滞后问题，努力办好24件实事"。2000年年底，已开工项目16 329个，完成投资5亿多元，已竣工项目14 347个。其中茅草房改选项目已经全部竣工；村村通车、村村通广播电视、村委会办公用房、村卫生室、村计生服务站等五类项目竣工数已完成的68%以上。①

（三）边疆民族地区中国特色社会主义经济发展道路的实践探索

1981年4月，经中共中央书记处批准的《云南民族工作汇报会纪要》提出：

只有经济的发展，才能更好地促进政治和文化的发展，民族区域自治才有稳固的基础；新时期民族工作总的指导思想和根本任务之一是以经济建设为中心，全面发展少数民族的政治、经济和文化，不断巩固社会主义的新型民族关系，实现各民族的共同繁荣。改革开放以来，云南民族地区坚持从社会主义初级阶段低层次的实际出发，对传统理论和政策进行反思，从边疆民族地区处于社会主义初级阶段低层次的实际出发，围绕实现现代化战略中解决温饱、摆脱贫困的主要任务，坚持因地制宜、分类指导的方针，大胆探索，勇于创新，创造出许多符合民族地区经济发展实际的发展方式，有力促进了经济的发展和人民生活水平的快速提高。

党的十一届三中全会以后，边疆民族地区在落实党的民族政策的同时，重新恢复并制定了一系列旨在加快民族地区经济发展的政策，采取特殊措施来帮助民族地区恢复和发展经济，取得了很大成效。这些政策措施主要有：

（1）在农村经济体制改革中，推行以家庭联产承包责任制为基础的双层经营体制。广西壮族自治区家庭联产承包责任制首先在百色、河池两地山区试行，然后推广。1981年10月，自治区颁布《农村生产队统一经营联产承包责任制试行办法》和《农村生产队统一管理包干到户责任制试行办法》两个文件，包产到户、包干到户责任制全面推行。云南对特别困难民族山区，如怒江傈僳族自治州、迪庆藏族自治州、宁蒗彝族自治县小凉山地区，实行全部免去粮食征购任务，落实"大包干"联产承包责任制，放宽"自留地""自留畜"和"三山一包"（自留山、草山和轮歇地）政策，放宽集体留成比例，特困地区可以超过集体留成30%等。

（2）在产业结构的调整中，打破了"以粮为纲"基本上是单一经营的格局，在重视粮食稳定增产的前提下，开展多种经营，发展林、牧、

---

① 毛公宁、王铁志：《团结进步的伟大旗帜——中国共产党80年民族工作历史回顾》，民族出版社2001年版，第504—505页。

副、渔各业,特别重视扩大种植经济作物、热区植物和经济林木,开发矿产资源,并且发展了加工业、建筑业、交通运输业、商业和服务业,促使自然经济向商品经济转化。云南边疆民族地区创造了基诺山以科技开发为主导,全面提高劳动者素质的经济开发方式、瑞丽市姐相乡以现代农业发展为主导的经济发展模式、大理周城以"乡镇企业发展为核心"的经济发展模式、瑞丽县以边境贸易为主导的经济发展方式、鲁奎山铁矿以矿产资源开发为龙头的经济发展方式等多种经济发展方式,有力地促进了边疆民族地区经济的发展。

(3) 在一些城镇和乡村中兴办和发展了乡镇企业,扩大了农村的就业门路,增加了群众的收入,并逐步形成了一批重要的社会生产能力。改革开放初期,云南边疆民族地区建立了包括甘蔗、茶叶、橡胶等农副产品加工、化肥、电力、煤炭、水泥、烟草、纺织、小五金等企业。1983年,云南省民族自治地方工业总产值达到15.75亿元,尤其是少数民族特需产品生产方面,初步建立了民族五金、民族铝制品、民族服装鞋帽等12类产品生产基地。生产产品由1978年的22种发展到290多种。农村农业商品率不断提高,依托自然资源优势,开始形成产业发展特点。如德宏傣族景颇族自治州的甘蔗、西双版纳傣族自治州的橡胶、文山壮族苗族自治州的三七、大理白族自治州的乳制品、普洱市的茶叶等。

(4) 1987年,《中共中央统战部、国家民族事务委员会关于民族工作的几个重要问题的报告》提出要新疆、西藏、云南等省区和其他十个少数民族地区,具有对外开放的优越地理条件,又有丰富的地下、地上资源和独特的旅游资源。进一步搞好改革开放,就能把某些劣势变为优势,加快经济发展。拟选择一些条件好的地方,借鉴国际上设立内陆开发区和边境自由贸易区的做法,采用沿海对外开放地区的一些政策措施,作为进一步开放的试点,探索加快发展的经验。

1992年,党中央做出把广西建成西南地区出海通道的决策。1992年4月,广西边境友谊关开关,成为中越边境第一个正式恢复口岸。到1996年,广西七个边境县(市)全部对外开放。1992年6月,国务院批准云南省瑞丽、畹町、河口三市(县)为边境开放城市,并设立边境经济合作区,给予11条优惠政策。1994年国务院批准第二批"民族自治地方改革开放试验区"的七个州(市)成为代表内陆地区对外开放的亮点。云南省八个国家级内陆边境口岸、八个省级口岸和近百条边境通道全部打开。边境贸易获得了飞速发展。1994年,云南省外贸进出口总额13.44亿美元,比1978年的6 948亿美元增长12倍,年均增长率20%。1994年边境贸易进出口总额达35.77亿元,比1978年增长40多倍。

(四) 边疆民族地区经济跨越式发展实践探索的成功模式

1. 云南西双版纳州基诺山以科技开发为主导,全面提高劳动者素质的经济开发方式

基诺族又称"攸乐",现有18 021人,聚居在西双版纳傣族自治州基诺山区的43个村寨。解放初期,基诺族尚处于原始社会末期,经济发展处于以刀耕火种为主的原始农业经济阶段。在十一届三中全会以前,基诺族群众每年依靠国家返销粮食,最高年份高达95万公斤,连基本的温饱都尚未解决。1982年,西双版纳召开了全州山区工作会议,基诺山被列为全州热带山区综合技术开发试验示范区,州县区三级成立了领导小组,由州科委负责组织落实。开发中,州上组织了中国医学科学院药用植物资源开发研究所、中科院西双版纳热带植物园、云南热带作物研究所、云南茶叶科研所、西双版纳州农科所等科研单位,共同派人上基诺山,帮助查清了全乡的自然资源情况,逐山规划,进行科技综合治理和技术攻关,先后进行了砂仁高产、胶茶群落、茶叶速生密植、水稻旱植等十多项目的试验、技术开发和推广。以砂仁开发为基诺山经济发展的突破点,初步形成了以砂仁、茶叶、橡胶等林业产品为骨干的经济支柱,并以林业为主导,相继发展了茶叶加工厂、橡胶加工厂。为了保证基诺山科技开发计划的实施,州县注意提高基诺族的科学文化素质,培养民族致富的实用技术人员,州县投资20万元在基诺山建立了州山区科技培训中心,该中心先后办了32个班次,培训了近8 000名民族技术骨干。到1997年,全乡农业经济总收入达1 231.83万元,农民人均收入达982元。其中,巴来村公所人均纯收入达1 673元,巴亚村公所达1 114元。1996年巴来村公所的巴奎自然村人均纯收入达3 198元。全乡45个自然村中有23个自然村4 765人的人均纯收入已超过1 000元。

2. 云南德宏瑞丽市姐相乡以现代农业发展为主导的经济发展模式

瑞丽市姐相乡地处中国的瑞丽市,缅甸的木姐市、南坎市三大重镇之间,全乡有9个自然村寨与缅甸唇齿相依,边境线长达20公里。解放初期社会发展属于从农奴制迈向社会主义的历史阶段。全乡13 367人,其中傣族12 000人、汉族1 100人、其他民族100多人。姐相乡是一个由自然经济向市场经济过渡，依靠发展现代农业，拓展农业商品化，迅速迈向小康社会的典型。一是确立农业支柱产业地位，发展现代农业。建立稳产高产粮田12 000多亩，改造低塘田4 000多亩，平田改土1 000多亩，兴修水利增加改善农田灌溉面积6 000多亩，除涝面积1 000多亩，实现了粮食的稳产高产。二是开发多种农作物种植，改变农业内部结构。1995年种植了柚子、菠萝、西瓜等多种水果，产值达1 400万元以上。三是发展农业机械化。1973年，姐相乡开始发展农业机械化。1996年，全乡农机总动力已达19 434马力，全乡拥有大型拖拉机71辆，手扶拖拉机935辆，耕整机97台，农机作业量达95%以上，在耕作、耙田、机引、开沟、农业运输和农产品的加工上都实行机械化。四是在农业发展的基础上，促进产业结构调整。1979年乡镇企业开始起步，到1995年共有乡办企业4个，个体经济1 480个，职工总数1 917人，营业收入759万元，其中乡办200.18万元，个体558.75万元。五是注重科学技术的普及与推广。在姐相乡，先后推广了甘蔗连片种植规范化栽培、地膜覆盖、水稻杂交制种科学应用喷施肥和农业作物激素等技术，降低了成本，提高了效益。六是成立了科学技术委员会，进行了农村科技培训。到1995年，共拥有农村科技人才总数334人，占全乡人口的2.64%。1995年全乡国民生产总值为3 849万元，人均产值2 879元，粮食总产3 217万公斤，人均产粮1 222公斤，人均纯收入达2 400元，实现了初步小康水平。

3. 云南大理州大理市周城镇以"乡镇企业发展为核心"的经济发展模式

"周城"是白族语音转化为汉语而来的，意为"勤劳俭朴"，1995年末镇人口为8 818人，其中，白族8 752人，耕地面积3 127亩，工农业生产总值5 825万元，人均5 823元。1996年人均纯收入2 200元以上，1997年人均纯收入达2 840元。周城经济发展的基本做法是：一是适时调整产业结构，把乡镇企业发展作为经济增长的核心。周城人多地少，农业发展潜力有限，但手工业历史久远，扎染业已有三百多年悠久的历史。20世纪80年代以后，周城乡镇企业发展集中于扎染业、奶粉厂、建筑业、旅游业"四朵金花"。1995年，扎染厂拥有扎染品种1 000多个，销售产值708万元，产品远销日、美、欧各国，国家外汇利润在700万元人民币左右。目前，集体扎染厂从业人员 71 人，个体扎染业从业人员 40 人，带动邻村扎花 5 000 人。奶粉厂建于 1989 年，生产的"金花牌"奶粉主销滇西地区，1995 年销售产值 376 万元，从业人员 31 人，其中技术人员 22 人。全员劳动生产率 14.38 万元，上缴利税 62 万元，纯利 10.4 万元。建筑业起步于 1978 年，1994 年从业 1 386 人，总收入 1 520 万元，主要分布在滇西 8 地州和缅甸、泰国、老挝等国。旅游业起步于 1975 年，1995 年，拥有固定资产 80 多万元，收入 124 万元，投资 1 千万元的蝴蝶泉宾馆开业。据 1995 年统计，周城实有劳动力 5 741 人，其中，从事第一产业 1 853 人占 32%，第二产业 1 341 人占 21%，第三产业 2 546 人占 47%，已实现了向现代经济的迈进。二是形成一批素质较高的乡镇企业管理队伍和科技人员队伍。周城乡镇企业的发展中，形成了一批达 70 人左右，具有长期实践经验，现代素质不断提高的领导管理队伍，同时乡镇企业的从业人员中形成了一大批能工巧匠。目前，周城已有农科员 20 人，建设设计员 26 人，装潢 60 人，画工 26 人，木雕师 100 多人，扎染厂技术员 40 人，奶粉厂技术员 22 人，合计 274 人。技术工人总数为 57 人，手工工匠数为：妇女扎花 400 人，木工 400 多人，石匠 60 人，铺路石工 600 人，砖工 400 人，泥水匠 1 000 多人。三是以发展教育为基础。现周城人口中，大中专毕业生 100 多人，高中学历 600 多人，小学学历 5 000 多人。1992 年，办事处制定了奖励升入大中专的政策，女生升入大学，一次性奖励 200 元，升入中专奖励 100 元；男性减半。1994—1995 年，喜州职教举办了职教班，其中周城举办 14 个班次，培训 813 人次，主要是进行种植、饲养、扎染花等培训，时间从 6 天到 30 多天不等。

4. 以边境贸易为主导的经济发展模式

瑞丽县是德宏傣族景颇族自治州的一个边境民族县。1981 年以前，瑞丽县一直靠吃国家财政补贴过日子。20 世纪 70 年代，每年地方财政收入才 60 万元，1978 年，地方财政收入只有 125 万元，经济发展缓慢。1985 年县委、县政府根据国家对边疆民族地区对外开放的政策，结合当地具有与缅甸山水相连、公路相通的口岸优势，提出"以贸易为先导，以农业为基础、以工业为后盾、以贸补农、以贸促工、贸工农共同发展"的经济发展指导思想，大力发展边境小额贸易。到 1988 年，全县共有大小商号 89 家，进出口贸易总额达到 3.45 亿元。边境对外贸易的发展促进了玉石、木材等加工业，出境旅游、观光度假等行业的发展。1988 年全县工农业总产值达 8 454 万元，为 1978 年 2 196 万元的 3.85 倍。工农业产值的结构比例由 1978 年的 19∶81 调整为 51∶49，地方财政收入达 3 052 万元，是 1978 年 125 万元的 24.42 倍，农民纯收入达到 742 元，比 1978 年增加 601 元，是 1978 年的 5.3 倍。农村经济总收入中粮食收入与多种经营收入的比例由 1978 年的 70∶30 下降到 38∶62。经济的快速发展，财政收入的不断增加，使政府能够有更多的财力物力支持农业的发展。1987 年，瑞丽县政府仅用于补助农村购买杂交种、化肥、奖励等方面的费用就达到 80 多万元。高投入促进农业的大发展，1987 年全县粮食总产达到 7 258 万公斤，比 1978 年增长 56.4%。

5. 云南红河州鲁奎山铁矿以矿产资源开发为龙头的经济发展方式

鲁奎山铁矿是一个储量达 2 400 万吨的大型优质铁矿，位于新平彝族傣族自治县扬武镇。这里干旱缺水，群众生活水平很低，特别是居住在矿山附近三个行政村的四千五百多彝族群众，生活十分贫困，1985 年，人均产粮不到 150 斤，收入不足 100 元。1986 年 8 月，云南省委、省政府决定把鲁奎山铁矿作为"九五"期间省重点项目——昆钢扩改建工程的一个主要配套工程，由新平县负责承担。昆钢向铁矿提供建设资金 5 373 万元，支援工程师指导工作。铁矿自 1987 年开始建设，1992 年达到年产 50 万吨的生产能力。鲁奎山铁矿把资源开发与发展民族经济紧密结合起来，实行大矿带小矿的经营方针，从资金、技术、产品销售等方面扶持当地群众开发小矿。把铁矿后勤服务工作、生活福利设施与当地小城镇统一规划、全面安排。建设中，凡是能由当地承担的工程，尽量安排当地各族群众来干。把附近彝族村寨的水、电和道路纳入矿山"三通"工程建设方案，改变了当地群众的生产生活条件。鲁奎山铁矿在用工制度上，主要从附近少数民族贫困村的青年中招收工人，把矿山发展与民族地区扶贫帮困结合起来。鲁奎山铁矿的建设极大地推动了当地经济的发展。扬武镇先后办起了制砖工厂、采石场、建筑队、运输队等十几个乡镇企业，从业人员 1 200 多人。1988 年，全镇总收入达 1 162 万元，人均 644 元，比 1986 年翻了一倍多。昔日人均产粮不足 150 公斤，收入不足百元的丕且莫村 1 100 多名彝族群众，1988 年仅采矿和矿山劳务输出收入人均增收就达 205 元，人均产粮 250 公斤，人均纯收入达 354 元。

从以上五个处于不同发展水平的民族地区实现社会主义现代化的道路中，可以发现一些规律性的趋势。一是民族地区生产力发展的差异决定了经济发展途径选择的不同。生产力发展水平较差的民族地区，由于缺乏工业基础，交通、通信设施薄弱，离大中城市较远，技术人才资金缺乏，市场经济发育水平低，实现生产力历史性跳跃只能选择资金投入不多，技术要求不高，以开发本地丰富资源为主导的经济发展方式。二是在生产力发展水平较高的地区，可以选择通过产业结构调整，推进农业机械化的发展，逐步实现由农业向工业、服务业的过渡，推动乡镇企业发展的方式。三是瑞丽县边境贸易、周城乡镇企业发展的成功经验证明了民族地区的发展只有全面融入国际国内市场，走市场化的道路，走集约经营的发展道路是实现跨越式发展，促进现代化建设的重要发展方式。四是鲁奎山铁矿的开发把国家主导开发资源与扶持民族地区经济发展有机结合起来，走产业扶贫的道路，是促进民族地区全面融入国家经济体系，实现经济快速发展的重要实例。

三 跨越式发展是西南边疆多民族地区加快经济发展的战略选择

1999年6月17日，江泽民同志指出："实施西部大开发，是一项振兴中华的宏伟战略任务。实现了这个宏图大略，其经济、文化、政治、军事、社会的深远意义，是难以估量的。全党同志和全国上下必须提高和统一认识。没有西部地区的稳定就没有全国的稳定，没有西部地区的小康就没有全国的小康，没有西部地区的现代化就不能说实现了全国的现代化。"[①] 江泽民明确指出："加快开发西部地区是一个巨大的系统工程，也是一项空前艰难的历史任务。既要有紧迫感，抓紧研究方案、步骤和政策措施，又要做好长期奋斗的思想准备"，"我们要下决心通过几十年乃至整个下世纪的艰苦努力，建设一个经济繁荣、社会进步、生活安定、民族团结、山川秀美的西部地区"。[②] 江泽民同志的讲话标志着解决东西部差距向第二阶段的根本战略性转折。西部大开发战略贯彻的是协调发展的战略思路，在西部大开发的背景下，边疆民族地区的经济就纳入了国家总体经济发展的规划，西部经济发展与国家经济发展的联系更为紧密，更加密

---

① 《江泽民文选》第2卷，人民出版社2006年版，第344页。
② 同上书，第345—346页。

不可分,从而具有了鲜明的区域性分工协作的特点。

(一)西部大开发战略实施以来,民族地区经济规模显著扩大,发展速度高于全国平均水平

西部大开发战略实施以来,民族自治地方综合经济实力显著增强。地区生产总值从1999年的6 886.17亿元跃升至2008年的27 940.20亿元,年均增长16.84%(同期全国国内生产总值年均增长15.16%)。其中,广西壮族自治区年均增长15.55%,西藏自治区年均增长15.82%,云南省年均增长14.33%。在经济实力明显增强,经济快速发展的同时,民族地区产业结构不断优化,特色优势产业不断壮大,形成一批区域性支柱产业。2008年,云南省花卉种植总面积首次突破50万亩,达52.4万亩,总产值首次突破100亿元,达176亿元,出口额首次突破1亿美元大关,达到1.01亿美元,成为亚洲最大的花卉基地。2008年广西壮族自治区桑园种植面积达202万亩,养蚕561万张,蚕茧产量约20万吨,蚕茧产量连续四年稳居全国第一位。广西壮族自治区蔗糖产量约占全国的60%,是全国最大的蔗糖生产和综合利用基地。边疆民族地区利用秀美的自然风光、丰富多彩的民族传统文化,大力发展旅游产业,旅游业已成为云南、广西壮族自治区经济发展中的支柱产业之一。

西部大开发战略实施以来,国家不断加大对民族自治地方固定资产投资力度,投资并建成了一批西部开发标志性工程,修建了一批机场、高速公路、水利枢纽等基础设施项目,带动了民族地区经济发展,改善了民族地区基础设施建设,促进了民族地区资源优势向经济优势的转化,为民族地区经济社会发展注入了强大动力。如西电东送,开发广西、云南、内蒙古等西部省区的电力资源输送到电力紧缺的广东、上海、北京等东部地区,充分体现了地区协调发展,实现共同富裕的战略思想。

西部民族地区历来是扶贫开发的重点区域。国家先后实施了"兴边富民行动"、《中国农村扶贫开发纲要(2001—2010)》、《扶持人口较少民族发展规划》等一系列促进民族地区发展的专项措施,民族地区人民生活水平基本实现了从基本温饱到总体小康的飞跃。民族自治地区农村居民人均纯收入从1999年的1 653元上升到2008年的3 369元,城乡居民存款曲线与农村居民纯收入曲线基本吻合,两条曲线共同说明改革开放后,尤其是西部大开发以来,民族自治地方居民收入不断增加,人民生活水平持续改善。

在对内开展横向经济联合、对外实行扩大开放的政策下,民族自治地方国内贸易和对外经济贸易蓬勃发展。2000年以来,民族地区贸易规模显著扩大,不仅满足了人民日常生活需求,引进了外部资本、管理经验和先进技术,而且增加了外汇收入,改善了民族地区人民生活。

在中央民族经济政策的有力支持下,在国内有关省市的对口支援下,民族地区经济将继续从粗放型向集约型转变,更加注重基础设施建设和生态环境保护,不断扩大对外开放,持续增强自我发展能力,实现地区经济的可持续发展。

(二) 经济发展不平衡,生产力总体水平不高是边疆民族地区经济发展途径的现实前提

1. 随着改革开放的深入发展,我国东西部地区,特别是少数民族及民族地区与发达地区发展不平衡现象越来越突出

一是表现为地区之间发展的差距上。根据中国区域经济统计年鉴2010年的数据,2009年,我国人均地区生产总值,东部地区为40 800元,中部地区为19 862元,我国民族自治地方人均生产总值为18 133元,西部地区为18 286元,民族自治地方人均国内生产总值仅为东部地区的48.68%,不足一半。[①] 边疆多民族各区域之间经济社会发展也存在着显著的差距,如云南发展情况就可以划分成以下几个层次:人均国内生产总值超过国际公认的3 000美元中等收入水平线的有昆明(4 956美元)、玉溪(4 740美元),构成了第一个层次;人均国内生产总值在2 000—3 000美元之间的有迪庆(2 962美元)、曲靖(2 545美元)、楚雄(2 210美元)、红河(2 149美元)、西双版纳(2 142美元),构成云南发展的第二层次;人均国内生产总值低于2 000美元的有大理(1 994美元)、德宏(1 726美元)、丽江(1 725美元)、保山(1 546美元)、怒江(1 517美元)、普洱(1 416美元)、临沧(1 328美元)、文山(1 397美元)、昭通(1 063美元),构成云南发展的第三层次。[②] 通过以上数据可以看出,

---

[①] 国家统计局编:《中国区域经济统计年鉴(2010)》,中国统计出版社2011年版,第7—11页。

[②] 云南省统计局:《云南统计年鉴(2011)》,中国统计出版社2011年版,第29—44页。

云南省存在着差距鲜明的三个区域层次，第一、第二、第三层次区域数量比为2:5:9，处于发展滞后区域的第三层次的数量超过了第一、第二层次数量的总数。

二是云南民族地区各民族之间的发展差距也十分明显。县级单位人均地区生产总值基本上可以反映出不同民族的收入水平情况。以2009年云南省县级单位人均地区生产总值的统计数据来看，44个县级单位中，人均地区生产总值超过2万元的有5个县级单位，超过1万元、低于2万的有6个，剩下的都是不足1万元的行政单位，其中低于5 000元的有7个。最高的大理市（25 109元）是最低的绿春县（4 087元）的6倍多。

2. 产业落后是制约边疆民族地区跨越式发展的根本因素

民族地区生产力的跨越，具体是通过产业发展来实现的。产业结构、产业联系、产业组织是产业发展的重要内容。产业结构是研究国民经济中各产业间的结构关系；产业联系是研究国民经济中各产业间连接、传递和影响关系；产业组织则是研究国民经济中同一产业内部企业间的结构关系。[①] 民族地区产业发展滞后，是制约民族地区跨越式发展的主要因素。在云南民族地区，产业落后就是制约经济发展的主要因素。

第一，产业结构不协调。

一是第一产业比重过大。至2009年年底，我国从事第一产业的就业人口比例为40.8%，同是边疆民族省份的云南、西藏、新疆、甘肃、青海等民族省份的这一比例都远高于全国平均水平，尤其是云南61.3%的第一产业就业率为全国最高。考虑到云南省内各区域发展的非均衡性，边疆民族地区从事第一产业的人口数占劳动人口总数的比例将远远高于61.3%这一比例水平。二是第二产业发展质量不高。目前云南民族地区在规模以上企业工业增加值中，烟草工业占55%，金属矿、非金属矿产业占19%，能源产业占11%，作为国民经济装备工业的机械制造业只占4%。[②] 从支柱产业的装备水平来看，除了烟草以外，其他支柱产业的装备设施全面落后于当代一般水平。装备设施达到国际先进水平的仅占

[①] 刘志彪、安同良：《现代产业经济分析》（第3版），南京大学出版社2009年版，第2—4页。

[②] 云南省人民政府：《云南省人民政府关于印发〈云南省新型工业化重点产业发展规划纲要〉的通知》，《云南政报》2004年第4期。

2.69%，达到国内先进水平的仅占 9.26%，处于国内一般水平的达 70.31%，还有 17.61% 为国内落后水平，亟待淘汰、更新。① 三是第三产业发展层次不高影响生产力升级。尽管云南民族地区很多州市的产业结构呈现出三、二、一的比例结构，但是并未相应地呈现出经济发展的高水平、高效率。第一、二产业仍旧以粗放型发展模式为特征，而第三产业尽管所占比例提高较快，但从内容到形式上都还是以劳务服务为特征的第三产业。

第二，产业联系不强的制约性。

一是产业链横向拓展力差。以云南的煤炭产业为例，截至 2006 年年底，云南煤炭开采企业中有大型煤矿 1 个，生产能力 450 万吨/年，分别只占云南省矿井总数和生产能力的 0.07% 和 6.62%；中型煤矿 6 个井（坑），生产能力 430 万吨/年，分别占云南省矿井总数和生产能力的 0.44% 和 6.33%；小型煤矿 1 361 个井（坑），生产能力 5 911 万吨/年，分别占云南省矿井总数和生产能力的 99.49% 和 87.04%；形成了以"乡镇煤矿为主、国有煤矿为辅；小型煤矿为主，大中型煤矿为辅"的格局。而乡镇煤矿生产技术水平低，生产工艺较为落后，装备水平差，专业技术人员匮乏，管理水平低，"小、散、弱、乱"情况突出，无力围绕煤炭资源进行产业化开发，只是采用落后甚至是原始的方式进行原煤的开采工作，直接导致了煤炭产业集中度低，效率低、安全事故频发，对生态破坏严重。二是产业链纵向延伸能力不足。云南民族地区的煤炭产业，只是集中在煤炭开采一端，由于技术形态落后，无法拉动矿山机械制造、工业设计产业的发展，进而一系列以煤化产业产品为原材料的轻工业也无从发展。三是产业链与区域社会结合缺乏深度。云南民族地区的水电产业，几乎每一个区域都建立了大量的水电设施，但是相关的水电技术、水电设备等主要依赖外部输入，水电产业对于民族地方来说仅仅提供了税收。除了在建设过程中会产生一定的用工需求外，水电站一旦建成，其运营基本上无法拉动规模级别的人口就业。可以说，水电产业在民族地区仅仅限于建设电站及提供电力，而未能与区域产业发展及区域民族发展直接联系起来，缺乏社会效益。

---

① 云南省人民政府：《云南省人民族府关于印发〈云南省新型工业化重点产业发展规划纲要〉的通知》，《云南政报》2004 年第 4 期。

第三，产业组织不合理的制约性。

在资源密集型的民族地区产业发展中，不同类型的企业，不同行政级别的政府都对在行政区划内的资源进行利用，随着行政级别的不同，企业所能获得的支持和待遇是不同的。其结果就是造成了产业布局分散，同一产业内大量重复投资，产业结构雷同；产业模式落后，产品单一，价值链短，价值传递机制原始低效；产业的附加值低，完全依赖资源自身的原始价值，未能形成产业集群，对整个区域发展的拉动性并不明显，也造成了资本、资源和劳动力的浪费。

（二）边疆民族地区实现跨越式发展中培育区域性战略产业选择的实践探索

边疆民族地方要实现经济跨越式发展，必须充分发挥区域性资源禀赋，培育区域性战略产业，促进区域经济增长。区域性、战略性产业是以区域性优势资源为基础，整合区域中其他资源，形成的区域经济发展产业。这种产业具有广阔的市场需求价值，是对区域经济发展带动系数大、就业机会多、综合效益好的产业。培育区域性、战略性产业，把区域优势资源转化为区域经济发展独特的竞争力，对形成区域经济发展的支柱产业及提升区域经济核心竞争力，促进区域经济发展，尤其是对民族地区发展区域经济，实现民族地区跨越式发展具有重要战略意义。实施西部大开发战略以来，西南边疆民族地区对培育区域性战略产业进行了实践探索，初步形成了以资源导向型策略为主，兼顾劳动密集型策略、创新导向性策略等发展方式。

1. 以资源导向型为主要策略

资源导向型策略是指在生产投入中，自然资源的投入成为关键，适用于自然资源丰富而资本和技术缺乏的国家和区域的产业选择类型。云南民族地区各州市拥有丰富的自然、社会与人文资源，但在缺乏资本、缺乏高层次的人力资源储备、缺乏必要的科技开发基础与条件，市场发展滞后、内需严重不足的条件下，要实现经济跨越式发展的目标，就必须开发利用自然资源禀赋，将资源优势转化为发展优势。

云南文山壮族苗族自治州提出"一是充分发挥文山州的区位优势和资源优势，力争把文山州有色、黑色、煤化工建设成为云南省新兴的重化工业基地；二是壮大并规范以三七为主的生物资源（含：三七、辣椒、八角、烤烟、蔬菜、畜产品等）的开发基地；三是打造滇东南货物集散地的现代物流业基地；四是规划建设度假休闲的旅游文化基地。"① 尤其是对于生物资源三七的利用，通过总占地面积 1 680 亩的现代化三七产业园市政基础设施建设，以及一批围绕三七做深加工利用的企业群，体现出鲜明的资源导向型策略（见表5）。

表5　　　文山州"十一五"期间以三七为主的生物制药规划

1	三七产业园区基础设施建设	实施总占地面积 1 680 亩的现代化三七产业园市政基础设施建设
2	特安呐公司仓储中心建设	在三七产业园区内建设三七交易市场配套仓储设施
3	三七产业园区彩印包装生产线建设	在三七产业园区内建设年生产能力达 800 余万平方米的现代化彩印包装生产线
4	文山三七初加工中心建设	建设年产值 10 亿元的三七初级产品加工及三七提取物生产线
5	金不换公司三七系列药品、保健食品生产线改造	年产 50 亿粒血塞通滴丸、500 万盒三七冠心宁胶囊、1 000 万盒七叶神安片、10 吨三七口服液、1 亿粒眠乐、活乐胶囊及 1 000 万盒三七茶料
6	金不换公司原料精提取及初加工生产线建设	年产 15 吨三七皂甙、6 吨三七叶精华素及 50 吨三七水提液皂甙
7	文山金达利三七生物科技公司三七系列产品生产线建设（入园项目）	年产三七系列产品 2 亿片（粒）
8	文山三七科技创新公司三七专用遮阳网系列产品生产线建设（入园项目）	年产 2 000 吨三七专用遮阳网
9	文山七花公司三七系列新药生产线技改	年产 2 亿粒胶囊、5 000 万支口服液、1 亿粒软胶囊
10	文山七星公司人羞花三七系列化妆品生产线二期建设	年产三七早晚霜 80 万套、营养面膜 30 万瓶、护肤乳液 60 万瓶等人羞花三七系列产品
11	云南特安呐公司针剂研究开发技改	以三七为原料，研究开发心脑血管疾病急救针剂，按 GMP 标准建设针剂车间

资料来源：《文山州"十一五"规划重点建设项目表（2006—2010）》（内部资料）。

---

① 资料与数据均来自《云南省文山州大通道经济发展总体规划纲要》，云南省经济信息中心，2007 年 11 月。

2. 以创新导向型策略为辅助策略

创新导向型策略是指在整个生产投入中，以技术的投入为主要特征，其产出高，产品科技含量高，技术是整个生产环节中的关键性因素。

云南省普洱市是一个多民族聚居地区，地处世界茶树原产地的中心地带，是普洱茶的原产地和集散地，种茶、制茶、饮茶、贸茶的历史悠久。改革开放以来，特别是进入"十一五"时期，普洱茶与绿茶、乌龙茶三分天下，主导中国茶市发展。2008年，普洱市通过与天士力集团合作成立云南天士力集团。该集团依靠自身坚强的科研后盾，与普洱市政府相关研究机构一道联合国内多家科研机构，形成了一个由行业专家和技术骨干组成的研发团队，在对普洱茶的叶组配方、萃取技术工艺及设备、质量标准及检验方法、降糖降脂功效、产品设计开发等方面取得了显著成果。研发团队仅在2009—2010年两年间就获得了30项专利成果，其中已授权的11项，初审合格的13项，已受理的6项。研发团队开发了帝泊洱即溶普洱茶珍产品，在江苏天士力帝益药业有限公司进行产业化转化研究，并实现小规模产业化生产，并根据即溶普洱茶珍的特性开发了属于国内领先的微粉微量分装设备。在摸索大量的参数后，云南天士力出资建立了一条先进的帝泊洱即溶普洱茶珍的提取生产线和包装生产线，2010年已委托江苏天士力帝益药业有限公司进行产业生产，以满足市场推广的需求。在云南省普洱市的示范厂房建设完成后，将先进的提取生产线和包装生产线搬到示范厂房中，并扩大生产线。在此项目技术带动下，2009年普洱茶种植面积324万亩，产量4.5万吨，实现产值17亿元，产业涉及10个县（区）、113多万人，茶农人均增收1 422元。目前普洱茶已经成为普洱市财政增长、农民增收、未来经济发展中的区域性战略产业，普洱茶在未来几年中将达到500亿元的产值规模。[①] 另一个例子是对特殊生物资源石斛进行的技术开发，已经成功研发出很多独特功能的石斛产品，并获得国际市场的认可，预计在未来几年，石斛产业也将具备百亿元的产值规模。

3. 劳动密集导向型策略

劳动密集导向型策略是指在生产投入中，劳动投入占据绝对优势，通

[①] 李小平、任新民：《区域性战略产业发展中的科技政策研究》，云南人民出版社2013年版，第141页。

常具有投资需要少、容纳就业人口多等优势和进入门槛低等特点。这一策略通常被处于工业化初期的国家和地区所采用,用于资本积累与技术积累。劳动密集型产业通常是初级产业,其产品附加值相对较低,在整个产业链中的地位也相对较低。但由于进入门槛低,具有巨大的初级人力资源就业拉动效应,因而普遍为后发国家所采用,竞争激烈。

在云南民族地区的传统农业经济中,具有大量可以释放出来的劳动力。从表6中可以看出,云南省从事第一产业的劳动力人口一直偏高,即便是在2010年,从事第一产业的劳动力仍高达60.4%。[1] 工业化的推进,必然会导致大量农业人口的集中释放,需要进行就业安置。另一方面,云南民族地区可以释放出来的劳动力,同全国其他地区相比,在整体素质上仍存在一定的差距。同全国其他区域的劳动力整体素质相比,云南民族地区民族人口素质整体不高,很多劳动力缺乏基本的现代化知识与现代生产经验,很难进入对劳动力素质要求较高的技术密集型和资本密集型产业中去。因此,这部分劳动力的素质是远远无法满足技术密集型和资本密集型的产业发展的需要。大量释放出来的民族人口无法就业,明显不利于民族人口收入增加,也难以消除固有的差距。因此,劳动密集导向型策略既考虑了民族地区产业发展的实际,又兼顾了民族地区劳动力的基本素质,有利于推动民族发展与民族地区发展任务的同步推进与协调。

表6　　　　云南省第一产业就业人口占总就业人口的比例
（2008—2010年）合计＝100%

项目	2008年	2009年	2010年
第一产业	63.6	62.3	60.4

数据来源：云南省统计局、国家统计局云南调查总队编：《云南省统计年鉴（2011）》,第53页。

以上三种策略,最开始是西方国家产业发展走过的线性历程。对于边疆民族地区来说,则有可能打破选择策略的线性逻辑,依照当代国际

---

[1] 云南省统计局、国家统计局云南调查总队编：《云南省统计年鉴（2011）》,中国统计出版社2011年版,第53页。

产业发展的具体环境及自身的发展条件,进行多策略的选择及实际运用。

四 全面建成小康社会:边疆少数民族和民族地区跨越式的奋斗目标

(一)利用国家西部大开发战略机遇,加快推动边疆民族地区的对外开放和经济发展

加大对外开放力度是实现边疆民族地区经济的跨越式发展的重要条件。2010年中国东盟自贸区的启动,老东盟六国对我国的平均关税从12.8%降至0.6%,到2015年,新东盟四国对我国90%产品实施零关税。国家西部大开发"十二五"规划提出:把北部湾地区建设成"我国面向东盟国家对外开放的重要门户,中国—东盟自由贸易区的前沿地带和桥头堡,区域性物流基地、商贸基地、加工制造基地和信息交流中心,重要的临海石化、钢铁基地"和把建设"面向西南地区开放重要桥头堡"作为云南的发展目标,这是西南边疆民族地区跨越式发展的重大战略契机。机遇可遇不可求,抓住了机遇,就把握了推动发展的动力源泉。认清机遇、抓住机遇、用好机遇,是西南边疆民族地区赢得主动、赢得优势、赢得未来的关键所在。

根据《中共广西壮族自治区委员会关于制定国民经济和社会发展第十二个五年规划的建议》,"十二五"时期广西要围绕实现"富民强桂"新跨越,以科学发展为主题,以加快转变经济发展方式为主线,推进工业化、城镇化、信息化、市场化、国际化,深入实施西部大开发战略,推进经济结构战略性调整,深化改革开放,保障和改善民生,保持经济长期平稳较快发展和社会和谐稳定,加快建设区域性现代商贸物流基地、先进制造业基地、特色农业基地和信息交流中心,构筑国际区域经济合作新高地,打造我国沿海经济发展新一极,为全面建成小康社会打下具有决定性意义的基础。主要是围绕加快改革攻坚步伐和全面深化开放合作,力争到2015年科学发展的体制机制更加健全,全区进出口总额达到460亿美元,5年累计实际利用外资150亿美元。

一是加快改革攻坚步伐。深化各领域改革,在重要领域和关键环节取得新突破。加快推进国有大中型企业、财税体制、资源性产品价格、环保收费等改革，建立健全要素市场。落实鼓励非公有制经济发展的政策措施。推动北部湾经济区综合配套改革和其他各类试验区改革创新取得重大突破。推进人事制度改革、社会事业领域改革和非基本公共服务市场化改革。

二是深化以东盟为重点的开放合作。承办好中国—东盟博览会、商务与投资峰会。务实推进泛北部湾经济合作和中越"两廊一圈"合作，积极参与大湄公河次区域合作。推进交通、电力、电讯、信息网络等互联互通。建设运营好钦州保税港区、南宁保税物流中心、凭祥综合保税区，推进北海出口加工区扩区升级，完善内陆"无水港"网络。加快建设南宁国家内陆开放型经济战略高地、东兴国家重点开发开放试验区，加快推进南宁—新加坡经济走廊以及凭祥—同登、东兴—芒街、龙邦—茶岭跨境经济合作区建设。积极拓展与日韩、欧美、大洋洲、非洲等的经贸合作。

三是扩大国内多区域合作。全面提升与珠三角地区合作水平，加强省际合作，深化桂港、桂澳合作，拓展桂台经贸文化交流合作。深入推动央企入桂、民企入桂。

四是大力发展开放型经济。推动对外贸易和利用外资取得新进展。着力建设南宁、钦州、梧州、北海国家加工贸易梯度转移重点承接地、国家和自治区加工出口基地及服务外包基地。加快发展边境贸易。加强智力、人才和技术引进，加强口岸建设。

五是加快实施"走出去"战略。开展以东盟为重点的多种形式投资、贸易、产业交流与合作，支持企业直接参与国际工程招投标、境外工程分包和国家援外项目建设，稳步推进中国·印尼经贸合作区、中国·埃塞俄比亚农业技术示范中心等建设。

云南地处中国大陆与中南半岛结合部，向南经缅甸、泰国等出海，可直达印度洋。云南的区位利于发挥从陆路上连接我国腹地、东南亚、南亚三大潜在市场的优势。我国西南省区的进出口物资，由云南、缅甸方面出海直入印度洋，比由我国沿海各港口到上述地区近 3 000 多公里运距，运时也缩短 5—6 天。云南毗邻东南亚、南亚两个巨大的国际市场，这是一个覆盖了 18 个国家、21 亿人口的地区。

党和国家提出把云南建设成为我国面向西南开放重要桥头堡的目标，把云南对外开放提升到国家战略层面，标志着云南进入一个划时代的发展阶段，站在了新的历史起点上，历史性地把云南推向全国对外开放的前沿。这一重大战略，是中央统筹国内国外两个大局做出的重大决策，对于打造国际陆路交通枢纽，培育西南地区重要经济增长极，推动中国—东盟自由贸易区发展，加强与印度洋周边国家的开放合作，完善中国全方位对外开放格局，维护国家能源和经济安全，意义十分重大。这一重大战略，提升了云南在全国开放格局中的重要地位，凸显了云南的区位优势，为构建第三欧亚大陆桥、开辟新的西向贸易通道提供了条件，为云南与西南乃至全国各省区市开辟了新的合作方向，拓展了更为广阔的发展空间。这一重大战略，为云南跨越发展提供了重大契机，有利于云南在更大程度上利用两种资源、两个市场，加快融入区域经济一体化和全球化；有利于吸引更多的生产要素汇集到这片充满希望的热土，加快经济发展方式转变；有利于加快民族贫困地区发展，实现各族群众共同富裕和边疆和谐稳定。这一重大战略，增强了云南跨越发展的重要动力，极大地提振各族人民加快发展的信心，激发广大干部群众团结奋斗的精神力量，释放巨大的发展潜力，成为跨越发展的强大引擎。

（二）实现全面建成小康社会目标，关键在于推动科学发展、和谐发展、跨越发展，重点在加快发展

云南省第九次党代会提出，未来五年是云南全面建设小康社会的关键期，是加快转变经济发展方式的攻坚期，是扩大对内对外开放的黄金期，是深入实施西部大开发战略的加速推进期。立足边疆民族山区贫困四位一体的基本省情，紧扣发展不够快、不充分、不协调、不平衡的现实省情，着眼潜力巨大、特色突出、优势明显、前景广阔的发展省情，我们必须始终把科学发展观的要求同云南的具体实际紧密结合，全力推动科学发展、和谐发展、跨越发展。只有坚持科学发展这个主题，才能提升发展的全面协调可持续性；只有坚持和谐发展这个保障，才能营造安定团结的生动局面；只有坚持跨越发展这个关键，才能尽快缩小与全国发展的差距，早日实现云南人民富民强滇的美好夙愿。

实现全面建成小康社会的目标，云南经济的发展必须坚持推动云南科学发展、和谐发展、跨越发展，关键在跨越，重点在加快。没有较快的发展速度，就改变不了发展滞后的现状，解决不了前进道路上的矛盾和困难。必须坚持"好"字当头、"快"字当先，能快则快、好中求快，牢牢抓住扩大投资、消费、出口的关键环节，采取创新性举措，率先在最具潜力、最有优势、最能见效的领域实现突破，努力走出一条具有云南特点的跨越发展新路子。

广西壮族自治区提出，"十二五"前期要确保中央扩大内需和全区统筹推进的在建重大项目竣工投产并发挥效益。对"十二五"提出的千亿元产业、战略性新兴产业、农业农村、城镇发展、基础设施、服务业、社会民生、自主创新、节能减排、生态建设、环境保护、文化产业、公共安全、开放合作等项目，落实建设责任，加强前期工作，完善推进机制，多渠道筹措资金，强化全程跟踪协调服务，加快项目开竣工，进一步增强跨越发展的支撑能力。

（三）经济跨越式发展是边疆民族地区全面建成小康社会的关键

云南省经济未来五年的发展：

一是兴产业、调结构，壮大发展实力。产业不强是云南的软肋，经济要跨越，关键在产业。

二是加快产业转型升级，坚持第一、二、三产业协调发展。

三是做大做强特色优势产业。"产业化意味着标准化生产、规模化生产、数字化生产以及市场化经营。传统的耕作、经营方式早已不能满足跨越式发展的需要。"只有产业化发展才能真正撬动地方经济发展。

四是推进产业聚集。实施大企业培育工程，推动央企入滇和有实力的民企入滇，加快引进世界500强、中国500强企业。打造"3个10"，即培育近10户销售收入超千亿元的企业集团，打造10个销售收入超千亿元的企业集团，形成10个销售收入超千亿元的产业。

五是促进非公经济发展，壮大县域经济实力。2009年云南省县域生产总值（GDP）完成6 169.75亿元，是2005年的1.78倍，2006—2009年云南省县域GDP年均增长达11.1%。伴随着经济快速发展，县域经济发展加速，经济实力明显增强。2009年云南省县域GDP超过50亿元的县有29个，比2005年增加17个，其中GDP超过100亿元的有12个，比2005年增加6个。

六是强化产业保障。坚持扩大投资规模和优化投资结构并举，增强民间投资主体活力，建立多元化、多层次、多渠道投融资体系，发挥投资对经济增长的支撑作用。实施特色产业发展及财源建设行动计划，鼓励和调动更多的资金投向产业，力争产业投资比重达到50%以上，民间投资比重达到60%以上。

七是构建现代综合交通运输体系。推动形成以航空为先导、铁路和公路为骨干、水运和管道运输为补充、区域综合枢纽为联结，多种运输方式相互衔接、高效便捷、内通外畅、城乡一体的交通运输网络，重点推进"八出省四出境"铁路网、"七出省四出境"公路网、"两出省三出境"的公路网。

八是加强能源保障能力和信息基础设施建设。围绕建设境内外电力交换枢纽，加快电网建设步伐，保障省内电力需求，抓好西电东送、云电外送。积极推进中缅油气管道及配套建设。提高信息网络传输能力和覆盖率，促进三网融合，建设面向东南亚南亚的通信枢纽和区域信息汇聚中心等。

九是抢机遇、扩开放，拓宽发展空间。加快沿边开放步伐。抓好瑞丽沿边重点开发开放试验区建设，推进河口、磨憨、瑞丽跨境经济合作区和天保、孟定、猴桥、勐阿、片马边境经济合作区建设，加快昆明、红河综合保税区和水富、富宁、景洪等口岸保税物流区建设。拓展区域合作空间。立足云南、惠及西南、服务全国、面向太平洋和印度洋，深化与东南亚、南亚的全方位开放合作，打造对内对外经济走廊，积极融入中国—东盟自由贸易区，提升与大湄公河次区域和孟、中、印、缅区域合作层次与水平。推进与周边国家通路、通电、通商、通关合作进程，拓展互惠互利合作领域。提升对外经贸水平。推进外贸增长方式转变，促进一般贸易、边境贸易和加工贸易协调发展，大力发展服务贸易。

十是统筹区域协调发展。立足区域合理分工，科学确定主体功能，加快构建"一圈一带六群七廊"空间布局。统筹城乡发展。完善以工促农、以城带乡长效机制，积极探索促进"三化同步"的有效途径，推动公共财政向"三农"倾斜、公共设施向农村延伸、公共服务向农民覆盖、现代文明向农村推进，走有云南特色的城镇化道路。

（四）把扶贫攻坚作为边疆多民族地实现跨越式发展的重要任务来抓

云南省对"十二五"期间的扶贫工作提出：

以扶持边远、少数民族、贫困地区深度贫困群体脱贫发展为突破口，重点解决160万深度贫困群众温饱问题。全面贯彻落实党中央和省委、省政府扶持深度贫困群体的特殊措施，积极争取国家支持，加大省、州市政府投入力度，将其作为公共资源配置的重点关注区域和群体，全力实施集中连片特殊困难地区和深度贫困群体扶贫攻坚。坚持以深度贫困自然村为单元，以综合开发为抓手，实施易地搬迁、安居温饱、基础设施、素质提高、增收致富"五项工程"建设，健全农村寄宿制学生补助、农村低保、新型农村合作医疗、农村养老保险"四项保障"，着力培育增收产业项目，强化基础设施建设，发展社会公共服务事业，改善生产生活条件，提高劳动者文化科技素质和儿童身体素质，加强基层组织建设，为脱贫发展打好基础。到2015年，深度贫困人口人均纯收入翻一番以上，高于当年国定贫困标准，基本解决深度贫困群体脱贫问题。[①]

广西壮族自治区在"十二五"规划中提出：

对革命老区、大石山区、边境地区、少数民族聚居区和水库库区及移民安置区等集中连片、特殊困难的重点扶贫区域，实行特殊政策，进一步加大扶持力度。继续集中整合各类资源，采取大会战方式，实施村屯道路、安全饮水、通电通邮、广播电视、公共服务、生态环境等基础设施和公共设施扶贫攻坚工程，切实改善生产生活条件，大幅减少贫困人口。加快整村推进扶贫开发，创新产业、教育、科技、生态扶贫以及对口帮扶、定点扶贫、易地搬迁扶贫、社会力量参与扶贫等方式，提高扶贫成效。贯彻落实支持民族地区发展政策，扶持人口较少民族发展。制定实施革命老区振兴规划。对贫困地区中央安排的公益性建设项目，逐步减少或取消市县两级配套资金。建立和完善财政扶贫资金稳定增长机制，推进扶贫开发政策与农村低保制度有效衔接。重点在贫困地区开展支医、支教等活动，加大干部交流力度，推进扶贫领域国际交流合作。[②]

（五）抓住机遇，努力促进边疆民族地区跨越式发展

对加快云南边疆民族地区跨越式发展，云南省制定了相关的特殊优惠政策和实施措施。

[①] 云南省"十二五"规划编制领导小组：《云南省国民经济和社会发展第十二个五年规划纲要》，2011年1月26日经云南省第十一届人民代表大会第四次会议审查通过。

[②] 广西壮族自治区"十二五"规划编制领导小组：《广西壮族自治区国民经济和社会发展第十二个五年规划纲要》，2011年1月21日经广西壮族自治区第十一届人民代表大会第四次会议审查通过。

1. 加大对民族地区的投入，促进民族地区经济快速发展

云南省将加大一般性财政转移和均衡性财政支付力度，财政性投资投入重点向民族地区倾斜，逐步提高补助系数。切实加大民族地区基础设施、社会事业、生态环保、扶贫、产业培植、社会保障、基层政权建设等方面的投入力度，扶贫资金重点覆盖民族乡、民族"直过区"和少数民族聚居的贫困村。落实支持藏区发展各项政策，筑牢藏区发展基础，努力将迪庆州建成全国藏区跨越式发展和长治久安示范区。中央和省级投资优先安排与民族地区生产生活密切相关的基础设施建设项目。将民族地区的基础设施项目优先纳入相关专项规划保障实施。中央安排的公益性建设项目，取消民族自治地方县以下（含县）及集中连片特殊困难地区州市配套资金，并适当提高建设补助标准，力争民族自治地方全社会固定资产投资总额年均增幅超过云南省平均水平。

2. 积极培育发展特色优势产业

推进民族地区优势特色产业加快发展，积极发展优势特色种养业、林产业、农副产品和出口产品加工业；实行差别化产业政策，加大矿电结合步伐，大力发展以水电、矿产为主的能源和载能产业，以民族医药为重点的现代生物产业。大力发展民族文化旅游产业，提升和开发民族文化旅游产品，充分发挥绿色旅游的带动效应。加强对民族传统加工业、手工业的改造提升，加大对少数民族特需用品生产企业的扶持，结合旅游产业，发展有较好市场前景的民族传统加工业和手工业，提升传统加工业、手工业的生产能力和质量，提高产品竞争能力。

3. 进一步强化对科技教育和人才支持力度

加强省级创新体系对民族地区支持力度，切实提升科技对民族地区经济发展的贡献率，促进科技研发、技术引进和成果转化；加快发展民族教育，采取特殊政策措施，加大对民族地区基础教育、中等职业教育、高等教育的支持力度，为民族地区科学发展提供人才保障和智力支持。着力培养重点领域急需紧缺人才和少数民族人才，扩大民族地区干部交流规模和层次，健全干部双向交流机制，逐步提高民族地区干部、职工工资待遇，加大人才引进力度。在云南高等院校设立少数民族班，加大对少数民族尤其是人口较少民族、特困民族等民族干部的培养力度。

4. 深化实施"兴边富民工程"

加快发展统领"兴边富民工程"建设全局，不断创新发展方式，围绕建设开发开放试验区、跨境经济合作区、边境经济合作区、民族团结进步边疆繁荣稳定示范区，突出重点，分类指导，着力推进"十大工程"建设，建立健全"十项保障"制度，加快边境发展步伐。下更大决心，整合资金、形成合力、集中投入、整体推进，深入实施"兴边富民工程"。努力促使边境地区公路、能源、通讯、口岸、城镇等基础设施建设全面提升；经济与产业结构进一步优化，绿色农业、特色加工、现代物流、跨境旅游、国际贸易等外向型现代产业体系初步形成；城乡基本公共服务、社会保障制度基本覆盖；居民收入水平、文化素质提高；以边境经济合作试验区、国际贸易物流基地为核心的开放型经济发展格局基本形成，建成民族团结进步、边疆繁荣稳定示范区。

5. 增强边境地区自我发展能力

强化边境地区义务教育、民族教育、双语教育，提升边境地区教育水平和全民的整体素质。开展成人职业教育和实用技术技能培训，加快新技术、新品种的引进、示范和推广，增强农户依靠科技致富的能力。加大适用技能培训，发展专业性、技术型劳务输出，稳定增加农户工资性收入。加大对边境地区村级组织建设的扶持力度。积极推进瑞丽重点开发开放试验区建设，大力发展跨境和边境经济合作，使边境地区成为重要的外向型特色农产品生产、出口加工基地。加快发展边贸和旅游业。建立健全功能完善、通关便利、商品集散快捷的现代物流体系，从根本上提高边境地区自我发展能力。

6. 改善边境地区基础设施和生态环境

加快沿边干线公路和口岸公路建设，逐步解决边境地区自然村通建制村的道路交通困难；加强边境地区水源、农业灌溉设施、饮水安全、农村电网升级改造和无电人口通电建设；推进口岸基础设施和边贸集市与公共服务设施建设。坚持发展产业和改善环境相结合、环保与低碳发展相促进，加强国界河治理、城乡环境综合整治、天然林保护和自然保护区保护，促使生态环境保护的制度化、科学化，促进云南边境地区环境、经济、社会协调发展和国际睦邻友好发展。

边疆民族地区经济实现跨越式发展，必须坚持用改革的办法破解难题，用创新的举措寻求突破，坚持发展靠政策推动、难题靠政策突破、活力靠政策激发，在政策创新上先行先试，切实用好现有政策，积极争取新的政策，借鉴发达地区的有效政策，探索发展中的突破性政策，构建更加灵活、开放、高效的政策体系，以政策创新带动体制机制创新。

第 五 章

西南边疆多民族地区民族区域自治制度的探索与实践

世界各国在处理民族关系、解决民族问题的国家治理结构上，大致有三种主要的形式：联邦制、中央集权制和邦联制。我国是一个多民族的国家，多元一体是国家民族关系的基本形式。在中国，汉族占了人口的绝大多数，少数民族地区占了中国大部分地区。在我国的民族发展中，汉族与各少数民族相互交融，形成了大杂居、小聚居的状况。在对待民族问题和处理民族关系上，我国选择了民族区域自治制度。民族区域自治作为党解决民族问题、处理民族关系的基本政策，促进各民族的平等、团结、进步是其最高的价值目标；维护和确保国家统一是制定民族政策的基本价值原则；符合各民族人民的根本利益是民族政策制定的价值出发点和政策效益目的[①]。民族区域自治是中国共产党对马列主义国家学说和民族问题的继承和发展，是马克思主义民族理论中国化的优秀典范。

一 民族区域自治是少数民族地区政治文明建设的重要内容

（一）政治文明视野下的民族区域自治制度研究

追求全人类的彻底解放，实现人类社会真正意义上的政治平等，这是马克思恩格斯思想中的首要价值和基本目标。正如恩格斯提出："一切人，作为人来说，都有某些共同点，在这些共同点所及的范围内，他们是

---

① 何龙群：《论中国共产党民族政策的价值取向》，《学术论坛》2003 年第 2 期。

平等的,这样的观念自然是非常古老的。但是现代的平等要求与此完全不同;这种平等要求更应当是从人的这种共同特性中,从人就他们是人而言的这种平等中引申出这样的要求:一切人,或至少是一个国家的一切公民,或一个社会的一切成员,都应当有平等的政治地位和社会地位。"①马克思的自由平等观就是作为一个社会的人,都应该平等地享有政治地位和社会地位的平等,享有人之为人的一切权利。只有这样,人才能得到全面发展,社会才能得到进步。共产主义是一种"以每个人的全面而自由的发展为基本原则的社会形式",是一个"自由人联合体",② 在这里才有真正的"建立在个人全面发展和他们共同的社会生产能力成为他们的社会财富这一基础上的自由个性"③。在马克思看来,随着工业革命发展起来的社会化大生产已经为个人的发展提供了现实的基础,他指出:个人的这种发展,"正是以建立在交换价值基础上的生产为前提的,这种生产才在生产出个人同自己和别人的普遍异化的同时,也生产出个人关系和个人能力的普遍性和全面性"④。而马克思所说的"个人的全面而自由的发展"或"自由的全面发展",那作为实践着的现实的共产主义运动的永久目标,成为人们自觉奋斗、永无止境的努力方向。因此,个人全面而自由的发展是政治平等的最高诉求,标示着人的各层次需求的全面满足。

在马克思看来,社会平等与否,主要在于如何占有和使用由历史形成的、本来属于所有个人的生产资料及其他各种社会设施。然而,这些方面的不平等,导致了阶级的产生,造成了人与人之间在社会地位和文化素质方面的巨大差异,出现了一部分人统治另一部分人的现象,使无产者被排斥在社会政治生活之外,不可能真正享有资本主义社会所承诺的政治权利。也就是说,马克思把平等看作是自由的基础,自由应该是建立在平等基础上的自由。而真正的、充分的自由,只有在高级的社会形态中才能实现。因此马克思、恩格斯提出:"真正的自由和真正的平等只有在共产主义制度下才可能实现;而这样的制度是正义所要求的。"⑤ 在《共产党宣言》中,马克思、恩格斯对未来社会提出了科学的设想,指出:"代替那

---

① 《马克思恩格斯选集》第 3 卷,人民出版社 1995 年版,第 444 页。
② 《马克思恩格斯全集》第 23 卷,人民出版社 1972 年版,第 694—695 页。
③ 《马克思恩格斯全集》第 46 卷,人民出版社 1979 年版,第 104 页。
④ 同上书,第 108—109 页。
⑤ 《马克思恩格斯全集》第 1 卷,人民出版社 1972 年版,第 582 页。

存在着阶级和阶级对立的资产阶级旧社会的,将是这样一个联合体,在那里,每个人的自由发展是一切人的自由发展的条件。"①"随着社会生产的无政府状态的消失,国家的政治权威也将消失。人终于成为自己的社会结合的主人,从而也就成为自然界的主人,成为自身的主人——自由的人。"②

党的十六大报告指出,发展社会主义民主政治,建设社会主义政治文明,是全面建设小康社会的重要目标。提出建设社会主义政治文明,是对建设中国特色社会主义的积极探索,是"三个代表"重要思想在中国社会主义现代化建设中的重大体现,是我们党对"什么是社会主义、怎样建设社会主义"这一问题的深刻认识。政治文明建设是我国全面建设小康社会的重要目标,是中国特色社会主义建设的重要目标。

按照党的十六大关于建设社会主义政治文明的总体要求,我们在建设社会主义物质文明、精神文明的同时,要大力加强社会主义民主政治建设和法制建设,建设社会主义政治文明。党的领导、人民当家做主和依法治国的有机统一,是社会主义政治文明的根本点。事实上,民族区域自治制度一直是国家政治文明建设的重要组成部分,是国家基本的政治制度。民族区域自治制度作为中国特色社会主义政治制度的主要内容,其发展必然受到政治体制的制约和影响,是在现行政治体制的框架下进行。因此,党的十六大提出的政治文明建设的三大基本内容,党的领导、人民当家做主、依法治国,也必然成为民族区域自治制度的研究的基本指导和重要价值导向。对民族区域自治问题的研究,必须紧紧围绕党的十六大报告关于建设社会主义政治文明的战略部署,应对民族区域自治地区社会主义政治文明建设的重大基础理论问题和实践问题,进行比较深入、系统和理论联系实际的研究。

在建设中国特色社会主义政治文明的视野下,对民族区域自治制度的理论及实践问题要进行深入、系统的研究。第一,拓展民族区域自治地区政治文明的理论研究,构筑既符合时代要求又适宜中国国情的民族区域自治地区社会主义政治文明建设模式,注重从执政党建设的角度探索民族区域自治地区中国特色社会主义政治文明建设的理论。第二,深入探讨在民

---

① 《马克思恩格斯选集》第 1 卷,人民出版社 1995 年版,第 294 页。
② 《马克思恩格斯选集》第 3 卷,人民出版社 1995 年版,第 760 页。

族区域自治地区党的领导、人民当家做主和依法治国与社会主义政治文明建设的关系。党的领导、人民当家做主和依法治国是社会主义政治文明的根本点。它们在社会主义政治文明系统结构中相互支撑，在功能作用上相互影响，在运作机制上相互协调。第三，以加强制度建设为研究的重要内容。民族区域自治制度作为我国的一项基本政治制度，带有根本性、全局性、稳定性和长期性。发展社会主义民主政治、实现社会主义民主政治的制度化、规范化和程序化，是我国在民族区域自治地区今后一段时期内政治文明建设的一项重要任务。

（二）马克思主义民族理论视野下的民族区域自治

马克思在对待和处理民族问题、民族关系时，把民族平等这一问题放到世界历史的进程中研究，提出自己的理论。马克思非常强调民族之间的平等和民族的联合，马克思明确指出："奴役其他民族的民族是在为自身锻造镣铐。"[1] 恩格斯也指出："任何民族当他还在压迫别的民族时，不能成为自由的民族。"[2] 民族的平等是建立在民族独立自主的基础上的，也就是建立权利平等的基础上的民族联合。"欧洲各民族的诚恳的国际合作，只有当其中每个民族都在自己内部完全自主的时候才能实现。"[3] "不恢复每个民族的独立和统一，那就既不可能有无产阶级的国际联合，也不可能有各个民族为达到共同目的而必须实行的和睦的与自觉的合作。"[4]

在国家政治统治体系里，国家权力是最具有强制性和支配性的力量，对国家范围内各种资源的分配具有根本的影响。政治制度是"一系列取得权力、分离权力、运作权力以及限制权力的规则"。政治制度体现了国家范围内权力的分配结构和分配形式。在国家政治体制中，政治权力的结构是政治权力实现的具体形式，是国家处理政治关系的价值理念的制度化体现。在我国政治关系中，存在着三种主要的政治关系，即公民与政府之间的关系、政党关系、中央与地方关系，由此形成了我国基本政治制度，人民代表大会制度、共产党领导的合作与政治协商制度、民族区域自治制度及基层政治民主政治制度四种形式。

---

[1] 《马克思恩格斯全集》第 2 卷，人民出版社 1979 年版，第 312 页。
[2] 《马克思恩格斯全集》第 4 卷，人民出版社 1979 年版，第 410—412 页。
[3] 《马克思恩格斯选集》第 3 卷，人民出版社 1995 年版，第 146 页。
[4] 《马克思恩格斯选集》第 4 卷，人民出版社 1995 年版，第 249 页。

世界各国在处理民族关系，解决民族问题的国家治理结构上，大致有三种主要的形式：联邦制、中央集权制和邦联制。在一个多民族国家里，国家的价值理念决定了权力的分配结构和形式。权力分割与权力分享是民族国家处理国家与民族关系的两种基本的权力结构。权力分享指统一民族国家权力系统中，各民族应占的份额，适合于比较复杂的民族国家。权力分割指国家权力被分割成若干个相对独立的单元，由各个民族分别执掌。民族自治反映的是国家整体与部分的关系，是中央与地方权力结构的形式。我国是一个多民族的国家，多元一体是国家民族关系的基本形式。在中国，汉族占了人口的绝大多数，而少数民族地区占了中国大部分地区。我国的民族的发展中汉族与各少数民族相互交融，形成了大杂居、小聚居的状况。在对待民族问题和处理民族关系上，我国选择了民族区域自治制度。

美国著名的政治学家塞缪尔·亨廷顿认为，制度是一种"稳定的、受珍重的和周期性发生的行为模式"。[①] 制度是权力和利益的分配形式。民族区域自治制度是国家一项基本的政治制度。马起华认为，"政治制度是对于政治权力和政治行为的安排、调整、控制和约束的规范与方式。此种规范与方式最重要的是政治组织和组织规范"。[②] 按照沙马乌鸿的观点，民族区域自治制度是"国家制定的一整套关于民族区域自治法律地位、性质权利、运作方式的规范，是自上而下的制度规定"。[③] 制度与政策的不同点在于：一是制度具有相对稳定性。民族区域自治制度的形成以国家的民族政策为基础，通过一定的政治程序，是相对成熟的政策。如果需要变更，也需要经过一定的规则和特定的政治程序，才能修改或者废止。二是权威性。制度比政策更加具有权威性。民族区域自治制度作为国家一项基本的政治制度，其权威性受到国家法律保障，必须严格遵循，不容违反。一旦违背或触犯，将受到国家法律的制裁。三是明确性。民族区域自治制度更能体现国家对待和处理民族问题，调适民族关系的政治态度和价值取向。为国家机关和各个相关部门民族政策、决议、文件的制定，提供

[①] [美] 塞缪尔·P. 亨廷顿：《变化社会中的政治秩序》，王冠华、刘为译，上海人民出版社 2008 年版，第 10 页。

[②] 马起华：《政治学原理》，中国图书公司 1985 年版，第 736 页。

[③] 沙马乌鸿：《民族区域自治是我国三大基本政治制度之一》，《内蒙古社会科学》2004 年第 2 期。

基本的指导，提供合法的权威来源。国家制度需要法律提供保障。国家制度上升到国家的高度，才可能具有合法性和最高的权威性，从而得到国家强制力量的保障。民族区域自治制度，按照敖俊德的观点是："1949年起临时宪法作用的共同纲领；1954年宪法和1982年宪法，虽然都有关于民族区域自治的专门规定，但那是在政治上宣布实行民族区域自治的宣言性规范，还不是严格意义上的关于民族区域自治概念的定义。"[①] 法律是国家意志的集中体现，是国家制度合法性、权威性的来源。民族区域自治政策、制度上升到国家法律的高度，上升到国家基本政治制度的高度，从而也就具有强制性和权威性，具有了国家强制力量的保障，从而能够避免实践中、政策执行中的随意性，避免"上有政策、下有对策"，避免政策制度被束之高阁的各种行为，真正使民族区域自治成为国家实现"民族共同奋斗发展，共同繁荣进步"的重要制度保障。

民族区域自治法是民族区域自治政策、制度的法律化形式，是调整国家社会关系中的民族关系的强制性行为规范。民族区域自治法是民族区域自治制度的法律保障，是民族区域自治制度合理性的法律依据，也是民族区域自治制度权威的法律来源。一般说来，民族区域自治政策是制定民族区域自治法的依据，民族区域自治法则是执行民族区域自治政策的保障，是民族区域自治制度的核心。民族区域自治法把党和国家长期处理民族问题，调适民族关系，被实践证明正确、成熟的政策固定下来，上升到国家整体意志的高度，使民族区域自治政策、制度能够具有强制性、权威性，并具备了能够依靠国家力量强制执行的手段，保证了政策、制度在实践的可执行性。同时，民族区域自治政策对民族区域自治法的制定和实施，具有指导、促进和保障作用，也对民族区域自治法在实施中可能出现的偏差，进行必要的制约和规范。

政策、制度、法律三者之间的有机统一，是我们在研究民族区域自治时，必须注意的重要前提。国家政治制度是国家治理理念的具体化，是国家治理中一系列规范准则的总和。国家制度体现在国家权力结构上就是国家政治权力的分配形式。在国家权力结构中，处理中央与地方的关系是重要的内容。在多民族国家，国家权力结构上，不仅要处理中央与地方之间

---

① 敖俊德：《关于民族区域自治法的两个基本问题》，《贵州民族学院学报》（哲学社会科学版）2004年第6期。

的权力分配，还需要处理中央对少数民族聚居地区的权力分配。民族区域自治制度不仅具有调整国家与各少数民族之间政治权力分配的性质，同时，也具有调整国家与民族自治地方之间权力分配的性质。民族自治与区域自治的双重性质，使得民族区域自治制度不仅要处理好国家与民族的关系、国家与地方的关系，还要处理好自治地方内各民族之间的关系。这种双重性质，也是我们在实践中研究和行使民族区域自治制度自治权力复杂性和困难性的根本原因。所以，我国民族区域自治制度的价值蕴涵和价值功能主要体现在：实现各民族之间的政治平等，促进各民族共同繁荣发展，共同团结奋斗，增进民族感情，热爱民族与热爱祖国和谐统一；把进步的积极的民族主义保持在一个合理的限度内；为经济社会发展营造了良好的环境，包括优惠的政策环境、健全的法律环境、稳定的社会环境和可持续发展环境；为少数民族文化的保护和发展提供了条件[1]。而民族区域自治制度价值的具体表现形式，则体现在政治稳定器作用，利益协调作用，人口凝聚作用，上传下达的桥梁作用等方面[2]。民族区域自治制度，第一，它既保障了少数民族的合法权利和权益，又促进了各民族之间的团结。民族区域自治制度能够满足少数民族人民当家做主、自己管理内部事务的愿望和要求。第二，它充分调动了少数民族人民的社会主义积极性，加速并促进了少数民族地区经济文化事业的发展。第三，它有利于抵御外来的侵略和颠覆，保障整个国家的独立和繁荣，也有利于巩固祖国的统一和人民民主专政的政权[3]。

"民族区域自治制度"作为中国共产党人在对待民族问题和处理民族关系上的国家治理理念，是马克思主义民族平等、民族繁荣和共同进步的政治价值追求中国化的具体实践。从政治价值追求上，它充分体现了马克思主义在对待民族问题和处理关系上，以消灭民族压迫、民族剥削，实现民族独立和民族平等的政治权利，最终实现民族共同繁荣、共同进步的价值目标。民族区域自治制度是以中国各民族存在的"大杂居、小聚居"的分布状况及历史上各民族之间存在的相互尊重、相互交织、相互影响等现实关系为基本依据；并根据自然、历史和社会等多种因素所造成的，中

---

[1] 黎莲芬：《民族区域自治制度的价值蕴涵和价值功能》，《学术论坛》2004年第6期。
[2] 侯德泉：《民族区域自治：民族政策、政治制度和政治体系》，《理论与改革》2003年第1期。
[3] 金炳镐：《民族理论通论》，中央民族大学出版社2007年版，第402页。

国各民族之间社会经济、社会发展不平衡的现实状况，特别是少数民族和民族地区存在着与内地发达地区之间的发展差距，从加快少数民族和民族地区经济社会的目的要求；从中国民族问题的复杂性、长期性，加强各民族之间的联系和交往，促进各民族的团结和谐、国家的统一和稳定等社会现实目标出发，形成的处理国家与少数民族和民族地区权力、利益分配的一种基本的政治制度。

从国家政治关系上，民族区域自治制度主要是调整两个层次的关系：一是调整国家与民族自治地方的关系，二是调整自治地方内的民族关系。因此，在《中华人民共和国民族区域自治法》中，对调整这两个层次关系的主体，民族自治地方和国家的权利、责任、义务都分别做出了明确的界定。

民族区域自治制度在体现民族平等方面，具有两个方面的价值取向。一是显性的价值目标，就是努力让民族区域自治地方的各民族群众能够具有国家所赋予的权力，维护自身的特殊权益，加快社会发展，为实现各民族之间事实上的平等创造良好的社会条件。二是要努力让民族自治地方的群众通过行使自治权，培养起现代民主意识，学会应用民主管理的方法，具有民族管理、自主管理的能力，逐步成长为一个自为自觉的群体，促进社会主义政治文明建设的不断进步。

（三）以民族区域自治制度的发展推动边疆多民族地区政治文明建设

1949 年《中国人民政治协商会议共同纲领》将民族区域自治制度确定为国家的一项基本政策。1954 年制定及修正颁布的《宪法》，再次确认了民族区域自治制度，并且总结了新中国成立之初根据《共同纲领》推行民族区域自治的经验，明确规定了民族自治地方的层次和自治机关的自治权。1984 年制定颁布的《民族区域自治法》，是实施《宪法》规定的民族区域自治制度的基本法律。它明确规定了民族自治地方自治机关的自治权和上级国家机关对民族自治地方的职责，正确规定了民族自治地方与国家之间的关系以及民族自治地方内的民族关系，标志着民族区域自治制度进一步走上了法制化的轨道。2001 年 2 月 28 日，全国人大常委会第二十次会议审议通过的《关于修改〈中华人民共和国民族区域自治法〉的决定》，对解决民族区域自治地方经济和社会发展中的实际问题，做出了许多重要的规定，这是在社会主义市场经济条件下，坚持和完善民族区域自治的重大举措。民族区域自治制度的完善是社会主义政治文明进步的反映；是社会主义政治制度的自我完善和社会主义民主政治得以健康发展、永葆活力的重要保证。

1. 自治权是民族区域自治制度的基本要素之一

自治权是民族自治地方的自治机关依法享有的管理民族自治地方事务的各项权利的总和。这是一项包括多方面内容的权利，主旨是自治机关依据民族自治地方的实际，执行国家的政策法律。这些权利包括：对上级国家机关指令的变通权；依照当地民族的政治、经济和文化特点，制定自治条例和单行条例的立法权；民族自治地方的自治机关在履行职能的时候，对当地通用的一种或几种文字的使用权；对可以由地方开发的自然资源的优先合理开发利用权；安排和管理地方经济建设事业，制定经济建设方针、政策和计划，合理调整生产关系，改革经济管理体制的自主权；管理地方财政的自主权；发展教育科技的自主权；发展具有民族形式和民族特色的文学、艺术、新闻、出版、广播、电视、电影等民族文化事业和卫生体育事业的自主权；培养少数民族干部和各类人才的自主权；结合本地方的实际情况，制定实行计划生育的办法和管理流动人口的自主权；保护环境的自主权；等等。要坚持和完善民族区域自治制度，必须保障这些权利得到很好的行使。当然，权利和义务是一致的。民族自治地方拥有广泛的自治权利，同时也拥有相应的义务，并且这些义务和权利是紧紧联系在一起的。民族自治地方的基本义务包括保障宪法和法律在民族自治地方的遵守，把国家的整体效益放在首位，维护国家统一和民族团结，行使权力应当符合法定的程序等。

2. 贯彻落实民族区域自治制度应当处理好三个关系

邓小平明确指出，"要使各少数民族聚居的地方真正实行民族区域自治"[①]。这里的"真正"二字，力重千钧。要做到实行真正的民族区域自治，应当处理好三个关系：一是自治地方和上级国家机关的关系，必须按照《宪法》和《民族区域自治法》的规定，各自行使好权力，也履行好义务。就上级国家机关而言，应当依法保障和尊重民族自治地方的自治权利，并为此提供必要的帮助，有关自治地方的决议、决定、命令和指示，应充分考虑是否适合民族自治地方的实际情况，不能把自治地方等同于一

---

① 《邓小平文选》第 2 卷，人民出版社 1994 年版，第 339 页。

般地方。上级国家机关在民族自治地方的事业、企业等有关组织和单位，也都应当尊重自治地方的自治权。对民族自治地方而言，作为地方一级国家机关，应当服从上级国家机关，各项权利的行使要依照法律规定进行。二是行使自治权的民族和其他民族的关系。自治机关应保障本地方内各民族都享有平等权利，帮助聚居在本地方内的其他少数民族建立相应的自治地方或民族乡。非自治民族对自治民族行使自治权应给予充分的尊重。三是政治形式与实际目标的关系。实行区域自治是中国解决民族问题的政治形式，旨在通过这一具体的形式，正确地解决中国的民族问题，使少数民族的平等权利得到保障，国家的统一得到维护，同时也通过这一制度，使少数民族得到发展进步。

3. 处理好市场经济条件下的民族关系

搞好稳定和团结是民族自治地方改革和发展的政治保障，也是民族区域自治制度建设的一项重要内容，是一项需要长期做好的工作。当前需要强调的是，如何面对和适应市场经济发展的新形势、新要求，不断巩固和加强民族团结。市场经济体制对资源配置起基础性作用，将会使民族地区的优势得到发挥，加快发展；全国统一、开放的大市场的形成，会有助于民族地区的市场发育、竞争力的提高和对外开放的扩大；市场经济条件下民族间的经济上的交往合作会大大扩展，这会有助于民族间的了解、理解，增进民族间的团结、互助；市场经济体制的运行会使人们的竞争观念、效率观念、效益观念增强，并摒弃不利于生产力发展的旧的思想观念，加快边疆民族地区现代化建设的进程，促进社会主义新型民族关系的发展。但市场经济条件下的公平竞争，将会使经济实力较弱、竞争力不强的民族地区在一定时期内可能处于被动地位，与东部发达地区的发展差距也很有可能进一步被拉大；民族间交往多了，产生摩擦、形成矛盾的可能性会增大；社会转型时期纷繁复杂的社会矛盾可能会不同程度地折射到民族关系之中；国内外的敌对势力可能乘改革开放之机，以种种手法进行破坏捣乱。凡此种种，都可能会对民族关系造成消极影响。

4. 以完善民族区域自治法为基本指导，用法律手段调整民族关系，加强民族法制建设

当前，为完善民族区域自治制度，在法制建设上需要加强三个方面的工作：一是关注自治法的修改。自治法颁布已将近28年，许多内容已不能适应今天的实际，特别是由于计划经济体制已为市场经济体制所取代，民族自治地方与上级国家机关的经济关系、自治机关经济管理方面的自主权须根据新的社会形势重新确定。二是制定配套法规。为完善民族区域自治制度，仅有一个基本法即自治法是远远不够的，还必须由中央和地方国家机关根据自治法的原则和有关规定制定一批相应的法规，形成以自治法为主的一系列由法律、法规、规章组成的自治法规体系。三是使自治法得到切实的遵守。所有国家机关、人民团体、公民个人都必须提高民族法治观念，认真执行和遵守自治法，特别是国家机关及其工作人员更要带头守法，严格执法。

5. 加强自治机关的建设

自治权由自治机关来行使，自治地方的事务是由自治机关来进行管理的，自治地方犹如一只在大海中航行的巨轮，指挥舱决定巨轮的方向与速度，自治机关便是指挥舱，并且自治机关本身构成自治制度的重要组成部分。所以，为完善民族区域自治制度，必须在政治体制改革中不断地完善民族自治机关建设。其目标就是把民族自治机关建设成为统一、高效、廉洁的地方国家机关。自治地方自治机关的设置应当服从自治地方的实际，遵循精简、效能、运转统一、协调自如的原则，不必强求上下对口。自治机关人员的配备应努力做到依法办理、结构合理、素质优化。改革完善自治地区社会管理制度以及改革完善自治政府管理制度，建设服务型政府。努力提高管理能力，学习和运用现代管理的知识，努力提高工作效率，把民族自治地方的各项事务管理好。完善民主监督制度，建立健全权力行使的监督和约束机制，坚持公正、公平、公开原则，自觉接受党内和社会监督。全心全意为各族人民服务，模范地执行党的纪律、克己奉公、为政清廉，树立良好的形象。

二 改革开放以来，西南边疆民族地区促进民族区域自治制度发展的实践探索

云南省是一个多民族的边疆省份，是全国世居民族最多、特有民族最多、跨境民族最多、民族自治地方最多、实行民族区域自治的民族最多的省份。1951年5月12日，全省第一个县级民族自治地方——峨山彝族自治区建立（1956年改为峨山彝族自治县）；1953年1月24日，全省第一个地区级民族自治地方——西双版纳傣族自治区建立（1956年改为西双

版纳傣族自治州）。1954—1958 年，先后建立怒江傈僳族自治州、大理白族自治州、迪庆藏族自治州、红河哈尼族彝族自治州、文山壮族苗族自治州、楚雄彝族自治州。至此，全省 8 个民族自治州全部建立。到 20 世纪 90 年代，共计建立 29 个自治县。①

从第一个县级民族自治地方建立至今，云南民族区域自治走过了近 60 年历程。目前，云南已建立起 8 个自治州、29 个自治县，共有 37 个民族自治地方，25 个世居少数民族中有 18 个少数民族实行了区域自治，是全国民族自治地方最多、实行区域自治的民族最多的省份。民族自治地方共 78 个县（市），占全省 129 个县（市）的 60.47%；民族自治地方国土面积达 27.66 万平方公里，占全省总面积的 70.2%；另外，经过几次体制改革，到 2008 年年底，有 150 个民族乡和 18 个享受民族乡待遇的镇。这些乡镇分布于全省 16 个州（市）的 73 个县（区），其中分布在自治地方的有 54 个。民族乡最多的是丽江和昭通，分别为 18 个和 17 个，最少的是怒江和迪庆各 3 个。

（一）民族法制建设方面，已初步形成具有云南特色的民族政策法规体系

民族区域自治法颁布实施以后，云南省先后制定和修订了 8 个民族自治州、29 个民族自治县的自治条例共 37 件；各民族自治地方依照法律规定的权限，制定有关教育、禁毒、资源的开发与利用、基础设施的建设管理和边境经济贸易的管理等方面的单行条例 82 部；根据《中华人民共和国婚姻法》的授权，由沧源、耿马等 7 个自治县人大常委会制定实施《婚姻法》的变通规定；等等。这些条例和规定，把党的民族政策和行之有效的成功经验用法律形式固定下来，规范人们依法行政，依法办事，推动了民族自治地方各项建设事业的发展，为充实和完善民族区域自治制度打下了坚实基础。为了坚持和完善民族区域自治制度，云南先后颁布实施了《云南省实施〈中华人民共和国民族区域自治法〉办法》《云南省城市民族工作条例》《云南省民族乡工作条例》和《云南省民族民间传统文化保护条例》等地方性民族法律法规。同时，还制定出台了《中共云南省

---

① 云南省民族事务委员会：《云南民族工作大事记（1949—2007）》，云南民族出版社 2008 年版。

委、云南省人民政府关于进一步做好新形势下民族工作的决定》《中共云南省委、云南省人民政府关于进一步加强民族工作，加快少数民族和民族地区经济社会发展的决定》等一系列综合性文件，初步形成了以民族区域自治法为核心、地方性法规和自治条例、单行条例相配套的具有云南特色的民族政策法规体系。

改革开放以来，云南省各民族自治县共制定了单行条例113件，其内容主要集中在六个方面：一是经济发展方面，如林业管理、水利工程建设和管理、矿产资源管理、水资源管理、城镇建设、环境污染防治、公路管理、保护区管理等，约90件。二是民法商法方面，如婚姻法方面的内容的单行条例，约6件。三是行政法方面，如禁毒、计划生育、教育发展、文化保护等方面的内容，约15件。四是社会法方面的内容，约2件。如工会组织、民族团结等。五是从各少数民族社会发展实际出发，对国家法律法规的变通规定。如云南省人民代表大会关于孟连、宁蒗、沧源三个自治县对《婚姻法》所作变通规定的报告的审议意见。云南省人民代表大会关于批准耿马、西盟两个自治县执行《婚姻法》结婚年龄所作变通规定的决议，云南省人民代表大会关于孟连、宁蒗、沧源三个自治县对《婚姻法》所作变通规定的报告的审议意见。云南省人民代表大会关于追认澜沧拉祜族自治县、南涧彝族自治县执行《婚姻法》所作变通规定的决议等。六是废止单行条例，如《云南省宁洱哈尼族自治县计划生育条例》。

（二）民族自治地方单行条例的制定和实施，对促进民族自治地方经济社会的发展、生态环境的保护和民族文化的传承等方面发挥了重要的作用

怒江傈僳族自治州处于"金沙江、怒江、澜沧江"有色金属成矿带路段，成矿条件比较好，矿产资源十分丰富，优势矿种产地集中，品位较好，埋藏较浅，易采易选，综合开发优势明显。长期以来，由于缺乏管理经验和相关法律法规依据，群挖群采、私挖滥采，不仅破坏了矿产资源，破坏了环境，社会利益的冲突和矛盾比较突出，成为破坏怒江地区社会稳定、民族和谐的重要原因。1995年3月31日怒江傈僳族自治州第六届人民代表大会第五次会议通过了《云南省怒江傈僳族自治州矿产资源管理条例》，1995年7月21日，经云南省第八届人民代表大会常务委员会第十四次会议批准。条例颁布实施以后，对规范怒江地区矿产资源的开发活动，维护和稳定矿业秩序，促进矿产产业的发展起到了积极的推动作用。条例作为相关上位法的补充和完善，在实践中，能够紧密结合怒江矿产资源开发的实际，遏制以群挖群采、私挖滥采为标志的矿产开发和矿政管理提供了有力的法律武器。在一定程度上解决了怒江地区矿产开发中各方利益分配中的矛盾和问题，优化了怒江地区矿产投资开发环境，对于加快怒江地区矿产资源的利用，促进矿产资源开发朝着规模化、规范化发展，最大限度地保障了地方在发展矿产业中的权益，发挥了法律保障的重要作用。

（三）民族区域自治制度的发展促进了民族文化教育事业的大发展

西南各个民族都有自己独特的文化，民族文化的多元多样就呈现在民族所固有的多样性和个性之中。1999 年，云南省提出建设民族文化大省的目标，按照"发挥优势、注重特色、做实做深文化产业，不断提高文化产业增加值占全省 GDP 的比重"的思路，大力推进云南文化产业的发展。2009 年全省文化产业增加值达到 364.5 亿元，占 GDP 的比重达 5.90%。云南民族文化产业的发展成绩斐然。一是成功打造了《云南映象》《丽水金沙》等一批演艺精品，在不断接受市场和观众的考验中逐渐成为全国知名文化品牌。二是先后建成了大理天龙八部影视城、昆明玉龙湾影视城、元谋影视城等影视拍摄基地，正在全力推进中国云南影视产业实验区建设。近年来，每年均有近百个影视剧组来云南拍摄，先后与国内外影视机构合作拍摄了《金凤花开》《滇西 1944》《我的团长我的团》《翡翠凤凰》等多部影视剧，产生了较好的经济效益和社会效益。三是民族民间工艺品生产加工贸易业得到快速发展。目前，全省登记注册的以生产销售民族民间工艺品为主的企业达 7 000 多家。个旧锡工艺品、建水紫陶工艺品、保山和德宏的玉石加工、剑川木雕等在全国已经具有较大影响，形成了一批民族民间工艺品自主品牌。云南民族民间工艺品已达 80 亿元左右的年销售额。四是培养了一批文化企业群体。全省逐渐形成了以国有经济为主导，以公有制为主体、多种所有制共同发展的文化产业发展格局。五是初步培育了一批文化市场。以德宏州的瑞丽、盈江和保山市的腾冲为重点，打造珠宝玉石毛料生产加工基地，培育起云南民族民间手工艺品文化产业集群。

（四）民族区域自治制度的发展加大了少数民族干部培养的力度

少数民族干部是民族区域自治制度的基本要素，也是我们贯彻落实民族区域自治制度的人才保障和组织保障。我们党在贯彻落实民族区域自治制度的进程中，把对少数民族干部的培养、选拔、使用等工作放在民族自治工作的首位。通过落实民族区域自治法，云南省各个民族自治州、自治县和民族乡的人大机关、政府机关首长均由自治主体民族的公民担任，并且确定了民族自治地方权力机关、行政机关的领导成员和工作人员中民族干部的配置比例。2007年，云南省少数民族人才总量达到29.3万人，占全省总数的28.4%，比1979年增加5.48万人；全省有16个州市党委班子、14个州市政府班子和115个县级党委班子、113个县级政府班子配备了少数民族干部。[①] 实现了云南5 000人以上的25个少数民族都有一名以上干部在省直部门担任厅级领导干部的目标，特别是独龙、德昂、阿昌、布朗等人口较少民族自新中国成立以来第一次有本民族干部担任省直部门厅级领导。改革开放以来，云南少数民族干部不仅扩大了数量，而且提高了素质、改善了结构和提高了层次，成为云南民族自治地方现代化建设健康发展的重要力量。

（五）散杂居少数民族的平等权益得以充分保障

为了保障散杂居少数民族的权利，同时也作为民族区域自治制度的重要补充形式，云南省通过建立民族乡，使人口较少而无法建立民族自治地方的民族的自治权益得以保障，使这些少数民族也能享有管理本民族内部事务的自主权。1993年8月29日，国务院批准国家民委发布施行《民族乡行政工作条例》，1992年5月21日，云南省第七届人民代表大会常务委员会第24次会议通过了《云南省民族乡工作条例》，并于2004年7月30日召开的第十届人民代表大会常务委员会第11次会议进行了修订。云南省的基诺、德昂、阿昌、蒙古、水、布依、满等七个少数民族，由于人口少、地域小而不能实现民族区域自治。在已实行民族区域自治的18个少数民族中，在自治地方外仍有大量的分布。按国务院规定，云南省先后

---

① 格桑顿珠：《改革开放30年来云南民族团结进步事业的成就与启示》，《今日民族》2008年第12期。

建立了197个民族乡,到2006年年底,调整撤并了47个,现有150个民族乡。民族乡的乡长由建立民族乡的少数民族公民担任,使少数民族充分行使当家做主的权利。选举产生杂居、散居少数民族的人民代表,在各级人民代表大会代表名额的分配上,对杂居、散居少数民族都给予适当照顾。全省平均每4万人选举1名省人民代表,而布朗、阿昌、普米等民族则1万至1.5万人选出1名代表,蒙古、德昂、基诺、独龙等民族每3 000—4 000人就有1名代表。在各地、州、市、县的人民代表大会中,少数民族代表的比例,一般都超过其人口所占比例,并注意对杂居、散居少数民族加以特殊照顾。帮助杂居、散居少数民族发展经济文化事业。

(六) 加快民族教育文化事业的发展

1949年,云南省各级各类少数民族在校学生仅有20万人左右,88%的青壮年是文盲,儿童入学率不到20%。目前,民族自治地方已基本建立了寄宿半寄宿制学校、民族中小学、民族中等专业学校、民族干部学校、民族院校等相互衔接的完备教育体系。目前,云南省共有1所综合性大学、41所省定民族中小学、5 500所半寄宿制民族小学、34所贫困县第一中学民族部。2007年,全省各级各类学校少数民族在校生达257.17万人,占全省在校生总数的33%,比1978年增加115.46万人;[①] 少数民族地区医疗卫生事业得到进一步发展,新型农村合作医疗、农村贫困居民最低生活保障等制度全面推进,云南民族地区各族群众综合素质明显提高。

民族语言文字的使用是民族区域自治的基本要求,是民族区域自治的基本特征。民族语言文字的使用,从根本上看,不是一般语言文字的开发和整理,它对提高民族的自尊、实现民族的自治权利、保护和发展民族文化、扩大民族文化的对外交流、增强民族内部及民族之间的沟通与交流具有十分重要的意义。云南省有22个少数民族使用26种语言,14个少数民族使用22种文字,有1 000多所学校进行民汉双语教学。为了解决民族语文师资和民族语文翻译人才,云南民族大学民语系从1980年开设了七个文种的本科班和专科班。全省各级广播除了用普通话广播外,还用11个民族16种语言进行广播。云南民族出版社先后出版了民族文字图书

[①] 格桑顿珠:《改革开放30年来云南民族团结进步事业的成就与启示》,《今日民族》2008年第12期。

1 256 种。实行区域自治地方的基层组织基本上已经设立了负责民族语言文字整理和推广应用的相关机构。如怒江傈僳族自治州下辖各个县区建立了负责民族语言文字整理、推广、应用的相关机构，编制了小学课本和本语的学习教材，同时，州里还利用社会各种力量，加大对民族语言文字创新的推广。在各个民族自治县，民族语言已经广泛使用在地域标牌上。

各民族的宗教信仰自由和风俗习惯也受到尊重与保护。到 1996 年 5 月，全省佛教、道教、伊斯兰教、基督教和天主教等五大宗教活动场所共有 4 789 所（处），基本满足了信教群众正常的宗教生活的需要。[①] 民族医药、民族艺术、民族传统节日与民族传统体育也都得到了正常的发展。

（七）促进各民族大团结日益巩固和发展

云南省深入持久地开展民族政策法规和民族团结进步事业的宣传教育，全面推进党和国家民族政策、法律法规的贯彻落实，使"汉族离不开少数民族，少数民族离不开汉族，各少数民族之间也相互离不开"的思想深入人心。探索并不断完善民族团结目标管理责任制，正确把握民族问题的特点和规律，多年来，云南没有发生一起因民族问题引发的重大群体性事件，平等、团结、互助、和谐的社会主义民族关系不断得到巩固和发展，各民族和睦相处、和衷共济、和谐发展，凝聚力和向心力不断增强，积极性、主动性和创造性得到充分发挥。各民族大团结日益巩固发展，为祖国边疆的繁荣稳定总结了经验，做出了贡献。孟连是一个多民族聚居边境县，全县少数民族人口达 86%，县府所在地娜允镇全镇 9 个村委会中有 4 个村委会与缅甸接壤。镇内聚居着傣族、拉祜族、佤族等 5 种少数民族，少数民族人口占全镇总人口的 75.4%，民族团结、边疆稳定的任务十分艰巨。孟连县立足于多民族聚居边境地区的特点，利用当地傣族文化中的"宾弄赛嗨"构建民族团结的民间互助机制，增进民族团结，维护边疆稳定。"宾弄赛嗨"系傣族语言，"宾弄"意为亲戚，"赛嗨"意为朋友，特指传统上傣族与周边其他少数民族在日常生活中结交的"亲戚一样的朋友"关系。这种关系以家庭为基本单元，根据现实生活、生产劳动和经济往来需要自发结交，是聚居在同一村寨的各少数民族表现

[①] 赵新国：《论民族区域自治在云南实践的成就与经验》，《中共云南省委党校学报》2004 年第 2 期。

为生活互助、生产互帮、文化交融的民族交往方式，可以增强各民族之间的联系，构建和谐的民族关系。在推广"宾弄赛嗨"活动中，他们引导各民族群众在日常生产生活中互通信息，加强联系；鼓励各民族群众开展"串亲戚"活动，村民小组之间、户与户之间、各民族之间结交"宾弄"，组织各民族之间交流农业生产技术，传授致富经验，利用传统节日，展开多种活动，促进各民族之间的交流、理解和团结，实现了民族团结、边疆稳定的和谐局面。

三　西南边疆多民族地区贯彻落实民族区域自治法面临新的挑战

民族区域自治制度是我国协调和处理民族关系应当坚持的一项基本国策。要坚持民族区域自治制度，首先是能够根据我国民族问题和民族关系发展出现的新情况、新特点，不断加以补充、完善和丰富。云南边疆民族区域自治制度的发展正面临着新的挑战，这种挑战来自民族自治地方的国际背景、国内市场经济体制的不断发展、民族自治地方社会结构的变化等诸多因素。

（一）边疆民族自治地方外部环境变化带来的新问题

云南省有 25 个少数民族，其中 16 个少数民族是跨境而居，而且一些少数民族主体在境外。这些跨境而居的少数民族与境外的民族存在着同血缘、同文化甚至于同宗教信仰，有着千丝万缕的联系。这些情况决定了云南民族区域自治制度在民族地区的贯彻落实的复杂性、长期性，境外邻国的政治变化在一定程度上会直接影响到境内民族问题和民族关系。

邻国对外开放的全面西化所产生的社会影响，必然会随着少数民族之间的经济、文化、社会交往的深入，直接影响到我国境内的一些少数民族。一旦有所谓的社会精英借民族区域自治制度中的一些内容走向极端，就可能对边疆的和谐与稳定带来新的不稳定因素。

随着我国边疆对外开放程度的不断提高，进出境的人员不断增加，成分更加复杂，社会问题将更复杂化。如毒品犯罪、艾滋病、宗教传播等问题不断增长，已经严重影响到民族自治地方的和谐与稳定。2011 年，仅德宏傣族景颇族自治州瑞丽县每天进出境的人员达到 3 万多人次，全年突破 1 000 万人次，禁毒防艾、规范宗教等工作的任务十分突出，吸毒和艾滋病已经成为影响全州不和谐与不稳定的主要社会问题，有的村寨甚至大部分人都染上毒瘾，倾家荡产，家破人亡。目前，云南省已经有四个自治州通过了禁毒单行条例，一个自治州通过了禁赌条例，一个民族自治县通过了禁毒条例，对指导这方面的工作提供了法律依据。但新生的社会问题还十分复杂，如何利用好民族区域自治法提供的权力，加大这方面工作的力度，是未来民族区域自治制度发展的一个重要课题。

目前，边境民族自治地方还面临着一个新问题，那就是随着中国经济的高速发展，边境地方已经与周边国家的经济发展拉大了差距，形成了愈来愈高的势位差。如果这种情况持续下去，云南边境民族自治地方与邻国之间就可能产生如美国与墨西哥边境的情况。大量的非法移民进入我国境内，势必产生新的社会问题。目前，我们了解到的情况是，在临沧市沧源佤族自治县有 3 900 多名外国人以婚姻的形式进入中国，德宏傣族景颇族州有 20 000 多名外国人以婚姻的形式进入中国。在怒江傈僳族自治州有 3 000 多人属于 20 世纪 60 年代流动到邻国的原中国人，这些人长期漂泊在邻国。由于这几年中国经济的快速发展，人民生活水平的不断提高以及边疆和少数民族享受国家政策的红利，日子越过越好，于是又重新回到祖国。其他的还有在 20 世纪 60—70 年代由于各种原因，从邻国被驱赶回国的人员。这些人的回归，给边疆尤其是边境一线的民族自治地方带来了诸如生存权、生育权、发展权、政治权利等方面的问题。边境一带的少数民族大都是跨境而居，血缘上的同宗同族，文化上的一脉相承，宗教的一体，关系上的一衣带水，使得他们往往把很多的国家之间的往来关系看作是民族之间甚至是村寨之间的一般交往。我们在调查沧源佤族自治县的一些涉外婚姻事例时，发现他们不知道什么国籍法，也不知道涉外婚姻审批程序等，只知道"我过去看亲戚，她过来串门，我们谈得来，就把她带过来结婚了"。当问他们："生活有困难吗？"他们回答："没有。都是佤族，语言上沟通很方便。地是自己的，只要她操持一下家里就行了。""那娃娃户口怎么办？""无所谓了，有口饭吃就行了。"从实际的调查情况看，民族自治地方由于大量妇女出外打工，村寨里女性越来越少，男青年找对象很困难。而到邻国去找媳妇，不仅容易方便，而且外国的妇女更贤惠，更会操持家务，对老人更好等。然而，到目前为止，我们还没有看到一个民族自治地方能够应用自治权力来处理这种问题，至今，没有一个针对这方面管理的单行条例出台。

（二）城镇化进程带来的社会问题

随着社会主义市场经济体制在我国初步建立，民族自治地方传统的社会封闭状态被改变了。大量的青壮年开始出去打工，长期在外地生活，甚至于已经习惯了异地的生活，定居在外地。同时，又有大量的外地人员流入民族自治地方，长期在此定居，结婚生子。民族自治地方人员组成成分正在发生变化，尤其是在城镇，多民族杂居的情况将会越来越突出。对民族区域自治制度来说，未来三种情况将会比较突出：

一是随着城镇化进程的不断推进，一些民族自治地方已经从自治县改为市（区），这些民族自治地方是否还能继续享受民族区域自治地方应享有的权利，民族区域自治法至今尚未对此做出明确规定。如某民族自治地区，在此居住的少数民族人口已经达到总人口数的62%，但定名为区。虽然可以继续享受民族区域自治地方的待遇，但已经超出民族区域自治法现有的明文规定。严格地说，即使能够完全享受原有的民族自治地方的权利待遇，但在法律上已经名不正言不顺。目前，理论界也在争论这个问题。

二是随着城镇化进一步发展，各民族杂居现象越来越突出，在民族自治地方居住的主体民族的数量也在发生变化，如果不对此做出具体规定，未来可能引发各民族之间的权利冲突。

三是随着民族自治地方人口成分的变化，民族之间相互通婚的现象越来越多，民族成分也必然发生变化，语言文字的逐步丧失导致懂得自己民族传统文化，了解自己民族历史，懂得民族语言文字等方面的"土著"越来越少，少数民族很可能出现符号化现象。

从我们目前的实际调查来看，城镇化进程在民族自治地方的发展，已经出现了几种现象：

一是由于长期在城镇生活，出现了"民二代"甚至"民三代"现象。这部分人，或许他们自身就是土生土长的少数民族，或许他们的父母是土生土长的少数民族，但由于长期生活在城镇，生活在汉族聚居的地方，在汉文化氛围的熏陶下，虽然在各种资料或表格上填写的民族成分是少数民族，实质上也拥有少数民族的血缘，但对自己本民族的语言文字不懂，对自己民族的历史不清楚，甚至于还看不起自己的民族传统，缺乏对本民族的自豪感和认同感。民族区域自治制度的主体是少数民族和民族聚居地区,如果连主体都不存在,民族区域自治制度的价值何在?

二是目前民族自治地方的相当一部分干部,包括一部分领导干部,他们也是长期在城镇生活,他们的父母可能是少数民族,但有一部分人的父亲是汉族,或者母亲是汉族,从目前的形势来看,这种情况将会越来越普遍。由于他们中间相当一部分人不懂少数民族语言文字,或者不识文字,只能听懂一些简单的少数民族语言,作为代表行使民族区域自治权利时,容易出现代表性不够强、不够突出的问题。

(三) 文化环境变化的影响

随着全球化进程的不断加快和西方文化的全面渗透,传统民族文化的完整性遭到稀释或遗弃,最终被无情地解构。对完整民族传统文化的解构直接导致了民族自治地方的文化陷入多元化困境。少数民族文化作为一种历史传统,是民族的精神维系,是少数民族的精神家园。但是,随着国内国际文化交流、交往、交融不断扩大,经济强势的文化正依据经济的强劲发展猛烈冲击着经济发展水平较低的少数民族文化,许多少数民族文化如今分崩离析、支离破碎、难以汇聚,再也无法寻觅超越理性的源头,失去激流澎湃的力量。如语言文字由于缺乏资金和社会条件,正在退出民族社会的中心;民族的历史正悄悄地消失,没人关注;民族传统正表现出强烈的商业化趋势。民族区域自治制度的价值目标是赋予少数民族和民族自治地方特殊的权利,以帮助他们实现他们与其他地区平等的权利,这种权利表现的是人的全面自由发展。但如果民族区域自治制度仅是帮助少数民族和民族地区经济发展,实现他们政治权利,但没有了精神的维系,民族还能够存在吗?

(四) 利益分化产生的社会矛盾与冲突

法律是调整利益冲突和社会矛盾的国家强制规范,民族区域自治法则是调整地方之间、中央与各民族之间和各民族之间的利益矛盾和冲突的规范。改革开放以来,我们在经济发展方面放弃了计划经济体制,初步建立起社会主义市场经济体制。市场经济的发展,从经济方面催生了社会利益的分化,使得个人、集团、群体和阶层逐步从国家和集体中分离出来。经济所有制的多样化、就业方式的多样化、分配形式的多样化、利益目标多样化等现象表明，以经济利益矛盾为基础的社会矛盾正逐步加剧。在特定的条件下，经济利益的冲突往往以社会矛盾冲突的形式表现出来。近年来，中国社会矛盾出现了公开化、显性化和对抗化的趋势。中国社会呈现出"高风险、高危机"的态势，在这样的社会背景下，民族自治地方也不可能是一片"净土"。近年来，民族自治地方在资源开发、经济发展、环境保护、土地占用、就业问题等一系列经济利益方面也出现了群体性事件。可以说，要实现民族自治地方的和谐与稳定，为民族自治地方的经济发展提供安定团结的政治局面，创造良好的环境，就需要民族区域自治制度发挥出其在协调民族利益矛盾、处理民族关系、促进民族团结中的积极作用。

（五）少数民族和民族地区的干部群众缺乏民族区域自治"权利"的自觉意识

对少数民族和民族地区来说，贯彻落实民族区域自治法是一种民主的自觉意识，是一种民主素质。民族区域自治法为少数民族和民族地区提供了在国家宪法体制下使用国家赋予的权利来维护和实现自身权利的制度保障。在民族区域自治实践中，少数民族和民族地区的干部群众只有具备"权利"的自觉意识，才能思考国家赋予他们什么样的权利，怎样更好地实现"权利"，以最大限度地维护少数民族和民族地区的利益。

从民族区域自治在基层实践的情况来看，在干部群众中的确存在不清楚、不了解自身的权利，不懂得通过什么样的手段来维护自身权利的情形。对民族区域自治法的了解知之甚少，甚至完全不了解。

附：调查材料（课题组在云南省某民族自治州的调查，2011年3月）
你认为，民族区域自治条例能够解决什么问题：（多重选项）
96%的人认为能够"促进民族经济发展"；
32%的人认为能够"推进民族语言文字的推广"；
28%的人认为能够"保护环境生态"；
8%的人认为能够解决"计划生育"的问题。
你获得本地区民族区域自治相关政策、方针的渠道：（多重选项）
60%的人通过"电视、广播"以及"学习培训"渠道；
44%的人通过"杂志报刊书籍"渠道；
20%的人通过"互联网"渠道；

16%的人通过"听别人说"渠道。

你每天获得本地区民族区域自治相关政策、方针的信息的数量：

获得1—2条信息与5条以上信息的人各有36%；

获得3—5条信息的人有16%；

12%的人不理解此题目，无选项。

云南边疆各少数民族和民族地区由于历史、自然和社会多重因素的影响，社会历史发展带有鲜明的脱胎差异。总体上看，云南省市场经济还处于萌芽或初期，即使在改革开放的今天，大部分边疆民族地区工业化水平仍然很低，甚至在一些民族自治县连规模性企业都没有。工业产值在地方经济发展中比重很低。商品经济的发展水平比较低，还处于启蒙阶段，或者说是初始阶段。自然经济基础的基础尚未完全瓦解。市场经济水平的低下，制约了少数民族和民族地区的社会的分化进程，利益的分化和冲突并不十分突出。同时，边疆民族地区由于自然的社会条件的制约，对外开放程度不高，与外界政治、经济、文化、社会交往的形式、交往的水平、交往的层次、交往的程度都比较低。对云南大部分民族自治地方来说，目前主要的任务是加大工业化的进程，推动市场经济的发展和不断扩大对外开放，改变民族自治地方的贫困落后状况，还没有完整深刻的政治权利的意识，更不具备对争取权利、运用权力维护自身利益的明显意识。因此，当社会条件不具备时，少数民族和民族地区的干部群众没有维护自身利益的强烈要求，必然缺乏维护自身权利的政治意识的自觉，当然也就不可能利用民族区域自治所赋予的权力来维护自身权益。强化少数民族和民族地区的"权利"意识，利用民族区域自治所赋予的权利，坚持发展靠政策推动、难题靠政策突破、活力靠政策激发，在政策创新上先行先试，切实用好现有政策，积极争取新的政策，借鉴发达地区的有效政策，探索发展中的突破性政策，加快民族自治地方经济的发展，是当前贯彻落实好民族区域自治的首要任务和核心内容。

（六）应用立法权维护少数民族和民族地区利益方面，存在着的突出问题

一是立法范围过窄，特别是在应用单行条例争取经济发展，维护民族地区经济利益方面的实例太少，多集中于计划生育、环境保护等方面的内容。真正以推动民族自治地方经济文化和社会事业发展为主要内容的相关

单行条例太少，与少数民族和民族地区经济社会发展对法律法规提出的保障需求相差甚远，严重制约了民族区域自治法所赋予的特殊权利发挥作用。

二是民族区域自治法授予了民族自治地方当国家政策法规与民族地区社会发展不相适应时，可以调整、变通，或者中止执行的权利，但实践中与此相关的立法内容几乎不见，自治权利的应用有很大局限性，在调整国家与民族地方、区域内民族关系方面的作用也是有限的。例如云南孟连傣族拉祜族佤族自治县发生的少数民族群众为橡胶种植、收购而引发的利益矛盾，我们可以得出一个经验性的结论，那就是如果能够根据市场经济的发展，对橡胶林地的产权、利益分配问题通过民族区域自治的"立法"方式来处理好历史遗留问题，对各个不同利益群体之间的关系作出明确的规范和界定，就能够避免利益矛盾冲突的公开和对抗。

三是绝大部分民族干部对行使立法权的主动性不强，积极性不高。对国家政策中与民族地区经济、社会发展实际不相适应的问题，民族自治地方干部往往表现出一种无奈，很少有思考如何应用自治法所赋予的权力来加以解决，即使有，也少有干部付诸实践。他们习惯于采用以一些补充规定来弥补的策略。因为在他们看来，对上级机关的文件应该无条件执行，尽管他们也知道很多文件提出的要求在民族地方执行和落实很困难，甚至无法执行。但考虑到法律和政令必须执行，他们往往采取"上有政策，下有对策"的消极策略，或者照文件的要求走形式，走过场，行政效率低下，导致一些国家政策无法达到预期目标。如按照国家对小少民族的扶持政策的规定，对扶持拉祜族发展的工程，民族自治地方须拿出相应的配套资金，澜沧拉祜族自治县总计需要投入约1.5亿元资金，国家及普洱市提供4 500万元，三年里县财政需要配套1.05亿元，要拿出这么一大笔资金，对一个财政收入每年约2亿元的国家级贫困县来说几乎不可能。但如果没有相应的配套资金，国家和市里的资金也就不可能得到，因此，县里也只能编排一些虚假的数字来争取上级资金的支持。

四是从单行条例的执行实践来看，遇到的问题和困难很多。《云南省怒江傈僳族自治州矿产资源管理条例》在起草时，力求体现民族自治地方在矿产开发上的一些权益，但受上位法的限制，这些权益并没有得到充分反映。因为按照《中华人民共和国矿产资源法》规定，采矿许可证要进行统一规定，民族自治地方不可能改变这种规定。又如按照民族区域自治法规定，民族自治地方政府可以设立金融机构、信用社等，但这与国家的银行法又发生冲突。在已经制定了林业保护和管理单行条例的民族自治县，单行条例在执行中普遍遇到同样的问题和困难。边疆民族自治地方经济社会发展滞后，农业生产条件恶劣，贫困面大、贫困程度较深，当地群众靠山吃山，对森林资源依赖性很大。农地和林地相争突出，改变禁地用途现象突出。面对贫困群众法律执行难，严格执法难。同时，单行条例中对非法猎杀野生动物的查处，野生动物践踏当地群众财产的补偿；林产品的合理开发，过程中相关林业规费收取及非法加工林产品的处罚等仍然缺乏具体的规范。

五是从各个自治地方基层组织的情况看，自治条例和单行条例中存在着重复上位法、照搬照抄上位法的现象。如民族自治地方的单行条例中规定："自治机关重视信息产业的发展，加强邮政、通信网点和信息网络的建设，保护城乡邮电、通信设施，提高通信质量。"规定过于笼统和抽象，没有体现出语言的明确性。对于如何"重视"、"如何保护"，条例规定并不明确或完整，只有行为模式，没有法律后果，没有法律责任。如果缺乏法律责任的约束，对不遵守法律的行为没有明确的约束，法律就不可能具有操作性，在实践中出现"执行难"就不可避免。

六是民族区域自治法在贯彻落实中，如果与国家政策发生冲突时，法往往让位于国家政策。《中华人民共和国民族区域自治法》第三十六条规定：民族自治地方的自治机关根据国家的教育方针，依照法律的规定，决定本地方的教育规划、各类学校的设置、学制、办学形式、教学内容、教学用语和招生办法，但在实践中根本不可能做到。如在教育改革中，国家要求逐步撤销一村一校的政策，小学逐步合并行政村，初中逐步合并到乡镇，高中集中到县城。这导致民族区域自治法在边疆民族地区实施起来，困难很多。在澜沧拉祜族自治县，最远的寨子离县城约170多公里，离乡镇接近30公里，集中办学对目前还处在贫困状态的民族家庭来说困难极大，在学生住校开销、心理问题、对学生的管理等方面存在很多问题。现在县里能够做的就是把一些不具备集中办学条件的学校保留下来，对上级则报告一些不真实的数据。

（七）探索选拔、培养、使用少数民族人才的人才机制

在民族政治生活和政治体系中，民族"精英的存在是一类无法避免的政治角色。他们是在民族政治生活中有着突出的影响力和作用力的民族成员，在民族政治生活扮演着一种既不同于民族领袖也不同于普通大众的政治角色"。① 民族精英的存在能够影响到民族的政治决策，运用自治权力，操纵民族舆论，带领民族群众完成既定的政治任务。政治角色的基本单位是个人，一个角色就是一种规则化的行为模式，它是通过人们自己的和他人的期望和行动而建立起来的。社会分化简单，社会结构单一，精英人才在社会发展中的作用就越突出。邓小平同志曾经指出：

  现在一切事情都要经过他们上层，要对上层分子多做工作，多商量，搞好团结，进一步引导和帮助他们前进。如果上层这一关过不好，一切都要落空……当然我们也不是完全依靠上层，而是通过他们慢慢影响各方面的工作……所有工作都要掌握一个原则，就是要同少数民族商量。他们赞成就做，赞成一部分就做一部分，赞成大部分就做大部分，全部赞成就全部做。一定要他们赞成，要大多数人赞成，特别是上层分子赞成，上层分子不赞成就不做，上层分子赞成才算数。②

  当然，要实行民族区域自治，也离不开少数民族上层的支持。在新中国成立初期，云南全省共有少数民族上层人士、宗教上层人士1.3万多人。③ 他们的影响遍及云南各民族地区。若没有民族上层的同意，有时候开展工作真是寸步难行，如在西盟佤族聚居的中课寨的大头人岩顶、岩抢控制和影响着附近几十个佤族村寨，自1950年起澜沧县的领导人就开始做他们的工作，但直至1955年年底，他们还不同意中国人民解放军进驻中课。从澜沧通往西盟的公路，原计划要经过中课，但因头人的反对，只好改道。④ 而有了民族上层的支持，许多问题就会显得好解决。1953年7月，德宏傣族景颇族自治区成立时，干崖宣抚司刀京版被选为自治区主席，景颇族山官排启仁被选为副主席。孟连县拉祜族头人李扎克于1954年孟连傣族拉祜族佤族自治县成立时当选为副县长。西双版纳宣慰司主要人物召存信和刀栋庭，在西双版纳傣族自治区成立时，召存信当选为自治区主席，自治区第二届人代会上，刀栋庭当选为副主席。1956年9月，凉山办事处和宁蒗县联合政府合并成立宁蒗彝族自治县，当选县长余海青

---

  ① 周平：《民族政治学》，高等教育出版2011年版，第191页。
  ② 《邓小平西南工作文集》，重庆出版社2006年版，第201页。
  ③ 马曜：《云南民族工作四十年》，云南人民出版社1994年版，第353页。
  ④ 同上书，第367页。

为彝族上层人士。这些充分说明了少数民族上层在民族区域自治中可以发挥重要作用。

在今天边疆民族地区的社会发展中，一方面，与内地与发达地区发展的差距不断拉大，造成少数民族和民族地区对经济社会发展中两极分化的焦虑心态和不平衡心理不断加剧；另一方面，民族地区市场经济的迅速发展，对内对外开放的程度不断提高，利益的分化和围绕利益分化而产生的社会矛盾不断滋生，社会矛盾出现公开化、显性化和对抗化的特征。社会发展的不平衡与民族问题、民族关系交织，是产生新的民族问题的社会土壤；社会的分化和利益矛盾的冲突与民族问题民族关系的交织，对少数民族和民族地区和谐与稳定构成了巨大的冲击。近年来在孟连傣族拉祜族佤族自治县发生的围绕橡胶林产权及相关利益发生的冲突事件，澜沧拉祜族自治县在国家修建大型水电站发生的大规模毁林事件等等问题的发生，虽然是出于自发，属于没有组织也没有政治目的的孤立事件。但如何保证少数民族和民族地区社会的稳定与和谐已经成为民族区域自治中的重大课题。

当一个社会快速分化，利益矛盾激烈，社会阶层集团分化，出现对立，甚至出现对抗时，社会发展不平衡所造成的社会心理的不平衡，容易使弱势群体感受到危机。他们需要一种政治安全感，需要体制外的力量来为他们提供心理的平衡，政治精英就成为他们精神的寄托和心理的依靠。一般意义上讲，少数民族中的政治精英能够在不断发生的经济利益冲突中，逐渐意识到本民族本地区所具有的特殊利益和所能够应用的权力，能够提供本民族本地区发展的精神力量，能够唤起本民族本地区成员的归属感和荣誉感，能够为实现本民族本地区的稳定和谐发展提供凝聚力。但必须注意到，当少数民族的政治精英走到了国家的反面，站在国家的对立面，其对社会稳定、国家安全的破坏和影响也是难以估量的。在目前国际社会中，现代民族分裂主义浪潮的不断发展，我国少数民族和民族地区正处在社会转型时期，民族关系民族问题的复杂性，解决民族问题民族关系的困难度远远超出了过去任何时候，实现民族团结、民族和谐和民族地区稳定的任务十分艰巨。培养党和国家需要的少数民族政治精英，发挥他们在少数民族和民族地区的积极作用，引导社会行为向和谐稳定方面发展，协调国家与少数民族和民族地区关系的任务就突出。

1. 要注意调整少数民族干部结构

重点是注意调整少数民族干部在关键岗位上的比例。在目前的干部体制下，行政领导的思想在干部选择调配、经济发展项目立项、重大产业发展战略、社会重大战略的决策等方面还不容易得到体现，民族自治地方鲜有当地主要少数民族干部担任县委书记，少数民族干部或多或少感觉自己在一些民族地区经济社会发展中重大问题上的无奈。在采访中，我们注意到某个少数民族县长在发展问题上与县委书记的意见发生冲突后，被调离了岗位。而某个县长在与县委书记发生冲突后，也被调离了县长岗位，直到组织把他调任到另一个县担任县委书记后才发挥出他的能力。因此，在对一些担任处级以上甚至厅局级领导的采访中，他们都明确表示，目前，在民族区域自治地方不仅要把少数民族干部放到一些较高级别的岗位，更重要的是要把一些关键岗位留给少数民族干部，这不仅是一种信任，也是一种自治权利的实现。

目前的情况显示，民族自治县已经实现了由当地主要民族担任县长，在多民族聚居县，各个民族在行政、人大、政协等部门也有了自己的代表，但在自治州下面的县一级行政机关，主要领导都还是汉族。在县级领导干部中，少数民族干部的比重也不高，如某自治州下面的县，主要干部中少数民族的比例往往只能达到30%，处于主要领导岗位的少数民族干部只能达到25%，副处以上只能达到32%。在民族自治县，少数民族干部的比例可达到60%以上，处于基层主要领导岗位的比例可以达到75%，副处以上可以达到64%左右。

从干部结构上可以看出，干部越往下走，级别越低，干部的比例就越低。我们在关注少数民族干部数量比例的时候，不仅要关注高级别的职位，虽然这能够显示民族区域自治中的权力结构，但更重要的是要关注干部的整体数量和普遍水平，这既是民族自治权力实施的组织基础，也是提高民族自治地方管理效率的重要条件。如在澜沧拉祜族自治县，县长就明确表示，目前公务员招考录用制度改革以后，拉祜族由于教育水平发展程度低，几乎很难考上本科院校，连参加公务员考试的资格都没有。而很多工作如审判工作，法官讲汉语，法庭里参加诉讼的人都听不懂，怎么能够提高社会管理水平？从目前调查的材料看，民族区域自治干部的培养主要集中在政治领导方面，而少数民族和民族地区真正最需要的则是懂得经济管理，能够规划经济发展和领导经济工作的人才，司法、社会事务管理、宗教、民族文化等方面的人才更是少得可怜。

2. 应该把少数民族和民族地区的管理看作一个系统工程，重视少数民族人才培养的系统性

在民族干部的培养工作中，重政治而轻经济、轻社会管理、轻文化发展的倾向比较突出。由于我们在少数民族和民族地区的管理方面，更多地注重少数民族和民族地区的政治稳定，注意力几乎集中到政治领导方面，对少数民族干部中人才多样性问题没有解决好。正如一位自治县的县长所说的，"司法人才不懂得民族语言，在审判工作中念判决书时，下面的少数民族群众听不懂。搞建设、搞县城的规划发展，我连一个真正懂规划、能够搞规划设计的人都找不出来，我们怎么谈发展。"近年来，经过各民族自治地方的努力，云南省法院检察系统开始每年招收一部分少数民族青年，采取定向委托培养的方式，通过系统的法律学习后回到民族自治地方工作，这是一种很好的探索。

3. 加快体制的改革

由于宗教、文化及一些社会管理事务没有被纳入国家行政管理体制，在公务员管理体制中从事这些工作的社会人才往往面临着社会地位不高、待遇差、收入低甚至缺乏必要的社会保障等情形，导致他们不能安心工作，这方面的管理工作效率低下。如在一些傣族聚居的边境县，由于经济生活的富裕和文化生活的不断丰富，很多傣族青少年已经不愿意依照传统出家进佛寺当和尚，宗教事务受到影响。尽管这些年我们在傣族村寨建造了许多寺庙，但由于没有培养出自己的住持，很多在佛寺担任住持的沙弥都是从邻国引进来的，这种情况必然对贯彻落实党的宗教政策，正确引导少数民族信教群众产生影响。在怒江傈僳族自治州的各个县，尽管国家对基督教传教士进行了严格的管理，但从调查研究来看，当地宗教部门并没有培养起一些懂得宗教事务、精通宗教业务、在少数民族群众中真正有影响、有威信、有号召力的基督教传教人士。

（八）加强文化事务管理

少数民族的语言文字对维系民族的心理起着十分重要的作用。一位少数民族学生就说道："少数民族语言文字的使用不仅是一种文化的沿袭，更重要的关系到少数民族的自尊，是国家赋予少数民族的一种权利。"但我们却没有真正把民族语言文字工作当作一项重要的内容来抓，没有注重

培养这方面的专业人才。不懂得语言文字对少数民族和民族地区的社会影响力，缺乏精通了解少数民族传统文化的专业人才，直接影响到党的各项政策的落实和推广。当年，西方传教士进入少数民族地区，其中一项很重要的工作就是从少数民族的语言中创建了少数民族的文字，如傈僳族的老傈僳文、拉祜族的拉祜文等。这些民族语言文字对基督教在少数民族地区的传播，发挥了重要作用，民族语言文字的普遍使用，是宗教对少数民族地区影响的重要因素。时至今日，在很多边远的少数民族地区，少数民族群众只听得懂民族语言，听不懂汉语，更不懂得汉文。由于体制因素，政府不愿意投入更多经费，语言文字的整理工作和推广工作往往由民间组织来承担，如××自治县，三个少数民族实行自治，受经费、人员及各方面因素的影响，只能由一个业余的民族文化传承中心来承担少数民族语言文字的收集整理和推广工作。培养大量懂得少数民族语言文字的专业人才，加大对少数民族语言文字的整理和改造，本应是一项十分重要的工作，但就目前的体制而言，很难培养这样的人才，而没有这样的人才，我们就会丧失在少数民族和民族地区一块重要的阵地。

（九）注意到西南边疆多民族地区"大杂居、小聚居"的突出特点，充分考虑到多民族聚居地区的利益平衡协调发展

德宏傣族景颇族自治州的三台山是德昂族聚居的地方，在解决当地少数民族贫困问题、促进少数民族经济发展的过程中，自治州不折不扣地按照党中央国务院关于扶持小少民族的政策给予德昂族群众应有的支持和帮助。但这一地区还居住着傣族、景颇族和其他民族群众，仅仅给予德昂族特殊优惠政策，居住在同一地区的其他民族群众却不能享受这一政策的实惠，从而引发了新的民族隔阂。而在另一个地区，当地民族区域自治地方就把扶持小少民族的政策优惠变通为小少民族聚居地区所有少数民族都享受同一政策的优惠，从而妥善地处理了可能出现的问题，避免了民族之间产生的不信任可能，增进了民族之间的团结。

第 六 章

坚持中国特色社会主义先进文化道路，推动少数民族文化大发展大繁荣

文化是民族的重要特征，少数民族文化是中华文化的重要组成部分。国家尊重和保护少数民族文化，支持少数民族优秀文化的传承、发展、创新，鼓励各民族加强文化交流，大力发展教育、科技、文化、卫生、体育事业，不断提高各族群众的思想道德素质和科学文化素质。发展民族文化的目的，就是不断提高各族群众的思想道德素质和科学文化素质，从根本上加快少数民族和民族地区的发展。要在尊重的前提下，保护好、传承好民族文化；要在继承民族优秀传统文化的基础上，发展好、创新好民族文化。中国特色社会主义在边疆多民族地区的探索实践，为少数民族文化事业发展开辟了广阔的道路，是我国少数民族文化发展最稳定、成果最丰富的时期，也是云南各民族多彩多姿的文化交相辉映、中华文明焕发出蓬勃生机和活力的时期。

一 高度的文化自觉，始终把民族文化建设作为各民族发展的重要任务

党的十八大报告指出："文化是民族的血脉，是人民的精神家园。全面建成小康社会，实现中华民族伟大复兴，必须推动社会主义文化大发展大繁荣，兴起社会主义文化建设新高潮，提高国家文化软实力，发挥文化引领风尚、教育人民、服务社会、推动发展的作用。"[1]

---

[1] 胡锦涛：《坚定不移沿着中国特色社会主义道路前进，为全面建成小康社会而奋斗——在中国共产党第十八次全国代表大会上的报告》，《人民日报》2012 年 11 月 18 日。

（一）自觉地认识社会主义文化建设的重要战略地位

文化产生于社会特定的经济政治基础上，受社会经济政治发展的制约和影响，在社会的进步发展中，发挥着引领社会发展方向、凝聚奋斗力量、促进社会和谐稳定等不可替代的重大作用。

在实现社会主义现代化和中华民族伟大复兴的奋斗目标中，发展和繁荣社会主义文化的地位和作用更加凸显，越来越多的国家把提高文化软实力作为发展战略的重要内容。在一定意义上说，谁占据了文化发展制高点，谁拥有了强大文化软实力，谁就能够在激烈的国际竞争中赢得主动。大力弘扬中华优秀传统文化，大力发展社会主义先进文化，不断扩大中华文化国际影响力，形成与我国国际地位相称的文化软实力，牢牢掌握思想文化领域国际斗争主动权，切实维护国家文化安全，是中国特色社会主义现代化建设总布局的重要组成部分，已经成为中国特色社会主义发展的重要任务。

党的十七届六中全会做出的《关于深化文化体制改革推动社会主义文化大发展大繁荣若干重大问题的决定》提出，兴起社会主义文化建设新高潮、推动文化的大发展大繁荣的新要求，把文化建设与经济建设、政治建设、社会建设作为四位一体提了出来，彰显了文化建设的重要作用和地位。

我们党历来高度重视共同思想基础的建设。共同的思想基础，是一个党、一个国家、一个民族赖以存在和发展的根本前提。没有共同的思想基础，党就会瓦解、社会就会动荡、国家就会分裂。"社会主义核心价值体系是举国之魂，决定着中国特色社会主义发展方向"。[①] 发展社会主义文化，建设社会主义核心价值体系，明确揭示了我们共同思想基础的基本内涵和要求，是巩固全党全国人民团结奋斗的共同思想基础的需要，将会推动全党全社会更加自觉地维护我们的共同思想基础。

全面提高公民道德素质是社会主义道德建设的基本任务。当前我国改革开放深入发展，社会处于转型时期，在改革开放取得巨大成就的同时，也凸现了诸多矛盾，特别是利益多样化而引起的各种利益冲突。这就需要

---

① 胡锦涛：《坚定不移沿着中国特色社会主义道路前进，为全面建成小康社会而奋斗——在中国共产党第十八次全国代表大会上的报告》，《人民日报》2012 年 11 月 18 日。

对各种利益关系、社会矛盾进行调控和处理，以达到社会和谐稳定。在这个过程中，社会主义文化建设能够提供社会和谐稳定的价值追求和文化认同，对弘扬正气、凝聚人心、沟通情感、增进友爱、和睦相处、彼此融合，引导人们超越民族、城乡、地域以及社会阶层等方面的差异，消除彼此之间的分歧和隔阂，解开人们的思想困惑，化解人们的思想矛盾，最大限度地增强和谐因素、减少不和谐因素，齐心协力构建社会主义和谐社会发挥着巨大的社会作用。

全面建成惠及十几亿人口的更高水平的小康社会，既要让人民过上殷实富足的物质生活，又要让人民享有健康丰富的文化生活。丰富人民精神文化生活，让人民享有健康丰富的文化生活，是全面建成小康社会的重要内容。文化直接关系民生幸福。让人民享受丰富的文化生活，丰富人民的精神内容，提升人民的精神境界，不断增加社会生活中和谐因素是社会主义文化建设的重要内容，为构建和谐中国培育良好的社会环境、可靠的政治保障和良好的文化条件。

文化实力和竞争力是国家富强、民族振兴的重要标志。民族文化是民族赖以生存和发展的根基，是一个民族的灵魂和血脉，是民族的精神记忆和精神家园，是民族凝聚力的重要纽带，是一个民族创造力的重要源泉，也是一个民族整体素质的重要体现。各个不同民族的文化体现了各个民族的认同感、归属感，反映了民族的生命力、凝聚力。失去了民族文化传统，就如同浮萍没有了根、就如同人失去了灵魂、就如同流浪者失去了家园。经济社会发展越快，越需要思想道德的引领、科学文化的支持，对文化的发展提出的要求越高。因此，对建设中国特色社会主义文化，党的十八大明确提出："要坚持把社会效益放在首位、社会效益和经济效益相统一，推动文化事业全面繁荣、文化产业快速发展。"

（二）具有高度的民族文化发展的自觉是实现各民族共同团结奋斗、共同繁荣发展的重要任务

中华民族文化的大发展大繁荣，必然包含着中国少数民族文化的发展和繁荣。历史和现实证明，要实现各民族共同团结奋斗、共同繁荣发展，必须高度重视并大力发展各民族的文化事业。是否具有高度的民族文化发展的自觉，不仅关系到民族文化自身的繁荣兴盛，决定着各个民族的前途命运，更重要的是关系到促进各民族共同团结奋斗、共同繁荣发展，维护国家的团结统一,实现社会主义现代化和中华民族伟大复兴"中国梦"的思想保障。

我们党高度重视少数民族文化建设,始终坚持"文化越来越成为民族凝聚力和创造力的重要源泉、越来越成为综合国力竞争的重要因素,越来越成为经济社会发展的重要支撑,丰富精神文化生活越来越成为我国人民的热切愿望"[1] 的基本认识,坚持从少数民族文化事业的发展"关系实现全面建设小康社会奋斗目标,关系坚持和发展中国特色社会主义,关系实现中华民族伟大复兴"[2] 的高度,不断在新的历史起点上深化文化体制改革、推动少数民族和民族地区社会主义文化大发展大繁荣。

高度的文化自觉是我们党始终自觉地认识到民族文化在各民族加快现代化建设中的地位越来越重要,自觉地认识到民族文化作为少数民族和民族地区经济社会跨越式发展的重要支撑作用越来越重要,自觉地认识到民族文化建设对"保障少数民族合法权益,巩固和发展平等团结互助和谐的社会主义民族关系,促进各民族和睦相处、和衷共济、和谐发展"的重要战略地位,并且遵从文化发展的规律,自觉地把发展民族文化作为各民族共同团结奋斗、共同繁荣发展的重要内容,作为民族工作的重要历史职责和工作任务。

民族文化发展的首要任务就是对各民族面对生存环境的压力,回答和解决各民族面临的全局性生存发展课题,为各民族提供迎接挑战,走向强盛的思想理论和对策。随着国家对外开放的不断扩大,各种文化思潮交往、交流、交锋不断扩大,西方对我国进行"西化""分化"的战略意图越来越突出,在各民族认同不断发展的背景下,增强国家认同、中华民族认同和中华文化的认同,增强中华民族凝聚力,维护国家统一的任务成为各民族跨越式发展中的重要课题。同时,市场经济体制不断发展,城镇化进程不断加快,社会流动日渐频繁,中国各民族之间经济、文化、社会的交往、交流、交融不断深化的情况下,现代文化的发展对民族传统文化的解构直接导致了文化多元化困境。多元文化的植入诱导民族文化趋于功利

---

[1] 胡锦涛:《坚定不移走中国特色社会主义文化发展道路,努力建设社会主义文化强国》,《求是》2012 年第 1 期。

[2] 同上。

追求，屏蔽了民族传统文化崇高与优美的追求，使其逐步丧失优秀的传统价值追求。随着市场文化的全面渗透，传统民族文化遭到稀释或遗弃，最终被无情地解构。物质主义、功利主义的膨胀更湮灭了民族传统文化的尚德思想，片面强调感性享受，从而使人们堕落为物欲奴隶。民族文化作为民族发展进步中的时代思想和精神潮流的引领，作为维系、凝聚社会的精神力量，本该以强势的主导理念引领民族社会的进步与发展，从观念、深度上推动民族社会文明的全面进步，提升各民族的文明素养，但面临着分崩离析、支离破碎、难以汇聚，则再也无法寻觅超越理性的源头，从而处于失去激流澎湃的力量的困境。在边疆多民族地区，一些少数民族青年对自己民族的传统文化，正经历着"看不起，看不到，看不懂"的演变阶段。

对各民族文化发展的自觉要求党和国家勇于责任担当。责任担当，就是把文化觉醒付诸行动，自觉承担起推动文化改革发展的历史重担，在推动各民族经济社会发展中，始终坚持把发展各民族文化作为实现各民族共同团结奋斗、共同繁荣发展的重要内容，注重对各民族传统文化的继承和保护，注重推动各民族先进文化的发展。特别是在中国特色社会主义的探索实践中，制定一系列保护、促进少数民族文化发展的政策、法规和措施，重视利用以各民族文化建设的新成就来推动各民族经济社会的科学发展、和谐发展和跨越式发展。对于一个党来说，有没有强烈的文化担当，反映着这个政党的理想追求和精神面貌，是一个政党是否成熟、是否有生命力的重要标志。为此要着力破除经济建设是硬任务、文化建设是软任务的错误观念。文化建设和经济建设是同样重要的硬任务。必须把文化建设列为事关社会主义建设成败的硬任务，抓紧抓实。

（三）发展少数民族文化是我们落实民族政策、实现民族平等、建立社会主义新型民族关系的重要内容

新中国建立初期，以毛泽东同志为核心的党和国家的第一代领导集体把发展少数民族文化作为落实民族政策、消除民族隔阂、实现民族平等、建立社会主义新型民族关系和发挥少数民族在我国社会主义现代化建设中的积极作用加以重视和强调，"我们要诚心诚意地积极帮助少数民族发展经济建设和文化建设。在苏联，俄罗斯民族同少数民族的关系很不正常，

我们应当接受这个教训"。① 强调必须帮助少数民族，"如果共产党不能帮助你们发展人口、发展经济和文化，那共产党就没有什么用处"②。周恩来同志也指出："人民政府实行了共同纲领中的民族政策，尽力消除各民族间残存的隔阂和矛盾，加强各民族人民的团结，并尽可能地帮助各少数民族发展其政治、经济和文化建设事业。"③

邓小平强调民族平等不仅仅是政治上，同时也是落实在经济文化各个领域的真正意义的民族平等，要采取一系列有效措施使少数民族在政治上、经济上、文化上得到改善和提高。即实行"真正的民族平等"。1950年7月21日，邓小平同志在《关于西南少数民族问题》中就指出："要尽快提高少数民族文化水平"，④ "所谓文化，主要是指他们本民族的文化。"⑤ "在文化方面，也有许多工作要做。"⑥ 特别是十一届三中全会后，以邓小平为核心的党中央第二代领导集体，强调要采取有效措施发展少数民族的教育和卫生事业，保护和发展少数民族传统文化，尽快提高他们的文化水平。

1996年年初，江泽民把建设中国特色的社会主义文化问题提到事关中华民族前途和命运的高度加以强调，"一个民族只有在努力发展经济的同时，保持和发扬自己的民族文化特色，才能真正自立于世界民族之林。建设有中国特色社会主义的文化，这是事关中华民族振兴的大问题"。⑦ 1999年10月3日，朱镕基在中央民族工作会议闭幕时发表《加快少数民族和民族地区发展，把民族团结进步事业推向新世纪》的讲话中，强调"积极发展民族文化事业，保护和开发少数民族文化资源，结合时代精神，继承和弘扬少数民族优秀的传统文化"。⑧ 2000年6月20日，江泽民在《关于西部大开发问题》中，进一步强调"要发挥民族地区文化资源的优势，弘扬优秀民族文化，积极发展民族文化产业"。⑨

---

① 金炳镐主编：《民族纲领政策文献选编》，中央民族大学出版社2006年版，第541页。
② 《毛泽东文集》第6卷，人民出版社1999年版，第240页。
③ 金炳镐主编：《民族纲领政策文献选编》，中央民族大学出版社2006年版，第438页。
④ 《邓小平文选》第1卷，人民出版社1994年版，第168页。
⑤ 同上书，第162页。
⑥ 同上书，第168页。
⑦ 江泽民：《在全国宣传思想工作会议上的讲话》，《人民日报》1994年3月7日。
⑧ 金炳镐主编：《民族纲领政策文献选编》，中央民族大学出版社2006年版，第844页。
⑨ 同上书，第870页。

进入新世纪，以胡锦涛同志为总书记的中央领导集体提出了用科学发展观指导民族地区的文化建设和发展的重要论断。2005年5月27日，胡锦涛《在中央民族工作会议暨国务院第四次全国民族团结进步表彰大会上的重要讲话》中，强调支持民族地区发展文化事业和文化产业，支持少数民族优秀文化的传承、发展、创新，丰富各族群众的文化生活，不断提高各族群众的思想道德素质和科学文化素质。2007年10月，胡锦涛在党的十七大报告中突出强调弘扬中华文化的重要性，提出了"三个越来越"的重要论断——当今时代，文化越来越成为民族凝聚力和创造力的重要源泉，越来越成为综合国力竞争的重要因素，丰富精神文化生活越来越成为我国人民的热切愿望；并做出了要加强中华优秀文化传统教育，运用现代科技手段开发利用民族文化的丰富资源，做好文化典籍整理工作，加强对各族民族文化的挖掘和保护，重视文物和非物质文化遗产保护等方面工作的重要指示。2009年，国务院在北京召开全国少数民族文化工作会议，会议制定了《关于进一步繁荣发展少数民族文化事业若干意见》，强调要形成尊重、继承和弘扬少数民族优秀传统文化的社会氛围，并对少数民族文化遗产的挖掘和保护做出了七项规定。总之，党和国家几代中央领导人关于少数民族文化的这些重要论断，日益成为各级人民政府制定少数民族文化政策纲领的重要依据，为各少数民族文化的繁荣和发展以及民族传统文化的保护和弘扬发挥了重要作用，为各民族文化事业的大发展大繁荣提供了理论和实践工作的指导。

把文化建设摆在民族工作全局的重要位置，把文化建设纳入少数民族和民族地区经济社会发展总体规划，作为实现少数民族和民族地区科学发展、和谐发展、跨越发展的重要内容来研究部署，组织实施，督促检查，反映了党和国家积极主动地担当起发展民族文化的历史责任，是文化自觉最重要的体现，也是少数民族和民族地区文化建设最重要的社会保障，有力地推动了少数民族和民族地区文化建设的发展。

（四）党和国家不断探索和完善促进民族文化大发展大繁荣的政策和措施

新中国成立后，民族文化发展作为党和国家民族政策的重要内容，我们根据各民族历史文化传统的现实，开始形成尊重、保护和发展少数民族文化的一系列政策、措施、法规和基本法律制度。进入新世纪以来，为了适应民族地区经济、社会不断发展的需要和面临着的新问题，国家集中出台了一批促进民族文化发展的一系列重要政策、措施和法规，明确了少数民族文化发展的方向、宗旨、目标、任务，极大地促进了少数民族文化大发展大繁荣。

1. 推动和促进少数民族地区公共文化基础设施建设的政策与措施

加强少数民族地区公共文化基础设施建设，对于加快少数民族和民族地区的全面发展，保障少数民族公民的基本文化权益，满足少数民族公民的精神文化需求，提高少数民族群众的思想道德和文化素质，丰富少数民族群众的文化生活具有重要意义。七届人大四次会议通过的《中华人民共和国国民经济和社会发展十年规划和第八个五年计划纲要》提出："进一步办好图书馆、文化馆、艺术馆、科技馆、文化站、俱乐部、广播电视台和图书、报刊发行网点等各类文化场所。"并要求"'八五'期间做到县县有图书馆、文化馆，乡乡有文化站"。2009年，中央政府公布了《国务院关于进一步繁荣发展少数民族文化事业的若干意见》，重点提出了繁荣发展少数民族文化事业的十一项政策措施，其中加快少数民族和民族地区公共文化基础设施建设即为其重要内容。

20世纪70年代以来，我国先后设立了"边疆建设专项补助""边境事业补助费""全国文化设施维修专项补助经费"和"全国万里边疆文化长廊专项补助经费"等财政支出项目。20世纪90年代分税制改革以来，国家通过一般性财政转移支付、专项财政转移支付、民族优惠政策财政转移支付等方式，支持民族地区包括公共文化基础设施建设在内的各项事业的发展。在国家宏观文化政策的指引下，民族自治地方各级财政也加大了对本地区文化事业的支持力度。据统计，从2000年到2006年，我国民族自治地方的地方财政支出中，用于文教科卫的支出由289.8亿元上升到848.36亿元，分别占2000年民族自治地方财政支出的24.7%和2006年民族自治地方财政支出的22.7%。同期，我国民族自治地方人均文教科卫支出由172元上升到480元，增长了1.8倍，高于全国人均文教科卫支出的增长速度，人均支出总额与全国平均水平的差距逐步缩小。通过启动全国性重大文化项目和文化工程，投入专项经费来保障这些文化项目和工程的建设，是党和政府促进少数民族文化发展、加快民族公共文化基础设施建设的重要政策与举措。

20世纪90年代以来，国家启动了新一轮的全国性或针对少数民族的重大文化建设工程，如"万里边疆文化长廊建设"、广播电视"村村通工程"、"文化扶贫工程""全国文化信息共享工程""万村书屋工程"和"农家书屋工程"等文化工程。其中，"万里边疆文化长廊建设"是各项文化建设工程中规模最大的项目，缘起于广西壮族自治区的"千里边境文化长廊"。从1985年起，广西先后建成了钦州地区北部湾"文化长廊"，河池、柳州地区"民族文化长廊"以及百色地区桂西山区"文化长廊"。这三条文化长廊所覆盖的大批县、市，从县城到区、乡、镇、村寨，三级文化网络健全，文化设施大幅度提升，取得了良好的社会和经济效益。广西的成功经验为全国范围边疆文化建设提供了可资借鉴的范例。文化部在总结广西经验的基础上，于1992年提出在全国建设"万里边境文化长廊"的构想，首先在内陆地区的9个省区实施，取得一定的实效和经验后，1994年又将这一工程由内陆边疆地区拓展到沿海地区，并更名为"万里边疆文化长廊"。

2. 保护和发展少数民族语言文字的政策与措施

1949年中国人民政治协商会议通过的《共同纲领》第五十三条规定："各少数民族均有发展其语言文字、保持或改革其风俗习惯及宗教信仰的自由。"1951年2月，中央人民政府政务院就民族事务做出六项决定，其中包括"在政务院文化教育委员会内设民族语言文字研究指导委员会，指导和组织关于少数民族语言文字的研究工作，帮助尚无文字的民族创立文字，帮助文字不完备的民族逐渐充实其文字。"1956年，中共八大通过的《关于发展国民经济的第二个五年计划的建议的报告》中规定："不论在少数民族聚居、杂居或散居的地方，他们的民族平等权利、宗教信仰自由权利、风俗习惯和语言文字，都应该受到尊重。对于那些还没有文字或者文字尚不完善的少数民族，应该积极地帮助他们创制和改革自己民族的文字。"1984年《民族区域自治法》第一百一十一条也规定："民族自治地方的自治机关在执行职务时，依照本民族自治地方自治条例的规定，使用当地通用的一种或者几种语言文字；同时使用几种通用的语言文字执行职务的可以以实行区域自治的民族语言文字为主。"为了使少数民族语言文字适应信息化时代的要求，国家采取措施帮助少数民族开展民族语言文字的规范化、标准化和信息化处理工作。1991年6月国务院批转的《国家民委关于进一步做好少数民族语言文字工作的报告》，明确了新时期民族语言文字工作的指导思想和主要任务。1995年国家民委转发的

《全国术语标准化技术委员会少数民族语特别分委员会成立大会会议纪要》，明确了全国术语标准化技术委员会少数民族语特别分委员会由国家民委管理，接受全国术语标准化技术委员会的技术指导，开展少数民族语言文字的信息技术标准化工作。现在大部分少数民族语言文字都可以用计算机进行信息处理，使少数民族语言文字在新技术条件下发挥了更大的作用。

3. 繁荣发展少数民族新闻出版事业的政策与措施

1984 年通过的《中华人民共和国民族区域自治法》规定："民族自治地方的自治机关自主地发展具有民族形式和民族特点的文学、艺术、新闻、出版、广播、电影、电视等民族文化事业"，这是我党对发展少数民族新闻出版事业在法律层面上的进一步规定。为了扶持民族出版事业的发展，2007 年 10 月 12 日，有关部门联合下发《关于进一步加大对少数民族文字出版事业的扶持力度的通知》，明确了少数民族文字出版事业为公益性文化事业，承担少数民族文字出版任务的单位为公益性出版单位；自 2007 年起，国家财政对出版物的编辑出版、人才培养、设备更新和技术改造，以及"走出去"项目等给予重点补贴；国家继续实行对少数民族文字中小学教材出版发行的补贴政策。这些规定，保证了各种民文教材的正常出版发行，满足了少数民族地区中小学双语教学的需要。2009 年发布了《国务院关于进一步繁荣发展少数民族文化事业的若干意见》，其中对繁荣发展少数民族新闻出版和广播影视事业提出了具体的政策措施。要求加大对民族类新闻媒体的扶持力度，加快设备和技术的更新改造，提高信息化水平和传播能力，扩大覆盖面和受益面。

新中国成立后，特别是改革开放以来，针对新闻出版领域出现的一些侮辱少数民族、伤害民族感情的事件的发生，党和国家出台了一系列政策并制定了相关法规。如 1983 年《关于宣传报道和文艺创作要正确对待少数民族习俗问题的通知》、1985 年《关于公开发行的书籍报刊中慎重对待民族、宗教问题的通知》、1987 年《关于宣传报道和文艺创作中防止继续发生丑化、侮辱少数民族事件的通知》、1994 年《关于严禁在新闻出版和文艺作品中出现损害民族团结的通知》。这些通知规定新闻、出版、文艺、影视工作者要树立尊重少数民族、全心全意为各民族服务的意识，了解民族情况；涉及少数民族的婚姻、家庭、习俗、信仰等方面内容，要本着"趋利避害"的原则，充分考虑社会效果，不能猎奇和主观臆断，以偏概全，更不能丑化、侮辱、胡编乱造；正确认识和对待历史上的民族关系，自觉反对和批判大汉族主义观念，防止狭隘民族主义偏见等行为作出了具体规定。并提出对于有意伤害民族感情，制造民族间的不和者，以及由于不负责任，在工作中造成失误者，要给予严肃处理。对于严重伤害民族感情，引发事端，影响民族团结和社会安定的，对主要责任者要严肃处理，采取断然措施，防止事态扩大。

4. 促进和发展少数民族广播影视事业的政策与措施

1980年8月20日，国家文化部、国家民委在《关于做好当前民族文化工作的意见》中特别规定："大力发展边疆民族地区的电影事业，让少数民族看到、看懂、看好电影。"要求国家的电影制片厂，要注意组织拍摄更多的反映少数民族斗争生活题材的影片。少数民族聚居的省、自治区中已经国务院批准新建的电影制片厂，要逐步创造条件，拍摄反映少数民族题材和其他内容的故事片；在边境县、旗要尽快装备35毫米和16毫米的电影放映机，并加强影片的民族语翻译和涂磁录音工作，使少数民族群众看懂、看好电影；对边境第一线社、队实行免费供应电影拷贝，免费看电影，迅速改变某些少数民族地区群众终年看不到电影的状况；对少数民族地区的电影放映队，在经营管理上应从实际出发，给予政策性补贴和必要的装备。2001年12月12日，国务院第五十次常务会议通过的《电影管理条例》规定："少数民族地区、边远贫困地区和农村地区的电影事业的发展，实行资金扶持、资助。"国家对少数民族地区、边远贫困地区和农村地区发行、放映电影实行优惠政策。1998年，云南省政府办公厅《转发文化厅〈加强我省农村电影工作意见〉的通知》规定："凡有民族语影片译制点的，政府应高度重视，对译制工作的机构和人员可考虑实行差额拨款，保证译制工作和人员的稳定性；政府应每年安排一定专款用于购买电影拷贝和译制补助，确保民族语影片译制工作的持续正常开展。"2001年3月29日，云南省第九届人民代表大会常务委员会第十五次会议通过《云南省广播电视管理条例》规定："各级人民政府应当重点扶持少数民族、边远和贫困地区发展广播电视事业，提高广播电视覆盖率"，"广播电视节目制作单位应当提高节目制作能力，增加地方优秀节目数量。县级以上人民政府应当对广播电视精品节目给予奖励，鼓励和扶持少数民族语言广播电视节目的制作"。这些政策措施，推动和保障了少数民族和民族地区广播电视事业逐步发展壮大。

5. 保护和弘扬少数民族优秀传统文化的政策与措施

1982年，国务院召开了古籍整理出版规划会议，随后国务院古籍整理工作由国家民族事务委员会负责并统一规划。1984年颁布的《中华人民共和国民族区域自治法》规定："民族自治地方的自治机关收集、整理、翻译和出版民族书籍，保护民族名胜古迹、珍贵文物和其他重要历史文化遗产。"

1984年11月9日云南省第六届人民代表大会常务委员会第十次会议通过《云南省实施〈中华人民共和国文物保护法〉办法》规定："反映历史上各少数民族社会制度、社会生产、社会生活、文化艺术、宗教信仰的代表性实物；与少数民族重大历史事件、著名历史人物有关的建筑物和纪念物；少数民族的重要文献、典籍和手稿；其他具有历史、艺术、科学价值的少数民族文物"应予以保护。1987年中共中央批转的《关于民族工作几个重要问题的报告》中提出，少数民族集中居住的街道，要注意保护和建设具有民族风格的建筑物。此后，1989年通过的《中华人民共和国城市规划法》、1993年发布的《村庄和集镇规划建设管理条例》、1993年发布的《城市民族工作条例》等，都做出了建筑设计要"保持地方特色和民族特色风格，并注意与周围环境相协调""保护和建设具有民族风格的建筑物"等规定。

二　新中国成立初期西南边疆多民族地区文化建设的初步探索

（一）组建民族文化工作机构、设施和文艺团体

1956年8月8日，云南省委批准成立云南省少数民族社会历史研究所。1956年11月21日至24日，云南省少数民族语文指导工作委员会召开第一次委员会议，正式成立云南省少数民族语文指导工作委员会。[①] 1957年3月，云南省委发出《关于少数民族语文工作中几个问题的批复》，批复云南省民委《关于少数民族语文工作的报告》，对云南省少数民族语文指导工作委员会作如下指示：云南省少数民族语文指导工作委员

[①] 云南省民族事务委员会编：《云南民族工作大事记1949—2007》，云南民族出版社2008年版，第55页。

会为事业机构，可作为省人民委员会的一个直属机构，委员会在省人委指导下进行工作，日常业务设办公室处理，亦可在省民族事务委员会内设一个处作为指委会的日常办公机关，但重大问题仍需由指委会决定。

（二）进行民族社会文化历史和语言调查

从 1952 年起，在中国科学院语言研究所专家的帮助下，云南省组织民族语文工作者对全省少数民族的语言文字情况进行了系统调查。根据省委提出的"先边疆后内地，先聚居后分散，先大后小"的指导思想，重点调查了傣、拉祜、景颇、阿昌、傈僳、哈尼、怒等边疆民族的语言文字，同时对支系众多的彝语方言文字进行了调查研究。写出了《西双版纳允景洪傣语音阶系统》《西双版纳傣语常用词汇》《西双版纳傣文改进方案》等；根据"自愿自择"的基本原则，先后帮助哈尼（2 种）、拉祜、傈僳、纳西、佤、景颇（载瓦支系）、苗（3 种）、布依、壮等民族创制了 14 种文字，帮助改进了西双版纳傣文和德宏傣文、拉祜文、景颇文四种文字；与民族社会调查组配合完成民族识别工作；进行了中外语言学史上前所未有的语言普查，对哈尼、傣、傈僳、拉祜、纳西、佤、景颇、苗、彝、白等十多个民族的语言和方言进行了系统的调查研究，积累了丰富的语言资料。[①] 通过多年的工作，为云南培养了一批具有语文科学知识，能从事翻译、教学和调查研究的民族语文工作干部。

（三）发展民族新闻出版事业

1951 年 2 月 5 日，中央人民政府政务院发布《关于民族事务的几项决定》，决定"在政务院文化教育委员会内设民族语言文字研究指导委员会，指导和组织关于少数民族语言文字的研究，帮助尚无文字的民族创立文字，帮助文字不完备的民族逐渐充实其文字"。根据这个决定，有关部门前后共帮助壮、布依、苗、彝、黎、纳西、傈僳、哈尼、佤、侗等 10 个少数民族创造了 14 种文字，帮助拉祜族、景颇族、傣族等民族设计了文字改进方案，并积极推广应用少数民族语言文字。新中国成立前，云南还没有专业的民族新闻出版的机构和行业。在七个有文字的少数民族中，

[①] 云南省民族事务委员会编：《云南民族工作大事记 1949—2007》，云南民族出版社 2008 年版，第 17 页。

佛寺和原始宗教的巫师以经、书的形式写了大量典籍。如傣族的贝叶经、纳西族的东巴经、彝族的贝玛经和西藏传来的藏文典籍等，不仅有宗教内容，也记载了民族历史、地理、天文历算、医药、农牧、法规、风土人情等丰富的民族文化内容。外国传教士用拉丁字母拼音的民族语文印刷过圣经和少量识字课本。滇东北有识之士曾用苗文办过一个月刊传播科学文化知识。1957年云南民族出版社成立，1968年被撤销。1976年重建了云南民族出版社，云南民族出版社是以出版云南少数民族文字图书为主的多文种综合性出版社。主要出版西双版纳傣文、德宏傣文、景颇文、傈僳文、拉祜文、佤文、彝文、哈尼文、藏文、苗文、纳西文、独龙文、白文等13种少数民族文字的各类图书，并出版有关民族政治、经济、历史、语言、文字、文学、艺术、教育、医药、卫生及民族问题研究等汉文图书。

（四）繁荣民族文学艺术

1952年1月30日，云南省路南彝族撒尼人的民间叙事长诗《阿诗玛》公开发表，在文艺界引起强烈的反响，推动了云南民族民间文艺的发掘整理工作。《阿诗玛》在不同时期、不同整理者的版本有八种之多，又先后被译成英、俄、日等文字传播国外，为世界文化宝库增添了内容。随后，白族神话传说《望夫云》，白族大本曲歌手的《大理好风光》，傈僳族的《琵琶声响幸福长》；纳西族的长诗《玉龙雪山之歌》《云雀之歌》等一批民族诗歌相继出版。一些反映少数民族和民族地区社会主义风貌的新作，如戏剧《俄并与桑洛》《海罕》等也深受傣族群众和境外边民欢迎。歌颂在傣族地区的一位模范女教师的戏《婻摩》，电影《景颇姑娘》《山谷红留》等受到支持和鼓励。白剧《望夫云》《红色三弦》《苍山红梅》几次到北京演出等等。1961年11月，省委宣传部通知正式建立楚雄、大理、文山、德宏四个州的彝剧、白剧、壮剧、傣剧四个民族剧团，创作了一批有云南民族特色、深受全国人民欢迎的文艺作品。

（五）"文化大革命"时期民族文化政策遭受严重破坏

在"文化大革命"时期，林彪、"四人帮"肆意践踏党的民族宗教政策，全盘否定新中国成立以来民族宗教工作取得的成绩。他们鼓吹民族语言"无用、落后"，公然禁止少数民族使用自己的民族语言文字，一些少数民族文字的推行工作被取消，少数民族语文翻译出版机构、民族语文机构被撤消，民族文字报刊被停办，许多民族文献资料、文物、古籍被当作"四旧"烧毁，民族语文专业人员被迫改行，文艺界一些知名的少数民族学者、艺术家被迫害致死，他们破坏民族风俗习惯政策，强迫少数民族改俗。

"文化大革命"中，云南大批民族文化工作者横遭迫害打击。很多民族传统文化古籍和民族民间文艺被诬为"封、资、修"而遭到批判、查封甚至销毁，民族文化工作经历了一场空前浩劫。电影《阿诗玛》和彝族演员杨丽坤成了大批判的重点对象，《五朵金花》等优秀作品也遭到批评、禁止。

破"四旧"民族文物遭毁坏。1966年8月23日，《云南日报》报道首都红卫兵猛烈横扫"四旧"，并转载《人民日报》社论《好得很》。当天，昆明地区开始破"四旧"活动，以后遍及全省，致使民族传统文化、历史遗产、文物古迹、风俗习惯等受到冲击破坏，大批珍贵的典籍、古玩、书画被烧毁、捣烂，许多街道和"老字号"名牌商店被强行改名，服务群众的茶馆和诊所被查封，仅昆明就有430条街巷被改名，数千个商店、117个私人诊所被查封。特别是一些民族传统商店和民族特需用品被勒令停止生产销售，少数民族的服饰穿着、风俗习惯、正常宗教活动等当"四旧"被破，清真寺、教堂被砸，神职人员被赶走，古迹文物被烧毁。破坏严重的有大理鸡足山金顶寺铜殿、安宁清华寺石窟、元世祖平云南碑、丽江忠义坊、潞西风平佛寺与金宝塔、中甸归化寺、保山卧佛寺、腾冲来风寺等等。[①] 总之，"文化大革命"时期是民族文化遭受大劫难、大破坏、大倒退的时期。

三 改革开放以来民族文化建设的繁荣发展

党的十一届三中全会对"文化大革命"的错误进行了拨乱反正。民族文化政策及民族文化工作得到恢复。

（一）党和国家高度重视民族文化建设

为了更好地推动民族文化事业的发展，国家集中出台了一批促进民族

[①] 云南省民族事务委员会编：《云南民族工作大事记1949—2007》，云南民族出版社2008年版，第109—110页。

文化发展的重要法规和文件，如 2005 年颁布了《中共中央国务院关于进一步加强民族工作，加快少数民族和民族地区经济社会发展的决定》，2006 年颁布了《国家"十一五"文化发展规划纲要》，2007 年颁布了《少数民族事业"十一五"规划》《关于进一步加强公共文化服务体系建设的若干意见》《"十一五"全国乡镇综合文化站建设规划》《兴边富民行动"十一五"规划》《关于进一步加大对少数民族文字出版事业扶持力度的通知》，2009 年颁布了《国务院关于进一步繁荣发展少数民族文化事业的若干意见》，2012 年发布了《文化部"十二五"时期文化改革发展规划》等多项涉及或针对少数民族文化发展的规定和措施。这一系列的规定和措施对新的历史条件下少数民族文化发展的方向、宗旨、目标、任务和政策进行了多方面的创新与发展，完善和丰富了新中国的少数民族文化政策体系。1996 年 10 月通过的《中共中央关于加强社会主义精神文明建设若干重要问题的决议》，提出"对中西部欠发达地区和少数民族地区的文化事业，要采取有效措施增加投入"。"对反映国家和民族学术、艺术水平的精神产品，代表国家水平的艺术院校、表演团体和国家重点文物保护单位，有代表性的地方、民族特色艺术团体，要加大扶持力度。"[①] 此外，为了进一步扩大对外交流，文化部于 1992 年制定了《中国边境省、自治区同毗邻国家边境地区文化交流管理规定》，下放了部分对外文化交流项目审批权。1992 年后，国家开始实施"全国万里边疆文化长廊建设"工程，建成了一批公共文化基础设施。1998 年，国家开始实施"广播电视村村通工程"，重点解决边远贫困地区农村广播电视覆盖问题。2000 年 2 月，文化部和国家民委联合发布《关于进一步加强少数民族文化工作的意见》，对加快民族地区文化基础设施建设提出了明确要求。2000 年 9 月，又启动了"西新工程"，重点解决西藏、新疆等边疆民族地区广播电视覆盖问题。2000 年 10 月，《国家通用语言文字法》实施，强调少数民族语言文字的使用，要依据宪法、民族区域自治法及其他法律的有关规定。[②] 2001 年 1 月，《中国民族报》创刊发行。

2000 年 10 月，中共第十五届五中全会通过《中共中央关于制定国民

[①] 中央中央文献研究室编：《中共中央关于加强社会主义精神文明建设若干重要问题的决议》，《十四大以来重要文献选编》（下），人民出版社 1999 年版，第 2 064 页。

[②] 国家民族事务委员会研究室：《新中国民族工作十讲》，民族出版社 2006 年版，第 154—158 页。

经济和社会发展第十个五年计划的建议》，第一次在中央正式文件里提出了"文化产业"和"文化产业政策"这一概念。2003年，在党的十六届三中全会通过的《完善社会主义市场经济体制若干问题的决定》中，文化产业的战略地位得到了进一步确定，国家开始将文化产业列为国民经济的重要产业，并将其纳入到国民经济发展总体规划中。2003年6月在北京召开了全国文化体制改革试点工作会议，会议按照党的十六大关于深化文化体制改革的要求，专门研究部署文化体制改革试点工作，初步确定九个省市，后又补进云南丽江市为试点地区，通过试点为制定文化体制改革总体方案、推动文化体制改革做准备。继2005年初国务院下发《关于鼓励支持和引导个体私营等非公有制经济发展的若干意见》之后，2007年8月8日，国务院又公布实施《关于非公有资本进入文化产业的若干决定》，使得非公有制资本进入文化产业既有理论依据，又有现实依据和法律依据。2005年12月，中共中央、国务院下发的《关于深化文化体制改革的若干意见》，根据十六大"坚持和完善公有制为主体、多种所有制共同发展的基本经济制度"的要求和我国对外开放的基本国策，提出了"形成以公有制为主体、多种所有制共同发展的文化产业格局"和"形成以民族文化为主体、吸收外来有益文化的文化市场格局"的工作要求，为文化领域产权制度的创新和对外开放的深化指明了方向。2009年7月，国务院颁布了《国务院关于进一步繁荣发展少数民族文化事业的若干意见》，[1]《意见》成为新世纪、新阶段全面贯彻党的十七大精神，深入贯彻落实科学发展观，进一步繁荣发展少数民族文化事业，推动社会主义文化大发展大繁荣，促进各民族共同团结奋斗、共同繁荣发展的纲领性文件；《意见》从11个方面就如何繁荣发展少数民族文化事业的政策措施作了明确的规定，即：加快少数民族和民族地区公共文化基础设施建设，繁荣发展少数民族新闻出版事业，大力发展少数民族广播影视事业，加大对少数民族文艺院团和博物馆建设扶持力度，大力开展群众性少数民族文化活动，加强对少数民族文化遗产的挖掘和保护，尊重、继承和弘扬少数民族优秀传统文化，大力推动少数民族文化创新，积极促进少数民族文化产业发展，加强边疆民族地区文化建设，努力推进少数民族文化对外交流等。

---

[1] 国务院：《国务院关于进一步繁荣发展少数民族文化事业的若干意见》，2009年7月5日。

（二）进入新世纪、新阶段，民族文化建设已经提升到西南边疆民族地区中国特色社会主义探索实践的重要战略地位的高度

2003年7月，云南省委、省政府召开"云南省繁荣民族文化、发展文化产业、建设文化大省大会"，并于同年成立云南省文化体制改革和文化产业发展领导小组。省委七届四次全会进一步强调把文化产业培育为云南新的经济增长点和新的支柱产业，确立了"先保护，后开发，在保护中开发"的民族文化发展原则。2005年，省政府办公厅及时转发贯彻国务院办公厅《关于加强我国非物质文化遗产保护工作的实施意见》和《关于加强文化遗产保护的通知》。根据《意见》和《通知》的精神，迅速在全省范围内开展了大规模的民族文化遗产普查、规划、保护、传承等方面工作。2007年，省委八届四次全会作出推动云南民族文化大发展大繁荣，努力促进由民族文化大省向民族文化强省迈进，建设世界知名的民族文化名省和世人向往的旅游胜地的重要决定。2008年4月，省委、省政府正式出台《关于建设民族文化强省的实施意见》。这一系列政策措施的相继出台，有力地推动了民族文化建设事业的科学持续发展，为促进边疆发展、团结、稳定提供了有力支撑。

1996年，云南省委、省政府提出把建设民族文化大省作为全省三大发展战略之一。结合西部大开发战略的实施，云南省积极从理论和实践方面进行广泛的系统调查研究，并站在面向国内外两个市场的高度，突出地域特色、民族特色和产业意识，将建设民族文化大省与加快发展旅游业、加强精神文明建设等工作紧密结合起来。1998年年底完成了《多彩云南·云南建设民族文化大省总体规划》，1999年年初召开首届"云南建设民族文化大省研讨会"，进一步明确了云南民族文化大省建设的基本内涵、指导思想、发展思路和主要任务，成为云南省推进民族文化大省建设的总动员。1999年9月与美国美中艺术交流中心在云南联合举办"云南民族文化生态及经济协调发展高级国际研讨会"，中外专家在发表的《云南宣言》中形成了"将云南建成民族文化、生态环境及经济协调发展的国际试验区"的共识，使云南的民族文化大省建设的战略构想，更广泛地引起国际社会关注。2000年8月，"云南民族文化大省建设第二次高级研讨会暨云南文化产业展览洽谈会"召开，会议讨论修改了《云南民族文化大省建设纲要》和《实施方案》的指导性文件，进一步完善了民族文化大省建设思路，明确了实现这一跨世纪发展战略的任务。与此同时，各州市纷纷提出建立各具特色的民族文化区的思路和规划。

（三）民族公共文化服务体系建设获得较大发展

2001年广西壮族自治区投入900万元建成57个边境乡镇文化站，2002年投入1.2亿元新建460个面积不低于400平方米的乡镇宣传文化站。在"十一五"期间新建514个面积400平方米以上的文化站，2007年至2008年，国家分三批下达广西文化站建设计划项目共212个，下达中央专项投资3 748万元，自治区配套资金2 544万元，共计6 292万元。截至2012年9月，在全广西14 938个行政村中已建成农家书屋15 138家，完成了农家书屋对全区行政村的全覆盖，提前三年实现了"村村有书屋"的目标，标志着全自治区乡村新闻出版公共服务体系已基本完成。五年来，全区农家书屋工程共投入资金3.7亿多元，用于采购出版物3亿多元，用于采购基础配套设施3 000多万元，共配备图书2 430万册，其中少数民族文字图书15万册，报刊37.9万份，音像制品和电子出版物151.4万张。

广西结合全区广播影视工作实际，从促进民族团结进步、维护边疆稳定和国家长治久安的高度出发，坚持基础设施建设与内容建设并重，扎实推进大石山区、桂西五县、边境0—3公里、3—20公里基础设施建设大会战等重点工程。广播电视基础设施大为改善，广播电视无线覆盖全面加强，综合传输覆盖能力显著提高。目前，西新工程四期一阶段在广西边境地区投资3 000多万元，新建中波实验台一座、电视调频台2座，更新改造广播电视发射机59部，大大加强了中央和自治区广播电视节目在边境地区的有效覆盖，进一步缩小了与全国先进省（区、市）的差距。

2012年，云南省新的省图书馆大楼已经建成使用，亚广影视传媒中心、省博物馆新馆等标志性文化设施正在推进建设。基本形成了广播和电视并重、模拟和数字并举、无线有线和卫星多种技术手段并用的多层次、现代化、大容量、安全可靠的广播影视覆盖网，全省广播电视综合人口覆盖率分别达到95%和96%。中央和省级财政投入55.8亿元组织实施边疆"解五难"工程，投入1.1亿多元建成了202个乡镇文化站，完成文化信息资源共享工程。全省119个图书馆、667个文化站达到三级以上标准。投入文物保护维修经费约5亿元，85%的省级文物保护单位和重要文物建筑得到有效保护。在全国率先颁布了《云南省民族民间传统文化保护条例》，非物质文化遗产项目得到较好的保护和传承。

（四）民族语言文字出版得到国家高度重视和强有力支持

1981年3月，国务院转发了国家民委和出版局《关于大力加强少数民族文字图书出版工作的报告》，《报告》指出："民族出版工作是整个民族工作的重要组成部分，对贯彻落实党的民族政策，加强民族团结，维护祖国统一，推进四化建设有重要意义。"1982年，中共中央和国务院在《关于加强出版工作的决定》中指出："要认真重视和扶持少数民族地区出版工作和少数民族文字的出版工作，推动他们为本民族经济文化的发展和全国出版工作的繁荣作出贡献。要切实考虑他们的特殊困难，在人力、物力、财力方面，给予更多的帮助。对少数民族文字编译人员、印刷技术人员的培养，有关部门应重视安排。"① 云南省省委民族工作部和省文化厅、省民委根据以上文件的指示精神，加强了对民族出版工作的领导。财政、税收部门对民族出版社采取了财政全额拨款和免税等优惠政策。文件精神的贯彻执行，促进了云南民族出版社的发展，编、印、发队伍已经初步成长。出版文种已有彝、藏、西傣、德傣、景颇、拉祜、佤、傈僳、哈尼、苗、纳西、白、独龙和汉等14种。"文化大革命"后的14年，共出版图书823种，939万册（张）。② 出版了各民族小学和社会扫盲需要的少数民族文字教材和辞书，一些民族地区农村需要的科技普及图书，民族社会科学图书，民族文化传统、古籍、民族民间文学和民族文艺等图书。这一时期，在云南省省委、省政府的领导下，圆满完成一批被列为国家、省级"八五""九五"重点规划的图书、丛书的组织、策划、出版工作。主要有《云南民族文化大观丛书》《中国少数民族医药丛书》《云南民族文学史丛书》《云南民族古籍丛书》《云南少数民族文化史丛书》，大型画册《盛世盛会——中华人民共和国第五届少数民族传统体育运动会》《云岭欢歌》《团结友爱的民族大家庭》等。其中，被列为国家"八五"艺术科学重点研究项目、被中共云南省委宣传部列为云南建设民族文化大省精品

---

① 国家民族事务委员会：《在中国特色社会主义道路上共同团结奋斗、共同繁荣发展——改革开放30年民族工作成就》，民族出版社2008年版，第81页。
② 《云南民族工作40年》编写组编：《云南民族工作40年》上卷，云南民族出版社1994年版，第665页。

工程和建国50周年重点献礼图书的《云南民族文化大观》丛书16卷的出版工作（包括彝族和云南省15个独有民族），填补了云南民族文化的空白，2000年1月份该丛书荣获"第十二届中国图书奖"。另有一大批民族文化图书分别获国家、省级奖励，为云南民族文化大省建设增添了光彩。

改革开放以后，《云南日报》还专设了民族部，开辟了一些少数民族专栏，如《民族之声》《民族教育》等。各民族地、州先后创办了地方党委的机关报《西双版纳》《团结报》（德宏）《楚雄报》《大理报》《红河报》《怒江报》《文山报》《思茅报》《丽江报》等。《西双版纳》还出傣文版，《团结报》还有傣文、景颇文、傈僳文版，《丽江报》有纳西文、傈僳文版，《怒江报》有傈僳文版。其他地区的报刊也都重视民族新闻和民族政策的宣传。德宏民族出版社于1981年建立，用德宏傣文、景颇文、佤文、傈僳文和汉文出版当地民族教材和其他图书。

云南省少数民族语文指导工作委员会自1979年11月恢复以来，在宣传党和国家的民族语文政策、民族语文师资培训、用少数民族文字扫盲、推进双语教学、少数民族语言文字科学研究、新词术语翻译规范、用民族语言文字进行宣传等方面做了大量工作，云南民族出版社和德宏民族出版社用18种少数民族文字编译出版政治读物、理论专著、科技图书，用18种民族文字出版双语教材，所出图书在全国、全省多次获奖。德宏、西双版纳、怒江、迪庆州和丽江市等州市县用民族文字出版报纸。少数民族语广播、电影配音等工作也普遍开展起来。

广西壮族自治区采取积极措施，促进少数民族语言文字出版事业的繁荣发展，取得良好成绩。主要做法：一是加强少数民族语言文字出版物的内容监管，确保不发生影响民族团结问题。认真落实涉及民族宗教问题出版物管理的有关规定，严格审批民族宗教类等重点、敏感选题，认真组织少数民族语言文字专家、学者开展"三审制"检查和编校质量检查，加强图书、报刊、音像电子出版物和互联网出版物的日常审读和专项审读。二是加大对少数民族语言文字出版企事业的资金扶持力度。在资金安排上对少数民族语言文字出版、印刷单位给予倾斜支持，扶持出版少数民族语言文字图书。2011年，广西共安排资金497万元，重点扶持广西民族出版社、广西民族语文印刷厂等少数民族语言文字出版、印刷企事业单位，用于企业技术升级改造和出版少数民族语言文字出版物，出版了《中国壮剧传统剧作集成丛书》《古壮字字典》《歌王》（壮文版）等一批少数民族出版物。此外，安排国家出版基金61万元，资助广西民族出版社出版《侗族琵琶歌》。三是实施精品出版战略，推出了一批壮文和民族类出版物精品。出版了一批小学壮文图书作为民族地区"双语"教学教材，确保壮文教材教辅"课前到书、人手一册"。经过精心策划，少数民族语言文字出版事业进一步繁荣，促进了民族间文化交流，丰富了民族地区居民的精神文化生活，一批优秀民族图书也在各种评选活动中获奖。

此外，广西的少数民族语言文字出版在国家和自治区"十二五"重点出版规划项目申报中取得可喜成绩。广西民族出版社的《马克思恩格斯文集》（壮文版）和《侗族琵琶歌》2种图书入选"十二五"国家重点图书、音像、电子出版物出版规划；《广西少数民族濒危剧目集成》《壮族风俗歌》等7种图书选题入选广西"十二五"时期重点图书出版规划。

（五）繁荣各民族文学艺术

改革开放以来，民族群众文化活动迅速得到恢复和发展。云南民族地区各地、州、县都逐步有了电影院、文化馆、图书馆，各个乡基本上都有了文化站，有的州、县还建立了民族文化宫。一些州、县农村民族群众的业余文化宣传队十分活跃，各民族的传统节日活动逐步恢复发展。各地、州、县加强领导、尊重民族意愿，因势利导，在活动中逐步消除某些消极、迷信因素，使民族优秀文化传统焕发新姿；结合组织物资交流、商业贸易、形势政策和科技宣传、体育比赛等活动。民族节日已发展成为经济、政治、文化结合的综合性盛大节日活动，促进了民族经济文化的发展。改革开放以来，各少数民族文学作品如雨后春笋，竞发成长。如在云南省文学作品中《鹿衔草》《蛮帅部落的后代》《团圆》《好丑你们说》《茶山铃声》《勐别姑娘》《飘零的野樱花》等一批描写了社会主义建设中的少数民族的小说诗歌相继出版。1981年云南省作协分会和民族事务委员会联合举办少数民族文学创作奖，获奖的就有19名少数民族作者。各少数民族大都有了发表反映自己民族社会生活文学作品的作者。如佤族的董秀英，被称为结束了佤族没有作家的历史的人。景颇族的石锐、岳丁、岳坚等也先后发表了一些作品。傣族、景颇族、傈僳族等有民族文字的少数民族作者，用本民族文字创作的作品已越来越多，对鼓舞民族群众团结建设起了更为亲切广泛的作用。

在舞蹈方面。改革开放后，云南创作了几百个民族歌舞节目，包括大型的民族歌舞剧。新中国成立35周年的表演中，傣族大型歌舞剧《召树屯与婻木诺娜》获一等奖。两次全国舞蹈比赛中，傣族舞《金色的孔雀》《水》《版纳三色》、彝族双人舞《橄榄》、哈尼族舞《大地—母亲》分别获一、二、三等奖。云南是获奖最多的一个省。

"十一五"以来，广西大力繁荣民族文化艺术创作生产，以推出新剧目、培养明星为重点，创作推出一批体现民族特色的优秀文化产品，民族文化艺术精品战略取得了新进展。近年来，广西壮族自治区在民族音画《八桂大歌》、壮族舞剧《妈勒访天边》、桂剧《大儒还乡》、现代壮剧《天上恋曲》和新编历史桂剧《七步吟》分别入选年度国家舞台艺术精品工程，获得国家舞台艺术精品工程的重点资助，获资助剧目数量居西部12个省（自治区）、市首位。舞剧《碧海丝路》等获中宣部"五个一工程"奖；舞蹈《铜鼓敲出壮乡情》参与了庆祝新中国成立60周年大型音乐舞蹈史诗《复兴之路》的演出，获得好评；舞蹈《瑶依朵》参加第七届全国"四进社区"文艺展演、入选10个现场展演节目，并在中央电视台播出；桂剧音乐剧《桂花雨》、舞蹈《纵情领头》等节目在国家舞台艺术精品工程十大精品剧目、文华奖、群星奖等国家级评比、比赛中获奖100多个。

（六）民族电影广播电视事业获得快速发展

1979年，党和政府重视和加强了少数民族语译制片的工作。到1987年已译制了傣、景颇、佤、壮、哈尼、苗、拉祜、傈僳、藏、瑶、纳西、基诺等12个少数民族语言的各种影片200多部，放映30 000多场，观众约4 000万人次。[①]

在广播方面，云南广播电台和电视台很重视云南多民族的特点，在宣传党的民族政策和各少数民族经济文化建设方面做了大量的工作，一是在民族地区的地、州、县都建立了广播台、站。1986年起推行小中波、小调频、小差转、小型卫星电视收转和小片电视网点的"五小覆盖"，并实行"四级办广播电视，四级混合覆盖"的方针。二是发展民族语广播。

---

① 《云南民族工作40年》编写组编：《云南民族工作40年》上卷，云南民族出版社1994年版，第668页。

1955年，省广播电台开始举办傣语广播，逐步增加语种。到1989年，已经坚持了德宏傣语、西双版纳傣语、傈僳语和拉祜语四种民族语广播。全省24个县以上的广播站、台办了西双版纳傣语、德宏傣语、彝语、傈僳语、哈尼语、景颇语、载佤语、拉祜语、佤语、苗语、壮话、纳西语、瑶语等11个民族13个语种的广播节目，是全国民族语广播中语种最多的省。三是广播节目方面。云南台制作播出了《斑色花盛开的山谷》《远方飞来的金孔雀》《望夫云》《葫芦信》等一批深受民族群众欢迎的节目。

广西壮族自治区实施以"打造广西气派舞台艺术精品"为宗旨的广西少数民族题材的舞台精品艺术。壮剧《瓦氏夫人》、京剧《霸王别姬》、民族歌舞《漓江诗情》以及荟萃"嘹歌""壮剧"等壮族音乐元素大型壮族歌剧《壮锦》等140多部剧目，在全国性评奖和比赛中屡获大奖。其中选送的壮剧《天上的恋曲》，荣获全国第二届中国少数民族戏剧会演大赛银奖，并获得优秀编剧奖、优秀导演奖、优秀舞美奖、优秀作曲奖、优秀演员奖等10项大赛单项奖，民族音画《八桂大歌》、壮族歌舞剧《妈勒访天边》和桂剧《大儒还乡》等入选国家舞台艺术精品工程"十大精品剧目"。广西电影制品厂作为我国重要的电影拍摄制作单位，出品了大量的电影作品，其中许多获得了国内国际大奖。在把电影翻译成少数民族语言方面，广西也做了大量的工作，仅都安瑶族自治县就将多部汉语电影翻译成瑶族语言放映，一年就要放映少数民族语译制影片700多场，受到广大瑶族同胞欢迎。

（七）保障贫困地区群众基本文化权益

改革开放以来，各级政府把文化扶贫作为一种精神改造和建设的长期战略任务来抓。2009年，云南省下发了《关于加强农村文化服务体系建设的意见》，召开了农村文化工作会议，明确提出当前和今后我省农村文化建设的目标任务和边疆民族地区"文化富民、文化育民、文化乐民、文化安民"的一些创新性措施办法。结合云南边疆解"五难"惠民工程，为逐步解决农村群众收听广播电视难、看书难、看戏难、看电影难的问题，目前，全省正在大力推进广播电视村村通、文化信息资源共享、乡镇综合文化站和村文化活动室建设、农村电影放映、农村书屋等重点惠民工程。全面启动以农村群众为对象的文化大篷车千乡万里送戏行活动和"大家乐"群众文化广场舞蹈活动。这些文化扶贫措施，为贫困地区群众送上基本的精神文化食粮，受到了基层群众的欢迎和拥护。

（八）重视并采取措施保护好民族古籍文物

少数民族丰富的古籍文物是中华民族历史文化遗产的重要组成部分。民族古籍文物工作是有关弘扬优秀民族文化传统、进行爱国主义教育的一个重要方面。广西壮族自治区党委、政府高度重视民族文化抢救保护工作，逐年加大对民族地区公共文化设施的抢救保护投入，结合实际认真贯彻落实《国务院关于进一步繁荣发展少数民族文化事业的若干意见》，出台一系列举措助推少数民族文化抢救保护工作的开展，逐步加大政策扶持力度。广西从实际出发，先后制定出台了《广西民族民间传统文化保护条例》《关于加快广西文化发展的决定》《关于加强广西非物质文化遗产保护工作的意见》《广西民族民间传统文化保护名录申报评定暂行办法》等政策措施，有力推动了广西少数民族文化抢救保护工作。加强民族博物馆、民族文化传承基地、民族生态保护区和民族文化遗产保护设施建设。2002年成功挖掘了百色革新桥新石器时代遗址，被评为该年度全国十大考古新发现之一；启动了广西民族博物馆"10+1"工程建设，建成了靖西旧州壮族、南丹里湖白裤瑶、三江侗族等7个民族生态博物馆，形成了独具广西特色的少数民族生态博物馆群。做好少数民族古籍的整理、研究和出版工作。目前，已整理了2万多条简目，填写了8 000多张卡片，搜集2 000多册约3 000万字的民族古籍资料（如壮族的民间宗教经书、歌书；瑶族的盘王大歌；侗族的款词等），出版了《壮族麽经布洛陀影印译注》《还盘王愿》等古籍；完成了国家重点文化工程《中国少数民族古籍总目提要》中的《仫佬族卷》《毛南族卷》《京族卷》编撰并出版发行，《壮族卷》《瑶族卷》广西部分的编纂工作也已基本完成。同时，广西壮族自治区积极做好少数民族文化遗产的申报工作。广西的宁明花山岩画、兴安灵渠等一批文化遗产入选《中国世界文化遗产预备名录》，"三月三歌圩""布洛陀""哈节"等19个少数民族传统节庆项目入选国家级非物质文化名录，"红水河流域铜鼓文化研究"项目被列为全国民族民间文化保护工程首批十个试点之一。

云南省2000年率先制定了本省的《民族民间传统文化保护条例》，《条例》规定："民族民间传统文化保护工作，实行'保护为主、抢救第一、政府主导、社会参与'的方针。"《条例》还规定：对于符合条件的公司经过推荐批准可以命名为云南省民族民间传统文化传承人；具有优秀民族民间文学艺术传统或者工艺美术品制作传统的地方，可以命名为云南省民族民间传统文化之乡；命名云南省民族民间传统文化之乡，设立云南省民族传统文化保护区，应当尊重当地各民族公民意愿，由所在地县级人民政府申报，州、市人民政府、地区行政公署审核，省人民政府批准。

1988年，云南省民委成立了省民族博物馆筹备组。民族地区的古籍或文化研究机构也逐步成立。已建立了省民族古籍办公室、省社科院东巴文化研究所、楚雄彝族文化研究所、迪庆格萨尔研究室、红河少数民族古籍研究所、西双版纳民族古籍研究所、思茅民族古籍研究所、昭通民委文史资料室等。宁蒗、禄劝、水善、路南、江城、武定等县成立了民族古籍研究机构。1983年8月，省民委成立了云南少数民族古籍整理出版规划办公室，负责组织、联络、协调、指导全省民族古籍工作。1984年6月，成立了云南省少数民族古籍整理出版规划办公室，专门负责全省少数民族古籍的抢救、整理工作。云南省民族古籍办先后共抢救少数民族古籍2万多册（卷），仅1999年、2000年就抢救3 000多册（卷），云南民族博物馆征集珍贵民族文物23 000多件（套），仅1999年就征集3 867件（套）。整理出版了一批少数民族古籍精品。省民族古籍办先后整理、出版民族古籍精品50多部，仅1999年，就整理出版了《祭龙经》《哈尼族礼仪习俗歌》《尸语故事》《祭天古歌》（上、下册）《大理历代名碑》《阿达公曼断案》等8部民族古籍精品，计400多万字，并为其中的彝族古籍《祭龙经》相配套开发出版了《滇南彝族祭龙礼仪》VCD光盘。这些民族古籍精品的出版，极大地充实和丰富了中华民族文化宝库，引起全国乃至国际文化艺术学术界的广泛瞩目。云南省全面启动《中国少数民族古籍总目提要》云南各民族卷的编写工作。仅1999年、2000年，就完成了纳西族、藏族、傣族、彝族、白族、壮族等6个民族的《古籍总目》28 000多册（卷）的编写任务，[①]其中，纳西族卷被国家民委古籍办列为优先出版的示范卷。

2002年，云南省少数民族古籍整理出版规划办公室启动"26个民族口承文化工程"以来，通过走访调查民间艺人和听众，记录了全省26个

[①] 云南省民族事务委员会、云南省统计局：《云南民族自治地方"九五"经济社会发展文献》，云南民族出版社2002年版，第55页。

民族数千万字的民族史诗、传说和神话等口承文化，其种类和数量均居全国第一。初步查明云南各民族文献古籍达 10 万余册（卷），口碑古籍上万种。现已抢救保护的文献古籍 2 万余册（卷），口碑古籍 3 000 余种；翻译、整理、出版了彝、纳西、傣、回、哈尼、白、苗、瑶、基诺、藏、普米、傈僳、景颇等民族的古籍 500 多册 3 000 余种，其中包括丽江市翻译整理出版的长达 5 000 多万字的《纳西东巴古籍译注全集》100 卷。[①] 2003 年 8 月，纳西东巴古籍文献被正式列入"世界记忆遗产名录"。

（九）开发民族优秀文化资源，促进民族地区经济发展

"九五"期间，云南省各民族地区借助本地独具特色的民族文化，充分发挥各自优势，在民族文化资源的开发利用上进行了有益的探索，诸如每年举办的大理"三月街"、文山的"三七"节、楚雄的火把节、西双版纳和德宏的泼水节、思茅和临沧的茶叶节等都已取得明显成效，形成了民族民间文化节庆与经贸交流相融合的文化产业活动，以地方民族风情为标志的民族特色旅游业日趋活跃，各种形式的特色饮食产品、民族民间体育和游乐活动备受欢迎，正成为云南独具特色和对外颇具吸引力的文化产业品牌。如景洪的傣族风味餐饮一条街，大理的餐饮一条街及遍布各旅游城市、旅游景区的民族风味餐饮正日益享有盛名。以展现云南民族文化为主的各种民族博物馆，成为旅游者认识和了解云南民族文化的重要"窗口"，像丽江东巴文化馆，楚雄、德宏、大理等州市的民族博物馆。一批展现云南民族文化的各种民族风情园逐步建立，像西双版纳民族风情园、西双版纳神话园、德宏民族风情村、大理南诏文化城。出版产业、报刊产业、文化展览产业、影视音像产业、文化旅游业、广告信息业生机勃勃，涌现出一批效益较好、势头强劲的国有和民营文化企业等。

2005 年 8 月，云南省确定建设 60 个旅游小镇。2007 年 12 月，云南省政府命名了丽江大研镇、腾冲和顺镇等云南十大旅游名镇，公布了提升保护型旅游小镇 8 个、开发建设型旅游小镇 29 个。云南省打造了以丽江大研纳西古乐会、西双版纳"傣族园"等为代表的一批民族文化旅游精品产业，并坚持把民族旅游资源的保护放在第一位，以保护求发展，以发

---

① 云南省民族事务委员会编：《共同团结奋斗、共同繁荣发展——五年来的云南民族工作（2003 年至 2007 年）》，云南民族出版社 2007 年版，第 43 页。

展促保护，在保护的基础上进行合理开发的经营理念，不仅使民族文化产业走出了国门，扩大了在国内外的知名度和影响力，而且很好地保护和传承了独具特色的民族传统文化，培养了一大批民族文化传承人。

丽江积极实施文化旅游先导战略，以旅游为载体、文化为内涵，走出了一条自然资源开发与文化资源开发相结合、民族文化建设与社会主义市场经济建设相结合的发展道路，打造出丽江古城、东巴文化、纳西古乐、泸沽湖摩梭风情、茶马古道、《丽水金沙》《印象·丽江》等民族文化旅游精品，民族文化旅游产业建设基本形成规模，并不断把民族文化资源优势转变为旅游优势、经济优势、产业优势和竞争优势，创造出了"民族文化和旅游对接"的"丽江现象"和以"世界文化遗产带动旅游发展"的"丽江模式"。2008年，丽江市共接待海内外游客625.49万人次，比2007年同期增长17.81%，其中海外游客46.58万人次，比2007年同期增长16.25%，国内游客578.91万人次，比2007年同期增长17.94%。2008年，丽江市旅游业总收入69.54亿元人民币，比2007年同期增长19.4%，其中旅游外汇收入14 830.59万美元，比2007同期增长24.63%，国内旅游收入59.45亿元人民币，比2007年同期增长20.54%。

广西壮族自治区充分利用少数民族的旅游资源优势，一是积极开发少数民族风情旅游产品。大力开发壮、侗、瑶、苗、京、仫佬、毛南等少数民族风情旅游产品，以民族文化考察、民族生活体验和参与性民族文体娱乐活动为主题，多方位展示各民族生产、民居、餐饮、服饰、宗教、文娱、体育、婚嫁等民俗文化风貌，展示各民族的历史发展和现代风貌。二是积极推动少数民族非物质文化遗产地旅游开发。积极推动仫佬族依饭节、毛南族肥套、白裤瑶民族服饰、东兰红水河铜鼓习俗、河池红水河蚂拐文化等非物质文化遗产地旅游开发，鼓励相关市县参与民族非物质文化遗产申报等。三是大力建设少数民族生态博物馆。在南丹白裤瑶村寨、靖西旧州、那坡吞力村、金秀大瑶山、宁明花山、三江程阳桥、融水贝江、宜州下枧河等地建设一批展示壮、侗、瑶、苗等少数民族生产、生活、历史和文化的民族生态博物馆，并积极推进民族生态博物馆的市场化进程。以文化促进民族地区经济发展，取得了显著效果。

（十）建立民族文化生态保护区和命名民族文化传承人

1997年以来，云南率先在全国建立了景洪市巴卡基诺族文化生态村、石林县月湖彝族文化生态村、丘北县仙人洞彝族文化生态村、新平县南碱傣族文化生态村、腾冲县和顺乡汉族文化生态村等五个民族传统文化生态保护区。从五个示范点的情况来看，在民族文化专家指导下，经过五年多的建设与发展，五个示范村确实实现了民族文化、经济社会和生态环境的协调发展，① 为将云南民族文化大省建设落实到乡村、落实到基层开辟了一条成功的道路。之后又相继建立了 31 个中国民间（特色）艺术之乡、5 个国家级历史文化名城、10 个省级历史文化名城、14 个省级历史文化名镇名村、10 个云南旅游名镇和旅游小镇。2007 年开始，云南省民委立项启动了"云南省人口较少民族文化遗产的保护与传承"工程，现德昂族博物馆建设项目已基本完成。

自 1997 年以来，云南省在持续开展全国性民族民间艺人调查工作的基础上，先后分 3 批命名了 668 名民族民间传统文化传人。1997 年云南省在全国命名了第一批民间艺人 166 人，2002 年命名了第二批民族民间音乐师、舞蹈师、美术师 295 人，2007 年命名了第三批非物质文化遗产民族民间传统文化传承人 207 人，其中有 34 人入选国家级非物质文化遗产项目代表性传承人。②

近年来云南省非常重视对民族文化的调查清理，认真开展了第三次全国文物普查，完成了实地文物调查。"十一五"期间，全省共投入文物保护维修经费约 5 亿元，使我省 85% 的省级文物保护单位和重要的文物建筑得到有效保护，剑川沙溪古镇文物复兴工程被联合国教科文组织亚太地区委员会评为"文化遗产保护杰出成就奖"。在非物质文化遗产保护方面，率先颁布了《云南省民族民间传统文化保护条例》，使民族民间传统文化保护工作做到有法可依；被文化部列为中国民族民间传统文化保护工程的综合试点省份，完成了非物质文化遗的全面普查；建立了规范的申报、命名一系列制度，省政府对国家级传承人每人每年补助 8 000 元，省级传承人每人每年补助 3 000 元；组建了"云南省非物质文化保护中心"和云南省非物质文化遗产保护工程专家委员会；各地州市相应成立了非物质文化遗产保护工作机构，非物质文化遗产保护的队伍不断壮大。连续

---

① 郭家骥：《云南民族文化发展报告》，《贵州民族研究》2004 年第 3 期。
② 云南省民族事务委员会、云南省民族理论学会编：《云南民族团结进步事业光辉历程（1949—2009）》，云南民族出版社 2009 年版，第 190 页。

10年举办了五届云南省民族民间歌舞乐展演，云南非物质文化遗产得到广泛的保护和传承。同时，加强了以民族文化传习馆为主的传承工作，先后建成傣族孔雀舞、哈尼族传统文化、佤族"佤文化"、彝族"三笙"文化、纳西东巴文化、布依族传统文化等一批民族文化传习馆所。

2006年1月1日，《广西壮族自治区民族民间传统文化保护条例》正式实施，广西成为我国第一个实施《民族民间传统文化保护条例》的自治区——把民族文化的保护和开发列入法律法规、政策导向、人才培养和地方发展的规划中，并且有章可循、有法可依，为广西开展"非遗"保护开创了新局面。目前，广西非物质文化遗产保护工作正在稳步推进，主要做法是：

一是摸清家底，构建"非遗"保护框架。近年来，全区集中力量，顺利完成"非遗"普查工作，搜集资源信息13.45万条（项）。截至目前，全区共有布洛陀、壮族嘹歌、京族独弦琴艺术等37个项目列入国家级"非遗"目录，193项列入自治区级目录，加上市、县级的"非遗"项目，基本形成了国家、自治区、市、县级四级名录体系。搜集整理出版了《毛南族民歌》《平果嘹歌》等一批民族文化典籍以及《广西文化研究丛书》等理论著作。目前，广西正积极编纂非物质文化遗产名录丛书、筹建广西民族文化网，运用文字、录音、录像、数字化多媒体等各种方式，建立更完整细致的"非遗"档案和数据库。

二是建立了"非遗"传承人保护制度，以人为本，通过"传帮带"，使民族文化血脉得以延续。目前，广西共有16人被认定为国家级"非遗"代表性传承人；240人被确认为自治区级"非遗"传承人，涵盖了民间文学、民间音乐、民间舞蹈、传统戏剧、曲艺、杂技与竞技、传统手工技艺、传统医药、民俗9大类。为了使非物质文化遗产成为让群众"看得见、摸得着"的活态文化，广西依托国家级和自治区级"非遗"名录，建立了壮剧、桂剧、毛南族肥套、侗族木构建筑营造技艺等多个"非遗"传承基地，采用真人、实物、音像展示等方式，全方位立体式展示"非遗"风采，并建立了河池铜鼓文化生态保护区、百色壮族文化生态保护区，开启了"非遗"保护的广西模式。2011年，自治区下拨"非遗"保护专项资金851万元，用于桂剧、壮剧、彩调等"非遗"保护以及对国家级代表性传承人的经费补助。

三是自2003年起，广西启动民族生态博物馆建设"1+10"工程，遵循"文化保护在原地"的理念,通过"政府主导、专家指导、居民参与"的方式,让当地群众成为民族文化保护传承的主角。2011年,南丹里湖白裤瑶、三江侗族、靖西旧州壮族、贺州客家等10个民族生态博物馆相继开馆,广西建成了国内最大的民族生态博物馆群,妥善处理了民族传统文化传承与发展中"鱼儿离不开水"的关系问题,实现广西民族文化遗产保护的活态保护。广西创建了广西文化产业项目库,着力培育民族文化品牌,扶持民族特色品牌企业,支持钦州坭兴陶、靖西绣球等民族民间特色工艺品牌做大做强;并通过举办各类民间文化艺术节、旅游节、工艺品展销会、民间歌舞比赛、开展集中宣传展示活动等,使本地区的非物质文化遗产转化为社会和经济效益。[①]

四 推进民族文化大发展大繁荣,促进西南边疆各民族经济社会协调式发展

(一)深入开展以马克思主义民族观、民族理论,以及党和国家的民族政策、法律法规为内容的民族团结宣传教育

改革开放以来,西南边疆各民族始终保持着"共同团结奋斗,共同繁荣发展",和睦相处、和衷共济的和谐局面,与我们长期坚持在各民族干部群众中进行党的民族政策和民族团结的教育密切相关,这是我们的政治优势,只能加强,不能削弱。因此,深入开展马克思主义民族观和党的民族政策的宣传教育,是边疆多民族地区社会主义文化繁荣发展中的重要任务,是建设社会主义核心价值体系的重要内容。

1. 深入开展马克思主义民族观和党的民族政策的宣传教育,是边疆多民族地区社会主义文化繁荣发展中的重要任务

改革开放以来,广西壮族自治区每年9月在自治区统一开展"弘扬和培育民族精神活动月"。2008年11月15日又启动了广西"民族团结月"活动。这些活动使各族学生对我国各民族的历史、文化、宗教、风俗习惯等有初步的了解,对党的民族、宗教政策有一定的认识和理解,帮助他们尽快形成社会主义民族意识。为使这一基本教育更有针对性,广西

---

① 《广西非物质文化遗产保护工作稳步推进》,http://www.gxnews.com.cn,广西新闻网,2011年11月12日。

还组织编写了《广西民族团结教育读本》系列教材，供全日制小学、初中教学使用。

改革开放以来，云南省委、省人民政府始终坚持深入开展以马克思主义民族观、民族理论，以及党和国家的民族政策、法律法规为主要内容的民族团结宣传教育；始终坚持使每一位民族成员建立起自觉维护民族团结的思想意识，使他们认识到我国各民族都是中华民族大家庭中的平等一员，认识到民族团结是中华各民族的根本利益和共同责任，任何破坏民族团结、分裂祖国的行为都是可耻的和应受到法律、道德制裁的。联系实际，深入进行民族政策再教育。1979年6月6日，中共云南省委召开省级机关处以上干部大会，传达全国边防会议精神。强调各级党委、各条战线、各个部门必须牢固树立边疆观念、民族观念；提出将在全省开展民族政策再教育，并和民族政策执行情况的检查结合起来。会后，省委派出五个检查组分赴边疆和内地民族地区，了解各地贯彻落实边防会议精神情况，协同地方总结民族工作经验，检查民族政策执行情况。1982年2月，省委又批准省委宣传部、省委民族工作部《关于深入进行民族政策再教育的报告》，并决定再次组织五个民族政策检查组深入边疆民族地区开展调查，进行民族政策再教育。为配合这一工作开展，省委宣传部、民族工作部还编印出版了《搞好党的民族政策再教育，为实现四个现代化而奋斗》一书，供各地学习党的民族理论、民族政策时参考。

1991年12月，云南省委发出《关于在全省农村继续深入开展社会主义教育的通知》，提出要结合实际认真进行马克思主义民族观和党的民族政策、宗教政策的教育，更好地贯彻执行民族平等、民族团结和促进各民族共同繁荣的方针。省委宣传部、民族工作部、省民委编写了《马克思主义民族观和党的民族政策》一书。1994年10月，云南省委第五届党代会第五次全会工作报告明确提出，各级党校的干部和党员培训，要加上马克思主义民族观、宗教观这一课；电视、广播、报纸、书刊等都要加强马克思主义民族观、宗教观的教育，要形成全社会重视民族团结进步的良好风尚。云南省委党校和各级党校、干部学校遵照省委的指示，成立了民族理论教研组，配备了专职教师，编写了教材，向学员开设民族理论、民族政策课。1995年8月，云南省第六次党代会报告中强调，要把马克思主义民族理论和党的民族政策同民族地区的实际结合起来，深入持久地进行马克思主义民族观、宗教观和党的民族宗教政策的宣传教育，不断发展平等、团结、互助的社会主义民族关系。

2004年10月21日，胡锦涛在主持中共中央政治局第十六次集体学习时指出：全党同志特别是各级领导干部都要坚持学习和实践马克思主义民族理论，深入学习党的民族政策，学习民族学、人类学、社会学和宗教学等有关民族问题的知识，不断丰富自己为做好民族工作所需要的各方面知识。要大力加强对马克思主义民族理论、党的民族政策和民族基本知识的宣传教育。不仅要教育群众，更要教育干部；不仅要教育少数民族干部，更要教育汉族干部；不仅要教育一般干部，更要教育领导干部。要通过广泛深入的宣传教育，在全社会形成自觉维护民族团结、促进民族地区发展的良好氛围。[1] 云南省委、省政府从云南多民族的实际出发，反复强调要特别重视民族团结宣传教育工作。《中共云南省委、云南省人民政府关于进一步加强民族工作，加快少数民族和民族地区经济社会发展的决定》明确规定：

坚持不懈地在广大干部群众特别是领导干部中开展党和国家的民族理论、民族政策和民族法律法规，以及民族基本知识的宣传教育，并将其纳入各级、各部门党委（党组）理论学习的重要内容，纳入各级党校、行政学院和普通高校的必修课程，纳入领导干部公开选拔、公务员录用和法制教育范围，把民族团结教育纳入全省中小学地方课程和教材，在青少年学生中广泛开展民族基本知识和民族团结教育活动；在全社会开展以"民族团结月"、"民族团结周"等为载体的民族团结宣传教育活动，建立和命名一批民族团结教育基地。加强对新闻、出版从业人员的教育和培训，防止在出版物、广播影视作品和互联网信息上出现伤害民族感情、有损民族团结的内容。[2]

2007年，云南省外宣工作会议上要求全省各级宣传部门要满腔热情地宣传民族团结，要把云南民族团结、边疆稳定的形象塑造作为对外宣传工作的重中之重，为云南与全国同步实现全面建设小康社会目标营造良好的舆论氛围。民族区域自治制度是我们党解决民族问题的基本政策和符合我国国情的一项基本政治制度。民族团结宣传教育必须以《民族区域自

---

[1] 胡锦涛：《做好新形势下的民族工作促进各民族共同繁荣进步》，《光明日报》2004年10月23日。

[2] 云南省民族事务委员会编：《云南省民族工作会议暨第五次民族团结进步表彰大会文件材料汇编》（内部材料），2005年9月，第15页。

治法》、《国务院实施〈中华人民共和国民族区域自治法〉若干规定》《云南省实施〈中华人民共和国民族区域自治法〉办法》等法律法规为准绳。各级党委和政府要加强对民族团结宣传教育工作的领导，切实把民族团结宣传教育摆在全局工作中的重要位置，确保民族团结宣传教育工作扎实推进、富有成效，形成党委统一领导、党政各部门齐抓共管、社会各方面积极参与的工作机制。

云南省已经将党的民族理论、民族政策和民族法律法规、民族基本知识纳入全省中小学校德育教学内容，组织专家编写了小学课本《云南省民族团结教育教材》；命名一批民族团结教育基地，确定了434所中小学为全省民族团结教育示范学校；用12种少数民族文字翻译出版党和国家的重要文献；创办《今日民族》中小学读本，向广大中小学生宣传民族知识；充分发挥广播、电视、报刊等宣传媒体的优势，把党的各项方针政策及时传达到各族干部群众，使"汉族离不开少数民族，少数民族离不开汉族，各少数民族之间也相互离不开"的思想日益深入人心，在全社会营造团结和谐的良好氛围，使民族团结的优良传统代代相传。

2. 在基层开展创建"民族团结示范村"活动

根据云南省边疆、民族、山区、贫困"四位一体"的省情，结合新时期民族工作的特点，围绕"共同团结奋斗、共同繁荣发展"的民族工作主题，全省民委系统从2003年起，开展了"民族团结示范点"和"兴边富民示范点"创建工作，进一步探索新时期民族工作的思路和方法，为少数民族和民族地区建设社会主义新农村，构建和谐民族关系，促进社会和谐，总结经验，典型示范。

云南省民委《关于创建"民族团结示范点"和"兴边富民示范点"工作的通知》和《进一步规范"民族团结示范村"和"兴边富民示范村"创建工作的意见》下发以来，在各级党委、政府的领导下，各州、市、县民委高度重视，在内地创建以协调民族关系，增进民族团结，促进经济社会全面发展为重点的"民族团结示范村"；在边境州市创建以改善少数民族群众生产生活条件，推进脱贫发展步伐，促进富民兴边、睦邻友好为重点的"兴边富民示范村"。旨在通过创建"示范点"，经常性地开展马克思主义民族观和党的民族政策的宣传教育，开展群众性公民道德实践活动，营造有利于民族团结的社会氛围；建立健全群防群治和治保调解组织，消除影响团结稳定的各种隐患，使"示范点"群众的生产生活条件明显改善，村容村貌有明显变化，对周边地区民族团结和经济发展起到良好的带动辐射作用，在巩固和发展社会主义民族关系方面起到典型示范作用。

最近几年来，云南在加强农村基层党组织建设中，在推进新农村建设中，开展了"民族团结示范村（社区）""兴边富民示范村"创建活动，取得明显成效。通过创建，村容村貌明显改观，经济文化更加发展，民族团结进一步增强。从2006年开始，云南开展新一轮"民族团结示范村"建设，围绕进村入户道路硬化、文化活动场所建设、安居房工程、洁净水源等方面加大投入力度，推动示范村经济社会各项事业协调发展。三年来，云南投入超过1亿元，在全省建成了400多个民族团结示范村，这些村庄呈现出一派民族和谐、邻里和睦、生活明显改善的新景象。

2012年7月19日，"云南省建设民族团结进步边疆繁荣稳定示范区动员大会"召开，标志着示范区建设全面启动。会议强调，要全面把握建设民族团结进步边疆繁荣稳定示范区的总体部署。明确指导思想，深入贯彻落实科学发展观，不断加强党对民族工作的领导，坚持和完善民族区域自治制度，牢牢把握各民族共同团结奋斗、共同繁荣发展的民族工作主题，紧紧抓住建设桥头堡的战略机遇，以共同发展促进民族团结，以边疆繁荣促进边疆稳定，凝心聚力促发展，开拓进取建小康，为全国民族团结进步和边疆繁荣稳定探索经验、作出示范。云南省努力在加快少数民族和民族地区发展、保障和改善民生上走在全国前列，在促进民族团结上走在全国前列，在繁荣发展少数民族文化上走在全国前列，在贯彻落实民族政策上走在全国前列。到2015年，示范区建设取得明显成效；到2020年，全面建成示范区，少数民族和民族地区发展实现新跨越，民族团结进步事业实现新跨越，边疆繁荣开放实现新跨越。示范区建设要全面落实实施民族经济发展示范、民生改善保障示范、民族文化繁荣示范、民族交流振兴示范、生态文明建设示范、民族干部培养示范、民族法制建设示范、民族理论研究示范、民族工作创新示范、民族关系和谐示范10项举措。会议指出，推进示范区建设，必须把奋力赶超、加快发展作为核心任务，切实加强民族地区基础设施建设，推进民族地区经济结构调整，进一步扩大民族地区对外开放，加强民族地区生态建设和环境保护，着力推动民族地区经济发展实现大跨越；必须把保障和改善民生作为出发点和落脚点，加快民族地区教育事业发展，加快完善民族地区城乡社会保障体系，加快推进民族医疗卫生事业发展，大力推进扶贫攻坚，着力实现各族群众共享发展成果；必须把繁荣发展民族文化作为重要抓手，深入实施文化惠民工程，加大民族传统文化保护传承力度，加快推出民族文化精品，促进民族文化交流合作，着力增强民族团结进步的凝聚力和创造力；必须把培养和使用少数民族干部人才队伍作为重要举措，以需求为导向加强少数干部人才教育培训，创新培养模式，完善民族自治地方干部选拔任用制度，加强少数民族后备干部队伍建设，着力提供民族地区发展的人才保障和智力支持；必须把维护民族团结作为基本前提，深入开展民族团结进步创建活动，加大民族团结宣传教育力度，坚持和完善民族团结目标管理责任制，妥善处理影响民族团结的问题，着力巩固和发展平等团结互助和谐的社会主义民族关系；必须把解放思想、改革创新作为不竭动力，大力弘扬开拓进取、善于创新、敢为人先的精神和作风，开展有中国特色、云南特点的民族地区发展路子的新探索，开展民族区域自治制度实现形式的新探索，促进民族理论研究创新发展，着力推进民族工作实践创新和理论创新。

3. 表彰先进，树立典型，推进民族团结教育活动的深入发展

广西壮族自治区扎实开展民族团结创建活动，广泛深入开展民族团结进步教育，建立健全民族团结进步创建活动的长效机制，不断增强广大干部群众贯彻执行党和国家民族政策的自觉性、主动性、创造性和维护民族团结的责任感。从1984年召开第一次民族团结进步表彰大会至今，全区已经开展了六次民族团结进步表彰活动，共有1 178个先进集体和2 382名先进个人受到表彰。通过持久的、多层次的表彰活动，有效地弘扬了全区民族团结进步的光荣传统，为各族干部群众树立了学习效仿的典范，营造了维护民族团结最光荣、最受尊敬的社会氛围。

1983年8月，云南省委、省政府在昆明召开全省第一次民族团结进步表彰大会，省政府对77个单位和集体授予云南省民族团结进步先进单位和先进集体称号；对121位同志授予云南省民族团结进步模范称号，颁发了荣誉证书、奖牌、奖章、奖品。对模范个人，退休时仍保持荣誉者，享受特殊贡献待遇。大会向全省各族人民发出进一步推进民族团结进步事业向前发展的《倡议书》。省委、省政府号召全省各族干部群众认真学习贯彻党的路线、方针、政策，尤其是民族、宗教政策，积极开展学习民族团结进步先进集体和模范个人的先进事迹活动，把云南民族团结进步事业继续推向前进。2004年颁布的《云南省实施〈中华人民共和国民族区域自治法〉办法》第六条明确规定,"省人民政府定期召开民族团结进步表彰会议,对民族团结进步模范集体和个人,给予表彰奖励。"《中共云南省委、云南省人民政府关于进一步加强民族工作,加快少数民族和民族地区经济社会发展的决定》规定:"要不断完善民族团结进步的激励机制,长期坚持、广泛深入地开展民族团结进步活动。省委、省政府每五年召开一次民族团结进步表彰大会,各级党委、政府也要定期召开民族团结进步表彰会议,对在民族团结进步事业中作出突出贡献的集体和个人给予表彰和奖励,在全社会营造自觉维护民族团结、构建和谐社会的良好氛围。"① 对民族团结进步表彰工作进一步规范化、制度化。2003年至2007年,全省有136个民族团结进步模范集体、129个模范个人受到国务院或省政府表彰;各州(市)、县(市、区)党委、政府共表彰了3703个民族团结进步模范集体和个人,其中,州市级表彰1547个,县级表彰2156个。② 2009年9月,全省民族工作会议暨第六次民族团结进步表彰大会在昆明召开,会议表彰了113个民族团结进步模范集体和87个模范个人。会议强调,倍加珍惜民族团结大好局面,让民族团结之花开得更加艳丽。出席大会的先进集体和先进个人向全省各族人民发出推进民族团结进步事业不断向前发展的《倡议书》,《倡议书》倡议:我们要坚持走中国特色社会主义道路;我们要团结互助亲如一家;我们要携手建设美好家园。③ 此外,还建立了普洱市宁洱县民族团结园等一批全国性的民族团结教育示范基地,不断开展民族团结进步活动,全省民族团结进步事业蓬勃发展。

(二) 发展文化产业,促进边疆多民族地区经济社会全面协调发展

2011年10月15日,中共十七届六中全会指出:"发展文化产业是社会主义市场经济条件下满足人民多样化精神文化需求的重要途径。必须坚持社会主义先进文化前进方向,坚持把社会效益放在首位、社会效益和经济效益相统一,按照全面协调可持续发展的要求,推动文化产业跨越式发

---

① 云南省民族事务委员会编:《云南省民族工作会议暨第五次民族团结进步表彰大会文件材料汇编》(内部材料),2005年9月,第14页。
② 云南省民族事务委员会编:《共同团结奋斗、共同繁荣发展——五年来的云南民族工作(2003—2007)》,云南民族出版社2007年版,第19页。
③ 谭晶纯、张雪飞、黄喆春:《云南省民族工作会议暨第六次民族团结进步表彰大会在昆召开——倍加珍惜民族团结大好局面,推动民族工作再上新的台阶》,《云南日报》2009年9月12日。

展,使之成为新的经济增长点、经济结构战略性调整的重要支撑点、转变经济发展方式的着力点。"①

1. 明确提出了文化产业的概念、发展目标和规划

2000年10月,党的十五届五中全会通过的《中共中央关于制定国民经济和社会发展第十个五年计划的建议》中,我党就首次正式使用了"文化产业"这一概念,提出了完善文化产业政策、加强文化市场建设和管理,以及促进文化产业发展的任务和要求。2001年,我国制定的《文化产业发展第十个五年计划纲要》指出:加快文化产业发展,有利于促进文化事业的改革和发展,有利于不断满足人民群众日益增长的精神文化需求,有利于扩大内需、增加就业和国民经济结构调整,对于"十五"期间国民经济发展和社会全面进步具有积极的促进作用。2002年,党的"十六大"报告在进一步明确我国发展文化产业的必要性与紧迫性的同时,提出了"发展文化产业是市场经济条件下繁荣社会主义文化、满足人民群众精神文化需要的重要途径",确定了"完善文化产业政策,支持文化产业发展,增强我国文化产业的整体实力和竞争力"的基本方针。2003年2月,国务院颁布了文化市场中长期发展规划《2003—2010年文化市场发展纲要》,就健全文化市场体制,完善文化市场管理机制提出了框架思路,并根据文化市场各门类的实际情况,提出了相应的分类发展目标,要求各级文化行政部门按照"一手抓繁荣,一手抓管理"的方针,发展文化产业,繁荣文化市场,力争到2010年,初步建成一个门类齐全、结构合理,供求关系均衡,政府调控与市场机制相结合,统一、开放、竞争、有序的社会主义文化市场体系。2006年,我国发布了《国家"十一五"时期文化发展规划纲要》,提出到2010年我国的文化发展的总目标是:完成"十一五"时期全面建设小康社会赋予文化建设的任务,为经济发展、政治稳定和社会进步提供强有力的思想保证、精神动力和智力支持;文化的创新能力和整体实力明显提高,文化产品更加丰富,更好地保障和满足人民群众的基本文化需求,促进城乡和区域之间文化的共同发展;中华文化在世界上的影响力不断扩大,文化在综合国力竞争中的地位和作用日益突出,文化发展的水平与我国的经济实力、国际地位相适应。

---

① 《中共中央关于深化文化体制改革、推动社会主义文化大发展大繁荣若干重大问题的决定》,2011年10月18日中国共产党第十七届中央委员会第六次全体会议通过。

2009年7月27日,国务院常务会议讨论并原则通过《文化产业振兴规划》,会议指出:振兴文化产业,必须坚持把社会效益放在首位,努力实现社会效益与经济效益的统一;坚持以体制改革和科技进步为动力,增强文化产业发展活力,提升文化创新能力;坚持推动中华民族文化发展与吸收世界优秀文化相结合,走中国特色文化产业发展道路;坚持以结构调整为主线,加快推进重大工程项目,扩大产业规模;增强文化产业整体实力和竞争力。《文化产业振兴规划》的颁布实施为我国各地区包括少数民族地区文化产业化提出了具体目标和要求。

2. 西南边疆多民族地区文化产业发展取得的显著成效

1996年,云南省提出了民族文化大省建设的发展目标,经过十多年的努力,取得了显著的成绩。2008年云南省第八次党代会就提出从民俗文化大省向民族文化强省迈进的目标。2011年年初又提出了建设绿色经济强省、民族文化强省、中国面向西南开放的桥头堡这样三大目标,其中就把民族文化强省作为三大目标当中的一个重要目标。云南省提出从民族文化大省向民族文化强省迈进,建设民族文化强省,首先基于对社会主义文化的全新认识。国家的发展、民族的进步,不仅要有经济的力量,还要依靠文化的力量。文化建设在实现民族地区转变经济发展方式,调整经济结构,拉动内需,促进就业,实现民族地区跨越式发展发挥着重要的影响和作用。可以说,文化在经济中的作用应该说越来越大,越来越有影响力。随着经济的快速发展,各民族群众对精神文化的需求不仅增长强劲,而且呈现出多种、多样、多层次的特点。这迫切需要我们加快民族文化建设,促进民族文化的繁荣发展,以丰富和满足各民族群众对精神文化的需求。西南边疆民族地区具有独特的人文、历史、地理资源,发展文化产业具有得天独厚的条件。多姿多彩、多元多样的民族的文化,为文化产业、旅游产业的发展提供了优厚的资源。云南省所拍摄的电视剧《金凤花开》《翡翠凤凰》《滇西1944》《我的团长我的团》等影视剧,在央视播出以后,都引起了强烈的反响。《云南映象》《印象雪山片》《丽水金沙》《梦幻腾冲》等歌舞,都取得了良好的社会效益和经济效益。

云南省按照"发挥优势、注重特色、做实做深文化产业,不断提高文化产业增加值占全省GDP的比重"的思路,大力推进云南文化产业的发展,取得了一些成绩。2009年全省文化产业增加值达到364.5亿元,占GDP的比重达5.90%。主要成绩体现在:

一是以市场为导向，成功打造了《云南映象》《丽水金沙》《印象丽江·雪山》《勐巴拉娜西》《吉鑫宴舞》《云南的响声》等一批演艺精品，在不断接受市场和观众的考验中逐渐成为全国知名文化品牌。《云南映象》已成为中国标志性的艺术精品，除在昆明定点演出外，先后赴国内外许多城市商演2 000多场，将产业延伸到茶叶产业、饮料产业、房地产业等领域，产生了良好的经济效益。《丽水金沙》从2002年5月开演到现在，已累计演出4 500多场，接待观众300万人次，总收入近2.5亿多元，实现税利5 000多万元，收入占丽江文化产业增加值的4.5%。

二是先后建成了大理天龙八部影视城、昆明玉龙湾影视城、曲靖翠山影视城、丽江束河茶马古道影视城、元谋影视城等影视拍摄基地，正在全力推进中国云南影视产业实验区建设。近年来，每年均有近百个影视剧组来云南拍摄，先后与国内外影视机构合作拍摄了《金凤花开》《滇西1944》《我的团长我的团》《国歌》等多部影视剧，播出后在全国形成云南影视的冲击波，产生了较好的经济效益和社会效益，影视产业正成为云南文化产业的重要组成部分。

三是民族民间工艺品生产加工贸易业得到快速发展。目前，全省登记注册的以生产销售民族民间工艺品为主的企业达7 000多家，涉及生产加工销售铜工艺品、锡工艺品、金银器、民族刀剑剪、陶器、瓷器、玉器、大理石、扎染、蜡染、刺绣、毛纺织品、民族织锦、木雕、藤编、草编、竹编、民族乐器、工艺画等多个领域的多种产品，连续举办了中国昆明泛亚石博览会、昆明泛亚国际民族民间工艺品博览会。个旧锡工艺品、建水紫陶工艺品、保山和德宏的玉石加工、剑川木雕等已在全国产生较大影响，并出现了石林阿着底村、鹤庆新华村、大理周城"白族扎染艺术之乡"、剑川狮河木雕村等一批专业化的民族工艺品生产加工村，形成了一批民族民间工艺品自主品牌。

四是云南省逐渐形成了以国有经济为主导、以公有制为主体、多种所有制共同发展的文化产业发展格局。云南报业传媒集团有限公司、云南广电网络集团、云南出版集团有限责任公司、云南文化产业投资控股集团有限责任公司等国有文化企业不断发展壮大。民营文化企业也实现了蓬勃发展，成为我省文化产业发展的一支重要力量。通过培育，云南吉鑫集团成为全国知名、云南省最大的民营演艺文化集团；润视荣光影视公司连续六部电视剧在全国热播，在影视界声名鹊起；柏联集团在腾冲和顺打造了全国最具魅力的旅游文化古镇,雄达茶城成为云南规模最大的茶文化企业。

五是以德宏州的瑞丽、盈江和保山市的腾冲为重点,打造珠宝玉石毛料生产加工基地,积极推进昆明中国玉石城、景星花鸟市场等珠宝玉石批发、销售市场建设。以培育鹤庆银器、个旧锡器、剑川木器、建水紫陶、巍山扎染、砚山刺绣、梁河葫芦丝、镇沅黑陶、洱源核桃工艺、昭通石艺等一批有较大发展潜力和广阔市场前景的民族民间工艺品为重点,打造云南民族民间手工艺品文化产业集群。以昆明国际会展中心为龙头,积极推动昆明云安会都、西双版纳澜沧江流域六国边贸节、瑞丽珠宝文化节等活动,推动云南会展业的发展。以西双版纳、普洱、临沧为茶文化基地,着力打造昆明雄达、康乐两大茶文化城,推进云南茶文化产业的发展。

五 制定民族文化发展规划,实现西南边疆多民族地区文化大发展大繁荣

党的十八大报告指出:

建设社会主义文化强国,关键是增强全民族文化创造活力。要深化文化体制改革,解放和发展生产力,发扬学术民主、艺术民主,为人民提供广阔文化舞台,让一切文化创造源泉充分涌流,开创全民族文化创造活力持续迸发、社会文化生活更加丰富多彩、人民基本文化权益得到更好保障、人民思想道德素质和科学文化素质全面提高、中华文化国际影响力不断增强的新局面。[①]

这为西南多民族地区推进民族文化大发展大繁荣提供了思想理论指导。

(一)把民族文化建设提高到中国特色社会主义现代化建设的总体布局的高度来规划

由民族文化大省向强省迈进,促进民族文化大发展大繁荣,云南省提出:第一,坚定不移地围绕民族文化强省这一战略目标,安排和部署文化建设的各项工作。第二,坚持文化的公益性和产业性两手抓,两加强,做

[①] 胡锦涛:《坚定不移沿着中国特色社会主义道路前进,为全面建成小康社会而奋斗——在中国共产党第十八次全国代表大会上的报告》,《人民日报》2012年11月18日。

到一手抓公益性文化事业，一手抓经营性文化产业，并且始终把社会效益放在首位。第三，坚持"三个创新"和"三个结合"。"三个创新"一是要创新体制机制，增强文化的动力和活力。二是要创新艺术手段，就是要创造更多的思想性、艺术性、娱乐性相结合的精品力作，多生产一些让老百姓好看、爱看的艺术作品。三是要创新投融资方式，改变单一的依靠政府投资发展文化的状况，调动社会各方面的力量，加大对文化的投入。"三个结合"一是要实现文化和旅游的结合。云南的旅游资源十分丰富，旅游搞到哪里，云南的文化就跟进到哪里，尤其是演艺产业。二是要实现文化与企业的结合，就是要发展一批有实力、有影响力的文化企业或者文化集团，做大做强文化产业。三是要实现文化与科技的结合，利用一些高新技术，增强文化的科技含量和它的吸引力、影响力。四是要着力打造云南的"四大文化品牌"：（1）香格里拉品牌；（2）茶马古道品牌；（3）七彩云南品牌；（4）聂耳音乐品牌。五是要抓好全省的五大文化基础设施建设。就是要抓好省委省政府确定的新博物馆、大剧院、艺术家园区、云南文苑、云南亚广传媒中心这五大标志性设施建设，打好云南文化发展的基础。六是推动云南六大院团的深化改革，推动六大院团又好又快的发展。七是加快十大文化产业的发展，增强云南文化的实力和竞争力。这十大文化产业主要是新闻出版、网络、影视产业、民族工艺品、印刷包装业、珠宝玉石文化、体育产业、休闲娱乐业、茶文化等产业。云南省文化产业发展的目标是文化产业占 GDP 的比重由现在的 5.9%（在全国是第六位），到 2015 年达到 8%，到 2020 年达到 10% 以上。

2011 年，云南省委、省政府决定大幅增加对文化的投入，对全省性的重点示范或先导性重点文化产业项目，纳入全省经济社会发展规划，给予前期经费补助或贷款贴息；"十二五"期间省级文化产业发展专项资金由目前的每年 2 500 万元增加到 1 亿元，同时建立 10 亿元规模的文化发展引导基金，通过贷款贴息、项目补贴、补充资本金等方式，支持成长性好的文化产业项目建设；还制定实施了对影视产业进行专项奖励的鼓励政策。同时，云南省还将继续制定完善加大金融支持、扶持文化产品生产、鼓励文化人才流动、支持云南文化"走出去"等方面的政策措施。昆明等州市也先后就动漫产业、影视作品奖励等出台了优惠政策。

2012 年 2 月 8 日，《广西建设民族文化强区实施纲要》（以下简称《纲要》）发布，提出在 2012—2020 年，把广西壮族自治区努力建设成具有时代特征、壮乡风格、和谐兼容的民族文化强区，成为在全国有较大影响力的区域文化中心、中国与东盟文化交流枢纽、中国文化走向东盟的主力省区。《纲要》提出的主要任务是：推进八大工程：一是社会主义核心价值体系建设工程，包括"广西精神"大讨论大宣传大教育、城乡文明创建、全民读书等活动。二是文化精品工程，着力打造20台优秀舞台剧目、20部优秀文学作品、20部电影、20部电视剧、20首经典歌曲等精品力作，要求能体现广西文化特色、彰显广西文化气派，影响深远。三是公共文化服务体系建设工程，建设广西自然博物馆、铜鼓博物馆、美术馆等一批重大文化设施；要求到2018年全区所有社区建立具备综合服务功能的文化中心；全区所有市都建有功能完善的公共图书馆、文化馆、博物馆，同时实现全面免费开放。四是文化产业倍增工程，打造10家年产值超5亿元的文化产业园区，培育十大年销售收入超亿元的龙头文化产业集团；同时打造十大文化旅游精品、十大文化节庆精品、十大美术工艺精品等。其中，广西文化产业城、广西刘三姐演艺城、柳州文化产业园、桂林演艺之都等一批大型文化产业园区将在广西崛起。五是文化遗产保护利用工程，全区将建设100家左右各级各类博物馆，培育100个自治区级非物质文化遗产生产性保护示范基地，建设10个自治区级文化生态保护区等。此外，还有文化改革创新工程、文化传播交流工程、文化人才工程等。《纲要》在提出除加强组织领导外，还将在财政、税收、金融、用地等方面加大对文化事业的扶持力度。如：对转企改制国有文化单位扶持政策执行期限再延长五年；对文化创意生产、非物质文化遗产项目经营实行税收优惠；自治区级文化产业园区比照高新技术开发区给予政策扶持；对新创办的文化企业，在登记注册后三年内按规定缴纳的企业所得税地方留成部分，由财政部门返还给企业等。在《纲要》执行期间，自治区财政的文化事业经费支出将占到财政总支出的1%；成立广西文化产业投资集团，设立广西文化发展基金、广西公共文化建设专项资金、民族民间传统文化传承基金等；同时还设立"广西文化发展贡献奖"，每三年评选十个左右对广西文化发展做出重大贡献的个人及重大文化成果。此外，还将加快文化立法，加强机构建设，为建设民族文化强区提供法制和体制保障。

（二）把文化产业大发展作为实现民族文化大发展大繁荣的重要内容

广西壮族自治区提出，要把文化产业作为广西重要的千亿元产业和新的经济增长点来培育，始终坚持以文化内容为核心，最大限度地提升相关产业的文化内涵和文化附加值，提升广西文化产业的整体实力和核心竞争力，为把广西建成北部湾文化产业圈以及中国—东盟文化产业发展聚集区奠定良好的基础。

一是以项目建设为中心，坚持重点抓项目、抓重点项目，做到策划储备一批、招商建设一批、做优做强一批文化产业项目，加快以创意内容为核心的文化服务业发展，重点发展文化创意、影视制作、出版发行、印刷复制、演艺娱乐、数字内容和动漫等文化产业，积极推进文化产业基地、园区和特色文化产业群建设。研发制定文化产业技术标准，加快标准化建设，提高技术装备水平。创新文化产业发展模式，扩大文化产业发展空间。推动文化与科技融合发展，着力培育文化领域战略性新兴产业，以科技创新推动文化业态、文化生产和文化传播的方式创新，拓展新型文化产品和文化服务，促进产品升级和产业结构优化。营造文化发展软环境，推进广西特色文化品牌建设，重点打造民族文化品牌、红色文化品牌、海洋文化品牌、商贸文化品牌及和谐文化品牌、开放文化品牌、创新文化品牌、生态文化品牌，培育自主特色品牌。引导文化经营企业逐步向连锁化、规模化、品牌化方面发展。转变发展方式，优化结构，强化创意、创新支撑，培育发展一批掌握核心技术、拥有原创品牌、具有较强竞争力的创新型文化企业，打造几家在国内外有重要影响的文化品牌。

二是重塑市场主体，培育市场要素，拓展市场传播渠道，创新文化产品和文化服务，构建统一开放、竞争有序、健康繁荣的现代文化市场体系。建立健全知识产权保护机制。创新监管样式，加大现代科技的应用，加快推进全区文化市场网络监管系统建设。按照"统一领导、统一协调、统一执法"的要求，加强文化市场综合执法队伍素质建设、装备建设、形象建设和业务建设，建立一支专业化、科学化、规范化的政治强、业务精、纪律严、作风正、形象好的文化市场综合执法队伍。力争在五年内建成全区文化市场监管网络，规范文化市场秩序，切实加大文化市场综合执法力度，严厉打击各类违法违规文化产品及其经营活动，确保边疆地区的文化安全。加强文化市场诚信建设，探索建立全区文化市场信用管理数据库，充分发挥行业协会在文化市场诚信建设中的作用。鼓励发展适应市场经济的新型文化行业组织，培育文化中介机构，加强对行业组织和中介机构的管理，推动中介机构和组织向规范化、品牌化、规模化方向发展。

　　三是实施大平台、大项目、大发展、大贡献的发展战略。组建广西文化产业投资集团、广西演艺集团和广西电影集团，建设广西文化产业城、广西刘三姐演艺城、柳州文化产业园、桂林演艺之都、钦州坭兴陶文化园、百色红色文化产业园、梧州文化产业园、北海（竹林）文化创意产业城、北海滨海休闲旅游文化街等，培育一批骨干文化企业。实施文化产业基础设施建设工程、文化精品生产工程、骨干文化企业培育工程、文化产业园区和基地建设工程、文化品牌打造工程、文化产业人才队伍建设工程、文化产业示范点建设工程、下一代广播电视网（NGB）建设工程、城镇国有数字影院建设工程和改造广西电影制片厂影视制作生产大楼工程等。大力发展创意设计和动漫业，建设柳州、桂林、北海动漫游戏基地。大力发展会展节庆业和文物博物馆业，建设广西非物质文化遗产展示园，组建广西文物保护与开发集团。推动广西文物博物信息业、文化旅游业、文物展览业、文物建筑修缮业、仿古建筑业、文物拍卖业、文物复制仿制业的快速发展。推动休闲娱乐业与旅游业、演艺业等相关产业融合，催生新兴休闲娱乐业态。大力发展出版发行传媒业，加快推进广西出版传媒集团、广西新华书店集团、广西日报传媒集团、广西师范大学出版社集团的股份制改造、资源整合和上市融资的步伐；大力推动电子图书、数字杂志、数字印刷、在线音乐、网络游戏、手机报、手机音乐等新兴数字出版业态发展。建设中国—东盟国家数字出版基地、中国—东盟文化产品物流园区、中国—东盟创意印刷园区和桂林文化印刷园。实现数字出版、网络出版、手机出版等战略性新兴产业领域的发展水平和速度达到全国中上水平，两家出版企业进入全国一流出版企业行列。组建广西出版发行联合集团，培育成为资产、销售收入"双百亿元"的大型文化企业集团。支持市县开发地方文化资源，做大做强市县特色文化产业。

　　云南省制定了《文化产业振兴规划云南行动纲要》。明确提出云南文化产业发展将实施重大项目带动战略、培育骨干文化企业、推动文化产业园区和基地建设、扩大城乡文化消费、建设现代文化市场体系、促进文化产业转型升级、推动对外文化贸易合作。实现民族文化大发展大繁荣，主要解决好几个问题：

首先，注重民族文化与现代文化的有机结合是实现民族文化大发展大繁荣的基本原则。西南边疆民族文化确实很丰富，特别是云南的原生态文化很有特色。资源优势不等于竞争优势、发展优势，文化发展繁荣既要保持边疆各民族文化的传统，又要和现代文化包括时尚文化、流行的文化能够有机的结合。要努力探索边疆各民族文化和现代文化有机结合的新路子。只有民族文化和现代文化的有机结合，才能真正地实现文化的创新。

其次，采取多种措施保护非物质文化遗产。非物质文化遗产是各民族历史传统的重要内容，是各民族文化形态的重要表现，但也是在现代文明进程中民族文化丧失最快的一个方面。重视非物质文化遗产的保护，是民族文化大发展大繁荣的重要任务。因此，一定要搞好规划，采取切实的一些保护措施，对非物质文化遗产的传承人给予补助。云南计划实施一个"土风计划"，就是在全省的少数民族文化地区选择若干个点，原汁原味地加以保护，始终把云南文化的根扎在最基层，这样使它不断地能够传承。

再次，加大与东南亚、南亚国家进行文化交流合作。一是充分发挥文化交流合作的主动性和自主性，即积极探求我国和东南亚、南亚国家进行文化交流合作的战略构想和自主权力，打造具有自主知识产权的知名文化品牌，培养大批与东南亚、南亚国家开展文化交流合作的专项文化人才，并在语言推广、民俗沟通、文化项目以及交流合作框架等方面做足相应的准备；二是充分发挥文化外交的作用，即充分依托西南毗邻东南亚、南亚的区位优势和跨境而居民族文化同宗同源、人民世代友好、关系源远流长的文化优势，充分体现文化的纽带桥梁作用和西南文化交流合作的便利性、优越性，深入推进我国与东南亚、南亚各国的全面开放合作，深入落实我国"与邻友善，以邻为伴"的"睦邻、安邻、富邻"外交方针；三是充分发挥文化外宣的作用，即向东南亚、南亚各国全力展示西南地区形象，全面推介宣传西南，促进西南对外开放步伐；四是扩大西南文化的传播面和影响力，即加强影视出版等文化产品翻译的推广工作，加强区域国际性民族民间文化艺术的交往交流活动，加强区域国际性学术交流和文化研讨等；五是扩大西南文化产品和服务进出口贸易，即适时调整西南文化进出口贸易结构，加大与东南亚、南亚国家文化企业、文化机构的合作，推动西南文化产品进入其主流社会和广大民众，并充分发挥民间文化组织和文化企业的力量,支持西南文化企业进行多样的文化产业项目合作。

再其次,通过发展民族文化,促进各民族和睦相处、和衷共济。边疆民族地区所呈现出经济发展、社会进步、文化繁荣、民族团结、边疆安宁、人民安居乐业的和谐局面,这确实和我们的文化建设有很大的关系。从根本上说,西南各族人民有一个共同繁荣发展、共同团结奋斗的思想基础。同时,西南是个多民族的地方,各个民族之间都有深厚的文化根基,并且能相互的包容,各展所长。还有各级党委、政府多年来对少数民族地区的经济建设和社会建设都高度的重视,采取了一系列措施改善他们的生产生活条件,使他们走上了脱贫致富的道路。加快民族文化建设,推动各民族文化的相互交流交往,能够有力促进边疆各民族的和谐、团结,实现边疆稳定。

最后,把文化放在与经济、政治、社会为一体的重要地位,把它作为经济新的增长点做大做强,使文化产业占 GDP 的比重不断地提高,为经济建设做出贡献。这样文化就不是简单地去搭台,而是拉动经济建设的一种力量,也是满足人民群众日益增长的精神文化需求的一种必然要求。云南省未来将重点发展十大文化产业,即广播影视、新闻出版、节庆会展、演出演艺、工艺品、文化旅游、休闲娱乐、珠宝玉石、体育健身、茶文化产业,争取到 2015 年,在全省形成科学合理的文化产业体系,动漫产业和广播影视、新闻出版、网络等基于现代传媒技术的产业竞争力得到明显提升,带动全省文化产业结构升级;演艺产业、工艺品产业、节庆会展产业在中西部地区处于领先地位,对地方软实力的提升、区域经济和乡村经济的发展起到明显的带动作用;强化珠宝玉石产业在全国的领先地位,进一步扩大其品牌影响力;推动文化休闲娱乐产业、茶文化产业、高原体育产业建设取得重大进展,成为全省产业发展新亮点;加大文化与旅游的融合力度,把文化旅游业建成云南省最具特色和发展活力的战略性支柱产业。同时,推进文化产业与其他产业的融合,提升产业附加值。

云南将努力培育壮大一批文化产业基地,规划建设一批文化产业园区,扶持一批特色文化产品的生产,推进一批经营性文化事业单位的改革,壮大一批有实力的文化企业,策划一批特色鲜明的文化活动,推进一批对外文化交流合作项目,力争 2015 年文化产业增加值达到 800 亿,占全省GDP的比重达到8%,文化产业及相关产业从业人员大幅增加;到2020年,文化产业增加值占全省GDP的比重达到10%,基本完成民族文化强省建设的阶段性任务。

　　为了促进文化产业发展,除全面执行国家关于文化产业发展的政策外,云南制定了《关于建设民族文化强省的实施意见》《关于加快文化产业发展的若干政策》《关于进一步深化文化体制改革推进经营性文化事业单位转企改制的若干意见》等政策性文件,从财政投入、税收优惠、发展文化产业用地、工商登记和注册、统计等多方面进行了明确规定。

第七章

加强社会建设,促进西南边疆多民族地区社会和谐

党的十八大报告提出:"加强社会建设,是社会和谐稳定的重要保证。必须从维护最广大人民根本利益的高度,加快健全基本公共服务体系,加强和创新社会管理,推动社会主义和谐社会建设。"社会建设是中国特色社会主义现代化五位一体总体布局中的一个重要组成部分。我们党从中国特色社会主义事业总体布局和全面建设小康社会全局出发,提出构建社会主义和谐社会的重大战略任务,为边疆多民族地区加强社会建设,创新社会管理机制提供了思想指导。关注改善民生,加大对边疆多民族地区民生的投入,探索社会利益协调机制,是加强社会建设的两大突出工作。

一 构建社会主义和谐社会是中国社会主义现代化总体布局中的重要内容

从中国特色社会主义现代化建设总体布局的高度,把构建社会主义和谐社会与经济建设、政治建设、文化建设和生态文明建设并列的突出位置,列为全面建成小康社会的重要任务,充分说明我们党对新形势下建设和谐社会的高度重视。对于提高边疆多民族地区社会管理水平,社会发展,激发社会活力,实现民族团结、边疆稳定具有重要的指导意义。

(一) 构建和谐社会是中国特色社会主义现代化建设的重要任务

进入新世纪后,我们紧紧抓住和用好我国发展的重要战略机遇期,战

胜一系列重大挑战，围绕全面建设小康社会的战略目标，深化改革，不断扩大对外开放，全面融入全球化，利用人类一切优秀文明成果，推动了中国经济的飞速发展。到2011年，中国的经济总量已经位居世界第二位，社会生产力、经济实力、科技实力迈上一个大台阶，国家面貌发生了新的历史性变化。

在经济快速发展的同时，中国社会发展进入了社会转型和管理体制转型的"两个转型"时期，即从农业社会向工业社会、从传统社会向现代社会的社会转型时期与从计划体制向市场经济体制的管理体制的转型时期。

从农业社会向工业社会转移，城镇化进程不断加快，大量农村剩余劳动力转移，就业成为一个焦点问题。由农村剩余劳动力转移而引发了土地征用、子女上学、政治权利、社会保障等一系列问题。随着改革开放的深入和市场经济的发展，所有制多样化、就业方式多样化、分配形式多样化、经济利益多样化，社会分工的日益复杂化、社会阶层的分化、社会利益集团的分化等所产生的利益结构的全面深刻的调整，以及由社会利益集团分化而产生的政治诉求的多样化、思想观念的多样化的发展，容易导致社会矛盾的复杂化、冲突显性化、对抗公开化的情况。社会利益矛盾进入敏感期，政府公共服务压力越来越大。从传统社会向现代社会转变，传统的价值理念坍塌了，新的价值体系又没有建立起来，于是出现了行为的随意性和社会价值观念的混乱，解决协调社会利益矛盾，实现社会稳定已经成为重要任务。未来的中国社会正处在"高风险、高危机"的关键时期。从世界现代化发展的实践来看，在社会转型时期，不仅要能够推动经济的快速发展，而且还要能够实现社会矛盾的协调，完成社会利益的整合，化解社会风险，创造经济快速发展的社会稳定条件。社会发展不仅需要活力，更需要合力。

从计划体制向市场经济体制的管理体制的转型，是中国社会发展的一个特殊现象。西方发达国家是"完善"市场经济管理体制，中国则是"转型"，中国社会发展不仅有旧体制遗留的历史问题，也有新体制发展中的问题，还存在着新旧体制相互摩擦所产生的问题。这些问题使转型时期中国社会发展所面临的问题远比其他国家更为复杂。而困难的是我们在处理这些问题时，又习惯于旧的手段，用旧的思维方法，用旧的政策去解决社会矛盾，调解社会冲突。实践中常常发生政策相互扯皮，前后矛盾，甚至于冲突，严重地削弱了对社会整合和社会管理的能力。如在处理农村征地问题时，仍然按计划时期方法，转城市户口，给予被征地户一定经济补偿，不能够解决好他们的工作问题、社会保障问题等；在处理利益冲突时，强调单位控制，单位责任，不注重个人责任；农村中土地赔偿款的分配；城市管理仍然是以流动管理为主；户口管理中没有解决好入学、政治权利等问题；工会组织的职能；农民维权缺乏组织等。在新世纪、新阶段、新形势、新任务面前，我们只有进一步加强社会管理能力，提高社会服务水平，不断提高正确处理各种社会矛盾，整合各种社会力量，化解社会风险，构建社会主义和谐社会的能力，才能为实现全面建成小康社会的奋斗目标提供坚实的社会基础，创造深化改革开放所需要的安定团结的政治环境，实现我国社会主义现代化和中华民族伟大复兴的总任务。

保障和改善民生是维护和实现社会公正的客观需要。在我们经济快速发展过程中，城乡之间、地区之间发展很不平衡。十八大报告指出：

必须清醒看到，我们工作中还存在许多不足，前进道路上还有不少困难和问题。主要是：发展中不平衡、不协调、不可持续问题依然突出，科技创新能力不强，产业结构不合理，农业基础依然薄弱，资源环境约束加剧，制约科学发展的体制机制障碍较多，深化改革开放和转变经济发展方式任务艰巨；城乡区域发展差距和居民收入分配差距依然较大；社会矛盾明显增多，教育、就业、社会保障、医疗、住房、生态环境、食品药品安全、安全生产、社会治安、执法司法等关系群众切身利益的问题较多，部分群众生活比较困难。[①]

社会主义的本质是解放生产力，发展生产力，消灭剥削，消除两极分化，最终达到共同富裕。按照这一本质的要求，一方面应当始终坚持以经济建设为中心，不断解放和发展生产力，努力创造更多的物质财富；另一方面必须坚持社会公正原则，让广大人民群众共享发展成果，努力激发全社会的创造活力。如果不注意维护和实现社会公正，以过度消耗资源、损害环境甚至牺牲大多数人的利益为代价而换取一时的经济增长，就既破坏了不同社会群体之间的公平，又破坏了代际公平。

我们党的根本宗旨是全心全意为人民服务，我们的一切工作都是为了

[①] 胡锦涛：《坚定不移沿着中国特色社会主义道路前进，为全面建成小康社会而奋斗——在中国共产党第十八次全国代表大会上的报告》，《人民日报》2012年11月18日。

实现好、维护好、发展好最广大人民的根本利益。只有始终坚持立党为公、执政为民，不断给广大人民群众带来实实在在的利益，我们党才能始终得到广大人民群众的拥护和支持。民生问题解决得如何，直接关系党执政的成效，关系民心向背。当前，国际形势错综复杂，我国改革发展稳定的任务繁重，人民群众对我们党寄予新的期待。这就要求我们坚持以邓小平理论和"三个代表"重要思想为指导，深入贯彻落实科学发展观，把更多的精力放在发展社会事业和解决人民生活问题上，增强公共服务意识，提高公共服务能力，着力保障和改善民生。这样，我们党才能更好地履行执政使命、巩固执政地位。所以，当"民生"概念在十七大报告中细化为教育、就业等六大领域时，改善民生这一党的工作重点就进入了可见、可感、可操作的层面，进入了加速推进的阶段。近些年来，我国从农业税取消到农民种粮补贴，从最低工资制度到最低生活保障，从物权法制定到廉租住房制度等政策措施的不断出台，反映出党中央和国家一直高度关注民生，把改善民生和解决民生问题作为全面建成小康社会目标和实现社会主义现代化和中华民族伟大复兴的重要任务。

（二）认识和把握构建社会主义和谐社会的科学内涵

构建社会主义和谐社会表明我们党清醒地把握住了我国社会所处的历史方位和党的历史方位，清醒地把握了人民群众的根本利益和共同愿望，反映了我们党对中国特色社会主义事业发展规律的新认识，也反映了我们党对执政规律、执政能力、执政方略、执政方式的新认识。

根据马克思主义基本原理和我国社会主义建设的实践经验，根据新世纪、新阶段我国经济社会发展的新要求和我国社会出现的新趋势、新特点，我们要建设的社会主义和谐社会应该是民主法治、公平正义、诚信友爱、充满活力、安定有序、人与自然和谐相处的社会。这六个基本特征既包括社会关系的和谐、也包括人与自然关系的和谐，体现了民主与法治的统一、公平与效率的统一、活力与秩序的统一、科学与人文的统一、人与自然的统一。构建和谐社会，"和"就是指民生问题，"谐"就是解决好民主问题。民生问题是社会和谐的基础，民主问题是实现民生问题的政治保障。

保障和改善民生是维护和实现社会公正的客观需要。在我们经济快速发展过程中，必须更加注重社会公平，着力保障和改善民生，尤其是积极解决社会困难群体的基本生活保障问题,才能维护和实现社会公平,促进社会和谐。

第一,构建社会主义和谐社会要坚持以人为本,全面协调可持续发展的科学发展观。

以人为本是社会主义的价值追求,是科学发展观的本质和核心。从阶级分析到以人为本是我们党在价值领域中的一场革命。社会基本矛盾变了,党的主要任务变了,党的基本价值观也要相应地发生变化,也要不断与时俱进。以人为本要求我们党的政治价值追求,我们执政的目的就是能够充分代表最广大人民群众的根本利益,不断满足全体人民日益增长的物质文化生活、健康安全和全面发展的需要,我们改革的价值取向就是要努力实现"发展为了人民、发展依靠人民、发展的成果要让人民共享"。以人为本的发展观要求我们在发展中必须树立全面协调可持续的思想。全面发展包括经济、政治、文化和社会的全面进步,坚持五个统筹的要求,逐步形成社会发展的各个部分之间的相互协调、相互适应的和谐机制,最大限度地激发社会活力,调动一切积极因素,保障全体人民的根本利益得到满足。

第二,构建社会主义和谐社会主要着眼于协调社会利益关系、整合社会各阶层关系。

构建社会主义和谐社会就应该以协调社会利益关系、整合社会阶层为主要着眼点。协调社会利益关系,整合社会阶层,首要的是通过思想整合和理论武装,引导出社会价值取向和社会发展方向,统领各种利益需求,形成社会共同的价值取向。对传统理论的整理与重新认识,如什么是剥削,什么是公平,什么是平等,保护私有财产等基本理论和价值观进行科学的研究和解释。协调社会利益关系,整合社会各阶层关系的目标,就是要使各个社会阶层"各尽所能、各得其所而又和谐相处"。和谐不是杀富济贫,也不是扩大贫富差距,而是寻找各种利益矛盾中的平衡点,让大家能够接受。这从根本上要求我们在必须把人民群众多层次的利益需要作为现实政治决策的目标和依据,坚持效率优先,兼顾公平。协调社会利益关系,要统筹兼顾协调社会利益和动员社会力量,通过全局调控和利益协调,有效地整合社会的组织、体制、机制和观念,正确反映和兼顾所有公民的经济、政治和文化利益要求,加强制度建设,尤其是加强法制建设。协调社会利益关系,要注意研究并处理好党和民主党派、党和各种社会中介组织的关系,加强社会建设和社会管理,推进社会管理体制创新。协调社会利益关系,要健全正确处理好人民内部矛盾的工作机制,完善信访工作责任制,综合运用政策、法律、经济、行政等手段和教育、协商、调解等方法,依法处理好群众反映的问题,特别是要全面提高干部高度的政治智慧和熟练的工作技巧。如干部分析问题的能力、综合能力、评价能力、应对危机的能力、处理复杂问题的能力。

第三,构建社会主义和谐社会关键在于维护和实现公平和正义。

公平是社会主义的一个核心价值取向,努力推进社会公平实现,提升公平程度,维护公平是社会和谐的基础。实现社会公平就要坚持"以人为本"的执政理念,关注民生、改善民生。我们的发展要按照党的十八大精神的要求,主动适应人民群众对全面建设小康社会的新期待,实现做到"学有所教、劳有所得、病有所医、老有所养、住有所居"。要努力让人民从改革开放的深入发展中,从社会主义现代化建设的进程中得到真正的实惠。推进社会公平要注重解决好困难群众的生产和生活的困难问题,集中解决好下岗再就业、农民工合法权益的保障、"三农"等问题。实现社会公平必须妥善地处理好社会突出的矛盾、突出的问题,如城市拆迁、农村土地征用、劳动关系矛盾冲突等问题,保障所有社会成员能够分享社会主义改革发展的成果。当前,重点要解决好收入分配差距过大的问题。推进社会公平,必须有效遏制腐败。腐败是以公共权力谋取私利,腐败严重败坏公共权力的公信力和权威,严重破坏社会稳定,激化社会矛盾,加剧社会冲突。加强反腐败斗争的力度,发展社会主义民主,加强对公共权力运行的制约和监督,不断拓宽和健全监督渠道,有效遏制腐败是构建和谐社会的重要保证。

第四,构建社会主义和谐社会的基本途径是推进社会主义民主政治的进程。

要丰富群众参与民主的形式,扩大公民有序的政治参与,实现充分代表民意、有效整合民意。要通过听证会、专家咨询、群众评议等各种形式,使各个阶层、各个利益集团的政治诉求能够通过社会主义民主的形式表达出来。要探索和完善党和政府与人民群众进行沟通的多种渠道,多种形式,使不同利益主体有通畅、规范的利益表达渠道,使人民的意见和要求能够及时得到表达。必须坚持和完善人民代表大会制度,保证各级人民代表由民主选举产生,使人民代表大会这一根本的政治制度成为充分反映人民意志，维护人民利益，尊重和保护人权的主渠道。要通过完善政治协商制度，发挥城乡基层自治组织，社团、行业协会以及各种社会中介组织的各级作用，引导群众以合理的形式反映利益要求。新闻舆论要把体现党的主张和反映人民心声统一起来，反映民情、民意和民声，特别是要重视对社会热点问题的引导，各级开展舆论监督，完善新闻发布制度，建立健全对重大突发事件的新闻快速报道反应机制，在有效落实人民知情权的基础上，依法保障群众的各种利益诉求渠道。

第五，社会主义和谐社会不是无差别无矛盾的社会。

构建社会主义和谐社会是价值目标与现实的社会历史过程的统一，它不是静态的完美，而是动态的协调。任何社会都不可能是无差别的社会，更不可能是没有任何矛盾和冲突的社会。重要的是，社会主义和谐社会能够提供多种不断解决矛盾和化解冲突的机制，包括顺畅的社会流动机制、合理的利益协调机制、安全的社会保障机制、有效的矛盾疏导机制。既要坦诚承认社会矛盾特别是社会收入分配的差距，又要努力地为解决这些矛盾、缩小这些差距而奋斗。

（三）构建社会主义和谐社会要处理好改革、稳定和发展的关系

只有从改革、稳定和发展的要求来认识构建社会主义和谐社会的任务，才能更深刻地把握这一任务的内涵、要求和意义。一个和谐社会必定是稳定的，但和谐社会的概念与社会稳定有所不同。社会稳定主要是从政治生活的角度提出的，它反对的是"动乱"，要解决的是社会表层的问题，而和谐社会的概念则是从经济社会生活的角度提出，它所要解决的不仅是社会的稳定，更重要的是协调社会利益关系，扩大我们党执政的社会基础，激发社会的创造活力，解决的是社会发展的深层次问题。只有用和谐社会的要求来思考稳定工作，把工作视野拓展到政治、经济、文化和社会问题等各个方面，运用行政、法律、经济、政策等多种手段，统筹各种社会资源，才能解决好稳定问题。在以稳定中深化改革，以深化改革实现发展，以发展促进稳定，构建社会主义和谐社会关键体现在我们党执政方略、执政手段以及各种工作机制的创新，这是一个实现稳定、改革和发展辩证统一的历史过程。加强基层组织的建设，树立全心全意为人民服务的宗旨，不断增强党的创造力、凝聚力和战斗力，保证党的各项工作的顺利进行。

(四) 把握社会管理规律，促进边疆多民族社会和谐发展

社会管理事业，是中国特色社会主义经济建设、政治建设、文化建设、社会建设、生态文明建设五位一体总体格局中社会建设的一个重要组成部分，它是指以维系社会秩序为核心，通过政府主导、多方参与，规范社会行为、协调社会关系、促进社会认同、秉持社会公正、解决社会问题、化解社会矛盾、维护社会治安、应对社会风险，为人类社会生存和发展创造既有秩序又有活力的基础运行条件和社会环境、促进社会和谐的活动。在边疆少数民族地区，"维系社会秩序"是社会管理的核心内涵，是少数民族地区从事一切活动的基础条件；"规范社会行为、协调社会关系、促进社会认同、秉持社会公正、解决社会问题、化解社会矛盾、维护社会治安、应对社会风险"，是由"维系社会秩序"这一核心内涵派生和展开的社会管理的基本任务；政府和社会各方是社会管理的主体，其中边疆地区政府处于主导地位；"为人类社会生存和发展创造既有秩序又有活力的基础运行条件和社会环境、促进社会和谐"，是社会管理的直接目的。

在市场经济社会中，社会公平正义所涉及的主要问题是在利益格局和利益分配上的平等问题。市场经济的本性和运作机制必然导致财富分配的不平等。一方面，这种不平等是使市场经济体系充满活力和具有效率的动力之源，另一方面，我们也必须看到，这种不平等本身又具有累积性和延伸性，而这个特征和效应能够不断扩大和强化事实上的不平等。所以财富的不平等又是引起社会矛盾、社会摩擦乃至社会动荡的基本原因，从而也是导致社会不和谐的基本原因。[①] 如邓小平所说："少部分人获得那么多财富，大多数人没有，这样发展下去总有一天会出问题。分配不公，会导致两极分化，到一定时候问题就会出来。"[②] 因此，建设社会主义和谐社会，政府与社会必须协调解决市场本身不能解决的财富分配不平等问题，认为市场机制能够解决贫富差距过大，从而反对政府干预，在实践上是非常有害的。中共十八大报告鲜明体现了促进社会公平正义的政策导向，全

---

① 阎孟伟：《"社会公正"与社会和谐》，《天津社会科学》2007 年第 1 期。
② 中共中央文献研究室编：《邓小平年谱（1975—1997）》下册，中央文献出版社 2007 年版，第 1364 页。

文 17 次使用"平等"概念,这里的平等不是平均,而是社会主义条件下的共建共享,体现的是公平正义的基本理念。党的十八大报告中的以下表述在逻辑上是一致的,都体现了公平正义的理念和加强社会管理的要求:

必须坚持维护社会公平正义。公平正义是中国特色社会主义的内在要求。要在全体人民共同奋斗、经济社会发展的基础上,加紧建设对保障社会公平正义具有重大作用的制度,逐步建立以权利公平、机会公平、规则公平为主要内容的社会公平保障体系,努力营造公平的社会环境,保证人民平等参与、平等发展权利。[①]

保障和改善民生,要求在经济发展的基础上,努力解决事关人民群众切身利益的问题,不断提高人民群众的生活质量和水平,这是落实以人为本的具体体现。把改善民生作为落实科学发展观、促进社会和谐的重中之重,从而使党的根本宗旨和新时期党的执政有了具体的落脚点,成为推动经济、政治、文化、社会等诸方面建设的着力点。改革开放以来,随着社会主义经济建设的快速发展,教育、医疗、社会保障等公共产品和公共服务的新的短缺现象日益突出。在这一时期,就业、社会保障、教育、医疗、住房等事关群众切身利益的问题日益凸显。如果民生问题解决不好,势必由社会矛盾引发社会危机,引发社会冲突,影响到社会的稳定,破坏社会的和谐。党的十八大报告指出,必须从维护最广大人民根本利益的高度,加快健全基本公共服务体系,加强和创新社会管理,推动社会主义和谐社会建设。加强社会建设,必须以保障和改善民生为重点,这是贯彻落实科学发展观、构建社会主义和谐社会的必然要求和重要内容。解决这些问题,要求我们深入贯彻落实科学发展观,努力把经济社会发展切实转入科学发展的轨道。如果民生得不到保障和改善,就会削弱发展工作,破坏了社会的和谐和稳定。

首先,坚持和完善民族区域自治制度,是巩固和发展我国的社会主义民族关系强有力的制度保障。良好的民族关系需要社会公平正义的制度作为载体和维系力量。自治权的有效行使是新形势下正确处理民族地方矛盾,维护好少数民族和民族地区利益,增强各民族团结的政治保障,因此构建民族地区和谐社会,正确处理民族问题,有效行使自治权是坚持和完

---

① 胡锦涛:《坚定不移沿着中国特色社会主义道路前进,为全面建成小康社会而奋斗——在中国共产党第十八次全国代表大会上的报告》,《人民日报》2012 年 11 月 18 日。

善民族区域自治制度的关键。

其次,高度重视少数民族地区的经济发展,是为构建和谐民族关系提供物质基础。邓小平认为:"走社会主义道路,就是要逐步实现共同富裕。"[①] "实行民族区域自治,不把经济搞好,那个自治就是空的。少数民族是想在区域自治里面得到些好处,一系列的经济问题不解决,就会出乱子。"[②] 经济是影响民族关系的重要因素,高度重视少数民族地区的经济发展,不断加大对少数民族和民族地区政策支持和扶持的力度,采取更加积极实效的措施,推动少数民族和民族地区跨越式发展,才能夯实边疆多民族地区和谐社会的物质基础。

再次,加强各民族的文化繁荣发展,是构建和谐民族关系的精神动力和源泉。积极推动少数民族文化繁荣发展,不仅对增强民族团结、促进社会和谐具有十分重要的意义,也是维护和发展文化多样性、提升国家文化软实力的重要举措。文化实力是国家的重要综合实力之一,党的十八大报告从中国特色社会主义事业总体战略布局的高度,强调了加强文化建设、提高国家文化软实力的极端重要性。民族的传统文化是维系民族的精神力量,是增强民族凝聚力的思想保障,是各民族相互交往的工具,是思想交流的重要纽带。民族文化间的相互交流,有利于进一步增强各民族之间的相互交往,促进民族的团结。

最后,"如果没有一个稳定的环境,中国什么事情也干不成"。[③] 目前,党和政府之所以突出地提出社会管理问题,为了妥善解决社会问题,为经济社会发展创造一个稳定、健康的环境,目的就是不致因社会问题贻误发展时机。客观地说,当前我国社会总体上是和谐的,但也有不少影响社会和谐的矛盾和问题,如就业、社会保障、收入分配、教育、医疗、住房、安全生产、社会治安等方面关系群众切身利益的问题比较突出。全球化、信息化的发展,极易快速传播和放大矛盾与危机,加剧了社会风险。社会转型与体制转轨并存,引发了大量新的社会问题和社会事务。促进各民族对国家,对中华民族、对社会主义的认同是边疆少数民族地区,倡导化解社会矛盾和社会危机,解决社会问题,维护社会秩序构建和谐社会的

---

① 《邓小平文选》第 3 卷,人民出版社 1993 年版,第 373 页。
② 《邓小平文选》第 1 卷,人民出版社 1994 年版,第 167 页。
③ 《邓小平文选》第 3 卷,人民出版社 1993 年版,第 348 页。

重要内容。从实践来看，加大对边疆多民族地区民生问题的投入，不断完善社会保障机制，加快对民生问题中最突出的教育、就业、住房、医疗和社会保障事业的发展，是稳定边疆，协调民族关系，解决好民族问题，提高各民族对国家、对中华民族、对社会主义认同的重要任务。民生问题的解决对于实现各民族共同团结奋斗、共同繁荣发展发挥着重大的影响，能够使边疆各民族群众直接感受到中国特色社会主义道路给予他们的实惠，感受到社会主义的优越性，极大地增强他们对国家、对中华民族、对社会主义的认同。

二 改善民生、保障民生：西南边疆多民族地区社会建设的重要内容

党的十八大报告指出："加强社会建设，必须以保障和改善民生为重点。提高人民物质生活水平，是改革开放和社会主义现代化建设的根本目的。要多谋民生之利，多解民生之忧，解决好人民最关心最直接最现实的利益问题，在学有所教、劳有所得、病有所医、老有所养、住有所居上持续取得新进展，努力让人民过上更好生活。"[①] 高度关注和切实解决民生问题，是全面建成小康社会目标，深入贯彻落实科学发展观，实现中国梦的内在要求，是构建社会主义和谐社会的重要任务，是巩固党的执政基础的重要条件。民生问题就是与人民群众生活密切相关的问题，最主要的是人民群众基本生活需求、发展需求、安全需求等。关注民生、改善民生、解决民生，主要就是要保障群众的基本生活需求，满足群众的发展需求，确保群众的安全需求。

（一）加快民族教育事业发展，实现学有所教

教育是实现人力资源开发的重要途径。教育的发展在民族地区表现出特殊的规律，根据民族地区教育发展的特殊性，加快教育的发展，充分发挥教育在民族地区人力资源开发中的作用，既是民族地区教育发展的必然要求，又是实现民族地区人力资源开发的重要内容。

[①] 胡锦涛：《坚定不移沿着中国特色社会主义道路前进，为全面建成小康社会而奋斗——在中国共产党第十八次全国代表大会上的报告》，《人民日报》2012年11月18日。

1. 教育在民族地区经济发展中的地位和功能

教育的基本功能在于提高全民族的科学文化素质，培养社会主义现代化建设人才。邓小平同志指出："我们国家要赶上世界先进水平，从何着手呢？我想，要从科学和教育着手。"① 民族地区的发展从根本上取决于教育，对教育在民族地区经济发展中的地位和作用的认识是我们发展民族地区教育的基础。我们组织了一次有关民族教育与民族地区经济发展关系情况的调查。调查采用问卷与访问方式进行，共涉及云南省24个县，50乡（村），对50个乡（村）的富裕户及6个职业中学采取了定额抽样和访谈的方法进行。虽不能对调查结果作完全的推断，但从中可以看出一定的趋势。

劳动者经济收入随文化程度呈正比例递增趋势。文化素质是人力资源的重要内容，教育是形成人的文化素质的主要途径；劳动者文化素质对于劳动者的经济状况的影响是形成劳动者教育预期的关键。在劳动者文化素质与综合程度的关系调查中显示几个基本的趋势。在这次调查的56份报告中，共涉及全省24个县、50乡（村）共列出各乡（村）富裕户516人，在这一群体中，涉及小学文化程度119人，初中文化程度253人，高中文化程度106人，大专文化程度38人，其中，小学文化富裕户占同层次总人数的27%，初中文化程度富裕户占同层次总人数的39%，高中文化程度占同层次总人数的58%。呈现出文化程度越高，富裕户所占比例数越高的一般趋势。典型样本可以从景东县文龙乡龙街村3社不同生活水平层次户的人均收入与文化素质对比表中得出结论（见表7）：

表7　　　　　云南省景东县村民人均收入与文化素质对比表

生活水平层次	人口	户数	年人均收入（元）	平均教育年限	文化程度			
					高中	初中	小学	文盲
富裕	53	17	1 700	10.9	37	14	2	0
中等	188	35	720	8.4	15	122	49	2
贫穷	66	9	405	1.9	0	1	38	27
总计	307	62	864	7.97	52	137	89	29

资料来源：数据均来源于村委会、乡统计办。

---

① 《邓小平文选》第2卷，人民出版社1994年版，第48页。

从表中数据可以得出如下结论：第一，收入随教育年限的提高而增加，高中所占富裕人口为总数的 69.8%，初中所占为 26.4%，小学为 3.7%，文盲为 0。第二，文化层次高占高收入比例大，文化层次中等占中等收入比例大，文化层次低占经济贫困比例大，文化层次与经济收入从总体上成正比递增关系。第三，大多数高中文化程度（37 人）的年人均收入（1 700 元）比绝大部分初中文化程度（122 人）的年均人收入高出 980 元，近 1.2 倍，高出文盲层次的贫穷人口（27 人）的年人均收入（405 元）的 4.2 倍，二者年人均收入差距为 1 295 元。

文化素质越高，职业分布越广，致富门路越多。从调查报告中可以看到一种明显的基本趋向，文化素质越低，从事职业越单一，处于文盲、小学文化程度的农户 80% 都是以种植业为主，约 10% 是以养殖业为主，约 10% 以经商等多种职业分布，而贫困户占了 80% 以上。初中文化以上劳动者的职业分布则覆盖了种植、养殖、运输、建筑、经商、承包、开矿等 12 种。典型样本采取寻甸县七星乡调查报告（见表 8）：

表 8　云南省寻甸县七星乡村民文化素质与从事职业、经济收入调查报告

姓名	性别	年龄	文化程度	所学专业	从业项目	经济收入
张加荣	男	35	文盲		农业生产	400 元
王国祥	男	36	小学		农业生产	820 元
代玉甫	男	34	小学		泥水匠	1 000 元
刘林	男	35	初中		拖拉机	4 000 元
杨松	男	35	初中		农用车	6 000 元
许加强	男	35	职高	烟草	烤烟生产	9 400 元
王彦林	男	35	职高	药物管理	药材种植	11 300 元
陶星	男	34	农职中	兽医	养猪	14 000 元
刘彦	男	34	大专	林业	承包林场	35 000 元
卢明	男	32	大专	建筑业	自办砖厂	70 000 元

资料来源：数据均来源于村委会、乡统计办。

从调查统计表中可以看出：第一，受教育程度直接影响受教育者的职业选择，文盲、小学的从业项目基本上以传统农业和从农业中分化出去的农业手工业为主，初中文化层次则表现为从第一产业向商业贸易的移动趋势，而职高以上的职业分工已进入现代社会分工体系。从景东县文龙街村新社的 212 名从业人员的调查来看，从事第一产业的高中生为 7 人，初中 118 人，小学 58 人，文盲 29 人，而从事第二、第三产业的高中生则为 45 人，初中生 19 人，小学 3 人，文盲为 0，呈现出文化程度与产业分布的两个逆向移动。第二，受教育程度直接影响受教育者将所接受的知识技能转化为现实的生产力的能力和水平，成为劳动者致富的途径，职高文化层次致富的途径皆以自己所学专业为依托，运用专业技能实现致富，而大专生则显示出其视野的开阔，经营规模的宏大，因而获得的利益也更高。

文化素质的提高，是劳动者致富的基础。从劳动者富裕情况与所接受的文化程度看，几乎成正比递增现象。进一步分析，影响劳动者致富的主要原因并不是劳动者的技能，而是劳动者的素质。通过对典型富裕户的访谈，我们发现几个显著的特点：第一，文化素质对劳动者致富的影响，主要表现在劳动者对待科技的态度上，文化程度处于文盲、小学的劳动者，普遍对新的科学技术表现出怀疑的态度，在劳动过程中，土地资源得不到合理开发利用，几乎处在广种薄收，甚至刀耕火种的状况。在养殖业上，方法落后，疫病死亡率高，成长慢；高小、初中文化程度的劳动者对科学技术则往往持观望态度，他们在有先例或者示范的启发下，能够较快地适应新的耕作和养殖方法。其中一部分劳动者，在计划经济与市场经济的转轨中，能够利用各种社会关系，施展才能尽快致富。文化层次较高（高中、大专）的劳动者，则表现为对新技术的放心、大胆和积极接受的态度，尤其是高中一层，职业的分布已进入承包林场，开办工厂，婚纱影楼，歌舞厅，电脑打印等现代行业。第二，在就业门路上，文化素质低，适应性弱，变化不大，总体保持落后，而文化素质高的劳动者适应性强，门路宽广，变化大，创新意识强。第三，初中以上文化程度的劳动者具有几个共同的特点：善于钻研、善于探索、头脑灵活、接收信息快、实干精神强、协调关系能力显著。这就改变了我们一个传统的看法，认为基础教育并不直接创造财富，事实上，基础教育并不提供直接的劳动技能，但基础教育却能全面提升人的素质，为劳动者更好地掌握技能、运用技能奠定基础。

贫困的两极与文化的两极。调查结果显示，目前民族地区的贫困主要集中在文盲教育及小学文化层次，在经济发达地区，大专以上文化层次的劳动群体中的相当部分也属于贫困的层面。大专生在劳动者贫困群体中的特点：一是从职业分布上，80% 以上集中在教育行业和各级政府部门，追求铁饭碗,不敢冒风险到市场大潮中去闯,收入在活跃的农村致富群体中,虽稳定,但水平比较低。二是从专业特点看,目前,民族地区大专毕业生的专业分布,大多为党政、教育、行管、中文、历史,但是现代经济类,如营销、企业管理、外贸、金融等几乎没有。在以经济建设为工作重点,农村全面走向市场经济的形势下,就显得极其不适应。三是从访谈情况反映,大专毕业生普遍"缺乏一种闯劲,满足于稳定的生活","学历高,思想观念受到一些束缚,在工作中,高不成,低不就","缺乏勇气和信心"。这实质上也反映出目前高等教育中,追求学历,只为了改变社会身份,专业分布不合理,教育内容严重脱离民族地区经济社会发展实际,忽视素质教育的错误倾向。

文化素质将随农村经济发展呈现由低向高的梯次转移趋势。从目前的调查情况看,民族地区农村致富群体的主要部分为初中、小学文化程度的劳动者。这两部分占致富群体中的70%左右,但进一步分析,这种情况正发生着极深刻的变化;从年龄结构与文化素质的关系分析,小学文化程度已经致富的劳动者多为50岁以上,初中文化程度已经致富的集中在40岁以上,而高中文化程度致富的则为40岁以下,且集中在30岁左右。我们可以通过采选典型样本来分析(见表9):

表9 云南省文山县马塘乡花庄村富裕户文化程度及从事职业调查报告

姓名	年龄	文化程度	全户人口(人)	户总收入(万元)	户人均收入(万元)	乡人均收入(元)	职业
李德贵	56	初中	7	50	7.14	426	驾驶
杨发光	45	初中	6	7	1.33	426	商品批发养猪
冯再明	36	初中	8	12	1.5	426	驾驶
李全能	40	初中	6	11	1.8	426	驾驶、养猪
李金甲	46	初中	6	6.6	1.1	426	饲料加工养猪
李玉猛	30	高中	4	28	7	426	驾驶
潘凤文	29	高中	4	24	6	426	驾驶
陈保生	40	高中	4	4.8	1.2	426	驾驶、烤烟
李国能	28	高中	4	9.3	2.3	426	驾驶、养猪
高代德	29	高中	4	5.5	1.4	426	驾驶、养猪

资料来源:以上数据均来源于村委会、乡统计办。

表9调查显示：第一，年轻致富者的文化素质正逐步呈现出向高层次发展的趋势。劳动者致富的因素是由一定的历史条件所决定的，在改革开放初期，初中以下文化程度的劳动者在当时的农村劳动中已属于素质较高的层次，他们能够及时抓住机遇大胆去闯，奠定了发家致富的基础。但在今天教育日益普及和提高的形势下，劳动者的文化素质正发生着由低向高的变化，具有高中及高中以上文化程度的劳动者正日益成为农村经济发展中的主体，仅仅具有初中以下文化程度却想在市场经济的大潮中成为优秀竞争者的年轻人，其机会将会愈加渺茫。第二，未来致富最重要的因素将是文化素质。据对建水县西庄镇高营村的调查显示，在富裕的100户中，具有大专学历的2人，高中学历63人，初中学历33人，小学学历2人。其中高中学历以上的占总人数的65%，在对这100人关于致富原因调查中，我们列出A机遇、B文化、C政策三项选择，选择机遇重要的有11人，选择文化重要的有66人，选择政策好的有23人。在对现在已有知识有何看法的选择中，15人选择了知识不够用，32人选择了学习的知识已够用，20人选择了高学历，22人选择了增加点知识，11人选择了希望学习管理知识。

文化素质的提高有利于改变劳动者的生活方式，提高劳动者的生活质量，实现民族地区向现代文明的过渡。通过怒江傈僳族自治州福贡县腊吐底村的调查有力地证明了这一点（见表10）：

表10　　云南省福贡县腊吐底村村民文化程度与生活状况调查报告

文化程度	个人纯收入	房屋结构	衣物用品	家电情况	生活状况	兴趣爱好
初小	600元	大众化	最低档	数量少	一般	少
高小	1 300元	初有个性	比前者好	一般要求	一般	一般
初中	2 800元	有创意性	中等水平	中等要求	初有规律	广泛
高中	5 500元	有创新	中等水平	有选择	有规律	广泛
大专	7 200元	新颖整洁	有科学美	高新品种	形成规律	有选择性

资料来源：以上数据及情况来源于村委会。

在全面建设小康社会的过程中，教育被赋予了实现民族振兴和社会公平的双重重任，优先发展教育是边疆多民族地区实现科学发展、和谐发展、跨越式发展的重大战略选择,是发展少数民族文化,提高各民族群众素养,促进民族地区经济社会快速发展的重要任务。

2. 改革开放以来,云南省民族地区教育取得了快速发展

全省各级各类教育中少数民族学生不断增加。2008年,全省普通高校、普通高中、普通初中、普通小学少数民族在校学生达到245.52万人,占各类学校在校生比例分别为24.13%、29.28%、33.65%、33.79%。截至2008年年底,在126个"普九"县中,民族自治县和自治地方县有77个,占"普九"县总数的61.11%,占全省78个民族自治县和民族自治地方县总数的98.72%,全省78个民族自治县和民族自治地方县全部通过了扫除青壮年文盲验收。少数民族适龄儿童入学率达到97.25%。预算内教育经费投入快速增长,从1978年的不足10亿元增加到2007年的208.85亿元,增长20余倍。

云南省各级财政严格按规定安排少数民族教育专项补助资金,不断加大对少数民族贫困学生和失学儿童的救助力度,解决民族教育中的特殊困难和问题。重点扶持民族自治地方和边境贫困县、民族乡、民族"直过区"和7个人口较少特有民族聚居区。从2006年起,41所省定民族中小学、33所贫困县一中民族部的寄宿制学生,生活补助费由每月25元提高到30元,并逐步扩大补助范围。各地也相应提高其他寄宿制、半寄宿制民族中小学学生生活补助标准。

云南省从20世纪80年代就举办了民族寄宿制中小学。"十一五"期间,在2万人以上的民族乡和边境乡镇各建设一所寄宿制初级中学。国家对这些寄宿制中小学的学生给予生活补助,使其"进得来、留得住、学得好",能够完成义务教育阶段的学习任务。民族寄宿制学校的办学水平得到较大的提高。其中不少民族寄宿制中小学已经升级为省、州、市一级师范学校,受到社会各界的好评。在3 000多所半寄宿制中小学,有1/3达到省定优秀学校标准,省定25所民族中学,已有5所进入省一级完中行列。

云南是一个多民族、多语言、多文字的边疆省份,在全省1 400余万少数民族中,以本民族语言为主要交际工具的有1 014万人,不通汉语或基本不通汉语的约有700万人。14个少数民族使用21种文字和拼音方案进行交流,有14个少数民族小学生使用18种文字。在不通或基本不通汉语的民族地区,特别是在小学低年级阶段,都必须采用民族语教学,学生

才能听懂，教学才能正常进行。开展双语教育，是各民族经济文化交往的需要，可以消除各民族之间的语言隔阂，增进各民族、各地区之间的交流和沟通。从传承民族文化、建设民族文化强省的角度上来看，开展双语教育，是继承和弘扬民族文化的重要保证，也是增进民族团结、维护边境稳定的需要。据 2009 年年初统计，云南省开展双语教学的有 15 个州市，74 个县市，学校 4 056 所，双语教师 9 361 人。2001—2007 年，共培训双语骨干教师 4 282 人。同时，十分重视双语教学教材建设，截至 2009 年年底，云南省已编译审定 14 个民族 18 个语种 223 本新课改的语文、数学教材，出版并免费提供给学生使用，给民族学生学习带来方便，促进了民族地区双语教育质量的提高。

1999 年，教育部发布《关于在民族贫困地区开展"中小学教师综合素质培训"工作的通知》之后，云南高度重视，探索并以"五步学习培训方法"开展民族地区教师综合素质培训工作。经过两轮 8 年的培训，共有 50 多万人次中小学教师参加培训，提升了民族地区广大中小学教师的综合素质，提高了民族教育的质量。

广西壮族自治区坚持教育优先发展，制定实施教育改革和发展规划纲要。实施学前教育三年行动计划，促进义务教育均衡发展，推进示范性普通高中建设，完成三年职业教育攻坚计划，中等职业教育在校生增加 51.6%。全面提升高等教育质量。基本建成从学前教育到研究生教育"全程覆盖、无缝衔接"的学生资助体系。2010 年，全区有幼儿园 5 349 所，在园幼儿 118.53 万人。全区有小学 1.39 万所，在校学生 430.06 万人，适龄儿童入学率 99.37%。全区有普通初中 1 974 所，在校学生 200.39 万人，毛入学率 106.65%。全区有普通高中 463 所，在校学生 75.40 万人。中等职业学校（不含技工学校）357 所，在校学生 80.95 万人，其中全日制在校生 50.12 万人。高等学校 76 所，其中普通本科院校 29 所（含独立学院 9 所），高等专科学校 8 所，高等职业学院 33 所，独立设置的成人高校 6 所；各类高等教育在校学生 74.32 万人，其中在校研究生 2.08 万人，普通高等教育本专科在校学生 56.75 万人，成人高等教育本专科在校学生 15.48 万人。全区各级各类学校在校少数民族学生数及其所占比重分别为：学前教育 38.85 万人，占 32.77%；小学 153.58 万人，占 35.71%；普通初中 70.12 万人，占 34.99%；高中阶段教育（不含技工学校）52.03 万人，占 33.28%，其中普通高中 28.24 万人，占

37.45%，中等职业教育 23.79 万人，占 29.39%；高等教育 23.11 万人，占 31.10%，其中普通高等教育 17.90 万人，占 31.54%，研究生 2 957 人，占 14.20%。少数民族专任教师数及其所占比重分别为：小学 9.07 万人，占 41.19%；普通中学 6.01 万人，占 37.37%；中等职业学校 0.50 万人，占 24.54%；普通高等院校 0.67 万人，占 21.13%。

（二）建立"四位一体"基本医疗制度，逐步实现"病有所医"

党的十八大报告对医疗卫生制度改革，提出："要坚持为人民健康服务的方向，坚持预防为主、以农村为重点、中西医并重，按照保基本、强基层、建机制要求，重点推进医疗保障、医疗服务、公共卫生、药品供应、监管体制综合改革，完善国民健康政策，为群众提供安全有效方便价廉的公共卫生和基本医疗服务。健全全民医保体系，建立重特大疾病保障和救助机制，完善突发公共卫生事件应急和重大疾病防控机制。巩固基本药物制度。健全农村三级医疗卫生服务网络和城市社区卫生服务体系，深化公立医院改革，鼓励社会办医。"①

广西壮族自治区通过深化医药卫生体制改革，构成全民基本医保制度框架，新农合政府补助标准由人均 40 元提高到 240 元。县乡村三级医疗卫生服务体系基本健全，在 14 372 个行政村建成卫生室，免费向城乡居民提供基本公共卫生服务和重大公共卫生服务项目。国家基本药物制度覆盖所有政府办基层医疗卫生机构。艾滋病防治工作进一步加强；出生缺陷发生率低于全国平均水平；扎实推进食品药品安全工作。创立诚信计生工作模式，低生育水平持续稳定，计生家庭奖励政策全面兑现，出生人口性别比低于全国水平。到 2009 年年末全区共有卫生机构 10 654 个。其中医院 459 个，疾病预防控制中心 105 个，卫生监督机构 111 个，妇幼保健院（所、站）103 个，乡镇卫生院 1 242 个，社区卫生服务中心（站）311 个，诊所（室）8 082 个，其他卫生机构 241 个。村卫生所（室）2.19 万个。全区卫生技术人员 16.95 万人，其中执业（助理）医师 6.37 万人，注册护士 6.25 万人。全区医院和乡镇卫生院床位 12.28 万张，其中，医院床位 8.19 万张，卫生院床位 4.09 万张。开展新型农村合作医疗工作

---

① 胡锦涛：《坚定不移沿着中国特色社会主义道路前进，为全面建成小康社会而奋斗——在中国共产党第十八次全国代表大会上的报告》，《人民日报》2012 年 11 月 18 日。

县（市）110个，实际参加农村合作医疗农民3 747.38万人，参合率91.22%，比上年提高4.61个百分点。全区甲乙丙类法定报告传染病269 128例，报告发病率558.82/10万，报告死亡率3.79/10万。

云南省根据中共中央和国务院2009年4月颁布的《关于深化医药卫生体制改革的意见》中提出的，到2020年，基本建立覆盖城乡居民的公共卫生服务体系、医疗服务体系、医疗保障体系和药品工作方法保障体系，形成"四位一体"基本医疗卫生制度，最终实现"全民医保"目标的要求，加大了医疗卫生制度的改革，逐步实现"病有所医"。

2009年10月，《云南省医药卫生体制改革三年实施方案》中提出，云南省基本公共卫生服务发展的目标是基本公共卫生服务覆盖城乡居民，提出了规范城乡居民健康档案、建立婴幼儿保健手册、提高疾病预防控制水平、开展老年人健康指导等九个方面的目标。云南省根据边疆多民族地区特点，先后启动实施了"兴边富民工程防治艾滋病项目"和农村妇女"两癌"（乳腺癌、宫颈癌）检查项目两个重大公共卫生服务项目。从2008年开始，在云南8个边境州（市）25个边境县（市）实施艾滋病防治与控制项目，构筑云南边境防治艾滋病"长城"。三年内计划投入资金3 080万元。2009年10月，云南省正式启动农村妇女"两癌"（乳腺癌、宫颈癌）检查项目。将用三年时间，为35—59岁农村妇女进行乳腺癌、宫颈癌检查。

2003—2007年云南省共安排130个县级疾病预防控制中心、110个县医院传染科、62个县人民医院、17个县中医院和53个县级妇幼保健机构用户建设项目，总投入61 893万元，省级投入8 700万元建成157个远程可视医疗站，实现边远贫困山区不出县就可以享受到内地专家服务。2005年以来，云南省连续从26家三级医院抽调1 719名技术医疗骨干，深入到全省80个国家和省级扶贫县县医院、中医院；从168家二级以上医院，抽调4 579名医师到437个乡镇卫生院开展医疗卫生服务。从2003年起，云南省财政对每个村卫生室补助3万元，按不低于60平方米标准，对边疆、民族、贫困地区村卫生室进行建设，2003年省级共投入6 300万元，完成2 100个村卫生室建设。2007年投入19 380万元，再建设6 000个村卫生室。

2003年6月，云南省启动了20个县的新型农村合作医疗试点。到2003年9月，20个试点县的农民参合率达86%。2008年年末，全省参加新型农村合作医疗农民为 3 222 万人，参合率达 89.77%。2007 年度，全省共有 4 038 万人获得新农合补偿。2008 年度，全省新农合基金共支出 23.42 亿元，资金使用率达 80.75%，全省共有 5 934.66 万人次享受住院、门诊等各种补偿。

云南是一个多民族省份，各个少数民族在与疾病的长期斗争中，积累了丰富经验，也传承了各具特色的少数民族传统医药。据统计，云南省拥有民族药 1 300 多种，民间验方 1 万余个。傣族医药已有 2 500 多年的悠久历史，临床运用的传统特色疗法 10 种，1983 年被国家列为"四大民族医药"。2009 年云南省提出："建立完善发展民族医药事业的政策措施，制定民族医药事业发展规划，健全民族医药服务体系，扶持一批民族生物制药产业，建设一批民族医药医院。"2010 年在《云南省政府工作报告》中，进一步提出了"扶持和促进中医药、民族医药事业发展"的方针。把建立健全民族医药服务体系、建立多民族医药人才培养体制、加强民族医药科研工作、加强民族医药知识产权保护和民族医药资源保护等作为民族医药事业发展的主要任务。

(三) 全面推进农村社会养老保险，实现老有所养

进入新世纪以来，广西壮族自治区不断扩大社会保险覆盖面，逐步实现新型农村和城镇居民社会养老保险制度的全覆盖。城乡居民基本医疗参保合率达 97% 以上。城镇和农村居民最低生活保障人数增加 73.5%；城乡低保月平均补助标准分别提高 56% 和 80.7%。救助受灾群众 3 857.94 万人次，帮助因灾倒房群众重建住房 12.77 万户。治理地质灾害隐患点 2 524 处。解决 1 401 万农村人口饮水安全问题。开工建设保障性住房和棚户区改造 75.97 万套，竣工 41.36 万套。280 多万城镇中低收入住房困难群众的居住问题得到解决。加快垦区、林区危房和改制企业职工危旧房改造。60 多万农村贫困户的危房得到改造，全面消除农村茅草树皮房，桂西北 50 户以上少数民族村寨防火改造全面完成。发展老龄服务事业和产业。建成五保村 9 165 个、敬老院 1 181 个。完善社会救助体系，促进残疾人事业、慈善公益事业的健康发展。完善工资正常增长机制、企业工资收入调控体系、职工最低工资标准调整机制。开展新一轮扶贫开发攻坚战，开展大石山区人畜饮水工程建设大会战及桂西五县、重点库区等基础设施建设大会战，兴边富民行动，使 66 个县 1 796.69 万人受益。

加强和创新社会管理,深入开展社会矛盾"大排查、大防控、大调处、大化解"活动。加强以信息化手段为重点的社会治安动态体制机制建设。依法防范和惩治违法犯罪活动,在城市实施复合型警务机制改革,在农村推进群防群治工作,在边境开展"爱民固边"工程,社会治安动态管控能力明显提升,禁毒人民战争取得明显效果,科学应对和成功处置各类突发事件。全面加强安全生产工作,事故起数和死亡人数连续实现"双下降"。坚持为民办实事,五年累计投入资金1 366亿元。学有所教、病有所医、老有所养、住有所居、困有所济得到进一步落实。

1992年,云南省在建水、曲靖、潞西三地进行农村养老保险试点,参保人数达3.2万人。1998年,云南省共有15个地州市、110个县(市)、1 213个乡镇、9 719个村公所参加农村养老保险,参保人数达140万人。2009年12月1日《云南省新型农村社会养老保险试点实施办法》开始施行。全省16个县(市)开始试点(主要考虑民族自治、山区坝区、国家重点扶持县等),试点涉及462万农民。2010年,全省试点16个县(市)已有数十万农村老人领到了养老金,仅红河哈尼族彝族自治州弥勒县就有5万多农村老人领到了每月55元的养老金。云南省对无劳动力、无生活来源、无赡养人和扶养人的"四无"老年人采取集中和分散供养的方式,实行保吃、保穿、保住、保医、保葬的"五保"供养制度。截至2009年年底,已有22.1万农村五保供养人员全部纳入范围。

(四)加大对人口较少民族的扶持,不让一个兄弟民族掉队

云南省有独龙族、德昂族、基诺族、怒族、阿昌族、普米族、布朗族七个人口较少民族,另外还有莽人、克木人等。云南省人口较少民族经济社会发展的任务十分艰巨,贫困人口基数大,仍有9.84万人处于低收入线以下,且返贫率高,基础设施较为薄弱,生产生活条件极为落后。

云南省历来十分重视人口较少民族的发展,有关部门根据职能将人口较少民族聚居村的项目优先纳入年度计划,在政策、资金、项目上给予倾斜。坚持实行分类指导,因地制宜,因族举措,采取"一山一策"、"一族一策"、"一族几策"等措施,进一步加大扶持力度。不断加大对人口较少民族的扶持力度,有力地促进了人口较少民族地区经济社会的发展。

2002年，云南省在全国率先出台了《关于采取特殊措施加快云南省7个人口较少特有民族脱贫发展步伐的通知》。2003年以来，对7个人口较少民族聚居地区的农村中小学生实行免除课本费、文具费、杂费的"三免费"教育，基本解决了这7个民族适龄儿童上学难的问题，有力地促进了人口较少民族基础教育的发展。从2002年至2005年，全省共投入各类专项扶持资金3.12亿元，重点用于人口较少民族地区的基础设施、安居工程、产业发展、教育文化、卫生和科技培训等项目。2007年，云南省进一步成立了云南省扶持人口较少民族发展工作领导小组。2007年，云南省委兑现了"不让一个兄弟民族掉队"的庄严承诺，决定用3年时间，在25个边境县和3个藏区县实施边疆解"五难"惠民工程，通过整体规划、分布实施、整合资源、整村推进、综合配套等措施，推进教育、科技、文化、卫生、广播电视事业发展，基本解决边境地区和藏区农村群众"五难"问题，初步构建起较为完善的公共社会事业服务体系。据统计，2005—2008年，云南省共投入约7.75亿元，对人口较少民族聚居地区的基础设施、特色产业、社会事业等进行扶持。2008年扶持7个人口较少民族工作被列为全省20项重要工作内容之一，共整合国家和省级部门及上海对口帮扶资金2.9亿多元，省民委安排9 156万元，引进上海市对口帮扶德昂族发展资金1 066万元，实施了370个自然村的整村推进和109个行政村的巩固提高，并完成规划范围内109个行政村扶持成果的考核验收。通过4年来的不懈努力，云南省扶持人口较少民族工作取得了显著成效，人口较少民族聚居地区呈现出经济社会和谐发展的良好局面，产生了良好的政治、经济和社会效益。一是群众生产生活水平明显提高。截至2008年年底，人口较少民族聚居的175个村委会农民人均纯收入达1 629元，比2005年增加783.3元，8.75万人摆脱了贫困，贫困发生率由2005年的56.3%降至2008年的27.2%。二是基础设施不断改善。在175个人口较少民族聚居行政村中，174个村通了公路、167个村通了电、167个村能够接收电视节目、171个村通了电话、172个村有清洁的饮用水。三是社会事业加快发展。在175个人口较少民族聚居行政村中，157个村有了文化室、172个村有了卫生室。人口较少民族所在县已全部实现了"普九"。通过扶持，解决人口较少民族聚居地区群众"上学难、看病就医难"等问题。

三 以利益协调为着力点,创新边疆民族地区基层社会管理机制

在加强社会建设,实现社会和谐,加快推进社会体制改革中,我们应该注重研究社会现象产生和社会矛盾冲突的利益根源性因素,注重把人民内部的利益矛盾与民族矛盾严格区分开来,以利益关系的调整,特别是经济利益关系的重构为着力点,以推进农村政治民主化进程为手段,促进民族团结、边疆稳定为目标,构建新的社会管理机制。

(一)经济利益的矛盾与冲突:当前社会矛盾与冲突的根源性因素

马克思曾经说过:"人们奋斗所争取的一切,都同他们的利益有关。"[1] 利益是人的社会活动的逻辑起点。人要生存、发展,必须要从事获取利益、满足自身生存需要的社会活动,在获取利益以满足自身需要的社会活动中,彼此之间必然发生一定的社会关系,这种社会关系归根结底是一种利益关系,利益关系实质上就是人际社会关系的体现。[2] 在利益问题上,经济利益是最基本的、根源性的利益关系。经济利益是一切社会现象产生的根源,是一切社会矛盾冲突发生的终极性原因。利益冲突是利益矛盾的激化状态,是利益矛盾的对峙、对抗的外部表现形式。一般来说,人们的利益诉求主要涉及的是自身当前的利益诉求,集中在与自身直接相关的物质利益问题,由物质利益转化为综合性利益诉求。

从目前中国农村社会发展中爆发的大规模群体性事件来看,一般集中在经济发展比较快、经济利益矛盾比较突出的地区。以经济利益的纠纷为根源,导致社会的公开对抗,然后,又通过政治民主化手段促进经济利益的协调,化解社会矛盾,实现和谐。这种发展逻辑已经逐步演变为边疆民族地区基层社会矛盾解决的一种基本模式。我们可以通过解剖云南省孟连事件转变为孟连经验的案例来探索边疆多民族地区社会管理机制创新的思路。

云南省孟连傣族拉祜族佤族自治县地处祖国西南边陲,与缅甸接壤,

---

[1] 《马克思恩格斯全集》第1卷,人民出版社1956年版,第82页。
[2] 王伟光:《利益论》,中国社会科学出版社2010年版,第146—147页。

聚居着以傣族、拉祜族、佤族为主的 21 个少数民族。少数民族人口占全县总人口 13.38 万人的 85.15%，是一个集"边、少、山、穷"为一体的国家级重点扶贫县。孟连县有着丰富的热区资源，适应种植橡胶、咖啡、茶叶、热带水果等经济作物。橡胶是孟连县的支柱产业，全县共有橡胶 29 万亩。改革开放初期，孟连县在发展橡胶产业时，根据集体土地或农户承包地无法无偿占有及开发资金严重不足的两大难题，采取"公司+基地+农户"的发展模式。即在发展橡胶产业中，由企业向农户提供技术、种苗、化肥及农药等相关生产资料费用，在橡胶树未投产之前，公司向胶农支付一定的生活补助费，农户则以土地、劳动力、粮食及部分资金投入作为股份联合开发模式。这种模式对于调动农民的积极性，迅速发展橡胶产业，实现当地群众脱贫致富起到了非常积极的作用。但由于没有明确界定企业与农户双方在资源开发中的所有权比例，在产权归属不清晰的情况下，从鼓励和保护投资者利益的角度出发，规定了产品必须交给公司，产品收购定价权归于公司，孕育了后来橡胶公司利用产品定价权严重侵害胶农经济利益的萌芽。

随着社会主义市场经济体制的建立与发展，自 1994 年以来，孟连县橡胶产业进行了结构性调整。主要投资渠道从集体、股东逐步向私人、个体投资转变。产权制度的变化直接关系到经济利益结构的调整与变化。当橡胶公司的产权变为私有后，公司为了实现利润的最大化，坚持胶农生产的胶乳交公司，但价格则由公司来制定。在橡胶价格与国际市场接轨以后，一直处在急剧上涨的形势。从 20 世纪 90 年代末不到 10 000 元/吨上涨到 32 000 元/吨，而公司对胶农胶乳的收购价则一直维持在 2 100 元/吨。同时，公司还要在胶农的收入中扣除公司在一切生产费用、技术、种苗等方面的投入。公司获得了丰厚的利润，而胶农利益长期得不到解决，甚至于"连买五角钱的东西都要赊账"。严重的利益失衡，必然引起胶农的不满。长期以来，胶农们开始偷偷摸摸不按原来合同约定，把自己生产的胶乳拉出县境外出售，经济利益的矛盾开始酝酿发酵。

经济利益的诉求往往是通过政治形式表现出来。公司与胶农之间经济利益上的矛盾存在是客观的。但并不是经济利益矛盾就必然能够演化为公开的社会冲突。利益主体意识的自觉是经济利益矛盾转化为社会冲突的重要因素。从社会发展的角度看，当个体没有从集体、从社会的整体中分离出来，社会是充满理想的时代；市场经济催化了中国社会利益结构的调整,"被市场经济培育出来的多元利益主体具有更强烈的利益表达愿望,需要通过多种渠道来表达他们的利益诉求。"[1] 随着中国社会开放程度的不断扩大,农户们外出打工,到周边县区搞经营,人员流动及信息交流比较方便,他们及时了解到橡胶的市场价格,也了解到其他地区的胶农如何争取自己的利益,他们的主体意识随之逐步觉醒。"由个体矛盾上升到群体矛盾是一个自然过程,不用教都会,一个群体自主意识和法律意识要求标志着群体交涉权的觉醒和提高。"[2]

经济利益矛盾本质上是人民内部矛盾,是利益对立主体之间的矛盾,为什么经济利益矛盾往往演变为民众与政府的对抗呢?我们必须注意到正在形成的一个社会倾向:

在现实中,强势利益群体已经构成实质上的利益集团。他们结成各种正式与非正式的团体,有能力利用各种资源,以各种形式诉求自身利益,影响政治决策和公共决策,其利益也充分被政治决策和公共政策所反映,因而在其利益不但得到制度性保障,而且利益在政治决策和公共政策的激励下被放大。有些强势集团在某些政治决策和公共决策的制定中,甚至有能力俘获政府,使政府决策具有明显的强势利益集团的利益导向和偏向。[3]

分析"孟连事件"发生的社会原因时,我们注意到,由于对以经济建设为中心的错误理解,地方政府在公共决策和管理实践中,形成了几种错误倾向:一是经济增长指标成为各级政府官员政绩考核的核心标准,这种价值取向,导致地方政府往往从政府政绩的考核指标制定政治决策和公共政策,过多考虑投资方的利益,以损害一部分群众的利益(投资方也是人民群众,是经济利益对立的一方,而不是人民群众的敌人)来实现招商引资的目标;二是政府的一些官员收受了公司老板的贿赂,或者自己就是公司的投资者,或者自己的亲戚是投资者,成为利益冲突的直接关系者,这种情况使政府在处理经济利益矛盾时,必然表现出维护公司利益的倾向;三是面对社会的急剧变化,面对社会利益结构调整中出现的新情况

---

[1] 杨景明:《基层党组织表达群众利益的途径和方式研究》,《上海党史与党建》2008年第6期。

[2] 申欣旺:《工会有力量》,《中国新闻周刊》2012年第20期。

[3] [澳] 欧文·E. 休斯:《公共管理导论》,彭和平等译,中国人民大学出版社2001年版,第43页。

和新问题，一些政府部门的干部局限于传统的思维定式，总认为群众是无理取闹，目光短浅，习惯于运用行政强制手段来解决社会中的矛盾和冲突。特别是习惯于从聚众闹事、黑社会操纵的角度来看待和处理群体性事件，随意动用公安部门，抓为首的人。四是在利益冲突压力下，一些地方政府逐渐形成维稳体制。政府通常拒绝承认政治决策和公共政策的错误，拒绝面对群众的利益诉求，以强硬手段对待群众，最终导致社会矛盾的激化，转变为大规模群体性社会冲突。随着胶农主体意识的觉醒，当胶农们不能通过合法的途径来实现自身的利益诉求，当他们对社会合法的利益诉求制度失去信任时，就容易走向极端，用他们自己理解并能采用的方式来维护自己的权益，社会矛盾必然走向对抗。

"群体性事件是社会失序的产物"。改革开放以来，农村实行土地承包责任制后，随着村民之间经济联系的纽带的彻底松弛，农村各级社会组织或者名存实亡，或者就干脆解体了。在农村基层政权的改革中，村委会为村民自治组织，没有工作经费和场所，缺乏可以联结农户的资源，工作人员没有基本的生活保障，农村整个组织体系实际涣散了。同时，"公司+基地+农户"的模式，使得农村社会管理体制出现了混乱。村民身份不清楚，党的组织关系不明晰，农村正式组织体系的涣散，农村社会组织的无序化使农户们的利益诉求失去表达和与相关部门沟通的社会渠道，失去了政府对农户的控制与直接服务，也让农村里一些相对有文化和见识的人成为农户利益的组织者、代言人。农村基层组织体系中的"政治权力真空"状态、非正式组织的形成经济利益矛盾的冲突提供了组织形式。经济利益矛盾终于以社会冲突公开化的方式爆发。

在广东省陆丰县爆发的"乌坎事件"显示出与"孟连事件"相同的逻辑。乌坎村村民自 2011 年 9 月 21 日和 11 月 2 日，为反映土地被村委会私卖和基层选举问题，两次群体上访。"在没有得到满意答复后，村民们开始维护自身利益，驱赶村支书，成立临时性代表理事会，试图'收回'被私卖的土地。12 月初，村民的维权行动在村民薛锦波死于看守所后出现了升级。"[①] "如果能及时抓住利益诉求点，事发前认真倾听，公正评判，果断解决，就不会小事拖大，层层升级，演变为群体性冲突，乌坎

[①] 申欣旺：《工会有力量》，《中国新闻周刊》2012 年第 20 期。

事件也就会呈现不同走向。"①

目前全国所公开的农村大规模社会群体性事件具有十分惊人的相似性，其产生和发展的基本规律可以分为五个阶段（详见图1）：

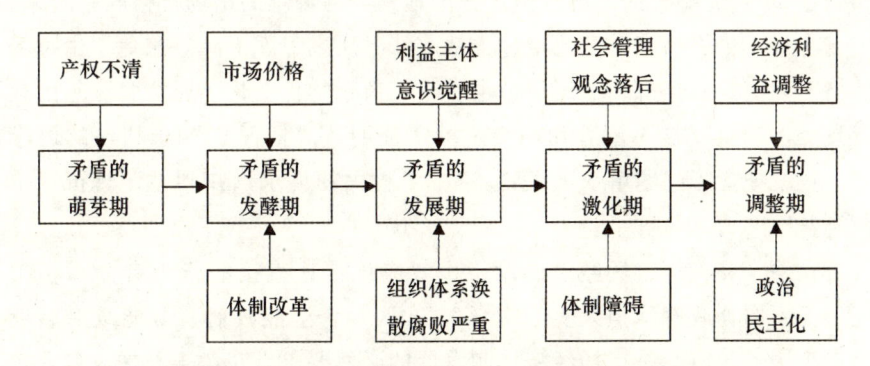

图1 农村大规模社会群体性事件产生和发展的基本规律

（二）以经济利益关系的调整为基础，推动社会管理体制的创新

"把握了群众利益的诉求点，也就把握了问题解决的关键点。"② 孟连县在处理社会冲突事件时，提出了"以明晰产权关系为核心，以调整利益、理顺关系为改革的根本方向，确保橡胶产业的发展"的思路，通过工作组搭建公司与胶农协商的平台，确认胶园产权比例、橡胶树单株价格，测算出橡胶产权流转价格，签订产权流转协议，认定产权流转方式，明确受让方、转让方。根据产权流转协议，胶农选择了购买橡胶树产权，并支付给原投资方（公司或者其他方式投资者）转让金，一方面投资者的利益没有受到损害，另一方面胶农取得橡胶树产权后，产品就由胶农自己支配。他们根据市场价格，自由选择出售给不同的公司。胶乳的市场价格就成为平衡双方利益的杠杆。制度的有效变化是经济利益协调的基本条件。利益协调的要害在于利益矛盾双方形成利益结构上的平衡。2010年孟连县胶农年收入比改革前增长了5.6倍，已还贷款8000万元。利益调整前，橡胶企业原材料严重短缺，企业长期处于停产半停产状态，经营难以为继；随着企业与胶农的利益纠纷问题的解决，孟连的五户橡胶企业获得了1.75亿元的资金回收，实现了产值和利润双丰收，企业步入了良性

---

① 张铁：《"乌坎转机"提示我们什么》，《人民日报》2011年12月22日，第6版。
② 同上。

发展轨道。以橡胶产业的发展为起点，孟连县进一步建立起针对咖啡、茶叶等其他产业中以产权为基础的经济协调机制。如在种植咖啡土地租金的方式上，经过专业评估，每亩土地大约能产 1 吨咖啡，土地出让金则定为相当于 30 千克咖啡的市场价格。把土地租金与咖啡的市场价格联系起来，市场上咖啡价格上涨，土地租金也就上涨，反之，就下降。避免了由市场价格变动引发的经济利益纠纷，也防止了由于物价变化、通货膨胀等因素引发经济利益双方的矛盾和冲突。事实证明，"把握了群众利益的诉求点，也就把握了问题解决的关键点"，"村民的诉求点在利益，转折点也在利益"。[①]

在一个完善的市场经济体制下，"应该是让直接的行为者去承担责任，而不要让政府承担太多的责任"。[②] 从一个全能政府、万能政府转变为一个服务政府，是市场经济体制发展的必然要求。在孟连县橡胶产业市场化的基础上，政府服务职能的内容和形式逐步清晰。一是政府不直接插手经济双方利益矛盾。政府只是组织利益矛盾双方协商，搭建双方沟通协商的，提出解决问题的建议，在双方的协商中开始进行有效沟通，根据相关法律，形成双方协议。二是建立工作组，进村进山，帮助利益双方核定橡胶树的数量和产权，为双方的交易奠定了基础。三是在利益双方就产权问题达成共识以后，支持胶农贷款，购买橡胶树产权，10000 元贷款政府每年帮助胶农支付 500 元的利息款。四是由林业行政主管部门及相关政府部门和村委会、村民小组共同组织勘查及做现场勘查，由林权申请人或委托工作组填写《林权登记申请表》。在履行相关法律程序后，颁发林权证，并建立档案。决策的透明、群众的广泛参与、法律手段的应用，不仅突出了群众主体性，当家做主的社会主义本质，而且促进了政府向服务政府的转变，真正维护了广大群众的利益，经济利益引发的社会冲突最终还是以政治民主化来化解矛盾和冲突。孟连县橡胶产业的改革突破了"公司＋基地＋农户"的传统模式，形成了适应市场经济体制发展的"产权＋市场＋服务"的利益协调机制。

中国农村的政治改革是一项十分复杂的课题。在土地承包到户后，随着集体经济的解体，农户之间直接的经济联系逐步消失了。经济关系纽带

[①] 张铁：《"乌坎转机"提示我们什么》，《人民日报》2011 年 12 月 22 日，第 6 版。
[②] 张维迎：《产权、政府与信誉》，生活·读书·新知三联书店 2001 年版，第 115 页。

的松弛必然使得传统的集行政管理、经济管理、社会管理等职能于一体的村级政权也开始逐步涣散。当行政村定位为村民自治组织后，村委会干部就不属于国家编制，没有固定工资和社会保障，要求他们履行国家行政机关的职能，的确是让他们勉为其难。从现在暴露出来公开对抗的群体性事件和社会冲突来看，往往在经济发展比较快的地区，矛盾激化和社会冲突最为突出。其中，一个共同的原因就是村委会干部往往利用职权之便把集体资产转变为个人资产，或是在土地征用、出让金、公共设施建设等方面很隐蔽地捞取自己的利益。在经济发展过程中，政府部门在涉及土地征用、土地开发、农业项目推广、社会治安、社会稳定或者城市建设项目等方面，需要村委会提供相应的支持，但由于村委会不是政府机构，办事人员也不是政府公职人员，他们不可能用纯粹的行政命令方式来开展工作，因此，在能够接受和完成政府下达的一些社会管理目标的前提下，政府也会纵容他们以一些追求和维护自身利益的行为来作为交换。这个时候，政府常常抱有一种心态，反正村委会不是公职人员，是自治，虽然我知道你的行为，但我并不指责你、纠正你，因为我不用承担责任。而那些敢于直接维护自身利益的人，则被认为是带头闹事，是别有用心。

7·19事件后，孟连县把党的基层组织建设放在经济体制改革，推进政治民主化进程的首位，创造了一系列提高农村基层组织建设，提高党建工作科学化水平的做法。一是全面重建农村基层组织。针对全县6个政府乡镇、28家企业、120个专业队行政隶属不清、政企不分的情况进行了全面清理和调整，重新设置相应的村民小组，把原来由企业直接管理的胶农纳入当地村委会统一管理，保证了党的政策能够直接落实到基层一线。二是充实基层组织建设，有人管事、有钱办事、有场所议事，对村组干部进行了组织调整，全面提高了村干部待遇，村级工作经费由原来每村每年1 000元提高到20 000元。75%的村民小组有活动场所，率先在全市消除了党员空白村民小组。三是全面优化基层党组织设置，把32个行政村党支部调整为党总支部，新增设了198个党支部。改变了原来"公司+基地加农户"的模式，采取"支部+协会"模式，在农业专业合作社、专业协会中建立党组织，较好地发挥了基层组织的管理服务功能。四是组织引导基层干部、党员开展为民服务创先争优，打破了原有的"七站八所"的条块格局，整合乡镇站所服务职能，建设了6个乡镇农民服务站，30个村级便民服务点。五是探索新时期群众工作方法，密切联系群众。

在为民服务中形成了以坚持党的根本宗旨要求为出发点，为民服务为目标的五项制度；围绕社会矛盾冲突的化解，社会和谐稳定，党的工作机制，形成了五项机制；对解决好社会突发性事件，探索了处置事件的五个到位。简称"三五"工作法。六是建立了以基层群众作为政府部门工作干部考评主体的制度。把基层群众对民情责任人、人民勤务员履职情况及工作作风进行的群众满意度考核测评作为干部年终考核、综合评价、推优评先、提拔使用的重要依据，做到了把党和政府的各项工作充分置于人民群众的监督之下，保障了群众的监督权。

孟连是一个多民族聚居边境县，全县少数民族人口达86%，7·19事件中的勐马镇紧靠国境线，全镇8个村委会中有4个村委会与缅甸接壤。镇内聚居着傣族、拉祜族、佤族等5个少数民族，少数民族人口占全镇总人口的75.4%。民族团结、边疆稳定的任务十分艰巨。当地政府在处理当地群众利益矛盾时，必须谨慎地把群众中的经济利益矛盾与民族矛盾严格区分开来。7·19事件后，云南省委迅速对事件做出定性："实质上是胶农与企业经济利益长期纠纷所引发的较为严重的群体性社会治安突发事件，是人民内部矛盾在特定条件下的集中表现。"为妥善处理社会冲突提供了正确的指导。孟连县始终坚持以经济利益关系的矛盾来处理7·19事件，同时，从多民族聚居边境地区的特点，利用当地傣族文化中的"宾弄赛嗨"构建民族团结的民间互助机制，增进民族团结，维护边疆稳定。"宾弄赛嗨"系傣族语言，"宾弄"意为亲戚，"赛嗨"意为朋友，特指传统上傣族与周边其他少数民族在日常生活中结交的"亲戚一样的"朋友关系。这种关系以家庭为基本单元，根据现实生活、生产劳动和经济往来需要自发结交，聚居同一村寨的各少数民族在生活互助、生产互帮、文化交融的民族交往方式下，增强各民族之间的联系，构建和谐的民族关系。在推动"宾弄赛嗨"活动中，他们引导各民族群众在日常生产生活中互通信息，加强联系；鼓励各民族群众开展"串亲戚"活动，村民小组之间、户与户之间、各民族之间结交"宾弄"，组织各民族之间交流农业生产技术，传授致富经验，利用传统节日，展开多种活动，促进各民族之间的交流、理解和团结。

以经济利益调整为着力点，以政治民主化促进经济利益的协调，以经济利益的协调推动政治民主化的进程，孟连为破解新时期农村政治民主化进程，创新社会管理新机制，全面改善党群关系，巩固党的执政基础的难题提供了有益的启示。

（三）坚持以利益协调为切入点，创新边疆民族地区社会管理机制

我们党在领导人民夺取政权时，阶级关系简单，利益关系单一，集中阶级利益诉求相对容易。改革开放以来，随着利益结构的调整，利益矛盾关系复杂化，利益群体诉求多样化，执政党整合利益的能力面临着新的挑战。因此，创新社会管理机制，只有着力解决好群众的利益诉求，维护好群众的切身利益、现实利益，才能培植、养护和提高群众对党和政府的认同感、归属感，树立党在群众中的政治权威认同感。同时，执政党要能够代表最广大人民群众的根本利益，就必须超越于各个利益群体和社会集团之上，才可能调整不同利益集团的矛盾和冲突。一旦党演变为特殊的利益集团，就必然失去了代表性。应该注意到，党的工作重心是以经济建设为中心，经济发展的效率和速度，本应是社会主义制度优越性的体现。但一旦把经济工作作为党的全部工作，容易迷失党的价值目标。社会主义现代化建设一旦背离了共同富裕的价值追求，缺乏对社会公平正义问题的关注和解决，会使社会主义原有的制度和发展模式丧失原有的价值和道义的基础，在实践中就容易把党的工作和群众的利益对立起来。

创新社会管理机制，要加快社会组织的培育。在社会主义发展出现阶段性特征，利益结构急剧变化，执政党的高度组织化与人民群众的无组织化之间的矛盾，是导致党整合利益矛盾的社会能力降低的重要原因。加快基层组织民主化进程，建立有序的政治参与，创造各种形式的社会组织形式，是实现人民当家作主，整合群众利益复杂性矛盾，充分调动人民群众主动性、积极性和创造性，提升党的执政能力的必然选择。在市场经济体制下，群众利益诉求的复杂性，多元化的利益主体具有更复杂的利益表达愿望，需要通过多渠道来表达他们的诉求，有限的政府没有可能去应对无限的公众利益诉求，社会组织是满足这种多元化利益诉求的重要手段。人民当家作主是通过组织的形式来实现的，"社会组织的成熟标示着劳动者维护自身权利的自主意识、民主意识到自我管理能力的提升"。[①] 社会中介组织则使社会成员的利益诉求有了合法的表达途径，也成为缓解群众对政府压力和冲突的平和手段。

[①] 申欣旺：《工会应该成为民主的模范》，《中国新闻周刊》2012 年第 20 期。

从农村大规模群体性事件中，我们应该注意到，"随着社会主义市场经济体制的建立和社会的逐步发育，基层党组织依靠行政权力来整合社会的功能日益弱化，不再直接掌握社会资源。这种社会转型所带来的权力关系和利益关系的巨大变化，要求基层组织必须转变工作思路和工作方法，具备在不掌握行政权力的条件下开展联系、团结、引导群众工作的能力。为此，基层党组织必须把实现群众利益诉求作为工作的基本出发点。"[①] 孟连县围绕橡胶、咖啡、茶叶等资源开发相继成立了各种协会，探索由政府指导，由各个相关经济利益群体根据行业特点，以提供市场价格、技术指导、推广应用科技手段，与政府相关部门协调等方式，建立农户间的经济联系，进行自主管理。根据农村中不同利益群体的特点，考虑到不同利益群体利益诉求的不同，培育社会组织，把农村中的利益诉求引导到健康的组织状态，不仅是在市场经济体制下推进农村政治民主化的一种新的尝试，更是社会管理机制创新的重要课题。社会阶层的急剧分化正改变了中国的社会结构，全能主义管理理念指导下的政府管理手段仍然沿袭于单纯依靠国家权力，自上而下的强控制，这种社会结构与政府结构的错位，在实践中必然导致社会治理的失调。

构建人民群众利益诉求机制要求我们坚持党的群众路线，"各级党委和政府要坚持从群众中来、到群众中去的工作路线，倾听群众呼声，反映群众意愿，集中群众智慧，推进决策科学化、民主化，创新发展思路，努力使我们的方针政策更好地体现人民群众的利益，使先进生产力和先进文化更快更好地发展起来，不断让人民群众得到实实在在的利益。"[②] 我们要深入基层，加强调查研究，真正了解人民群众的利益诉求，把握人民群众最关注、最突出的问题，注意到群众的利益诉求是复杂性多样性，对人民群众的利益进行分类、引导，使党的纲领路线政策真正能够体现人民群众的利益诉求和意志，而且以群众能够接受的方式，动员组织起群众。推进基层政治民主化进程，要充分保障广大群众对党和国家政策的知情权，逐步实现广大群众在党和国家公共决策中的参与权和监督权，使改革开放的各项政策能够体现各个不同利益群体的利益诉求。协调利益关系要求我

---

① 杨景明：《基层党组织表达群众利益的途径和方式研究》，《上海党史与党建》2008 年第 6 期。

② 胡锦涛：《在"三个代表"重要思想理论研讨会上的讲话》，《十六大以来重要文献选编》（上），中央文献出版社 2005 年版，第 371 页。

们必须在政治决策和公共政策的制定中,尊重群众,充分听取利益相关主体的诉求,科学地汲取群众的智慧。

创新社会管理机制不仅是构建一套社会管理的运作模型,更重要的是建立起一套社会控制模型。在利益结构大调整,利益关系急剧分化,利益矛盾日益突出的社会背景下,处理利益矛盾要求我们能够构建起全社会认同的核心价值观,价值整合是利益协调的思想基础。如投资商不是群众利益的敌人,奸商;群众也不是刁民,无理取闹,漫天要价;双方是利益对立的主体,都希望把自身利益和效用最大化。社会管理就是能够为利益主体双方的协商,实现利益均衡搭建一个平台,制定出协调处理矛盾的规则。社会需要坚守的价值是公平,而不是均贫富。没有社会发展差距,社会怎么会有压力,怎么会有动力,怎么会有活力。

在社会发展中,利益结构是多层次的,利益矛盾也是分层次的。"民族关系是当今世界普遍存在的社会现象,是具有特定内涵的特殊的社会关系。它是一种在人们的交往联系中,不仅具有社会性,而且具有民族性的社会关系,本质上是涉及民族这个社会人们共同体的地位和待遇,民族这个社会利益群体的权利和利益,民族及其成员的民族意识和感情的社会关系"。[①] 由此,"民族利益,指的是法律赋予的正当的、合法的、民族应有和应得到的各种利益。民族利益是民族关系中核心问题之一。在一定意义上说,民族关系是民族之间的一种利益关系,特别是从经济方面来说更是这样。"[②] 长期以来,云南边疆处于社会历史发展不同阶段的各民族之间的关系十分融洽,经济利益矛盾具有突出的地域性特征,并没有民族利益矛盾的特点。处理边疆民族地区社会矛盾时,必须谨慎地区分利益矛盾的层次和界限,把经济利益矛盾与民族利益矛盾严格区分开来。应该看到,民族一旦被识别,成为独立的群体,就会主张和维护自己的权利。国家制定政策必须考虑到各民族之间历史与现实的差别,对经济落后的少数民族给予强有力的支持帮助,为实现各民族"共同团结奋斗,共同繁荣进步"提供社会保障。同时,云南也要从多民族"大杂居、小聚居"的现实状况和历史上各民族存在的和谐融洽的民族关系,妥善处理利益关系和利益

[①] 金炳镐、青觉:《论民族关系理论体系》,《中南民族大学学报》(人文社科版)2001年第6期。

[②] 金炳镐:《民族理论通论》(修订本),中央民族大学出版社2007年版,第219页。

冲突，坚持"分类指导，因地制宜"的原则。否则，可能引发民族利益矛盾。在德宏州××地区，居住着多个民族，在落实国家扶持小少民族政策中，政府给予了一个小少民族特殊的政策，这个少数民族迅速发展起来，其经济发展水平约相当于其他民族的三倍，而其他民族就感到不平等、不公正。当我们调整政策时，这个少数民族群众又感到不合理。相反，××市在落实国家对小少民族扶持政策时，就提出支持和帮助小少民族聚居地区发展的措施和政策，从而消除了民族利益矛盾的隐患。

第八章

民族政策在西南边疆多民族地区中国特色社会主义实践探索中的催化作用和红利现象

民族政策体现出党和国家民族理论和民族工作的主题，不仅体现国家在处理民族问题，调整民族关系上的价值倾向，体现着国家政治发展的价值追求，而且在国家经济社会的发展中发挥着资源配置、资源调整、国家发展战略布局调整及规范国家行为等作用。在边疆民族地区中国特色社会主义实践与探索证明，国家特殊优惠政策不仅实现国家在资源分配上对边疆民族地区的特殊支持和帮助，为各民族"共同团结奋斗共同繁荣发展"创造了良好的社会条件，而且发挥了把边疆民族地区的资源优势转变成竞争优势、发展优势的催化作用，有力地促进了跨越式发展，是解决中国民族问题"特色"的重要内容。随着实现社会主义现代化和中华民族伟大复兴事业的深入发展，党和国家对民族地区的关注程度更高、支持力度更大，国家政策对西南边疆民族地区发展的促进作用越突出。

一 民族政策在西南边疆多民族地区中国特色社会主义探索与实践中的催化作用

民族政策是党和国家为解决民族问题，调适民族关系的一系列纲领、措施和准则。民族政策体现出党和国家民族理论和民族工作的主题，体现出国家在处理民族问题，调整民族关系的价值倾向和国家政治发展的价值追求。

（一）民族政策是一种资源，政策资源的投入状况是产出边疆多民族地区社会发展巨大效果的"催化剂"

政策是国家分配资源的权威性手段和形式。一般来说，人们习惯于把"民族区域自治"视为一种政策，但"民族区域自治"并不能简单地等同于一般的民族政策。金炳镐认为，"民族政策是协调民族关系，调控民族发展方面所采取的措施、规定等的总和"。① 有的学者则提出，民族政策的广义和狭义之分，广义的民族政策是指"在民族工作中必须遵循的大政方针。狭义的民族政策是指对涉及少数民族权益的某一方面作出的具体政策和规定，用以规范民族工作。"② 余梓东认为，民族政策是"政治主体为规范或引导特定集团或个人对待和处理民族问题，调控族际关系的态度、行为准则，以及执行这些准则的策略。体现了政治主体在处理民族问题，调整族际关系方面的意志和利益，具有政治性、民族性、实用性诸特征。可分为不同性质和类型"。③ 李红杰则提出，"民族政策是政府就民族问题而制定的各种方针策略，包括与民族问题有关的体现在立法机关和政府机构各种文件中，如决定、决议等上的原则方针等"。④ 综上所述，我们认为，民族政策是党和国家权力机关在马克思主义民族平等民族团结理论指导下，经由政治过程所选择和制定的为解决国内民族问题、调适民族关系、以实现民族利益的措施、规定、方案和决策。民族政策的表现形式主要有国家法律、法令、条例、决定、决议、政治团体的规章制度等。一般而论，民族政策是"政治主体为规范或引导特定集团或个人对待和处理民族问题，调控族际关系态度、行为的准则以及执行这些准则的策略，体现了政治主体在处理民族问题、调整民族关系方面的意志和利益。具有政治性、民族性、社会性、实用性诸特征，可分为不同性质和类型"⑤。民族政策在民族工作中起到中介评估标尺和调控作用。金炳镐先生认为，民族政策的社会作用表现在中介作用、调控作用、标尺作用、催化作用四个方面。他认为，"民族政策是一种资源，政策资源的投入状况是产出社

---

① 金炳镐：《民族理论通论》，中央民族大学出版社 1994 年版，第 359 页。
② 彭谦、廉克训：《浅谈民族政策与民族工作》，《黑龙江民族论丛》1997 年第 4 期。
③ 余梓东：《民族政策政策定义推究》，《内蒙古社会科学》1996 年第 3 期。
④ 李红杰：《也谈民族政策的几个理论问题》，《中央民族大学学报》1995 年第 4 期。
⑤ 余梓东：《"民族政策"定义推究》，《内蒙古社会科学》1996 年第 3 期。

会效果的'催化剂'"①。

在多民族国家社会发展中，民族政策体现出党和国家民族理论和民族工作的主题，体现出国家在处理民族问题，调整民族关系的价值倾向和国家政治发展的价值追求，在国家经济社会的发展中发挥着资源配置、资源调整、国家发展战略布局调整及规范国家行为等作用。民族政策在民族地区的发展中，实际体现出国家经济社会发展的总体战略，也具有对区域性经济社会发展的资源调整和平衡的作用；同时，又具有体现国家在处理民族问题，调整民族关系上的价值倾向，是民族地区资源优势转化为发展优势、竞争优势，推动民族地区经济社会发展的重要手段。在边疆民族地区中国特色社会主义实践探索进程中，民族政策起到十分重要的作用，是促进边疆民族地区的发展的重要条件，是推动中国特色社会主义实践探索的重要动力。

云南边疆地区各民族是从各个不同的社会历史发展阶段进入社会主义，由于历史形成的脱胎差异、现实政策体制和自然环境等条件的制约，特别是在市场经济竞争体制中，西南边疆多民族地区的经济社会发展处在十分不利的地位，与内地的发展差距不断加大。在推动边疆民族地区经济社会发展中，政策往往起到关键性的作用。民族政策的制定和实施在价值目标上要体现出国家对少数民族和民族地区特殊的资源救济和支持，发挥把资源优势转变为发展优势、竞争优势的催化作用，促进少数民族和民族地区的跨越式发展。

所谓催化，原意是指在化学物理反应中，两种或者更多种物质本身在一起并不发生反应或者反应比较缓慢。一旦加入一种新物质就会导致几种物质产生化学反应，或者改变反应速率。国家政策对少数民族和民族地区经济社会的发展表现为政策资源的投入状况会影响民族地区资源存在的状态和资源间的结构，会改变民族地区发展的外部环境，影响环境因素间的结构状况，从而加快民族地区发展。民族地区发展中资源的比较优势要转变为实际中的竞争优势、发展优势，实现跨越式发展，关键的因素就是如何制定并充分利用好国家政策，催生政策红利现象，提高国家政策在加快少数民族和民族地区发展的应用效率。民族政策的催化作用首先表现在改变民族地区经济社会发展的外部环境，改变民族地区在国家内部发展格局

---

① 金炳镐：《民族理论通论》，中央民族大学出版社1994年版，第375—377页。

中的不利结构,创造新的社会条件,全面激活原来的资源要素,把民族地区发展中的劣势转变为发展的优势和竞争的优势。

(二)民族政策的催化作用在于能够改变边疆民族地区发展的社会环境,把区位的劣势转变为发展的优势

世界各国现代化建设的历史进程表明,只有善于交往和勇于开放的民族才能走向世界的前列。一个民族跨越式发展战略的实现,不仅取决于它的内部交往,而且取决于其外部交往的广度和深度。处在祖国西南边陲的云南边疆民族地区由于区位的特点,在国家对外战略中,一直处于末端。战争、政治环境和自然环境在一定程度上制约了云南边疆民族地区对外交往的发展,也直接影响到地区的发展速度、发展水平和发展规模。在经历了 2008 年世界性金融危机以后,"十二五"规划期间,我国的发展进入全面建设小康社会的关键时期,实现科学发展,转变经济发展方式已经成为国家经济发展的主线。在国家对外开放格局全面调整的背景下,2009 年 7 月,胡锦涛总书记考察云南时,提出把云南建设成为我国面向西南开放的重要桥头堡。2011 年 5 月,国务院出台了支持桥头堡建设的意见,把云南对外开放提升到国家战略层面,标志着云南进入一个划时代的发展阶段,站在了新的历史起点上。桥头堡战略历史性地把云南推向全国对外开放的前沿。这一重大战略,是中央统筹国内国外两个大局作出的重大决策,对于打造国际陆路交通枢纽,培育西南地区重要经济增长极,推动中国—东盟自由贸易区发展,加强与印度洋周边国家的开放合作,完善中国全方位对外开放格局,维护国家能源和经济安全,意义十分重大。这一重大战略,提升了云南在全国开放格局中的重要地位,凸显了云南的区位优势,为构建第三欧亚大陆桥、开辟新的西向贸易通道提供了条件,为云南与西南乃至全国各省区市开辟了新的合作方向,拓展了更为广阔的发展空间。这一重大战略,为云南跨越发展提供了重大契机,有利于云南在更大程度上利用两种资源、两个市场,加快融入区域经济一体化和全球化;有利于吸引更多的生产要素汇集到这片充满希望的热土,加快经济发展方式转变;有利于加快民族贫困地区发展,实现各族群众共同富裕和边疆和谐稳定。这一重大战略,增强了云南跨越发展的重要动力,极大地提振各族人民加快发展的信心,激发广大干部群众团结奋斗的精神力量,释放巨大的发展潜力,成为跨越发展的强大引擎。桥头堡战略的实施将极大地增强西南地区经济合作，构建起中国走向印度洋的国际大通道，云南边疆民族地区原有的土地、矿产、山林、江河甚至于区位等资源要素，也将从原来的无价值、低价值状态，变成云南边疆民族地区加速发展的重要因素。政策催化了原来的区位形态，催生了民族地区加速发展的外部环境。

（三）民族政策的催化作用集中地体现在能够优化资源的配置结构

在经济运行过程中，一种资源的短缺，往往是通过其他的替代性资源进行弥补。民族地区在经济发展中，通常缺乏能够带动民族地区产业结构调整、促进科技创新、培育地方财源、解决就业问题，实现经济可持续发展的项目。要能够吸引项目，就必然要求金融、财政、土地等方面的优惠政策。其他地区产业发展中紧缺的资源，也可能是民族地区的紧缺资源。但民族地区能够制定出特殊优惠政策，就可能催生产业发展的社会环境，就会吸引其他地区的资源向民族地区的流动，从而催生民族地区的产业发展。民族政策在培育产业、发展地区产业中，政策催化的作用就十分明显。

云南省普洱市在培育和发展茶产业中，通过建设工业园区，建设相对完备的企业发展条件，吸引重点扶持产业中具有规模的企业入驻，并提供一系列的优惠政策，通过建设工业园区，对园区内重点培育的产业对象予以政策支撑，提供必要的公共服务，对产业发展进行专门扶植。第一，为企业争取行政事业性收费减免。对省和国家已取消的行政事业性收费项目一律给予取消，其他收费项目除上缴国家和省级部分外一律免收，自收自支事业单位收费按下限收取，最大限度减轻企业负担。这就使得相关企业的政策性负担得以减轻，将更多的资本投入到企业发展中去。第二，采取企业以预缴部分入驻保证金的形式，让企业先入园建设。针对茶叶、咖啡加工企业及生物制药企业，由企业以企业入驻保证金的形式先交土地出让金的60%，即可开工建设，在一定程度上避免了企业建设资金与用地资金的矛盾，为企业争取投资机会。第三，建立企业贷款周转金，提高企业信用评级。面对企业融资困难的情况，园区尝试建立企业贷款周转金。在企业贷款到期，资金不到位，无法按时偿还的情况下，由园区筹集资金借给企业，让企业先偿还贷款，并帮助企业协调再次贷款，在企业贷款到位后，企业偿还园区借款，并承担期间的财务费用。目前园区已经为普洱玉龙茶业公司等几户企业进行贷款置换，初步建立了园区贷款周转金制度的雏形。贷款周转金制度的建立有利于减少银行不良贷款，提高企业信用评级，增强企业融资能力。第四，为企业争取项目建设贷款贴息政策，标准厂房建设补助政策，降低企业生产成本。园区积极争取和落实政策，对符合园区主导产业规划、成长性好的茶叶、咖啡等企业争取贴息扶持，该政策已经惠及十余户茶叶及咖啡加工企业，为企业争取资金155万元。对2009年以前按照园区规划建设的茶叶、咖啡加工企业，争取省级工业园区管理部门的支持，给予标准厂房建设的补助政策，已经为企业争取补助资金120万元，并力争2010年建设的标准厂房能够纳入省级标准厂房补助范围。通过争取省市及部门的资金支持，降低企业生产成本，提高企业应对市场风险的能力。第五，提高园区服务水平，实行企业入园手续办理领办员制度。对企业入驻建设过程中的项目立项、备案、环境影响评价、规划设计审批等手续实行"保姆式"服务，园区能够代办的由园区代办，园区不能代办的实行工作人员全程领办，为企业节约手续办理的时间。同时明确企业联系人，实行企业联系人终身负责制，为企业在规划、建设、生产、运营过程中的全程服务。

（四）民族政策的催化作用在于提升区域性资源利用的效度

在经济活动中，当我们把资源强化在某一个点上，往往能够产生资源效用巨大的突破，催生资源产生更大关联效应。在丽江地震重建中，丽江地区借地震重建之机，利用申报世界文化遗产的契机，对丽江古城进行全面的规划和改造，最后培育出丽江的旅游产业，过去的民族村庄、休闲的生活方式、山水风光成了丰富多彩的旅游资源。旅游产业的发展不仅让地方发展有了财源，解决了当地就业问题，促进了城镇化进程，而且有力地保护了民族文化，实现了民族文化保护与开发的协调发展。同时，也提高了丽江纳西族文化的世界知名度。

民族政策的催化作用，关键在于能够调整资源的配置方式，激活民族发展的内生动力。民族地区的发展，从根本上取决于民族自我发展意识的增强。民族区域自治政策，从根本上就是通过培育各少数民族逐步意识到自身的权利，能够依据国家宪法赋予的权力，主张自己的权利，维护自己的权利，培育起各少数民族群众自己管理自己地区事务、本民族事务的能力。政策对各少数民族自我发展的意识，对各少数民族能够了解并熟悉国家所赋予的权利，起到的只是一种催化作用，激活作用，而不是包办代替。民族政策从根本上看，只有有力地激活民族群众自身的创造力，激活民族地区发展的活力，才可能为云南边疆各少数民族地区长期协调可持续地发展，创造内生的发展动力。评估民族政策的一项重要指标，就是看这项政策在实践中，能否最终催化出边疆各少数民族自我发展的意识，培育起自我发展的能力。某民族自治州在地震灾后房屋的重建工作中，制定了两种重建方式，一种是政府统一规划，统一建设，即由政府统一规划，为灾民统一建设。另一种是政府统一规划，由受灾群众自我建设。两种政策实施的实际结果，前一种方式，灾民不满意，天天上访。而后一种方式，没有灾民上访，灾民很满意。在一些民族区域自治县危房改造工程的实施过程中，我们也发现，当政府给予一定补贴之后，群众自己筹措一部分资金，新农村建设不仅展现出新的面貌，而且群众十分满意。

（五）在民族地区的发展中，政策从根本上是解决好利益的分配问题

一个政策体系实际就是一个利益的协调机制。民族地区的经济社会政策应该考虑到目前民族地区在全国经济格局中，主要是以资源开发，提供初级产品为主导的结构。因此，现今的民族政策应该着重考虑如何做到资源共享，充分照顾到民族地区的利益诉求。2010年新疆工作会议以后，国家对新疆石油资源的税收留成政策实际反映出国家已经意识到在民族地区资源开发中，目前以中央企业为主体的开发机制，应该更好地让民族地区分享资源开发的利益。这种利益调整，将给新疆维吾尔自治区经济发展，尤其是加大社会事业投入的力度提供有力的财政资源。

民族区域自治制度在法律上体现了各民族之间权利的平等，但历史造成的各民族之间发展的不平衡又形成了事实上的不平等。在法律权利的平等与事实上的不平等之间，就需要民族政策体现对一些民族的倾斜和关怀。民族政策的催化作用就必须体现在利用国家权威调整资源的分配结构，对社会资源、社会财富实现再分配，通过对民族地区基础设施、教育事业及其他社会事业的投入的中央财政转移支付的方式，为民族地区经济社会的快速发展创造良好的条件。社会事业的发展从根本上取决于经济发展的水平与质量，只有具备一定的物质财富和经济基础，社会事业的发展才有物质基础。而社会事业的发展又能够为经济的发展创造稳定的社会环境和良好的社会条件。边疆民族地区由于经济发展水平很低，财政资源有限，社会事业的发展受到严重制约。社会事业的滞后，又直接影响到经济的发展，影响到民族地区全面协调可持续发展。国家实施的中央财政转移支付政策可以集中力量解决边疆民族地区的基础设施建设、教育事业发展和大量的民生问题，这不仅体现了国家对边疆民族地区的关怀和倾斜，而且改变了边疆民族地区发展的环境因素，有利于民族地区把更多的资源集中到经济发展中，让有限的资源能够发挥更大的作用。

二 民族政策在西南边疆多民族地区经济社会发展中的红利现象

改革开放以来，党和各级政府根据党的坚持以经济建设为中心的基本路线，把边境民族地区的经济发展放在头等的位置，对边境多民族地区的发展给予了充分的关注和政策上的有力支持，尤其是在西部大开发战略实施中，随着中央财政转移支付力度的加大，各项扶贫惠民政策措施的实施，边境多民族地区进入到快速发展的黄金时期。

（一）民族政策在边疆民族地区经济社会发展中的红利现象

1. 国家推动西部产业发展的政策红利现象

西部大开发以来，国家和云南省都出台了很多关于支持非公经济发展的政策措施。通过放宽非公有制经济市场准入、加大对非公有制经济的财税金融支持、完善对非公有制经济的社会服务、维护非公有制企业和职工的合法权益、引导非公有制企业提高自身素质、改进政府对非公有制企业的监管、进一步盘活土地存量资产，解决个体、私营企业用地难问题，实行税费优惠鼓励政策等措施，促进非公经济发展。

通过《适当照顾少数民族地区的工业发展政策》《实行优先发展中西部地区资源劳动密集型产业政策》《实行鼓励西部地区发展特色经济的产业政策》等14项推动民族地区工业发展的优惠政策实施，促进了民族地区产业升级和结构调整优化。

表 11　　　2006—2010 年云南省三次产业产值及占 GDP 比重　　单位：亿元

年份	GDP	第一产业	所占比例	第二产业	所占比例	第三产业	所占比例%
2006	4 006.72	823.64	20.56	1 755.06	43.80	1 579.53	39.42
2 007	4 741.31	877.14	18.50	2 067.21	43.60	1 796.96	37.90
2 008	5 700.1	1 020.32	17.90	2 456.74	43.10	2 223.04	39.00
2 009	6 395.51	1 106.42	17.30	2 673.32	41.80	2 615.76	40.90
2 010	7 220.14	1 105.81	15.30	3 223.93	44.70	2 890.4	40.0

资料来源：国家统计局网站数据。

从表 11 可以看出，2006—2010 年，云南省三次产业增加值在全省地区生产总值中的比例由 2006 年的 20.56∶43.8∶39.42，调整为 2010 年的 15.3∶44.7∶40.0，可见，三次产业结构调整进一步趋于优化、合理，工业在国民经济中的主导地位更加突显。

云南省在确保经济快速增长同时，抓好资源节约、环保、节能减排工作，依靠科技进步和技术创新来加快转变经济发展方式，大力发展循环经济来提高资源利用效率。全省累计认定资源综合利用企业 1 222 户、通过清洁生产审核评估企业 1 208 户，钢铁、水泥、铁合金、焦炭等 14 个行业淘汰落后产能 4 796 万吨。全省单位 GDP 能耗累计下降 17% 以上，其中单位工业增加值能耗累计下降 28% 以上。低碳经济正成为全省经济增长的新亮点，生物多样性得到有效保护，森林覆盖率达到 53%，城镇化率由"十五"末的 29.5% 提高到"十一五"末的 36%，年均增速为 1.3 个百分点。这些标志性变化，都说明云南在科学跨越、富民强省的征途上迈开重要步伐，全省经济社会发展模式进入了加速转型期。

2. 财税金融政策在民族地区施行中的红利现象

1949 年至今，国家在民族地区实施的财税、民族贸易、金融投资、开放联合优惠政策共有 84 项。随着各层次民族经济政策的施行，政策红利对民族地区经济社会的发展起到了积极作用。以云南为例，随着国家支农惠农政策不断出台，农村税费改革不断深化，全省财政支农支出由 1950 年的 20 万元增长到 2010 年的 323.5 亿元，60 年间增长了 16 175 倍。仅"十一五"期间，云南省 2/3 财政资金投向民生领域，累计达 5 126 亿元，比"十五"增加了 3 207 亿元，增长了 1.67 倍；投入财政扶贫资金

133 亿元，累计减少贫困人口 265 万人；城乡居民就业率、城乡居民收入年均增长 11.6% 和 14.1%，参加城镇基本养老保险、城镇基本医疗保险、农村养老保险和新型农村合作医疗人数年均增长分别为 4.2%、20.7%、36.3% 和 41.5%，享受城镇和农村最低生活保障人数年均增长分别为 5.8%、170.7%。城乡居民生活得到了持续改善。

3. 政策性转移支付制度的红利现象

一是设立民族地区转移支付，对民族州（盟）和非民族州的民族自治县（旗）给予专门的财力性转移支付。从 2001 年起，中央和省财政建立民族地区转移支付制度，将上缴中央增值税的一部分按一定比例直接返还给民族自治地区，并通过因素法计算增加民族自治地区的财力性补助。这项政策缩小了民族地区与其他地区的财力差距，促进了民族地区经济建设和各项社会事业的协调发展。

二是一般性转移支付对民族地区实行优惠政策。充分考虑民族地区的特殊支出因素，从 2005 年起，在计算转移支付时单独增加民族地区因素，提高民族地区转移支付系数，民族地区转移支付系数比一般地区高出 5 个百分点，体现了对民族地区的倾斜和照顾，确保了民族地区工资发放和党政机构正常运转。

三是加大工资性转移支付力度。省财政根据中央的政策和各地的经济发展及财力状况，在计算工资性转移支付时，对财政有困难的民族自治州、县按照财力划分档次给予补助或体制照顾，补助比例最高的地区达 95%，确保了民族地区职工工资的按时足额发放，及时兑现了国家的增资政策。

四是落实中央税收优惠政策。少数民族地区经济快速增长的背后得益于中央财政推出的一系列经济扶持政策。中央明确规定，对国家确定的革命老根据地、少数民族地区、边远地区、贫困地区等新办的企业，经主管税务机关批准后，可减征或者免征所得税三年。国务院有关部门因地制宜制定扶持政策，重点支持民族地区特需商品生产、特色农业、节水农业和生态农业的发展，大力支持民族地区扶贫开发、环境保护、民贸企业发展、边销茶生产等。从 2001 年起，国家实施西部大开发，制定了西部大开发的各项财税政策措施。税收优惠政策给少数民族地区企业带来了实惠，同时中央各种经济扶持和财政补助政策的实施也为少数民族地区经济的发展注入新活力。

五是设立边境事业补助费和边境地区转移支付，实施"兴边富民"工程。主要用于改善边境地区人民生产生活条件和促进边境地区经济社会发展的各项事业，有力地支持了边境地区的各项基础设施建设。2006年财政部印发了《边境地区转移支付资金管理办法》（财预〔2006〕62号），省财政厅印发了《云南省边境地区专项转移支付资金管理暂行办法》，开始实施边境地区转移支付项目规划，共实施了67个项目。2008年，根据《云南省人民政府关于印发云南省新三年"兴边富民工程"行动计划（2008—2010年）的通知》（云政发〔2008〕98号），开始实施兴边富民工程。

六是增加扶贫开发投入。民族贫困地区一直是财政扶贫资金投入的重点区域，近年来，财政扶贫资金中的少数民族发展资金投入逐年加大，重点支持以改善贫困人口生产生活条件为主要目标的贫困村基础设施建设，支持以改进农业生产组织方式、提高贫困群众生产能力和收入水平为主要目标的贫困地区农业产业化发展，支持农村贫困劳动力转移培训等。

七是巩固和扩大缓解县乡财政困难成果，建立县乡基本财力保障机制。2005年，根据中央的有关政策，省财政厅印发了《云南省关于切实缓解县乡财政困难的意见》和《2005年云南省缓解县乡财政困难奖补办法》（云财预〔2005〕269号），出台了促进县域经济发展、加大一般性转移支付和实行"三奖两补"（后为"六奖一补"）等一揽子缓解县乡财政困难的政策措施，增加对财政困难县的转移支付补助，建立县乡基本财力保障机制。

八是加大专项转移支付力度，支持少数民族地区的社会事业发展。长期以来，民族地区教育、科技、文化、卫生等社会事业发展滞后的问题突出，严重制约着民族地区全面协调可持续发展，加快社会事业发展，已经成了国家支持民族地区的重点。省财政也从实际出发，始终把发展民族地区的经济和社会各项事业的发展作为财政工作的一项重要内容，在财政政策和资金安排上对边疆少数民族地区给予大力支持。

九是从替代种植政策来看。多年以来，国家对境外毒品替代种植高度重视，专门成立了"122工程"机构，加强对毒品替代种植工作的领导和管理。2006年起，国家每年向云南省拨付境外罂粟替代种植专项补助经费5 000万元；云南省人民政府从2006年起至2009年年末，已累计向普洱市拨付境外罂粟替代种植专项补助经费3 762.66万元。截至2009年年末，普洱市共有 46 户种植企业和 4 户矿产企业从事境外投资开展罂粟替代种植。2005—2009 年，已累计种植 108 万亩。种植品种主要有：橡胶、茶叶、甘蔗、粮食、泡核桃、桉树、水果、木薯、经济林等。既对禁毒工作起到促进作用，也产生了较好的经济和社会效益。

4. 实施"兴边富民工程"的红利现象

在广西壮族自治区 49 个扶贫开发重点县（市），其中 46 个分布在桂西、桂北交通闭塞、自然条件恶劣、基础设施落后的边远山区。少数民族聚居区域属于特困区域，全区 4 060 个贫困村中 71% 人口是少数民族，12 个民族自治县和 3 个享受民族自治县（市），58 个民族乡都是国家级或区级扶贫开发重点县（市）、乡。广西的贫困主要是少数民族的贫困。1986—2003 年和 2003—2008 年广西壮族自治区组织实施了两轮"兴边富民"行动，积极整合扶贫资源，以边境和少数民族连片贫困地区为主要对象，采取了连片推进的扶贫方式，集中人力、物力、财力，先后实施六次基础设施建设大会战，集中社会扶贫资源的 90%，共安排 6 800 个单位对 4 060 个贫困村进行包村扶贫，重点解决基础设施建设，交通、教育、卫生、电力、饮水等发展中的瓶颈问题，提高贫困地区可持续发展的能力。2007 年年底，全区已有 3 271 个贫困村通公路，通路率达 81%；3 064 个贫困村实现了通电，通电率达 98%；贫困村通广播电视、通邮、通电话的"三通率"达 75%，其中通广播电视率达 86%。区内贫困人口从 2001 年的 687 万下降到 2007 年的 323 万。28 个国家级扶贫开发重点县的农民人均纯收入由 1978 年的 90 元，增加到 2007 年的 2 429 元，增加 27 倍。2009 年达到 2 810 元，比上一年又增加 381 元，增长 15.7%，比全区农民水平高 1.2%。

2008 年，云南省启动了新一轮"兴边富民"行动，以"兴边、富民、强省、睦邻"为目标责任制，投入 100 多亿元在边境民族地区建设六大工程。通过两轮云南省"兴边富民工程"的实施，云南省累计投入 150 亿元，改善了 25 个边境县的基础条件。

普洱市的江城、澜沧、孟连、西盟 4 个边境县，实施了基础设施、温饱安居、产业培育、素质提升、社会和谐稳定、生态保护建设 6 大工程，办成了 30 件实事，边境县经济社会实现了快速发展。2010 年与 2004 年相比，4 个边境县生产总值从 23.68 亿元增加到 54.79 亿元，年均增长 15%；全社会固定资产投资从 10.11 亿元增加到 55.96 亿元，年均增长

33%；地方财政一般预算收入从 0.85 亿元增加到 3.61 亿元，年均增长 27.2%；社会消费品零售总额从 5.69 亿元增加到 17 亿元，年均增长 20%；城镇居民人均可支配收入从 4 147 元增加到 9 195 元，年均增长 17.3%；农民人均纯收入从 948 元增加到 2 338 元，年均增长 19.7%。通过"兴边富民"政策的实施，普洱市 4 个边境县从交通、水利等基础设施方面得到了明显改善，人民群众的生产生活质量得到了提高，更多地享受到国家政策带来的红利。实施边境县贫困自然村整村推进 598 个，贫困人口由 39.72 万人下降到 27.6 万人，下降幅度达 30.5%。改造中小学危房 3.9 万平方米，兑现农村义务教育阶段学生"两免一补"37.6 万人次；建设县、乡、村"四配套"医疗业务用房 1.3 万平方米，实施新型农村合作医疗及大病救助医疗合作 64 万人；建成科技文化活动室 412 个 3.42 万平方米，活动场地 240 块，面积 11.24 万平方米；建成广播电视"村村通"地面卫星接收站点 6 497 个，安装地面卫星电视直播器 8.9 万套。4 个边境县农村最低生活保障受益人次达到 84 万。

兴地睦边政策在普洱市实施后，对全市的经济起到了不可忽视的促进作用。仅就耕地来说，首先，兴地睦边政策使得耕地面积得到补充，确保耕地红线。按照规划，到 2015 年，项目全部实施完成后，可新增耕地 4.08 万亩，届时全市耕地保有量由初期的 825.94 万亩，增加到 830.02 万亩。其次，兴地睦边政策的实施使得耕地质量得到提高，农业综合生产能力得到增强。通过实施土地整治项目，山区项目使原来的"三跑"地变成了"三保"田地；坝区项目建设成了"田成方、渠相通、路相连、旱能灌、涝能排"的高稳产农田，由原来的单季种植变成了双季种植，土地利用程度普遍提高，粮食单产大幅提高，为普洱市粮食丰收作出了积极贡献。

5. 扶持人口较少民族政策在民族地区施行中的红利现象

由于历史、自然条件等方面的原因，这些少数民族的经济和社会发展总体水平还比较落后，贫困问题仍较突出。云南省较少民族贫困人口 17 万，占 7 个人口较少民族总人口的 74.2%，16 个跨境民族中贫困人口 82.72 万，贫困发生率为 45.2%。尤其是生活在边境沿线的莽人和克木人，经济发展缓慢，社会发展水平低下，绝大部分处于整体贫困状态。2005 年，云南省共投入扶持人口较少民族发展资金 1.19 亿元，提前两年完成 491 个扶贫自然村的整村推进工作目标。使规划区内的 1 407 个自然村全部得到扶持。截至 2009 年，云南省 175 个较少民族聚居行政村中，99.4%行政村通公路、95%的行政村通电、通电视；9.77的行政村通电话；98.3%的行政村解决了饮水问题，89.7%的行政村建立了文化室；98.3%的行政村有了卫生室。农民人均纯收入达到 1 629 元，比 2005 年增加 783.3 元。

　　普洱市人口较少的民族有布朗族、普米族、阿昌族和景颇族 4 种，共 16 140 人，主要分布在思茅区、墨江、澜沧、景谷、景东、江城、镇沅、孟连 8 个县（区）21 个乡（镇）、36 个村委会。自 2005 年实施扶持人口较少民族发展政策以来，11 个建制村全部实现了通路、通电、通电话、通广播电视的目标。人口较少民族聚居乡镇通油路率达 27.3%，1.68 万人的饮用水问题得到解决。至 2010 年，11 个建制村农民人均纯收入达 1 698 元，比 2005 年的 606 元增加了 1 092 元，年均增长 22.9%；人均有粮 369 公斤，比 2005 年的 304 公斤增加了 65 公斤，年均增长 3.9%。9 292 人摆脱了贫困，贫困发生率由 2005 年的 65%降至 2010 年的 19.1%。人口较少民族聚居地区全部实现了"普九"，办学条件明显改善，有的县开办了人口较少民族班，上学难问题基本解决；全部建立了最低生活保障制度，有 1 759 户群众住进了安居房；全部都有合格的卫生室，"因病致贫、因病返贫"现象明显下降；村村都有文化活动室，群众文化生活日益丰富。可以说实施人口较少民族扶贫政策以来，这 11 个村发生了根本性的改变。

6. 教育政策在民族地区施行中的红利现象

　　经济政策在推动民族群众生活水平提高的同时，也产生了额外的社会红利，民族群众有了更多的精力和能力用于对教育、科技等方面的关注和投资，使得民族群众的整体素质得到了结构性的提高和改善。以云南为例，"两基"工作、职业技术和高等教育实现了跨越式发展，初步建成了具有云南特色的民族教育体系。2009 年，全省中等职业教育在校生 56.19 万人，高职高专院校在校生 13.87 万人，与 2005 年相比，分别增长 71.52%和 131.55%；全省 129 个县（市、区）按规划如期实现"两基"目标，小学、初中学龄儿童入学率分别达 98.3%和 87.6%；高中教育普及进程加快，高中教育毛入学率达到 58.6%；专任教师学历水平明显提高，教师队伍专业技术职务结构趋于合理（详见图 2、图 3）；高等教育规模、结构、质量、效益协调发展；高等教育布局、层次、结构和专业设置得到进一步优化。

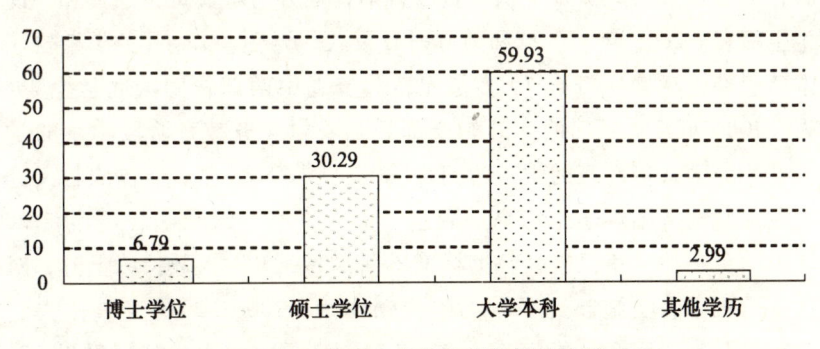

图 2　2007 年云南省内高校教师学历结构图（%）

资料来源：郑维川等主编：《云南省情》（第三十八章），云南人民出版社 2009 年版。

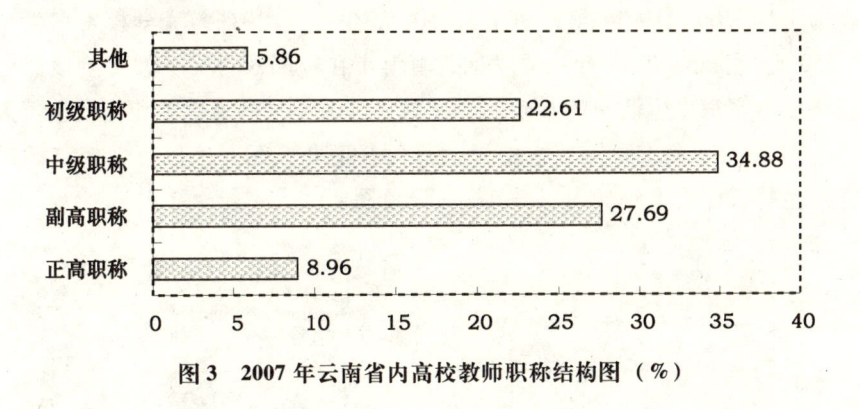

图 3　2007 年云南省内高校教师职称结构图（%）

资料来源：郑维川等主编：《云南省情》（第三十八章），云南人民出版社 2009 年版。

以 1994—2006 年统计数据为例，云南省财政对科技三项费用支出由 1994 年的 0.64 亿元，增加到 2006 年的 6.35 亿元，增长了 8.95 倍。根据第二次经济普查数据，全省拥有技术人员 116.87 万人，其中高、中、初级技术人员分别为 10.66 万人、42.61 万人、63.6 万人；全省具有技术等级证书人员 46.86 万人，其中高级技师 1.43 万人，技师 4.86 万人，高级工 18.55 万人，中级工 22.02 万人。丰富的人力资源为增强全省经济增长内生动力提供了科技人才资源的支撑。

"两免一补"是近年来我国对农村义务教育阶段贫困家庭学生就学实施的一项资助政策。主要内容是对农村义务教育阶段的贫困家庭学生

"免杂费、免书本费、逐步补助寄宿生生活费"。这项政策从 2001 年开始实施，其中中央财政负责提供免费教科书，地方财政负责免杂费和补助寄宿生生活费。2005 年，中央和地方财政投入"两免一补"（免学杂费、免课本费、补生活费）资金 70 多亿元，共资助中西部贫困家庭学生 3 400 万人。2006 年又从西部地区开始全部免除农村义务教育阶段学生的学杂费，享受免学杂费政策的学生达到 4 880 万人。2007 年，全国农村义务教育阶段家庭经济困难学生均享受到了"两免一补"政策。普洱市自 2006 年实施两免一补政策以来，补助标准不断提高，补贴人数持续上升，对基础教育的巩固和实施起到了较大的推动作用。2006—2010 年，中央、省级和市级共下达两免一补资金 8.02 亿元；享受寄宿生生活费补助 93.76 万人次，享受国家课程免费教科书补助 211.77 万人次，享受提高公用经费和免杂费补助 194.11 万人次。到 2011 年秋季学期，寄宿生补助标准提高为小学 1 000 元/生/年；初中 1 250 元/生/年；特殊教育学校寄宿学生 1 250 元/生/年。2011 年秋季学期，普洱市在补助农村义务教育阶段家庭经济困难寄宿生生活费的基础上，还对每名困难寄宿小学生和特教生每天补助 1.56 元，每名困难寄宿中学生每天补助 0.5 元，确保家庭经济困难寄宿生每天能吃上一顿肉（荤菜）（详见图 4）。

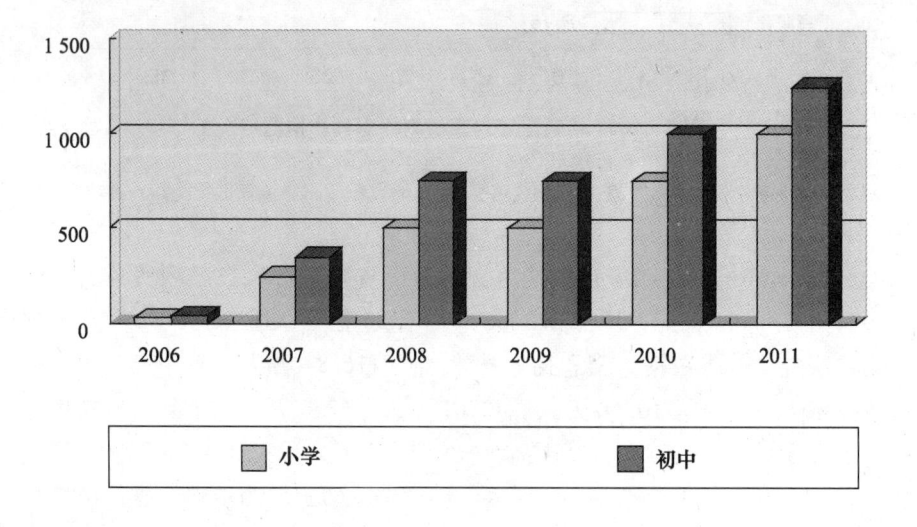

资料来源：普洱市人民政府办公室。

通过以上分析，可以看出国家政策特别是针对民族地区的各项优惠政策的实施，为普洱等边疆民族地区带来了巨大的政策红利，促进了边疆民族地区经济社会的发展、社会的繁荣，维护了边疆稳定、民族团结，增加了边疆民族地区对党和国家的认同感。

三 制约民族政策催化和红利现象的问题及其原因分析

民族政策作为党和国家处理民族问题的准则、措施，具有自身的价值理念与评价定位。民族政策的价值定位，应该是落实好新时期民族工作"共同团结奋斗、共同繁荣发展"的主题，所处理的是如何促进民族地区经济社会的快速发展，尽快缩小民族地区与发达地区的发展差距，实现各民族"共同团结奋斗，共同繁荣发展"的问题。

（一）民族政策在实践中容易忽视政策设计时的价值取向

忽视国家政策对边疆多民族地区发展的重要作用，偏离了"共同团结奋斗、共同繁荣发展"的价值取向，就会极大地制约边疆多民族地区跨越式发展的速度和水平。1991年国务院以国办函（1991）25号文件《转发经贸等部门关于积极发展边境贸易和经济合作，促进边疆繁荣稳定意见的通知》，对云南省在边境贸易区域和贸易管制等方面放宽政策，极大调动了边疆各民族发展边境贸易的积极性。1991年中越边贸、1994年中老边贸先后突破亿元人民币，1991年到1995年，云南省累计边贸进出口总额达100多亿元，年递增率16%。但是，1996年，国家原来执行的边境贸易管理政策和优惠政策到期终止，云南省边贸财务报表的统计数字连续下滑。1996年边贸进出口总值比上年减少40%，云南省边贸在全国边贸的比重由66%下降到13.4%；1997年又减少40%。长期以来，我国民族政策的价值取向上存在着一种倾向，在肯定各少数民族地区经济社会发展与内地发达地区存在一定的历史差距的理论设定下，力图通过国家超经济的行政干预手段来促进民族地区经济社会的快速发展。这种政策设定的思路，是国家把各种生产要素从外部植入民族地区，依赖外在力量的推动，移植式或者输血式地推动民族地区的发展。这种价值理念在实践中表现为国家直接建设项目比重大，以民族地区原材料、初级产品和资源的开发为主要方式，具有规模大、高投资、周期长、见效慢等特点；投资主体以国家为主导，具有筹资渠道狭小，外资利用率低，产品价格不合理等特征。这种大规模的嵌入式、移植式投资开发方式很难吸纳当地的资金、劳动力等因素，催化当地产业的形成与发展。这种开发方式往往形成边疆民族地区中的"飞地经济"形态。这种开发政策在目前的财政税收体制下又形成民族地区经济发展以争取、占有和分割外来投入资源，尤其是国家投资项目的发展，过度依赖外来利益的分配机制的发展方式。从发展的实际效果看，容易养成民族地方政府习惯于跑项目，要资金，争资源，发展只对政治行为负责，不对经济社会行为负责，把经济社会的发展寄希望于各种各样的开发政策的错误倾向，容易形成地方政府"等、靠、要"的心理依赖，形成对民族政策政治特权化的趋势。

（二）民族政策作为一项公共政策，最重要的是对社会资源进行权威性的价值分配，实质上是利益或价值的分配和再分配

就当前来说，中央对西部少数民族和民族地区的财政转移支付明显存在一些不足，必须采取切实可行的措施加大中央对少数民族和民族地区的转移支付力度。

一是与中央的财力增长不相适应。1978—2008 年，中央财政给予民族地区的财政转移支付资金累计达 20 889.40 亿元，年均增长 15.6%。1959—2008 年，中央给予西藏的财政补助累计达 2 019 亿元，年均增长近 12%；1955 年到 2008 年，中央给予新疆的财政补助累计 375 202 亿元，年均增长 11%。[1] 分税制实施后，中央财政收入年均增长率远在这个数据之上。[2]

二是与少数民族和民族地区的现实需要之间有很大的差距。与内地特别是沿海地区相比，由于种种原因，少数民族和民族地区经济发展水平远远落后，在内地特别是沿海地区加快发展的大格局下，少数民族和民族地区加快发展的愿望十分强烈。与此相联系，由于社会公共服务水平落后于

---

[1] 国务院新闻办公室：《中国国务院新闻办公室白皮书：中国的民族政策与各民族共同繁荣发展（2009 年 9 月），中国的民族区域自治（2005 年 2 月），中国的少数民族政策及其实践（1999 年 9 月）》，人民出版社 2009 年版。

[2] 1950 年全国财政收入 62 亿元，2008 年达到 61 330 亿元，2009 年预算安排 66 230 亿元，60 年间增长 1 000 倍。

内地特别是沿海地区，少数民族和民族地区的社会福利改善相对缓慢；更为重要的是，少数民族和民族地区的居民家庭收入增长相对于内地缓慢，生活改善相对于内地有限。

三是基本制度上的原因，造成少数民族和民族地区出现事实上的非均等化问题。在少数民族和民族地区存在的民族分裂主义和其他问题，抬高了西藏和新疆的政治地位。由于上述原因，中央对少数民族和民族地区的转移支付存在事实上的非均衡性问题。这个问题应该引起我们的重视。

四是横向转移支付，加剧了上述非均衡化问题。"对口援助"实质上是转移支付的一种形式，或者叫作"横向"转移支付，与直接从中央向各省的纵向转移支付相对应。这种"横向"转移支付，虽然可能超出经济意义，具有兼具经济、政治双重意义，在解决重大自然灾害、推动少数民族加快发展方面有着十分重要的作用，但这种横向转移支付的规范性要差一些：对口援助省市的经济情况以及他对对口援助的重视程度决定了对口援助的力度，这一因素影响不同地区的均衡性；对口援助的工作方式，以及对地方特殊性的认识，在一定程度上影响着援助的广度和深度。因此，从某种意义上，现行转移支付制度存在某些缺陷，需要进一步改革。主要是着力完善省级以下财政转移支付制度现行的财政体制。重点考虑如何保证中央给予的支持和优惠政策落到基层，如何保障中央给予的支持与优惠落到群众；如何保障中央给予的支持和优惠落到推动经济社会中过去忽视的方面上[①]。1994年的分税制改革主要解决了中央与省级的财政关系，对省以下的财政体制包括转移支付制度尚未做统一规范。针对省级以下财政转移支付面临的问题，2002年，国务院转发财政部《关于完善省以下财政管理体制有关问题的意见》，要求各地方政府结合所得税收入分享改革，调整和完善省以下财政管理体制。

民族政策的催化作用从根本上是要解决好各民族、各地区之间利益的分配和不同利益之间的协调问题。脱离利益关系分配和协调的基本原则的民族政策，不仅不能催化民族地区的发展，反而会产生新的民族矛盾。在云南边疆民族地区，大杂居、小聚居的特点十分突出，民族政策的特点突

---

① 从更深层次的原因讲，历史上，中原王朝（包括入主中原的少数民族）均有"大一统"和对边疆和少数民族"仁"的民族观，这是处理主体民族与非主体民族关系的基本准则。

出表现出区域性的特点。在落实中央扶持人口较少民族政策中，我们应该从民族自治与区域自治结合的角度，尤其是民族聚居的区域性特点来思考问题，否则在实践中容易引发新的问题。在某民族乡，虽然主体民族占当地居民的60%，但当地还居住着景颇族、傣族等多个民族。从扶持人口较少民族政策的要求出发，国家给予当地主体民族优惠的发展政策，但居住在当地的其他各族群众就有意见了。他们认为，同样生活在这一地区，各个民族发展水平是一致的、相近的，为什么主体民族可以享受，而他们不能享受？当考虑到其他民族群众的实际，也给予了优惠政策，主体民族群众又有意见了。他们认为中央的政策是倾斜于他们，为什么其他民族群众能够享受，政策不失去了扶持的意义了吗？在边疆民族地区，政府为了解决好群众的居住问题，提出了消灭茅草房、农村危房改造计划。这项很受群众欢迎的计划，实际也存在着很大的隐患。由于所建设的房屋没有明晰的法律产权界定，没有产权证。这就为今后的利益纠纷留下隐患。随着市场经济在民族地区的扩大和发展，围绕房屋财产的矛盾冲突就会突出出来，成为一个严重的社会问题。

（三）民族政策的催化作用效果取决于具体的实施方案和科学的管理机制

改革开放以来，党中央对民族地区的发展给予了高度的重视，特别是西部大开发战略实施以来，在科学发展观的指导下，党中央为缩小民族地区与发达地区的发展差距，给予了民族地区一系列特殊优惠的政策。这些政策对民族地区经济社会的发展起到了十分重要的促进作用，极大地改变着民族地区面貌。但党中央的政策是从国家宏观战略的高度制定的，带有全局性的特点，而中国55个少数民族，民族自治地方情况千差万别，错综复杂，各种优惠发展政策在实践中，由于区域性的差异，出现了多种不同，甚至于出现与政策设计初衷相反的结果。从总体上看，在云南边疆民族地区实施的富民兴边行动、整村推进扶贫、农村危房改造政策、产业扶贫政策、农村劳动力转移培训政策、农村新型合作医疗制度等等，对促进民族地区性发展，提高少数民族地区经济社会发展水平起到非常积极的作用。尤其是党的十七大以来，首次系统地提出了改善民生的理念和政策取向，描绘了加快推进以改善民生为重点的社会建设全景，对于促进民族地区经济社会的全面发展，构建和谐民族关系，稳定边疆发挥了极其重要的作用。但统一的民族发展政策在一些地区经济社会效果非常突出，引发了翻天覆地的变化，而在另一些地区却没有产生显著的经济社会效果，甚至于出现新的矛盾。因此，民族政策在实施中，其催化作用的效用还取决于具体实施方案的设计、配套、主管机构和干部等多种因素。如在富民兴边行动中，一个民族自治县重点改善民族村的道路，修建了厕所，建设了文化广场，把自来水引进了千家万户，各家各户用上了卫星电视，可以说，富民兴边政策确实显著地提高了当地民族群众的生活质量。而另外相邻的一个县在一个民族村实施的富民兴边工程投入了 270 万元，计划实施解决群众的吃水、沼气池修建和卫星电视三项目标。由于工程设计缺乏精心策划，科学管理，结果水管进了各家各户，但没有水，因为没有找到能够保障全村供给的水源，民族群众戏称为"干管"工程；修了沼气池，但又因没有教会群众如何维护和保养，最后全部闲置。村里依然道路泥泞，没有厕所，没有水。钱投了，事做了，但群众生活水平没有得到真正改善，惠民政策最后没有真正发挥出应有的效果。可见，政策本身并不可能都会产生相应的效果，达到预想的价值目标。具体可行的措施，科学的管理机制，是政策实现其设计时的价值理念，发挥出催化作用的重要因素。

（四）注意民族政策鲜明的区域性特点

一项公共政策的制定和实施，尤其是带有扶持特点的民族政策，其在实践中的效率不仅取决于政策制定的价值取向，更重要的是取决于政策能够符合实际发展的需要。因为政策本身的价值设定并不意味着政策可以直接解决好问题，政策对问题的解决实际具有的是催化作用，实际的效果还取决于政策所设定的价值目标是否真正能够反映出民族地区的实际，反映出围绕问题各种关系之间的关联度。从这个角度上看，政策催化作用的效果取决于我们解决问题时"统筹兼顾"的高度。民族政策的催化作用只有在这项政策能够适应边疆民族地区的实际情况，能够对特定地区的资源实行充分催化的基础上，才能实现政策设计时预设的最大的效应。以某边疆民族地区与邻国计划建立跨境经济合作区为例。从项目设计的构想，我们能够利用跨境合作区的优惠政策，把自己企业的产品以邻国的产品形式出口，扩大对外开放。但我们没有充分考虑到，目前邻国被国际所孤立，本身并不是 WTO 成员国，如果我们希冀通过这种合作方式打开邻国市场，效果应该是显著的。但如果我们希冀借船出海，走向世界，这种目标目前就很困难，政策催化的效果就不明显。但是如果把这项政策给予另一个民族自治州，邻近的国家是 WTO 成员国，这个区域生产的产品可以享受优惠的出口配额和相关的优惠关税政策，这就非常有利于这个民族自治州的发展。新疆工作会议以后，一些边疆民族地区非常希望能够享受西藏自治区海关税收截留地方、改善口岸建设、基础设施的政策。但如果这些地区进出口交易额不是很高，尤其是云南省一些边疆民族地区，境外主要是反政府武装，这项政策的催化作用就会受到环境的极大制约。

四 加强民族政策研究:充分发挥民族政策在西南边疆多民族地区跨越式发展中的催化作用

(一) 坚持实事求是的思想路线，一切从民族地区发展的实际出发，加大民族地区对国家政策的特殊性需求分析

历史造成了边疆民族地区与发达地区存在着巨大的脱胎差异，现实的自然环境又加大了这种发展的差距。边疆民族地区的发展不可能通过借鉴发达地区成功经验，实现"常态"发展，而应该从边疆民族地区的实际情况出发，制定出适合民族地区区位环境、资源状况、经济发展实际的政策。民族地区现代化建设的发展模式，应该形成自身的发展特点。要实现民族地区跨越式发展，超常规发展，就应该发挥充分开掘民族政策的催化作用，利用特殊的政策优惠，催化民族地区实际存在的各种资源要素，激活民族自身发展的要求和精神，提高自我发展的能力。传统的模仿或照搬内地发达地区发展模式的超越式发展战略，盯住沿海发达地区的优惠政策，本身就是认识上的失误。例如深圳特区实施的政策并不一定适合云南边疆民族地区的发展要求。深圳特区面对的是比自己发展早，发展已经具有一定规模，发展需要需求新的增长点的香港。深圳的发展，是通过特殊优惠政策，利用土地环境、劳动力税收等资源与香港存在着势位差，让香港丰厚的资金技术产品等资源流入深圳。但云南边疆面对的是比自身发展更为落后的地区。在土地税收、劳动力等资源开发上并不占优势，而且从市场的发育程度、居民购买力等方面，邻国比我们落后，发展差距很大。因此我们的政策应该是鼓励"走出去"，利用邻国可能提供的国际条件，各种资源上的势位差,包括政策资源的优惠,让中国内地发达地区的产品、资金、技术等优势资源,经过云南流入东南亚、南亚、环孟加拉湾,也让中国内地发展需要的各种资源经过云南流入内地,促进中国的对外开放。云南边疆民族地区所能提供的招商引资的政策优惠,并不是其他邻国所需要的。而云南边疆民族地区发展最需要的资源,其他邻国也不可能大量提供。云南边疆民族地区发展的现实需要的恰恰是建立中国、中国西南地区通向东南亚、南亚,通向印度洋通道的政策。这种政策将有利于云南边疆民族地区把邻国资源与国内发达地区资源连接起来,使民族地区所处的资源实现最大的收益。

(二) 明确民族政策制定的价值取向

作为一个多民族构成的国家,民族本身构成了我国人民群体的重要组成部分。民族是人类社会发展到一定阶段必然出现并且长期存在的一种自然的社会历史现象。民族地区对国家政策的特殊性需求更重要的是体现在公平优先原则下的政策倾斜。公平原则与平等概念有着天然的联系,平等既是公平的核心价值,也是衡量公平的尺度。伦理学家威廉·弗兰克纳认为:"公正的分配的首要标准……是平等。"[①] 人们之所以在经济生活中要求公平,是基于"人是平等"这样一个基本的理想信念。平等作为人类追求的一个最基本价值,是衡量公平与否的标准,一种分配体制或评价的对象是否公平主要看它在多大程度上实现了平等及实现了哪一种平等。从这个意义上看,平等既是公平的前提,也是公平的结果。人类重视公平问题的目的就是为了实现其平等的基本权利。没有平等的要求或假设,就没有公平这一目标。马克思主义的态度应该是,不以机会均等反对结果平等,也不以结果平等去反对机会均等。两者是大系统中对立统一的一个小系统,相互依赖、相互促进。这样一来,公平的社会应该是每一个社会成员在权利与义务的分配上都得"其所应得",社会的政治、经济和文化诸领域都各自有一套体系与机制彼此相互作用,促进与保护公民的合理的权利与义务分配,体现每个人在享有所有社会的政治、经济和文化资源上的平等性。

---

① [美] 威廉·K. 弗兰克纳:《善的求索:道德哲学导论》,黄伟合等译,辽宁人民出版社 1987 年版,第 107 页。

从民族政治的角度来看，在民族国家实施政策的过程中，公平的价值目标就体现为对每一民族在"得其所得"方面所应当承担的"责任"和"义务"。事实上，在民族地区，党和国家政府一直是以民族区域自治制度的精神和要求探讨民族地区的发展问题。自治权是宪法赋予民族区域自治地区的法定权力，它是赋予区域自治地区的自治机关从本地实际出发，执行国家的法律、法规、规章、政策，管理本行政区域和本民族内部事务的自主权。根据1984年5月31日第六届全国人民代表大会第二次会议通过，并且于2001年2月28日第九届全国人民代表大会常务委员会第二十次会议修正，在《中华人民共和国民族区域自治法》中的第三章规定了自治机关的自治权，包括制定经济政策、开展对外经济贸易、财政转移支付、科学技术发展规划、教育、文化事业等各个方面的自主权力。作为以我国的《宪法》和《民族区域自治法》为生成依据的自治权力，它的权力来源和运行机制都是在中央的统一领导之下，所制定的自治政策或者条例也必须要由全国人民代表大会批准后生效。事实上，民族区域自治地方的自治权力并不是一种"地方分权"，中央权力对自治机关的"自治权"处于决定性的支配地位[①]。同时，在《宪法》第一百一十五条中明确规定了自治区、自治州、自治县的自治机关行使宪法第三章第五节规定的地方国家机关的职权，可见，民族区域自治地区的自治权行使机关和我国的一般地方行政机关有着"相同身份"意义上的本质属性。这种自治权力的行使也可以看作是一般地方机关的行政权力。所以，在自治权力的界定中，可以明确的是自治权力并不是一种权力的分割，而是在保持我国政治、经济体制不变的前提之下的一种政策的优惠或倾斜。可见，民族地区对国家政策的需求之中，公平原则就成为国家政策优惠的一种准则或者评价。

（三）强化对国家政策制定的环境需求与政策主题的理解

中华人民共和国成立后实行的是中央高度集权的计划经济体制。民族地区后发优势突出，潜力巨大，但经济社会发展滞后问题突出。在这种体制下，民族地区的发展在区域分工、固定资产投资、资源配置和生产要素

---

① 任新民、沈寿文：《我国民族区域自治"自治权"与国际社会"地方自治权"研究》，《云南民族大学学报》（哲学社会科学版）2010年第2期。

组合、经济发展的速度和效益等方面，受到计划的束缚和制约，民族地区的发展受到一定阻碍；但是国家又依靠中央权威，动用政府行政和计划手段，制定了一系列帮助少数民族发展的优惠政策，从另一个方面促进了民族地区的发展。1978年改革开放后，经过20多年的努力，市场经济体制的基本框架已经建立。中国加入WTO后，意味着中国的市场经济体制将与世界全面接轨，这就解除了对民族地区加速发展的体制束缚；但是市场经济体制改革和中国加入WTO，也给以往靠中央权威，动用政府行政和计划手段建立起来的一整套民族优惠政策的落实带来了挑战和困难，从另外一个方面制约了民族地区的发展。从长远看，这种挑战主要集中表现在以下两个方面：

一是许多民族优惠政策特别是经济优惠政策自行中止或功能减弱。据统计分析，新中国成立以来中央和云南省政府制定的民族特殊优惠政策，截至2008年，国家在民族地区施行的优惠政策中到2010年以后还能够继续执行的只有50项，已经停止施行的共有82项，平均稳定程度为37.88%，说明国家在民族地区施行的优惠政策变更频率较高、稳定程度相对较低、施行的连续性相对较差，而仍在继续执行的政策的功能也大大减弱了。特别是其中的经济政策，自行中止执行的更多。造成这种状况的一个重要原因，就是这些用行政和计划手段建立起来的优惠政策，在某种程度上是不符合市场经济要求的。以著名的"民族贸易三照顾"政策为例，所谓"民贸三照顾"政策，就是国家按照促进民族地区发展的指导思想，"在贸易上实行等价交换，但是有时还要有意识地准备赔钱"[①]的原则，允许经营民族贸易的国营企业经营"赔钱"的买卖，而国家对这类企业则在自有资金、利润留成和价格补贴等三个方面予以照顾，即民贸企业自有资金的80%由国家划拨，其余20%向银行贷款；民贸企业经营获得的利润，全部留用或比一般企业留用比例高；民贸企业对收购边疆民族地区的农副土特产品可实行最低保护价，对供应边疆民族地区的外来工业品实行最高限价，由此而形成的亏损由国家补贴。这一政策对边疆民族地区的稳定与发展带来了极大的功效，保证了最边远、最偏僻的山区民族都能出售土特产品，也能吃上盐巴、茶叶，点上煤油灯。但这一政策与市场经济规律却是冲突的。其主要原因是自有资金和利润留成照顾实际上是

[①] 《邓小平文选》第1卷，人民出版社1994年版，第167页。

把民族地区贸易系统中的民贸企业与专业公司,以及民贸企业中享受照顾的国营企业与其他合作企业、个体商贩置于不平等的竞争位置上,因而不符合市场经济公平竞争的原则;价格补贴中对工业品的最高限价和对农副产品的最低保护价,则不符合市场经济根据供求关系自由定价的原则等等。由于这些优惠政策不符合市场经济的要求,所以在市场取向改革不断深化的过程中,尽管中央三令五申要继续贯彻落实,如在1985年5月24日,经国务院办公厅转发的商业部《关于进一步发展少数民族地区商业若干问题的报告》规定:对民贸三照顾的县(旗)的商业(含供销社)企业,继续实行减税、免税;对少数主要工业品和农牧土特产品继续实行价格补贴;对自有流动资金不足的尽可能给予照顾;对民族贸易企业继续给予低息贷款[①]等等。然而事实上自1983年以后,这一政策便因难以贯彻而自行中止。

二是保护与发展民族优秀传统文化的政策难以落实。中国是一个由56个民族组成的大花园,云南则是全球仅存的民族文化多样性最为丰富的少数几个地区之一。邓小平把保护、发展和提高民族文化放到了与民族平等、经济发展同等重要的位置,中国的《宪法》《民族区域自治法》《文物保护法》都对保护与发展民族文化作了专门规定,云南省还于2000年颁布实施了《云南省民族民间文化保护条例》。然而,随着现代化进程和社会转型速度的加快,云南各少数民族的传统文化正面临着前所未有的冲击。以经济建设为中心的现代化进程和以建立市场经济体制为核心的社会转型,驱动着各民族为获取更多的物质利益而奋斗。由于经济社会发展长期滞后,一些民族,特别是弱小民族逐渐对自己的文化丧失了信心,出现了盲目模仿其他生活方式的倾向,致使民族服饰、语言、传统民居、歌舞艺术、礼仪习俗以及生态文化等,都出现了流失加剧的危机。在奔向现代化的迫切心情驱使下,传统的价值观和生活方式对青年一代失去了吸引力。在对外来文化和本民族传统文化的双重认同矛盾之间,很多人选择了前者,从而形成了民族文化自我认同的危机。两个危机交织在一起,就有可能使少数民族历经数千年历史发展积淀下来的珍贵民族文化遗产,在二三十年或更长一段时期内大部分消失。面对这两个危机,中国的民族文化保护与发展政策因过于笼统,实际上很难有效地发挥遏制民族文化流失的

---

① 郭大烈、董建中:《中华民族知识通览》,云南教育出版社2000年版,第383页。

实际作用。

(四) 建立科学的民族政策评估机制

中国政府制定的民族平等、民族团结、民族区域自治和各民族共同发展、共同繁荣的民族政策，从总体上讲，无论是在计划经济条件下还是在市场经济条件下都是正确的，只是其中的许多具体政策，在市场经济条件下其可行性大大降低了。特别是伴随着国家全面融入全球化进程，市场经济体制不断完善，社会利益分化突出的情况和问题，在民族政策落实和民族自身发展面临的挑战中，我们既不能重走老路完全动用行政手段来解决，也不能放任不管，"如果我们放任各民族在不同的起点上自由竞争，结果是可以预见的，那就是水平较低的民族走上淘汰灭亡的道路"。[①] 面对着新的政策主题，可行的办法是把计划和市场两种调节手段有机地结合起来，把政府的宏观调控、政策倡导与企业和农户家庭的独立自主运作有机地结合起来，构建与市场经济体制和 WTO 规则相适应，又有利于帮助少数民族发展的新的具体政策体系。适时分析民族政策的实践环境，也就是既定民族政策贯彻执行环节所处的环境。

由地理环境、气候环境、生物环境组成的自然环境具有复杂性、多样性、区域性的特点，这些特点决定了一项民族政策的执行要根据不同的实际情况灵活执行，避免一刀切。这也决定了国家政策要么给出宏观指导意见，由民族自治地方配之以具体方案；要么具体针对某一区域的特点，将政策微观化、细致化。同时，由于生态环境恶化、自然灾害频发，民族政策在执行的过程中必须考虑生态成本，在进行政策评估时，要将生态效益与经济效益、社会效益一并考虑。党的十七大提出的"生态文明"建设任务为现阶段的民族政策实践环境增加了关心生态的新内容。由社会经济环境、社会政治环境、社会文化环境等要素构成的社会环境具有时代性、综合性、主题性的特点。社会环境的时代性表现在 21 世纪的民族政策执行既要面对全球化的潮流，又要保持民族性的特点，共性与个性同时关照；社会环境的综合性是指在和谐社会构建的关键期，既要重视民主政治建设，又要加快少数民族和民族地区的经济社会发展，还要重视民族文化建设和各项社会事业的建设，现阶段我国民族政策的实践环境表现出前所

[①] 《邓小平文选》第 1 卷，人民出版社 1994 年版，第 162 页。

未有的综合性特点；社会环境的主题性是指在现阶段民族政策面临解决一些必要的主题，比如民族地区的生态环保问题、少数民族和民族地区经济社会快速发展的问题、人口较少民族的发展问题、民族扶贫问题、西藏和新疆等边疆地区稳定发展的问题等等。政策实践环境的变化要求民族政策随之而动，要阶段性地评估、终结一些失效的、与现行环境脱节的政策。

当今的中国民族问题不同于新中国成立初期，也不同于改革开放之初的20世纪八九十年代。当前我国民族问题的主要变化是：第一，少数民族和民族地区的发展差距问题仍然是我国民族问题的主要内容，但这些差距的表现已从较广泛的"面"向较集中的"点"聚集，比如空间上向南疆、青藏高原东缘、宁夏的西海固、武陵山区、乌蒙山区、滇西边境山区等地集中，内容上向民生问题集中等。第二，民族地区开发中的生态环境问题及少数民族的权益保护问题日益突出。新世纪西部大开发战略实施以来，民族地区的资源性开发呈现出空前的规模。尽管各项政策和法规条例对生态环境保护问题给予了足够的关注，但一些企业和利益集团的违规行为仍然对当地的生态环境造成了严重破坏。与此同时，在移民、拆建、开矿等过程中忽视当地少数民族权益，屡屡形成纠纷。第三，随着城镇化和市场经济的深入，民族的散居化程度不断扩大，民族之间的交流在加深，而文化差异带来的矛盾和利益纠纷也在增多。第四，受民族发展规律和信息化的推动，人们的民族意识在提升，而这种提升不仅仅发生在少数民族那里，也出现在汉族群体之中；不仅仅涉及历史文化，也联系到了现实问题。此外，对民族团结、社会稳定和国家统一极具危害性的民族分裂主义呈现更加明显的国际化倾向，手法更为多样。

民族政策是党的民族平等、民族繁荣理论、民族区域自治法在民族地区经济社会发展领域的体现。实现民族平等、民族繁荣从根本上取决于民族自主意识、自主能力的提高。民族区域自治法的实质是尊重和保护各少数民族自主管理、自我发展的权利。民族政策的制定应该以培育少数民族地区在经济社会发展中的自力更生精神、自主权利为主要价值取向。"特殊优惠"政策的目的不是意味着我们要包办代替民族自身的发展，而应该是催化激活民族地区自我发展的活力。民族政策作为一项公共政策，是国家对社会资源进行的权威性价值分配，实质是在国家内部进行利益或价值的分配与再分配。因此，民族政策的价值取向，从表面上看，应该体现国家在多民族内部利益关系上，对边疆各民族希望得到的利益特殊诉求的一种倾斜，一种关怀。某民族自治县地震重建工作中，根据上级要求，要在当年 12 月前，让群众全部住进新房子的政治要求下达后，群众普遍感到没有资金和物资。于是政府召集银行，由政府担保，紧急贷款给群众修建住房。由于没有认真对计划进行全面研究，虽然群众住房很快建设好。但到了归还贷款的日期，群众不愿意归还银行贷款。他们认为政府当时催他们贷款，他们已经表示没有能力，但政府根本不考虑他们的意见，现在他们没有能力偿还银行。矛盾逐渐显现，埋下了社会不稳定的因素。过去我们对民族地区的发展采取内地普遍适用的配餐政策，力图激发民族地区自力更生的精神，但实践中往往是失败的。因为边疆民族地区发展水平落后，他们没有能力提供资金完成项目的配套工程。因此，民族政策对民族自力更生精神的催化作用方式，应该考虑边疆民族地区的实际情况。如很多地区在整村推进、富民兴边工程中，让当地民族群众以劳力投入的形式对项目进行配套，以自己丰富的资源、优势的资源来弥补自身资源的不足。这种做法在实践中收到了很好的效果。如普洱市墨江县班茅村天宝山组新农村建设中，危房改造、村容村貌整治、道路硬化、科技文化室建设等项目共需要资金 59.6 万元。项目实施时，省级补助 15 万元资金，整合资金 15 万元，村民们则以投工投劳及自筹 29.5 万元。结果项目完成很好，做到了让群众满意。大量的事实证明，民族地区的群众具有自我发展的动力和自我发展的潜力，关键是我们如何设计政策，如何发挥出政策的催化作用。

（五）扩大民族的对外交往是民族政策中的重要内容

人类文明和进步的历史就是交往发展的历史。原始群落的扩大，部落的形成，宗教的综合以及区域性的发展，直至世界整体性的发展皆如此。民族政策的催化作用，应该集中在不断扩大民族的对外交往方面。由于历史自然环境和现实情况等多种因素的影响，民族地区，尤其是边疆民族地区对外交往程度比较低，市场经济刚刚发展时，水平层次都不高，当地干部缺乏市场经济的基本知识，不了解、不熟悉如何提高本地资源要素的价值、如何改变资源开发与资源配置方式、如何通过市场经济促进地方经济的加速发展，甚至于一些民族干部对市场经济的感触都没有。对现代文明的陌生，又如何谈得上驾驭复杂的市场经济，如何谈得上让民族地区资源收益的最大化，让资源优势转变为民族地区发展优势，又如何推动民族地区现代文明的进步。改革开放以来，我们所采取的学历教育、党校培训、对口支援、干部异地挂职锻炼等多种措施，不仅增强了他们加快民族地区发展的紧迫感，激发了他们努力奋斗的精神，也开阔了他们发展的眼界，使他们学会了借鉴利用先进文明成果来促进自己发展的能力。同时，通过招商引资等开放政策，将内地发达地区文明带入民族地区，加快民族地区传统文明与各种文明间的交流交融，为民族地区的跨越式发展创造了良好的思想条件、社会条件。加大民族地区对外开放的深度和广度，应该成为提升未来民族政策催化作用的重要内容。

（六）注意突出民族政策区域性不平衡性的特点，解决好国家宏观民族政策的具体化，相应政策配套的问题

一个民族地区的发展，是各种不同资源在不同层面不同结构的组合。边疆民族地区人才的素质是影响民族政策催化作用效果的关键因素。民族政策本身只是一种资源，资源的效应在于制定应用政策的人。在边疆民族地区，民族干部的素质，包括对党和国家宏观政策的理解与把握，对民族地区特殊情况的熟悉，对当地民族历史传统的了解，对群众工作方法的创新意识，对社会利益矛盾协调的能力，对发展地方经济的思考和驾驭能力等，都决定了民族政策实施的效果。加强民族干部的培养工作，不断提升民族干部驾驭复杂市场、推动政治文明建设、促进先进文化、应对问题、构建和谐社会的能力，不仅是民族政策的重要内容，也是提升民族政策催化效应的人才保障。

第 九 章

中国特色社会主义在西南边疆多民族地区探索与实践推动了马克思主义民族理论中国化的历史进程

中国特色社会主义在边疆多民族地区的探索与实践中,我们不仅始终坚持把马克思主义基本原理同中国民族问题的实际相结合,更重要的是"相结合"后形成了中国特色社会主义民族理论,在解决中国民族问题的道路、理论和制度方面,形成了自己的实践特色、理论特色、民族特色和时代特色。总结中国特色社会主义在西南边疆多民族地区探索和实践的经验,对丰富马克思主义民族理论中国化,进一步推进中国特色民族理论的学术话语体系建设,丰富马克思主义民族理论的中国特色、中国风格和中国气派具有十分重要的意义。理论是实践经验的系统化。把中国特色社会主义在西南边疆多民族地区探索和实践的经验上升到理论的高度,不仅丰富、促进马克思主义民族理论中国化的进程,而且逐步形成中国特色社会主义民族理论。

一 马克思主义民族理论中国化是中国特色社会主义在西南边疆多民族地区探索与实践的必然要求

(一)关于马克思主义民族理论的中国化

金炳镐等认为:马克思主义民族理论中国化是中国共产党建党 90 年来在我国革命、建设、改革的各个历史时期,把马克思主义民族理论和中国民族和民族问题的具体实际相结合,提出的一系列与时俱进的民族理论、制定的一系列行之有效的民族政策的科学理论体系。① 该文作者也把马克思主义民族理论中国化具体化为四个方面，即毛泽东民族理论、邓小平民族理论、中国共产党第三代中央领导集体的民族理论、以胡锦涛为总书记的中央领导集体的民族理论。

赵刚认为：关于马克思主义民族理论中国化的科学内涵，学者们的语言表述虽有不同，但都深刻把握了马克思主义民族理论中国化的思想本质，即马克思主义民族理论与中国具体的实际的民族问题相结合。我们不应该满足于这一层面的解释，而应该从价值层面、理论层面和实践层面具体地系统地阐述马克思主义民族理论中国化的科学内涵。从价值层面来看，马克思主义民族理论中国化的价值追求是使马克思主义民族理论能够解决中国具体的实际的民族问题；从理论层面来看，马克思主义民族理论中国化就是将中国解决民族问题的实践经验上升为理论；从实践层面来看，马克思主义民族理论中国化就是使马克思主义民族理论真正转化为解决民族问题的物质力量。从这三方面来看，马克思主义民族理论中国化的科学内涵可以解释为：以解决中国具体的实际的民族问题为目标，以马克思主义民族理论与中国具体的实际的民族问题相结合为手段，不断总结实践经验并把中国化的马克思主义民族理论马克思主义化，用中国化的马克思主义民族理论指导实践并解决中国民族问题的过程。

一般而论，我们对马克思主义民族理论中国化问题上的普遍共识，就是马克思主义民族理论与中国具体的实际的民族和民族问题相结合的过程，突出特点是"相结合"，这是马克思主义民族理论中国化科学内涵的核心内容和本质规定，但是，马克思主义民族理论中国化的历史起点和逻辑是什么？其所包含的具体内容、马克思主义民族理论中国化的基本特征，马克思主义民族理论中国化中几代中国共产党领导集体关于民族问题的认识之间一脉相承、与时俱进的关系是什么？中国特色社会主义在西南边疆多民族的探索与实践的研究促进我们进行深入的思考。

1. 马克思主义民族理论中国化的本质规定

马克思主义民族理论中国化是马克思主义民族理论基本原理与中国具

---

① 金炳镐、金东杰、陈永亮：《中国共产党与马克思主义民族理论中国化——纪念中国共产党建党 90 周年民族理论系列论文之一》，《黑龙江民族丛刊》2011 年第 1 期。

体民族和民族问题实际相结合的过程,"相结合"是一个普遍共识。但是,我们必须注意到,"相结合"并不是简单地把马克思主义民族理论几个基本概念套用在中国解决民族问题的政策上,为我们的政策寻找一个权威性和合法性。"相结合"本身是指马克思主义民族理论的价值目标、基本立场、基本观点和基本思路体现在我们解决民族问题的实践工作中。"相结合"的历史进程,同时也就是"化"的历史进程。"马克思主义民族理论中国化","化"是关键,"化"包含两层含义:一是"相结合",从中国实际出发,坚持马克思主义的指导思想,把两者有机地结合起来;二是指"相结合"以后,原来的理论已经化茧为蝶,生成一种新的形态,也就是"中国特色社会主义民族理论"。一般而论,所谓"特色"就是指一种事物在与同类事物相比较中,从不同角度展现出来的不同于同类事物的特点。在"中国特色社会主义民族理论"的概念中,所谓"中国特色"就是与其他各种形式的社会主义民族理论、思潮和解决民族问题模式在道路、理论体系和制度相比较而产生、表现出来的不同点。"相结合"不是简单的相加,而是融会贯通,产生新的东西,这种东西既坚持马克思主义民族理论的基本原则,又具有自己的特点,这就是我们所说的"特色"。马克思主义民族理论中国化在改革开放时期,产生的成果就是"中国特色社会主义民族理论"。如何界定"中国特色社会主义民族理论"呢?我们认为可根据党的十八大报告对中国特色社会主义的界定,把中国特色社会主义民族理论看作是:既坚持了马克思主义民族理论的基本原则,又根据时代条件赋予其鲜明的中国特色,以全新的视野深化了我们党对中国民族问题规律、社会主义民族问题规律、人类社会民族问题发展规律的认识,从理论和实践的结合上系统回答了在中国这样一个中央集权制下多民族从不同历史发展阶段进入社会主义,如何实现各民族"共同团结奋斗、共同繁荣发展"的根本问题,推进了民族团结和谐,国家统一,实现国家社会主义现代化和中华民族伟大复兴。

2. "中国特色社会主义民族理论"是在推进马克思主义民族理论中国化的历史进程中,中国共产党人几代集体一以贯之的接力探索中一脉相承、与时俱进发展起来的

"马克思主义民族理论中国化"与"中国特色社会主义民族理论"是两个层次的问题。但从民族问题是社会总问题的一部分的角度看,"马克思主义中国化"包含两个不同的历史发展阶段,产生两个不同的理论成果。在完成民族独立、人民解放的历史任务中，实现了马克思主义中国化的第一次历史性飞跃，产生了一个理论成果——毛泽东思想。在实现国家富强、人民富裕、民族伟大复兴的历史进程中，马克思主义中国化产生了第二次历史性飞跃，形成了中国特色社会主义的理论成果。那么，我们也必须注意到中国共产党在解决民族问题上也分为两个阶段，一是消灭民族剥削和民族压迫，为各民族平等团结创造政治条件；二是加快少数民族地区发展，提出各民族"共同团结奋斗、共同繁荣发展"。因此，两个不同的历史阶段，不同的民族问题，应该形成马克思主义民族理论中国化进程中两个不同的理论成果——毛泽东思想的民族理论与中国特色社会主义民族理论。

党的十八大报告指出："以毛泽东同志为核心的党的第一代中央领导集体带领全党全国各族人民完成了新民主主义革命，进行了社会主义改造，确立了社会主义基本制度，成功实现了中国历史上最伟大的社会变革，为当代中国一切发展进步奠定了根本政治前提和制度基础。"[1] 在解决民族问题上，毛泽东关于民族区域自治、慎重稳进、因地制宜、分类指导，注意在各民族之间的相互联系、相互影响、相互帮助、破除大汉族主义，反对两种民族主义、给予少数民族特殊优惠政策等重要思想，对开创中国特色社会主义民族理论提供了宝贵经验、理论准备、物质基础。但是，毛泽东对社会主义民族问题的探索始终没有超越"民族问题实质上是阶级问题"的阶级斗争思维。党的八大以后，在提出"以苏为鉴"以后，毛泽东开始了对中国自己的社会主义道路的探索。但这种探索总体上仍然是以书本式教条主义、主观主义唯心主义为基本特征，仍然坚持"以阶级斗争为纲"的指导思想。这种错误思想是导致我国民族问题发展中出现大的曲折与反复的理论根源。

中国特色社会主义则是我们党在改革开放三十多年一以贯之的接力探索中形成和发展起来的。中国特色社会主义始终坚持以经济建设为中心，以坚持改革开放和四项基本原则为特征，坚持走自己的路，围绕"三个基本问题"，深化了我们党对"三大规律"的认识，推动了中国现代化建设和中华民族伟大复兴。因此，我们必须按照习近平同志的要求，不要割

---

[1] 胡锦涛：《坚定不移沿着中国特色社会主义道路前进，为全面建成小康社会而奋斗——在中国共产党第十八次全国代表大会上的报告》，《人民日报》2012年11月8日。

断两段历史,用改革开放后的历史否定改革前的历史,也不能用改革开放前的历史否定改革开放后的历史。"马克思主义民族理论中国化"应该包含毛泽东思想、邓小平理论、"三个代表"重要思想和科学发展观,但"中国特色社会主义民族理论"应该是指邓小平理论、"三个代表"重要思想和科学发展观所构成的道路、理论体系和制度。中国特色社会主义在西南边疆多民族地区的探索首先是在实践发展进程中丰富了"中国特色社会主义民族理论",从时代发展的高度推进了"马克思主义民族理论中国化"的历史进程。

3. 马克思主义民族理论中国化和中国特色社会主义民族理论的历史起点和逻辑起点

我国是一个多民族国家,今天的56个民族是历史上众多民族长期发展、融合的结果,长期的发展和融合不仅使我国的56个民族结成了"你中有我,我中有你"的血肉关系,而且已经将各民族的命运凝聚在一起。在统一多民族国家的形成与发展过程中,各民族包括历史上已经消失的民族都做出过重要的贡献,汉、唐时期的汉民族,对中国的形成起到了奠基的作用,其后蒙古族建立的元朝和满族建立的清朝则巩固和发展了中国。各民族共同创造中国疆域的历程,实际上也是各民族不断交融、逐步形成中华民族多元一体的历史过程。

多元一体的中华民族,既是一个民族共同体概念,又是一个国族概念。"多元"指统一多民族国家形成过程中各民族所具有的"个性"和"特质",即各民族在语言、地域、经济、文化心理等方面所具有的多样性和表现形式上的特殊性;"一体"指各民族在共同发展过程中相互融合、相互影响所形成的共同特征和"一体化"趋势。这种由多元到一体的特点在中华民族形成过程中自始至终都存在着。[①]

随着现代民族国家的形成,在各民族关系上,汉族与少数民族、各少数民族之间的关系、各民族与中华民族之间的关系成为国家政治关系发展中的重要内容。在意识形态上随之产生了各民族对国家的认同,对中华民族的认同,对中华文化的认同的问题,这是我们研究马克思主义民族理论中国化的逻辑起点。

---

① 马大正:《中国疆域的形成与发展》,《中国边疆史地研究》第14卷,2004年9月第3期。

中国各民族争取民族独立、人民解放的斗争是马克思主义中国化的历史起点。鸦片战争以后，帝国主义的侵略使中国社会的性质发生了根本性变化，独立的中国逐步沦为半殖民地的中国，封建的中国逐步沦为半封建的中国。近代中国的社会性质决定了社会主要矛盾是帝国主义与中华民族的矛盾，封建主义与人民大众的矛盾。而帝国主义与中华民族的矛盾，又是各种矛盾中最主要的矛盾。推翻帝国主义和封建主义的反动统治，实现民族独立、人民解放，实现现代化和中华民族伟大复兴成为中国多少代志士仁人的理想和追求，凝聚成中华各民族的"中国梦"。中国社会的性质促使中国的民族关系也发生了巨大的变化。中国各民族开始具有了中国国家意识、中华民族的民族意识，在中华民族的政治利益、中华民族感情方面产生了共同认识上的质与量的变化。在争取民族独立、人民解放的长期斗争中，各民族人民团结起来，共同奋斗，不断培育起对国家的认同，对中华民族的认同，对中华文化的认同。共同建立了新中国，建立了社会主义基本制度。

中国各少数民族从不同的历史发展阶段进入社会主义，由于历史发展脱胎差异而产生的代差效应，各民族之间经济社会发展水平不平衡、不协调，甚至于在社会主义初级阶段中还处在低层次的发展水平，"现阶段，我国的民族问题，比较集中地表现在少数民族和民族地区迫切要求加快发展"。"搞好民族工作，增强民族团结的核心问题，就是要积极创造条件，加快发展少数民族和民族地区的经济文化等各项事业，促进民族共同繁荣。这既是少数民族和民族地区人民群众的迫切要求，也是我们社会主义民族政策的根本原则。"[①] 这是中国特色社会主义民族理论形成与发展的逻辑主线。斯大林最早提出，在建设社会主义制度后民族问题仍然存在，只是本质上不同于以往社会历史发展中的民族问题：

在苏维埃联邦国家内，不再有被压迫民族和统治民族，民族压迫已经消灭，但是，由于文化较发达的民族和文化不发达的民族之间还存在着旧的资产阶级制度遗留下来的事实上的不平等（文化的、经济的、政治的），民族问题就具有一种形式，这种形式要求规定一些措施来帮助各落后民族和部族的劳动群众在经济、政治和文化上繁荣起来，使他们有可能

[①] 金炳镐主编：《民族纲领政策文献选编》，中央民族大学出版社2006年版，第760页。

赶上走在前面的无产阶级的俄国中部。①

并且，实现民族间事实上的平等是一个漫长而艰巨的历史任务，"事实上的民族不平等之消灭是一个长期的过程，这个过程要求我们跟民族压迫和殖民奴隶制的一切残余作顽强而坚定的斗争。这里，民族的不平等直到现在还是奠基于历史上形成的经济不平等之上"。②但实现民族间事实上的平等是可行的，解决问题的根本之道就是实事求是，一切从实际出发。斯大林指出："某个民族所处的经济、政治、文化的条件便是解决该民族究竟应当怎样处理自己的事情和它的未来宪法究竟应当采取什么形式这一问题的关键。同时，很可能每个民族解决问题都需要用特殊的方法。如果在什么地方必须辩证地提出问题，那正是在这个地方，正是在民族问题上。"③根据各少数民族地区进入社会主义处于不同历史发展阶段所形成的脱胎差异，从各民族经济社会发展处于社会主义初级阶段的不同层次，坚持以发展才是硬道理，发展是解决民族问题的关键，消除各少数民族经济社会发展等方面事实上的不平等，实现各少数民族在经济文化社会发展方面的平等，促进各少数民族共同团结奋斗、共同繁荣发展就成为中国特色社会主义民族理论的主要内容。坚持历史和逻辑的辩证统一，就是坚持从中国多民族国家中各民族如何解决好一个多民族国家如何从不同历史起点实现两个共同作为逻辑主线。

4. 中国特色社会主义民族理论包含实践道路、理论形态和制度建设三个方面的基本内容

首先，实践性是马克思主义民族理论中国化的突出特点，是中国特色社会主义民族理论形成发展的源泉。坚持实践是认识论中首先的和第一的观点，即坚持通过实践创造突破传统理论设想的束缚，用实践中的创造推动理论的创新，用新的理论开创更辉煌的局面。改革就是坚持通过实践中的大胆创造，寻求解决社会主义理论构想与具体实践的矛盾冲突，推动社会主义发展的最好形式。中国共产党在长期的革命、建设和发展中的实践中，坚持实事求是的思想路线，不断深化对中国民族问题的认识，提出解

---

① 中国社会科学院民族研究所编：《斯大林论民族问题》，民族出版社1990年版，第187页。

② 中国社会科学院苏东所、国家民委政策研究室编：《苏联民族政策文件汇编》，科学文献出版社1987年版，第416页。

③ 《斯大林全集》第2卷，人民出版社1956年版，第309页。

决好民族问题的政策措施，推进了马克思主义民族理论中国化的进程。改革开放以来，我们立足于中国社会主义初级阶段民族问题的实际，始终坚持"在新的历史时期，搞好民族工作，增强民族团结的核心问题，就是积极创造条件，加快发展少数民族和民族地区经济文化等各项事业，促进各民族共同繁荣。这既是少数民族地区人民的要求，也是社会主义民族政策的根本原则"。[①] 党和国家立足于少数民族地区处于并长期处于社会主义初级阶段，甚至于初级阶段低层次的实际，制定了一系列相关政策措施，采取多种形式积极帮助少数民族地区实现经济社会全面发展。特别是沿边开放、对口支援、西部大开发战略，在西南边疆多民族地区建设面向东南亚、面向南亚、环印度洋地区开放的重要桥头堡等一系列重大的战略行动，有力地促进了少数民族地区的发展。少数民族地区在自身发展中团结合作，坚持跨越式发展的思路，充分利用好国家政策，坚持科学发展观，不断深化改革，扩大对外开放，在实践中大胆探索、大胆去试、大胆去闯，创造出许多加快边疆多民族地区发展的宝贵经验和发展模式。同时，边疆各民族在和睦相处，维护祖国统一，实现边疆稳定中也创造出许许多多的经验模式。中国实践中的探索不仅是中国特色社会主义民族理论的实现途径，是中国社会主义民族理论的特色，也是推进马克思主义民族理论中国化进程的重要动力。

其次，在中国特色社会主义民族理论的形成与发展中，我们党非常注意对改革开放实践的总结和提炼，注重总结在一个多民族国家，从各民族处于不同历史发展阶段的实际出发，在探索实现各民族共同团结奋斗、共同繁荣发展，同心同德，实现社会主义现代化和实现中华民族伟大复兴道路中的经验和基本规律，形成了中国特色社会主义民族理论体系。中国特色社会主义民族理论是由一系列基本范畴，按照特定的逻辑结构形成的体系。一是对"民族"概念的认识和界定。从中国社会发展实际深化对民族概念的认识和把握，是我们认识当前民族关系、民族问题的基点。没有对"民族"概念的科学界定，就失去了对民族关系、民族问题认识的客观依据。二是在多民族国家中民族关系的理论认识和界定。民族关系是制定民族工作主题的重要依据。从传统的民族歧视来认识民族关系、民族问题，发展到在国家发展进步中"两个离不开"、"三个离不开"的关系来

---

① 金炳镐主编：《民族纲领政策文献选编》，中央民族大学出版社 2006 年版，第 760 页。

认识民族关系和民族问题，进一步发展到在现代化和中华民族伟大复兴事业是中国各民族共同的事业，需要各民族共同团结奋斗、共同繁荣发展。这不仅深化了马克思主义关于民族独立和各民族平等、团结、繁荣的基本观点，而且具有鲜明的中国特色。三是在一个多民族国家如何更好地维护好各民族平等的权利，实现各民族团结共同繁荣进步。中国共产党在国家结构上形成了民族区域自治理论。这个理论从中国各民族发展不平衡、存在着事实上不平等的实际出发，在国家权力结构的设计中充分体现了对少数民族权利救济方式，实现宪法规定的权利平等价值取向，为实现各民族共同团结奋斗、共同繁荣发展提供了理论指导。四是各民族实现历史性跨越的理论。民族问题的根源在于各民族发展的不平衡，发展的差距和水平。马克思主义从社会变革的角度提出在特殊历史条件下，落后民族可以跨越资本主义卡夫丁峡谷的历史性跨越理论。中国各民族从不同历史发展阶段进入社会主义社会的实践，丰富和发展了马克思主义关于历史性跨越的理论。但各民族生产力水平、经济方式、文化事业和社会发展等方面的历史差距，不可能随着各民族进入社会主义而得到迅速解决。因此，我们在中国特色社会主义实践中，始终坚持立足于各民族实际发展情况，坚持把发展作为解决民族问题的出发点和归宿，采取了一系列旨在加快各民族和民族地区发展的政策措施，通过跨越式发展尽快缩小各民族和民族地区的发展差距，为各民族共同团结奋斗、共同繁荣发展创造良好的社会条件。跨越式发展实现了马克思主义关于落后民族实现历史性跨越理论的中国化，形成了中国在多民族国家解决民族问题理论的重要内容。

最后，民族区域自治制度是中国特色社会主义的保障。"现代民族国家的建立所产生的一项重大挑战，是如何在追求国家政治共同体的整合，维系主权统一的前提下，保存民族多样性，坚持多元文明融合与调整"。[①]国家政治体系是统治阶级政治理想和价值的制度化体现。任何一种政治体系的建立和发展，首先是源于一种价值关系。社会主义的价值追求是实现人民当家做主，最终实现"人的全面自由发展"。从社会主义的本质及未来的价值目标出发，马克思主义形成了在对待和处理民族问题上的民族平等、民族共同繁荣进步的理论。我们党根据中国各民族之间的关系和民族问题的性质，把马克思主义民族理论的基本原则以民族区域自治制度形态

---

① 戴小明：《民族区域自治的宪政分析》，《中南民族大学学报》2004 年第 9 期。

给予巩固和发展。民族区域自治制度在各民族政治权利平等原则下，通过政治权力结构的设计，使少数民族能够分享到一些特殊的权力，更好地获得国家力量的帮助，促进民族地区的发展，缩小与其他地区的发展差距，维护自身利益，为实现宪政意义上的政治权利平等创造条件。在《中华人民共和国民族区域自治法》序言中，指出："民族区域自治是在国家统一领导下，各少数民族聚居的地方实行区域自治，设立自治机关，行使自治权。实行民族区域自治，体现了国家充分尊重和保障各少数民族管理本民族内部事务权利的精神，体现了国家坚持实行各民族平等、团结和共同繁荣的原则。"改革开放以来，民族区域自治制度的不断完善和发展，为各民族共同团结奋斗、共同繁荣发展提供了制度保障。

二 中国特色社会主义民族理论的特征

理论是由一系列基本范畴，按照特定的逻辑结构形成的体系。不同的范畴和不同的逻辑结构形成了不同的理论特色。理论是实践经验的总结和对经验的系统化。中国特色社会主义民族理论是中国特色社会主义民族发展道路的系统化、理论化的表现形态。这种表现形态既坚持了马克思主义民族理论的基本原则，又充分体现了中国特色社会主义民族实践中的政策、纲领和经验，抽象出了中国特色社会主义民族问题一般性的本质，揭示了中国特色社会主义民族问题的发展规律。对中国特色社会主义规律的认识，为中国特色社会主义的实践提供了行动指向。

（一）中国特色社会主义民族理论对"民族"概念的界定

"民族"是民族关系、民族问题的主体，是我们认识和解决民族问题的支点。从中国社会发展实际深化对民族概念的认识和把握，应该是中国特色社会主义理论建设最重要的一步。斯大林在马克思民族理论发展史上提出了第一个完整的科学的民族定义，他在《马克思主义和民族问题》一文中提出："民族是人们在历史上形成的一个有共同语言、共同地域、共同经济生活以及表现于共同文化上的共同心理素质的稳定的共同体。"[①]斯大林提出的这个民族定义，看法深刻且具有启发性，对于各国马克思主

[①]《斯大林全集》上卷，人民出版社1979年版，第64页。

义政党解决民族问题具有普遍的指导意义，特别在当时对全面论证和正确阐明苏联党的民族理论和民族政策，批判第二国际机会主义的民族纲领起到了重要作用。一百年来，斯大林的民族定义为世界各国马克思主义者所认同和使用，被当作制定民族政策和进行民族识别的理论依据。

但是，斯大林的民族定义在当时的苏联和后来的中国都引发了较大争议。一方面，斯大林在论述民族共同语言、共同地域、共同经济生活和共同心理素质"四个特征"的同时，强调"四个共同"特征缺一不可，"只有一切特征都具备时才算是一个民族"[1]；另一方面，"民族不是一个普通的历史范畴，而是一定时代即资本主义上升时代的历史范畴"[2]。在认识和考察民族现象时，以斯大林的民族定义来看，无疑会出现矛盾之处。一是假设一切民族只能产生于资本主义上升期，也就是说，在此之前没有真正的民族形成，那么许多原本确定无疑的公认的民族单位都必须排除于世界民族之林之外，包括中国的汉民族。二是斯大林坚持"四个共同"特征缺一不可，那中国的各个少数民族就无法被当作民族来看待。斯大林本人坚持说中国的回族不是一个民族，由于没有独立的民族语言，其只能算是一种宗教集团，这显然与中国的历史和社会现实相悖。于是，斯大林的民族定义在中国成为一个论争不断的问题。对于这个定义，我们必须坚持具体问题具体分析的思维方法，辩证地予以看待，以历史和发展的眼光来评价。

改革开放以来，我们党逐步形成了对"民族"概念的认识。2005年5月，中国共产党在关于民族问题的基本理论和政策的阐述中指出："民族是在一定的历史发展阶段形成的稳定的人们共同体。一般来说，民族在历史渊源、生产方式、语言、文化、风俗习惯以及心理认同等方面具有共同的特征。有的民族在形成和发展的过程中，宗教起着重要的作用。"[3]这是迄今为止中国共产党在民族概念问题上的新观点和新见解，是对斯大林民族定义的新突破，是中国共产党人在民族理论问题上与时俱进的新体现，是中国特色民族理论研究的新成果。民族的六个共同特征是民族形成的关键性因素，也是构成一个民族的基本条件。民族的六大特征是相互联

---

[1] 《斯大林全集》上卷，人民出版社1979年版，第64页。
[2] 同上书，第69页。
[3] 国家民族事务委员会、中共中央文献研究室编：《民族工作文献选编》（2003—2009年），中央文献出版社2010年版，第91—92页。

系的，它们相互依赖、相互制约，每一个具体特征都在民族特征总体中处于一定的位置，起着一定的作用。

一是共同历史渊源。历史渊源主要是指民族起源的地域渊源（地缘）、族体渊源（族源）等。民族是一种客观存在的实体，族源和地缘是必不可少的前提和基础。族体渊源就是族源，是指组成一个民族的人们具有氏族、部落等起源的共同性或同源性。地域渊源与共同地域密切相关。共同地域是指组成一个民族的人们共同居住生活的地区，是一个民族生产、生活、繁殖的空间场所。共同地域是一个民族得以形成并赖以发展的基础，是民族构成的第一要素，对民族文化和民族心理的形成都有着极大的影响，因而在民族形成之初作为民族的首要特征极为明显。反映一个民族从历史的发祥地到现实中的聚居区的演变过程和轨迹的共同历史渊源才是民族共同体的首要特征。共同的族源或地缘是民族精神联系的纽带，是民族产生内聚力和凝聚力的关键因素。

二是共同生产方式。对于民族而言，共同生产方式是组成一个民族的人们在一定地域的地理环境、气候条件和自身历史发展进程的影响下，在经济活动领域形成的社会联系的总和，主要表现为组成一个民族的人们在经济生活方面即物质资料的生产、交换和消费过程中的组织形式、联系形式和行为方式。经济生活和经济上的联系是把人们聚拢在一起的纽带，也是共同语言、共同文化、共同心理形成和发展的基础和物质条件。有物质上的力量（即生产力）和经济上的联系（即生产关系），才能把组成民族的单元联合成为一个整体，并在其他要素的同时作用下使之巩固。民族就是许多不同部落由于物质关系和利益联系而结成的人们共同体。不同的民族，既表现出共同的生产方式，也有着本民族独特的生产方式。

三是共同语言。共同语言是指组成一个民族的人们在生产生活中，实现交流和沟通所使用的语言，是民族表露于外的最明显的特征，在民族形成、存在和发展中起着重要的作用，是民族统一性、稳定性和继承性最重要的反映之一，对民族强迫同化具有非常强的抗拒力。民族共同语言在运用和发展中，随着民族关系的改善和民族交往的加强，彼此吸收、相互借用等现象逐渐增多，这是历史发展的必然趋势。

四是共同文化。共同文化是指组成一个民族的人们在长期的社会实践中创造和发展起来的物质财富和精神财富的总和，饮食、衣着、住宅、生产工具属于物质文化的内容；语言、文字、文学、科学、艺术、哲学、宗教、风俗、节日和传统等属于精神文化的内容。民族文化是民族生存的自然环境、社会政治和经济在观念形态上的反映，具有自身独特的内容和形式特点，反映该民族历史发展的水平。民族文化是民族统一性和继承性的最显著的标志，是把组成一个民族的人们联系在一起的精神纽带，也是一个民族发展进步的内在动力。

五是共同风俗习惯。共同风俗习惯是指组成一个民族的人们在物质生活和精神生活方面的传统风尚、礼节、习性，是特定民族文化区域内历代人们共同遵守的行为模式或规范，具体表现在衣食住行、婚丧嫁娶、节庆娱乐、礼仪庆典等方面。民族风俗习惯是在长期的历史发展中形成，由民族所处的地理环境、气候条件和生产方式所决定，集中反映了经济、政治、文化、历史等因素的综合作用，表现在民族生存过程的各个方面。民族风俗习惯具有广泛性和相对稳定性，是外显的民族特征之一，也是区分民族的典型标志。随着经济社会的发展和时代的发展，民族风俗习惯也在不断发展变化。

六是共同心理认同。民族心理认同是社会成员对自己民族归属的自觉认知，包括民族认知、民族心态、民族意识以及民族信仰，主要表现为对同一民族的自觉的归属感，可分为民族成员对民族整体的认同心理和民族成员之间的认同心理。民族心理认同因其具有的强大聚合力和向心力，是一种受普遍重视的"政治资源"，作用和意义非常重大，在民族形成和发展中发挥着重要作用。在经济高度发达、人口流动频繁、文化迅速发展的时代，共同的心理认同在民族特征、民族认同方面所起的作用日渐重要。民族心理认同是一柄双刃剑，进步的力量利用它，可以促进民族地区繁荣，维护社会稳定，促进国家发展；反动势力则利用它制造分裂、破坏团结，危及民族地区的稳定和国家安全。共同民族心理也是发展变化的，但其变化是渐进的、缓慢的历史发展过程。

此外，宗教在有的民族形成和发展的过程中起着重要作用。如我国的回族是13世纪随蒙古征宋大军来到中国的中亚各族人、波斯人和阿拉伯人与当地民族通婚繁衍而形成的。

回族作为独立民族形成于明代初期，此前，伊斯兰教已经伴随着回族先民的侨居而传入中国。伊斯兰教既是回族先民信奉的宗教，同时作为一种既成的文化又无孔不入地渗透于回族先民的政治、军事、经济、习俗等之中，成为维系回族先民的精神纽带。伊斯兰文化先于回族形成而存在和传播的事实，必然造成在回族形成过程中伊斯兰文化与回族的包括哲学思想、政治理念、道德规范和风尚习俗在内的民族文化的高度合一性特点，形成回族全民信仰伊斯兰教的民族特性。[①]

可见，在回族的形成中，伊斯兰教起了重要的联系和推动作用。在世界其他地方，宗教在一些民族的形成和发展中起着重要作用的事实也不乏其例。

（二）各民族"共同团结奋斗、共同繁荣发展"中国特色社会主义民族关系的新认识

马克思从反对民族压迫和消灭民族剥削的角度，从建立无产阶级国际联合的要求，提出了民族的独立性和民族自决权。恩格斯指出："不恢复每个民族的独立和统一，那就既不可能有无产阶级的国际联合，也不可能有各民族为达到共同目的而必须实行的和睦与自觉的合作。"[②]《共产党宣言》中指出："人对人的剥削一消灭，民族对民族的剥削就会随之消灭。民族内部的阶级对立一消失，民族之间的敌对关系就会随之消失。"[③] 列宁是从帝国主义殖民地时代各民族反对民族压迫的角度来认识民族关系，强调民族自决权。他认为："取得胜利的社会主义必将实现充分的民主，因而，不但要使各民族完全平等，而且要实现被压迫民族的自决权，即政治上的自由分离权。"[④] 从民族自决权出发，列宁提出建立联邦制国家的主张。

民族是基于一定的文化和历史传统而形成的稳定的人群共同体。从人类社会发展的历史来看，"当一种文化和历史传统将民族的成员联结为一个整体，民族成员对民族共同体产生文化归属感的同时，民族成员还必须通过民族群体来争取维护自己的利益，对民族共同体产生利益归属感。"因此，当"民族形成后，就有自己的民族利益而且要与其他民族共同体发生利益关系，并因而成为一定的利益群体。作为个体的民族成员则必须通过民族共同体来争取维护自己的利益。因为'利益群体具有追求和维

---

① 纳麒：《传统与现代的整合——云南回族历史·文化·发展论纲》，云南大学出版社 2001 年版，第 14—15 页。
② 《马克思恩格斯选集》第 1 卷，人民出版社 1993 年版，第 249 页。
③ 《马克思恩格斯全集》第 4 卷，人民出版社 1993 年版，第 488 页。
④ 《列宁全集》第 27 卷，人民出版社 1986 年版，第 254 页。

持本利益共同体成员利益的强大力量,在利益冲突和利益角逐中,它具有比个人更为强大的效力和角逐力'"。① 当民族共同体形成后,民族问题与民族关系就随之产生和发展起来。在多民族聚居的国家里,民族问题和民族关系已经成为国家社会发展体系中的重要内容。恩格斯从历史唯物主义的立场出发,提出了民族问题和民族关系产生的经济基础和社会原因。在《德意志意识形态》一书中,他指出:

各民族之间的相互关系取决于每个民族的生产力、分工和内部交往的发展程度。这个原理是公认的然而不仅一个民族与其他民族的关系,而且一个民族本身的内部结构都取决于它的生产,以及内部和外部交往的发展程度。②
……

民族发展、民族关系是民族问题中的两个根本问题。③ ……一是民族发展。民族生存或者存在,不发展就无法生存,哲学上,实际上都是如此。因此,民族发展实际上就是民族的动态存在。二是民族关系协调。民族的存在、民族的发展,不可能是孤立地存在,孤立地发展,必然与其他民族相交往,必然与民族相联系,孤立存在的民族是不可能有的,孤立发展的民族是不可能有的。因此,民族关系是民族生存、存在、发展的前提、相伴之物。也就是说,民族在民族关系环境中生存发展,民族关系在民族发展中协调和谐。④

我国是一个多民族国家,今天的 56 个民族是历史上众多民族长期发展、融合的结果,长期的发展和融合不仅使我国的 56 个民族结成了"你中有我,我中有你"的血肉关系,而且已经将各民族的命运凝聚在一起。鸦片战争以后,帝国主义的侵略使中国逐步沦为半殖民地半封建社会。近代中国半殖民地半封建的社会性质决定了社会主要矛盾是帝国主义与中华民族的矛盾,封建主义与人民大众的矛盾。而帝国主义与中华民族的矛盾,又是各种矛盾中最主要的矛盾。中国社会的性质促使中国的民族关系也发生了巨大的变化。中国各民族开始具有了中国国家意识、中华民族的

---

① 周平:《民族政治学》,高等教育出版社 2007 年第 2 版,第 32 页。
② 《马克思恩格斯全集》,人民出版社 1972 年版,第 194 页。
③ 金炳镐、张勇、苏杰:《"两个共同"的理论涵义》,《云南民族大学学报》2006 年第 5 期,第 79 页。
④ 同上。

民族意识，在中华民族的政治利益、中华民族的感情方面产生了共同认识上的质与量的变化。近代在云南边疆为捍卫国家领土主权发生的盈江县景颇、傣、汉各族人民共同抗击英国入侵的"马嘉理事件"，文山苗、瑶、壮、傣、汉各族人民抗击法国入侵，怒江片马各民族抗击英国入侵的"片马事件"，阿佤山佤族人民抗击英国入侵的"班洪事件"，在抗日战争中云南边疆各民族为抗击日本帝国主义的侵略做出了自己的贡献。"云南各民族人民在与帝国主义的对抗中，催生了国家意识、中华民族意识，从而使中华民族在从一个自在实体向自觉实体的变化中，增添了众多的推动力。"①

民族关系的性质决定了民族问题的性质和民族工作的主要任务。由于历史上汉族长期处于统治民族的地位，汉族与少数民族之间存在着发展极不平衡的状况。并且历代统治阶级都实行民族压迫和民族歧视政策，各民族之间的矛盾很深。因此，毛泽东主要依据社会主义制度消灭了历史上的民族统治和民族压迫，各民族之间存在的发展不平衡和民族歧视来认识民族问题。毛泽东认为在各民族之间的相互关系中，我们要"诚心诚意地积极帮助少数民族发展经济建设和文化建设"②。并且，毛泽东还指出这种帮助不是单向的，而是双向互助的，"不要以为只是汉族帮助了少数民族，而少数民族也很大地帮助了汉族"。③ 毛泽东是把少数民族作为中华民族整体不可分割的一部分来考虑各民族之间的关系。各民族之间的互助性和整体性是我们认识和解决民族问题必须坚持的基本指导思想。毛泽东指出，中国传统的民族主义思想，就是大汉族主义和狭隘民主主义或者地方民族主义。由于汉族人口占全国人口的绝大多数，汉族遍布中国所有地区，汉族的经济、政治、文化、社会等方面的发展水平相对比各少数民族先进，汉族在中国历史上长期占统治地位，因此，在实现民族平等和民族团结中，毛泽东反复告诫我们："汉族和少数民族的关系一定要搞好，这个问题的关键是克服大汉族主义。在存在有地方民族主义的少数民族中间，则应当同时克服地方民族主义，不论是大汉族主义或者地方民族主

---

① 王文光、龙晓燕、李晓斌：《云南近现代民族发展史纲要》，云南大学出版社 2009 年版，第 8 页。
② 《毛泽东文集》第 7 卷，人民出版社 1999 年版，第 34 页。
③ 《毛泽东文集》第 6 卷，人民出版社 1999 年版，第 405 页。

义，都不利于各族人民的团结"。① 他曾经语重心长地说："汉族和少数民族的关系一定要搞好。这个问题的关键是克服大汉族主义。"②

改革开放以后，首先，邓小平对中国民族关系的性质作出科学判断，彻底否定了"民族问题实质是阶级问题"的错误观点。其次，邓小平提出"汉族离不开少数民族，少数民族也离不开汉族"的观点，作为实现民族平等，加强民族团结，促进各民族共同繁荣进步为认识和解决民族问题的出发点。再次，邓小平把民族平等和民族团结作为民族工作的出发点，他反复强调，中华民族是一个同呼吸、共命运的整体，合则兴，分则衰，没有各民族的团结，就没有国家的统一；破坏各民族的团结，就是破坏国家的统一。第四，邓小平把发展作为民族问题的核心和关键，提出解决民族问题的首要任务就是"让民族发展和进步"，最后，邓小平提出中国区域性现代化建设中沿海和内地相互支持建设、共同发展"两个大局"的战略构想，作为实现各民族共同繁荣发展的重要途径。他指出："可以设想，在本世纪末达到小康水平的时候，就要突出地提出和解决这个问题。到那个时候，发达地区要继续发展，并通过多交利税和技术转让等方式大力支持不发达地区。"③ 这种通过先富帮后富，最终实现共同富裕的战略思想使各民族的共同繁荣发展成为可能和现实，是对马克思主义民族理论在中国民族问题实践中的重大创造。

在邓小平"两个离不开"的基础上，江泽民根据民族关系的发展，提出"三个离不开"的思想。在1990年8月视察新疆时，他指出："我们伟大的中华民族，是由56个民族构成的，在我们祖国的大家庭里，各民族之间的关系是社会主义的新型民族关系，汉族离不开少数民族，少数民族离不开汉族，少数民族之间也相互离不开"。"三个离不开"思想高度概括了我国各民族平等团结的深厚基础，从国家和中华民族的高度深刻阐述了我国维系于一个统一的大家庭，也阐明了各民族的发展与伟大祖国的发展休戚与共的关系。1993年11月，江泽民同志在全国统战工作会议上的讲话中谈到我们党对民族工作的方针时，强调了三句话：一是继续巩固和发展社会主义的民族关系，二是坚持和完善民族区域自治制度，三是

---

① 《毛泽东文集》第7卷，人民出版社1999年版，第227页。
② 毛泽东：《正确处理少数民族问题》，《人民日报》1957年2月27日。
③ 《邓小平文选》第3卷，人民出版社1993年版，第374页。

加快民族地区的经济发展和社会进步。三句话突出了新形势下我国民族工作的重点和主要内容，是实现各民族平等团结和共同繁荣进步的具体实现途径。在全球性民族问题突出和西方敌对势力加紧对我国"西化"、"分化"的背景下，江泽民把加强民族团结、反对民族分裂、维护祖国统一作为民族工作的重要任务。1999年9月29日，江泽民在中央民族工作会议暨国务院第三次全国民族团结进步表彰大会上的讲话中强调指出："我们必须旗帜鲜明地反对民族分裂主义，最大限度地团结和依靠各族干部群众，最大限度地孤立和依法打击极少数民族分裂主义分子，防范和抵御国外敌对势力的渗透破坏。"江泽民明确要求在民族工作中，"为了维护祖国统一，我们必须同极少数分裂主义分子进行坚决的斗争"。[①]

2003年3月4日，在全国政协十届一次会议少数民族界委员联组讨论会上，胡锦涛明确提出："实现全面建设小康社会的宏伟目标，就是要更好地实现各民族的共同繁荣发展。实现各民族共同繁荣发展，需要各民族共同团结奋斗。共同团结奋斗，共同繁荣发展，这就是我们新世纪新阶段民族工作的主题。"胡锦涛在会上全面系统地阐述了"两个共同"的深刻内涵及其辩证关系。共同团结奋斗，就是要高举民族团结的旗帜，把全国各族人民的智慧和力量凝聚到全面建设小康社会上来，凝聚到建设中国特色社会主义上来，凝聚到实现中华民族的伟大复兴上来。共同繁荣发展，就是要牢固树立和全面落实科学发展观，切实抓好发展这个党执政兴国的第一要务，千方百计加快少数民族和民族地区经济社会发展，不断提高各族群众的生活水平，让各族人民共享改革发展成果。

第一，"两个共同"从国家统一、民族团结的高度，科学认识和准确把握现阶段我国民族问题的特征，是我们确定新时期民族工作历史任务的思想指导。[②]"两个共同"首先反映出我国这样一个多民族国家，"国家的统一、人民的团结，国内各民族的团结，这是我们的事业必定要胜利的基本保证"[③]，江泽民指出："历史一再证明，团结就兴盛，就繁荣；分裂就动乱，就衰败。"

---

① 刘先照：《中国共产党主要领导人论民族问题》，民族出版社1994年版，第258页。
② 同上书，第238页。
③ 《毛泽东选集》第5卷，人民出版社1977年版，第363页。

第二，民族凝聚力是维系一个民族生存与发展的内在力量，是衡量一个国家综合实力的重要标志。在漫长的历史发展进程中，我国各族人民相互依存，休戚与共，水乳交融，形成了中华民族多元一体的格局和强大的民族凝聚力。在统一多民族国家的形成与发展的过程中，中国也出现过短暂的分裂、割据和几个政权并存的局面。但"无论封建王朝如何更迭，不论哪一个民族建立的政权，中国始终作为一个多民族国家存在于世界之林。"① 中国共产党成立以后，各民族在中国共产党的领导下，在共同反对帝国主义殖民统治和封建统治的斗争中，强化了中华民族的政治纽带和中华民族的整体意识，增强了中华民族的凝聚力。新中国的建立彻底消灭了阶级剥削和阶级压迫，为各民族平等团结，共同繁荣进步创造了良好的政治条件和制度保障。在中国特色社会主义的发展中，党和国家依据民族关系中各民族之间"两个离不开"、"三个离不开"的实际，制定了一系列帮助支持少数民族和民族地区发展的政策措施，协调各民族关系，促进民族和睦相处，通过各民族共同团结奋斗，实现了各民族经济社会快速发展。把"两个共同"列为民族工作主题，将在更大程度上促进各民族之间的平等团结，凝聚全国各族群众，调动一切积极因素，共同努力奋斗，创造出各民族和睦相处、和衷共济、共同繁荣发展的新局面。

第三，"两个共同"是全面建成小康社会目标，建设中国特色社会主义的必然要求。党在民族工作方面的主题、根本任务与国家社会主义建设的奋斗目标是一致的。民族工作是中国特色社会主义的重要组成部分，中国特色社会主义是解决民族问题的根本途径。胡锦涛指出：

我国的民族问题必须放到建设中国特色社会主义的全局中来解决，解决好民族问题又有利于推进建设中国特色社会主义。中国特色社会主义是我国各民族的共同事业，中国特色社会主义道路是解决我国民族问题的根本道路。只有全国各族人民坚持不懈团结奋斗，中国特色社会主义事业才能不断取得成就，并最终取得成功。同时，只有在中国特色社会主义事业的不断发展过程中，在国家综合实力不断增强的基础上，我国各族人民的根本利益才能不断得到实现和保障，我国各民族共同繁荣发展的局面才能

---

① 彭英明：《新编民族理论与民族问题教程》，中央民族大学出版社1995年版，第130页。

不断形成和发展。①

第四,"两个共同"是做好新世纪、新阶段民族工作的根本指针。江泽民指出:"社会主义阶段是各民族共同繁荣兴旺的时期,各民族间共同因素在不断增多,但民族特点、民族差异将继续存在;民族问题是社会总问题的一部分,民族问题只有在解决整个社会问题的过程中才能逐步解决,我国现阶段的民族问题只有在建设中国特色社会主义的共同事业中才能逐步得到解决。"② 民族和民族问题的存在是一个自然的历史过程,只要有民族和民族差异存在,就有民族问题存在,这是马克思主义民族理论的一个基本观点。随着社会主义改革开放的深入发展,各民族之间的交往、交流、交融越来越频繁,民族间共性在不断增多的同时,民族的个性和相互间的利益差异也进一步凸显,民族问题出现了许多新的情况,对传统民族理论与政策提出了严峻挑战。民族矛盾是关系到国家稳定、社会和谐,发展进步的重要因素。从我国历史的发展看,各个王朝的兴衰治乱都与统治阶级能否妥善处理民族问题息息相关。对民族矛盾的认识和把握,关系到对民族问题的认识,决定着我们民族工作的主要任务,也是检验执政党领导能力和执政水平的重要标准。我国是一个多民族国家,由于历史起点、自然环境及社会诸因素的影响,各民族的发展是不平衡、不协调的,这是民族问题产生的根源性原因。实现各民族协调发展,不仅需要国家通过特殊政策、优惠措施给予发展落后的少数民族地区积极的支持与帮助,更重要的是各民族发展的意识和自我发展的能力的不断提高,自强不息、自我奋斗精神的不断增强。胡锦涛指出:"抓住'共同团结奋斗,共同繁荣发展'这个主题,就抓住了新形势下正确处理民族问题,做好民族工作的根本,就能把全国各族人民的意志和力量凝聚到国家发展上来,就能开拓我国民族工作更为广阔的发展前景。"③

(三) 民族区域自治理论是马克思主义民族团结平等理论在中国国家治理理论上的创新发展

在国家政治统治体系里,政治制度是"一系列取得权力、分享权力、

---

① 金炳镐主编:《民族纲领政策文献选编》,中央民族大学出版社2006年版,第928—929页。
② 同上书,第929—930页。
③ 人民日报评论员:《国家统一是各族人民的最高利益》,《人民日报》2009年7月16日。

运作权力以及限制权力的规则。"政治制度体现了国家范围内权力的分配结构和分配形式。在国家政治体制中，政治权力的结构是政治权利实现的具体形式，是国家处理政治关系的价值理念的制度化体现。世界各国在处理民族关系、解决民族问题的国家治理结构上大致有三种主要的形式：联邦制、中央集权制和邦联制。

国家的价值理念决定了权力分配的结构和形式。我国是一个多民族的国家，多元一体是国家民族关系的基本形式。在中国，汉族占了人口的绝大多数，少数民族地区占了中国大部分地区，各民族相互交融，形成了大杂居、小聚居的状况。在对待民族问题和处理民族关系上，我国选择了民族区域自治制度。民族区域自治作为党解决民族问题、处理民族关系的基本政策，促进各民族的平等、团结、进步是其最高的价值目标；维护和确保国家统一是制定民族政策的基本价值原则；符合各民族人民的根本利益是民族政策制定的价值出发点和政策效益目的[①]。所以，我国民族区域自治制度的价值蕴涵和价值功能主要体现在：实现各民族之间的政治平等，促进各民族共同繁荣发展，共同团结奋斗，增进民族感情，热爱民族与热爱祖国和谐统一；把进步的积极的民族主义保持在一个合理的限度内；为经济社会发展营造了良好的环境，包括优惠的政策环境、健全的法律环境、稳定的社会环境和可持续发展环境；为少数民族文化的保护和发展提供了条件[②]。

"民族区域自治制度"作为中国共产党人在对待民族问题和处理民族关系上的国家治理理念，是马克思主义民族平等、民族繁荣和共同进步的政治价值追求中国化的具体实践。从政治价值追求上，它充分体现了马克思主义在对待民族问题和处理关系上，以消灭民族压迫、民族剥削，实现民族独立和民族平等的政治权利，最终实现民族共同繁荣、共同进步的价值目标。民族区域自治制度是以中国各民族存在的"大杂居、小聚居"的分布状况，以及历史上各民族之间存在的相互尊重、相互交织、相互影响等现实关系为基本依据；并根据自然历史和社会等多种因素所造成的，中国各民族之间社会经济、社会发展不平衡的现实状况，特别是少数民族和民族地区存在着与内地发达地区之间的发展差距；从加快少数民族和民

[①] 何龙群：《论中国共产党民族政策的价值取向》，《学术论坛》2003年第2期。
[②] 黎莲芬：《民族区域自治制度的价值蕴涵和价值功能》，《学术论坛》2004年第6期。

族地区经济社会发展的目的要求；从中国民族问题的复杂性长期性，加强各民族之间的联系和交往，促进各民族的团结和谐、国家的统一和稳定等社会现实目标出发，形成的处理国家与少数民族和民族地区权力和利益分配的一种基本的政治制度。

民族区域自治制度在体现民族平等方面，具有两个方面的价值取向。一是显性的价值目标，就是努力让民族区域自治地方的各民族群众能够具有国家所赋予的权利，维护自身的特殊权益，加快社会发展，为实现各民族之间事实上的平等创造良好的社会条件。二是要努力让民族自治地方的群众通过行使自治权，培养起现代民主意识，学会应用民主管理的方法，具有民族管理、自主管理的能力，逐步成长为一个自为自觉的群体，促进社会主义政治文明建设的不断进步。民族区域自治是中国共产党对马列主义国家学说和民族问题的继承和发展，是马克思主义民族理论中国化的优秀典范。在民族区域自治理论中蕴涵着马克思主义民族理论基本范畴的内涵，包括马克思主义民族识别、民族平等、民族团结、民族权利、民族发展，开启了马克思主义民族理论中国化与中国特色社会主义民族理论双向互动的历史进程，促进了我国各民族的共同发展与繁荣。

（四）民族跨越式发展理论

马克思历史跨越式发展理论分析了经济文化落后国家在世界历史条件下的社会发展问题，提出了东方落后民族在特定历史条件下，可以跨越资本主义卡夫丁峡谷，直接进入社会主义的东方社会理论，为经济文化落后的社会主义革命和建设提供了理论指导。新中国成立时，我们依据跨越式发展理论实现了边疆各少数民族从不同的社会历史阶段进入社会主义。在中国特色社会主义实践与探索中，少数民族地区跨越式发展已经转变全面发展指导思想，从政治制度的跨越层面转变到经济文化社会事业的跨越式发展，转变到尽快缩小各民族发展差距，为全面建成小康社会共同团结奋斗、共同繁荣发展的目标，极大地推动了边疆多民族地区的科学发展，形成了中国特色社会主义跨越式发展理论，丰富深化了马克思主义历史跨越式发展理论。

马克思在考察社会历史发展进程时，认为："无论哪一个社会形态，在它所能容纳的全部生产力发挥出来以前，是决不会灭亡的；而新生的更高的生产关系，在它的物质存在条件在旧社会的细胞成熟以前，是决不会出现的。所以人类始终只提出自己能够解决的任务,……任务本身,只有在解决它的物质条件已经存在或者至少在生成过程中,才会产生。"① 强调"历史进程是受内在的一般的规律支配的"。② 但同时,马克思又认为"历史只不过是追求着自己目的的人的活动而已"。③ 社会历史活动的主体是人,社会历史是由具有自觉活动的人所创造的。因此,历史必然性要通过历史选择来实现,历史选择是历史必然性的表现和实现形式。历史发展表现为社会发展过程中一种确定不移的趋势,这种趋势所展现的是历史发展的可能性,这种可能性只有通过人们的历史选择,才能转化为现实性。同时,一种趋势通过人们的不同选择便成为现实,展现的就是历史发展的多样性和丰富性。承认历史发展的必然性规律性,是坚持历史唯物主义的立场;承认历史的选择性则是坚持历史发展的辩证法,承认了人在历史活动中的主体性,两者间是一种有机的统一。历史的发展就是必然性与选择性的统一,普遍性与特殊性的统一。只承认历史发展的必然性,必然陷入机械决定论、目的论的泥潭,"那么世界历史就会带有非常神秘的性质"。④ 只承认历史的选择性,会走向历史发展中的唯意志论,容易陷入空想的困境,认识不到这种选择"始终是受内部的隐蔽着的规律支配的",导致在社会发展实践中的主观盲目的行为。

　　历史跨越式发展是历史发展必然性与选择性的表现形式。在历史进程中,历史的必然性和选择性表现为历史发展顺序上各个民族,各个国家发展的不平衡性。跨越式发展便是这种发展不平衡性的重要内容。所谓历史跨越式发展,是指一个民族或一个国家在某一阶段以超越常规的形式和相对较高的速度实现的社会发展,其基本的内涵:一是表现为一种超出常规的"突进状态,"这不仅是一种量变,更重要的是具有质变的性质;二是这种跨越超越了社会发展正常秩序的某些阶段,表现为一种正常顺序的断裂;三是这种跨越式发展作为"偶然性"的一种表现形式,是历史发展中的"异变";四是个别民族在特定历史条件下的跨越并没有改变世界历史发展从原始社会,奴隶社会,封建社会,资本主义社会到社会主义社会这样一种从低级到高级的总的历史趋势。历史跨越式发展不过是历史发展

---

① 《马克思恩格斯选集》第 2 卷,人民出版社 1993 年版,第 33 页。
② 同上书,第 118 页。
③ 同上书,第 112 页。
④ 《马克思恩格斯选集》第 4 卷,人民出版社 1993 年版,第 393 页。

中的特殊形式。如中国未经过典型的资本主义阶段，便从半封建半殖民地直接过渡到社会主义。西南边疆各少数民族在社会主义政权领导下，从不同社会发展阶段走上了社会主义的发展道路。

在资本主义建立了统一市场，世界殖民体系形成以后，"各民族的原始闭关自守状态则由于日益完善的生产方式交往而以由此自发地发展起来的各民族之间的分工而消灭得愈来愈彻底，历史在愈来愈大的程度上成为全世界的历史"[①]。世界历史的形成过程，不仅表现为资本主义在西方社会的迅速发展，而且体现为资本主义对东方落后民族和国家的广泛渗透，将东方落后的民族强制纳入世界殖民体系，沦为被奴役、被掠夺的对象，东方落后民族正常的社会发展秩序已被打断，已被纳入世界一体化的历史进程。在被纳入世界历史进程后，东方落后民族的社会发展是在西方资本主义出现自我否定，无产阶级革命蓬勃兴起的历史条件下，落后民族社会发展道路的选择必然受到这一特点的影响。正如马克思所思考的"当英国引起了中国革命的时候，便产生了一个问题，即这个革命将来会对英国并且通过英国对欧洲发生什么影响？"[②] 马克思、恩格斯通过对东方社会的研究，认识到人类走出古老的社会形态之后，所选择的道路并非只有资本主义一条，世界历史的发展也并非一定要以资本主义文明所带来的"阵痛"为代价。1881年在给查苏里奇的信中，他提出，东方社会"有可能不通过资本主义的卡夫丁峡谷，而吸收资本主义制度的一切成果"，[③]走向社会主义。

历史观与价值观有机的统一是我们认识和准确把握东方社会理论的原则。仅仅从社会主义代替资本主义的这一历史趋势上，从社会主义与资本主义绝对对立关系上来理解东方社会理论，价值观支配了历史观，在实践中就表现为"一高一低"的错误倾向。"一高"即过高地估计政治变革在历史跨越中的地位和作用，生产出了四种错误的倾向：其一是错误地认为，跨越式发展，跨越资本主义卡夫丁峡谷，只要通过社会革命便可实现，过分夸大政治手段在历史跨越中的地位，忽视了落后民族历史跨越后经济建设，发展生产力的必要性、重要性，忽视了历史发展中，社会形态

---

① 《马克思恩格斯全集》第3卷，人民出版社1993年版，第51页。
② 《马克思恩格斯全集》第2卷，人民出版社1993年版，第3页。
③ 《马克思恩格斯全集》第19卷，人民出版社1993年版，第502页。

跨越,而经济形态发展的顺序性不能跨越的这一事实;其二是从政治价值观出发,错误地把社会主义与资本主义绝对对立起来,否认了社会主义对资本主义文明和一切人类社会文明的继承性、利用性和借鉴性;其三是把阶级斗争,社会革命当作社会主义发展的动力,不适当地强调了国家对社会的控制,否认了社会主义的基本矛盾以及解决这一矛盾的困难性、复杂性;其四是把社会主义制度的建立看作跨越的终极成果,否认了社会主义发展阶段的长期性,完全建立社会主义的艰巨性。"一低"即过低地估计了对农村公社进行小生产改造的困难性、艰巨性。从历史观的角度看,只有用现代社会生产力改造农村公社使之达到工业生产的水平,才有可能向高级的社会形态过渡。因此,商品经济,现代工业对农村公社是必经的阶段。从价值观的角度出发,站在小农经济的立场来认识农村公社,在理论上便不适当地夸大了农村公社在历史跨越中的地位和作用,不适当地美化了农村公社,而忽视了这种历史跨越中深重的历史脱胎差异,及改造这种历史脱胎差异的长期性、艰巨性和困难性。在实践中,则会出现社会主义基本原则的"走形",即产品经济退化为自然经济,国家控制变为国家集权,社会所有制退化为国家所有制,按劳分配退化为自然主义,人民公社退化为乌托邦组织。可以说,不谈运用现代社会生产方式对农村公社的改造,历史跳跃的结果只可能是向传统复归。价值观取代历史观,道义伦理取代社会基本矛盾,社会主义只能出现由科学向空想的复归。

在中国特色社会主义在边疆多民族地区的实践探索中,跨越式发展已经从政治制度的跨越层面转变到经济、文化、社会事业的跨越式发展,转变到尽快缩小各民族发展差距,为全面建成小康社会共同团结奋斗、共同繁荣发展的目标的跨越式发展。所谓的跨越式发展即特定地区、国家或民族的社会形态的交替有时可以跳过某个常规发展阶段,直接进入较高的发展阶段[1]。跨越式发展具体包含两个层次的内容:一方面是社会形态的跨越,另一方面则是生产力发展的跨越。但是,"社会形态跨越发展必须伴有生产力发展的跨越,单纯地进行生产关系的跨越是不能成功的"[2]。在中国特色社会主义在边疆多民族地区的实践探索中,跨越式发展一词具有

---

[1] 刘东建:《当代中国跨越式发展中的协调问题研究》,中国传媒大学出版社2008年版,第21页。

[2] 冯景源:《唯物史观视野中的生产力跨越发展》,《中国人民大学学报》2001年第5期。

明确的内涵和指向，是指经济社会形态落后的少数民族和民族地区，在传统经济向现代经济转换过程中，在党和国家的大力支持帮助下，通过深化体制改革，围绕资源开发，采用新技术，引进资金技术管理等生产要素，充分利用国际资源，争取用较短时间缩小与发达地区的发展差距，与发达民族同步进入小康社会的一种发展战略。跨越式发展并不是对发达地区经济指标的简单追赶，而是少数民族和民族地区完成传统经济形态向现代经济形态转换的过程，以传统经济形态向现代经济形态转换为目标，推动经济、社会、政治、文化全面、协调、可持续发展的一个过程，本身具有丰富的价值内涵与发展要求。

跨越式发展作为少数民族地区赶超发达地区的一种指导思想，其价值是由少数民族地区的具体发展情况所决定的。中国特色社会主义五位一体的现代化战略构成了少数民族地区跨越式发展的内在维度，并具有着不同的价值内涵。

首先是经济价值。经济上的落后是少数民族地区最显著的特征，经济上的落后所导致的社会落后，是少数民族地区面临的重要问题，事关少数民族地区的稳定与发展前途，跨越式发展的首要任务应该是经济发展。改革开放以来，非均衡战略的实施使得民族经济地位差距呈现持续扩大的趋势，这同民族经济平等的原则要求有着本质的冲突，影响民族团结、各民族共同繁荣原则目标的实践与实现。在西部大开发战略实施的进程中，少数民族地区经济跨越式发展是实现全面发展、让个人能更多参与生产和创造的基础条件，是少数民族脱离贫困，走向繁荣富裕的条件，也是缩小各民族发展差距的重要手段。

其次是社会价值。随着改革开放的深入发展，少数民族和民族地区发展基础、发展条件、发展能力等差异开始在社会领域快速体现出来。地区之间、民族之间、民族内部成员之间的社会生存状态发生了巨大变化，民族及民族成员在基本社会权利享有方面产生了巨大的差异，两极分化的社会态势以群体性、加速性的特征在民族及民族地区之间发展着，影响民族关系运行的社会问题日益增多，成为民族关系和国家边疆稳定的不稳定性因素。通过跨越式发展推动经济形态转换过程，促进社会的重组与催化，将使传统民族社会结构的解体与重组、推动少数民族现代化建设的进程。同时，经济的跨越以及各民族普遍地享有经济发展的成果，社会发展之间的差距将得到改善和缩小，跨越式发展的过程，也是少数民族地区社会形态现代化的过程。

　　再次是政治价值。当代中国面临着较为复杂的民族问题。国外敌对势力的西化、分化和渗透影响我国民族关系和边疆稳定。各民族之间、民族区域与其他区域之间的发展差距，成为挑拨民族关系、制造民族隔阂和民族矛盾的重要手段。边疆多民族地区与世界其他国家、地区，尤其是与周边国家、地区的发展差距拉得过大，就容易引起各民族对自身发展状况的不满，从而引发政治风险。正如邓小平同志所指出的，"现在，周边一些国家和地区经济发展比我们快，如果我们不发展或发展得太慢，老百姓一比较就有问题了"。①

　　在中国特色社会主义实践探索中，跨越式发展已经成为推动民族地区经济快速发展，在较短时间内实现从传统经济到现代经济的转换，为各民族在经济上的事实性平等奠定基础，促进民族社会结构的现代化，实现各民族"共同团结奋斗、共同繁荣发展"的重要理论指导。民族地区跨越式发展有利于推动区域功能合理化，对于改变目前区域发展之间的不合理状态，全面建成小康社会具有重要意义。可以说，没有民族地区的全面建成小康社会，也就没有全国的全面建成小康社会；离开了民族地区全面建成小康社会，全国全面建成小康社会的目标就是不完整的。邓小平同志曾指出："西南的国境线从西藏到云南、广西，有几千公里，在这么长的边境上，居住的绝大多数是少数民族。少数民族问题解决得不好，国防问题就不可能解决好。"② 因此，推动少数民族和民族地区的跨越式发展，消除民族间、地区之间的发展差距，"是加强民族团结、保持社会稳定、维护祖国统一的要求。……不仅是一个重大的经济问题，也是一个重大的政治问题"。③

　　根据马克思主义民族理论的民族平等、民族团结的基本观点，始终坚持从中国是一个多民族国家的实际，对新形势下"民族"进行科学认识和界定，审视当代中国的民族关系的性质，在国家治理上形成民族区域自治理论，作为调整民族关系的权力结构，并赋予跨越式发展理论新的内容，为实现各民族平等团结、繁荣发展创造条件。马克思主义民族理论在

---

① 《邓小平文选》第 3 卷，人民出版社 1993 年版，第 375 页。
② 《邓小平文选》第 1 卷，人民出版社 1994 年版，第 161 页。
③ 江泽民：《在中央民族工作会议暨国务院第三次全国民族团结进步表彰大会上的讲话》，《人民日报》1999 年 9 月 30 日。

中国特色社会主义探索实践中"化"为了中国特色社会主义民族理论。

三 中国特色社会主义民族理论和实践发展中面临的挑战

随着中国特色社会主义民族理论实践的深入和发展，中国的民族问题在实践中出现新的发展趋势，提出了新的历史课题。在新的历史条件下，我们要通过贯彻落实党的十八大报告所提出的"全面贯彻落实党的民族政策，坚持和完善民族区域自治制度，牢牢把握各民族共同团结奋斗、共同繁荣发展的主题，深入开展民族团结进步教育，加快民族地区发展，保障少数民族合法权益，巩固和发展平等团结互助和谐的社会主义民族关系，促进各民族和睦相处、和衷共济、和谐发展"[①] 要求，推进马克思主义民族理论中国化的进程，不断创新发展中国特色社会主义民族理论。

（一）对"民族"概念深化认识的问题

要实现民族平等，首先就要确认民族平等的主体。对"民族"概念的科学界定，是我们认识民族关系、处理民族问题的基础。民族识别就是要搞清楚两个问题，一是搞清楚是汉族还是少数民族；二是搞清楚如果是少数民族，是单一的少数民族，还是某一少数民族的支系，并且确认其族称。从20世纪50年代开始，我国开始了大规模的民族识别工作，本着"名从主人"的原则，以"科学依据"和"民族意愿"相结合，最终识别确认了55个少数民族，与汉族共同构成了中华民族大家庭的平等成员。经过识别确认的56个民族，具有平等的地位、权利和义务。

民族识别工作为确定各民族之间的关系，为党和国家制定实现各民族平等团结、共同繁荣进步的政策提供了重要依据。但是，在民族识别工作中，由于对"民族"概念的界定并不十分清晰，也为我们今天认识和解决民族问题带来一定的困难。都永浩认为：

对于那些自我认同很成熟的、很清晰的民族，譬如汉族、藏族、蒙古

[①] 胡锦涛：《坚定不移沿着中国特色社会主义道路前进，为全面建成小康社会而奋斗——在中国共产党第十八次全国代表大会上的报告——在中国共产党第十八次全国代表大会上的报告》，《人民日报》2012年11月8日。

族、维吾尔族、哈萨克族等,不用识别,其本身的认同界限就很清晰。那些界限模糊、自我认同尚不一致的"民族",有些其实并未处于"民族"阶段,其中一些可能是由国家"创造"(现代命名与构建)的。还有一些民族或其中的一部分,本来并不属于目前我们命名的那个人们共同体,在部分"民族精英"和参与民族识别的一些专家的"互动"下,一个"新的民族"就这样被"制造"出来。还有一些民族,本来具有一定的认同界限,却被识别到另一个人们共同体中,对此,这些民族的成员至今耿耿于怀,并不完全认同目前的身份。[①]

他进一步提出:"民族'识别'时,有些处于氏族、部落社会(对应于西方的概念,也可理解为 Ethnic group 的一种类型);有些虽然正在形成地域关系,也存在一定的认同,但共同体的"边界"不清晰,认同的标准和依据也不稳定,这种人们共同体通常称为"部族"(对应于西方的概念,也是 Ethnic group 的一种类型),实际上也是以生物性、血缘性和文化为认同依据的次政治人群。在中国,一部分"民族"是以血缘、始祖和文化为认同依据的政治共同体,社会发展程度高于部族;只有少数几个民族与 Nation(国民或公民共同体)概念接近,譬如汉族和其他几个在历史上建立过王朝政权的少数民族。[②]

在认识和处理民族问题时,我们可以注意到新疆、西藏等一些少数民族地区民族问题比西南少数民族地区要突出。当一个民族形成独立的国家形态,已经形成成熟的意识形态和民族文化之后,其民族的凝聚力就比其他民族更强。因此,对"民族"概念的深化认识,有助于我们更深刻地认识民族问题,把握民族问题的规律,制定实事求是的民族政策。

从中国特色社会主义在边疆多民族地区的实践探索来看,我们注意到随着中国特色社会主义现代化建设的发展,边疆少数民族社会发展中出现的几个突出现象:一是各民族间区域性流动性不断增大。大量的少数民族出外务工、经商、读书、工作,有力地推动了各民族间的交往、交流和交融。流动的地域已经从县、市、州、省之间,进一步发展到世界各地;流动的目的地大部分是从农村流动到城市;流动的原因已经从读书、工作、

[①] 都永浩:《民族问题研究的基本思路和重要课题》,《黑龙江民族文化论丛》2011 年第 4 期。

[②] 同上。

务工、经商发展到居住、生活、通婚等方面。二是在地域性流动中，各民族之间的相互交往、交流、交融趋势日渐突出。如我们在丽江地区的调查材料显示，各民族之间的通婚现象比较突出，而且比较融洽。三是民族流动中产生的新一代及以后的孩子们对自己民族的认同，特别是对本民族文化的认同逐步淡化，甚至于不屑一顾。如课题主持人在××民族大学参加硕士研究生论文答辩时就碰到过这样一个典型案例。一个××民族的大学生就直言不讳地表示，我们××民族为什么要穿自己的民族服装，又厚又重，牛仔裤多方便；我们为什么要学习自己的民族语言，考公务员，参加工作都要讲汉语，出国讲外语；我们为什么要保留自己的传统手工艺，现在很多传统手工艺品都成了管制刀具。不仅如此，很多少数民族干部也只是因为父母是少数民族或者父母中有一个是少数民族，而代表少数民族担任领导干部。但他们几乎都是在城市中长大，在汉族居住地区的社会环境中成长，对自己的父母一辈所属民族的文化传统几乎一无所知。四是随着城镇化进程的不断发展，城市民族成分多元化、民族人口结构多元化、民族文化多元化、民族关系多元化，民族文化、民族意识、民族交往、族际通婚正发生着巨大的社会变迁。五是我们必须注意到现代文化的入侵，对民族传统文化的解构直接导致了民族文化陷入多元化困境。少数民族文化作为一种历史传统，是民族的精神维系，是少数民族的精神家园，少数民族文化如今分崩离析、支离破碎、难以汇聚，再也无法寻觅超越理性的源头，失去激情澎湃的力量。语言文字由于缺乏资金和社会条件，正在退出民族社会的中心；民族的历史正悄悄地消失，没人关注；民族的传统正表现出强烈的商业化趋势，失去了精神的引领功能。如果实现民族平等仅仅是帮助少数民族和民族地区经济发展，实现他们的政治权利，没有了精神的维系，民族还如何能够存在？

民族独立是民族平等团结实现的基础。中国特色社会主义是各民族共同团结奋斗、共同繁荣发展的历史时期，而不是民族消亡、民族融合的历史阶段。民族特性的不断丧失，民族之间的差别也就不存在了，民族自身的发展也就结束了。民族"二代"、"三代"，"多民族"一代的形成与发展是中国社会主义现代化建设民族社会发展中的必然趋势。从理论和实践上都给我们提出一个问题：什么是"民族"，在各民族的相互交往、交流、交融不断扩大的背景下，如何保持各民族的特性，促进各民族自身发展的问题。对各民族之间相互交往、交流而出现的相互交融的发展趋势，我们应该注意到两种倾向：一种是借民族之间的相互交融而产生极端民族主义，以民族文化被同化、丧失为借口，煽动极端民族思潮。另一种，就是提出所谓的民族融合，提出不再继续党的民族政策，只提中华民族，不提少数民族。从边疆多民族地区中国特色社会主义的探索实践中，我们必须坚持民族问题是一个长期的、复杂的问题，民族融合是一个长期的历史发展过程，民族的消亡是一个自然历史进程，不是主观意志可以解决的马克思主义民族理论的基本观点，坚持从我国社会主义时期民族问题发展中的经验教训来认识和把握好对少数民族自身发展问题的科学认识。社会主义现代化建设时期，是各民族共同团结奋斗、共同繁荣发展的时期，并不是民族融合、民族消亡的时期。维护好、实现好各民族的利益，帮助少数民族和民族地区加快发展，创造解决事实上不平等的社会条件，仍然是党的民族政策的主题。同时，我们也必须注意到，一个民族一旦识别出来，就是一个独立的利益群体，就必然产生自身独特的利益诉求。民族问题的长期性复杂性并不会完全因为社会交往的不断扩大而丧失。如在城镇化进程中，在××民族自治县，当地少数民族就反对改县为市的做法，认为取消民族自治地方，少数民族的权益受到了严重损害。对撤县改"市"的做法就表达了他们自己的不满。

（二）民族与国家的关系问题

从民族问题归属角度来看，一个国家的民族问题属于国内问题，是一个国家社会问题中的一部分，自主解决本国的民族问题体现了一个国家的主权，是一个国家行使主权的象征。"我国是一个独立的主权国家，我国的民族问题是我国的内部事务。国内任何民族的自身发展，都是国家社会发展的有机部分，属于国家的内部事务，国内各民族之间以及民族与国家等诸方面之间需要解决的问题也都是国家的内部事务。"① 因此，从民族问题归属角度来看，民族问题在本质上是国内问题，民族问题在空间上主要是国内问题。随着全球化浪潮的影响，民族问题更加复杂化、国际化。当今世界，各国经济相互依存不断加深，全球化进入深入发展的时代。全球化主要是指"近代人类社会跨越空间障碍（主要是国界）在全球范围内进行沟通、联系、交流与互动，其最主要的表现形式是经济全球

---

① 金炳镐：《民族理论通论》（修订本），中央民族大学出版社 2007 年版，第 342 页。

化,它是19世纪末伴随着西欧资本主义的兴起及向全世界的扩张而出现的"。①全球化进程的深入发展对民族问题提出了挑战,具体来看主要体现为:

强势经济和文化对多民族国家的冲击,国家政治统一与民族区域自治、地区经济增长与民族共同发展、主导性整体文化和多元性民族文化三大关系受到影响,而出现种种新的变化。国家政治制度和处理民族问题的机制是否能够有效地整合多元文化的冲突,地区经济增长与各个民族共同发展的不同步如何调控、调节,主导性整体文化和多元文化能否在经济发展的基础上实现认同和容纳等,都将成为全球化进程中多民族国家所面临的重大现实难题。②

世界经济发展的不平衡,以霸权主义、强权主义为核心的旧的世界政治经济格局是世界发展动荡不安的根本原因,也是极端民族主义、宗教极端主义和国家分裂主义的根源。"全球化进程带来的国际政治格局变动、国内体制转轨和对外开放的推进,凸现了民族问题的国际性和复杂性"。③促使民族问题在空间维度上呈现出国际国内民族问题共存并复杂化的趋势。第三次民族主义的冲击促使民族问题空间维度上的国际化并呈复杂化趋势。张建新认为:

20世纪90年代以后,随着第三次民族主义浪潮的泛起,极端民族主义和极端宗教势力引发了世界各地许多民族冲突和宗教纷争,进一步加剧了世界范围内民族问题对全球大势的影响。而蔓延于世界的第三次民族主义浪潮和周边国家民族宗教问题的新变化,对我国的民族关系也产生了一定的影响。20世纪90年代以来,我国实行社会主义市场经济和全方位开放,一方面,加强了边疆跨境民族经济文化上的交流,改善和密切了与相邻国家的关系;另一方面,国内外分裂主义也趁全方位开放之机,加紧进行民族分裂主义活动……在国际风云变幻、民族主义极端泛滥的形势下,国外敌对势力、流亡境外的民族分裂主义,企图利用我国民族问题兴风作浪的宣传渗透活动必然加强和增多,特别是在我国少数民族沿边开放、经济文化对外交往日益广泛的情况下,这种破坏活动也会以更加复杂的形式

---

① 张勇:《历史视野中的"全球化"与"民族—国家"》,《世界民族》2007年第2期。
② 张建新:《民族研究:社会视角中的发现》,中央民族大学出版社2010年版,第99页。
③ 同上书,第93页。

表现出来。①

　　民族与国家的关系问题是当前民族问题的重要内容，民族问题是实现国家稳定发展的重要内容，是推动建设中国特色社会主义的重要内容。民族国家是一个政治统一体，在民族国家内部生活的成员一般被叫作公民，但是民族则作为一种特殊的公民群体客观存在。由于民族与国家的共同存在，赋予了个体的双重身份即公民身份和民族身份。在我国，《中华人民共和国宪法》第三十三条明确规定："凡具有中华人民共和国国籍的人都是中华人民共和国公民。中华人民共和国公民在法律面前一律平等……任何公民享有宪法和法律规定的权利，同时必须履行宪法和法律规定的义务。"因此，公民身份的确立从中华人民共和国的成立就开始了，也就是说具有中华人民共和国国籍的人都是中国公民，促使中国各民族的个体都具有了中国公民的资格即中国公民身份。《中华人民共和国宪法》第四条规定"中华人民共和国各民族一律平等。国家保障各少数民族的合法的权利和利益，维护和发展各民族的平等、团结、互助关系。禁止对任何民族的歧视和压迫，禁止破坏民族团结和制造民族分裂的行为。"从此，民族身份在宪法上给予了确认。从个体身份角度来看，中国人具有民族身份和公民身份的双重身份是客观存在的事实，随着民族、国家形态及民族国家形态的发展，这种双重身份的发展将在一定时期内存在。

　　中国是各民族共同缔造发展起来的，各民族对国家的认同，是各民族共同团结奋斗、共同繁荣发展的政治基础，各民族对中华文化的认同是国家强大、民族团结繁荣、和睦相处的凝聚力。从根本上来说，我国是社会主义社会，已经从根本上消灭了民族内部的阶级对立关系，消灭了民族对民族的剥削和民族之间不平等的社会根源，实现了各民族平等团结、共同繁荣进步、和睦相处、和衷共济的局面。但是，民族问题在社会主义初级阶段仍然存在，并将长期存在于中国的社会主义社会。民族与国家的关系问题仍然存在，仍然是当前最重要的民族问题。民族与国家的关系问题突出体现在以下两方面：一是民族虽然对国家具有一定的影响，但是国家的实质是社会各阶级在国家中的地位问题，是由阶级决定国家的性质，而不是由民族决定国家的性质，在民族与国家的关系问题中应当以国家利益至

---

① 张建新：《民族研究：社会视角中的发现》，中央民族大学出版社2010年版，第100—110页。

上，而不是民族利益至上。二是民族认同问题突出，这是当前民族问题中民族与国家关系问题的一个主要内容。从中华民族层面来看，中华民族各个不同群体对中华民族、中华文化的认同问题，主要体现在台湾问题、香港问题、澳门问题及各个不同民族对中华民族和中华文化的认同问题，对实现"中国梦"的认同。从国家层面来看，存在各民族对国家的认同，对社会主义的认同，对中国共产党领导的认同问题。这种认同体现在各民族对坚持马克思主义指导思想，中国特色社会主义共同理想，爱国主义的民族精神和改革创新的时代精神，"八荣八耻"的社会主义核心价值体系，对党的民族理论和民族政策的认同问题。最后是对各少数民族自我发展和自身文化的认同，对中华民族各民族之间共同团结奋斗、共同贯彻落实发展的认同问题。如何实现各民族对中华民族的认同，对中华文化的认同，对民族平等团结、国家统一的认同，对各民族共同团结奋斗、共同繁荣发展的认同就成为中国特色社会主义理论和实践中一个重要的课题。

（三）少数民族社会发展问题

少数民族社会发展问题不仅关系到整个中国社会发展的重大问题，而且还关系到全面建成小康社会，全面实现社会主义现代化和中华民族伟大复兴的重要问题。新中国成立以后，我国各少数民族从不同的历史发展阶段走上了社会主义道路。中国特色社会主义的发展有力地促进了少数民族地区经济社会的快速发展，实现了少数民族生活水平的显著提高，保持了少数民族地区社会的总体稳定和谐，推动了各民族之间的和睦相处、和衷共济。当代中国，经济社会发展不平衡是基本国情。各民族之间由于发展历史基础不同、自然地理条件不同、生产力布局存在的差异等原因，西部地区，特别是少数民族和民族地区与发达地区存在着很大的发展差距。在全面建立社会主义市场经济体制的进程中，西南边疆多民族地区与发达地区的发展差距还在不断扩大，经济水平发展落后，贫困面大、程度深，医疗、就学就业、住房等民生问题仍然严重制约了少数民族社会的全面发展。改革开放以来，党和国家始终坚持以马克思主义民族理论为指导，立足于我国社会主义初级阶段的基本国情，坚持"发展是党执政兴国的第一要务，是解决中国所有问题的关键，也是解决民族地区所有困难和问题的关键。加快少数民族和民族地区的经济社会发展，是各族群众的迫切要求，也是现阶段解决民族问题的根本途径，必须摆到更加突出的位置。"①把"发展"作为加快少数民族地区发展，缩小区域性发展不平衡，解决好各民族共同团结奋斗、共同繁荣发展的途径，已经成为中国特色社会主义在西南边疆多民族地区实践探索的指导原则。但是，实现什么样的发展，在理论和实践中仍然是一个重要课题。

第一，西南边疆多民族地区经济社会跨越式发展途径的选择。经济发展方式是"实现经济发展的方法、手段和模式，其中不仅包含经济增长方式，而且包括结构（经济结构、产业结构、城乡结构、地区结构等）、运行质量、经济效益、收入分配、环境保护、城市化程度、工业化水平以及现代化进程等诸多方面的内容"②，产业落后是制约边疆民族地区跨越式发展的根本因素。民族地区生产力的跨越，具体是通过产业发展来实现的。民族地区产业发展滞后，是制约民族地区跨越式发展的主要因素。产业结构、产业联系、产业组织是产业发展的重要内容。产业结构是研究国民经济中各产业间的结构关系；产业联系时研究国民经济中各产业间连接、传递和影响关系；产业组织则是研究国民经济中同一产业内部企业间的结构关系。③ 转变经济发展方式，解决好产业结构不协调、产业联系不强的制约性、产业组织不合理的制约性三个主要问题，已经成为西南边疆多民族地区经济发展中最突出的问题。

第二，在少数民族社会提出经济发展方式转变的背景下，需要转变社会发展方式，实现经济与社会的协调可持续发展；从社会发展投入的角度来看，仍然需要转变社会发展方式。关信平教授认为："在最近十来年里，随着经济的发展，我国对社会发展的重视程度和投入水平逐渐提高，但社会发展不仅仅需要有足够的投入水平，而且还需要有适合国情的发展方式。我国过去社会发展缓慢，不仅仅是因为对社会发展的投入不够，而且还因为社会发展方式中存在着种种缺陷和不足。因此，我国未来的社会发展在提高投入的前提下，还需要转变社会发展的方式。"④ 我们要以全面建立社会主义市场经济体制来推动少数民族地区经济的发展，就需要加

---

① 金炳镐：《民族纲领政策文献选编》，中央民族大学出版社2006年版，第933页。
② 吴敬琏：《中国增长模式抉择》（增订版），上海远东出版社2008年版，第8—9页。
③ 刘志彪、安同良：《现代产业经济分析》（第3版），南京大学出版社2009年版，第2—4页。
④ 关信平：《论当前我国转变社会发展方式》，《江苏社会科学》2011年第5期。

快对社会发展方式的转变。在经济发展的同时，不断加大对少数民族地区教育文化建设的投入，加强法制化建设的进程，重视民族团结政策教育，重视少数民族地区经济发展中生态环境保护，更重要的是加大少数民族地区对外开放的力度，促进少数民族干部群众思想观念的转变，拓展他们社会发展的视野。正如关信平认为的那样："在过去，社会发展方式不清楚所带来的问题在很大程度上被社会发展投入的严重不足所掩盖了，而在近年来政府对社会发展投入逐渐增多的情况下，如何选取适宜社会发展方式的问题就逐渐成为影响目前和未来我国社会发展的重要问题。从这个角度看，当前我国不仅面临着转变经济发展方式的任务，而且还面临着转变社会发展方式的任务。"① 少数民族社会发展也面临同样的问题，因而需要实现少数民族社会发展方式的转变。因此，在提出转变经济发展方式的背景下，少数民族社会发展需要更加重视社会发展方式的转变。

第三，在经济发展方式转变的条件下，民生问题上升为少数民族社会发展问题的主要问题之一。民生问题直接关系到少数民族群众的切身利益，是建立党和群众联系的最直接方式，是实现"两个共同"重要的社会条件。贾庆林于2011年11月18日在广西壮族自治区南宁市召开的"贯彻落实中央民族工作会议精神经验交流会"上强调："要切实保障和改善民生，大力推动民族地区扶贫开发进程，加快推进民族地区社会事业建设，切实保障少数民族基本文化权益，确保民族地区各族群众共享改革发展成果。"② 少数民族社会发展中的民生问题不仅仅是经济发展、社会发展的问题，而且也是涉及少数民族地区发展进程中各个层面的政治问题。"近年来，教育、医疗、卫生、社保等民生问题成为社会关注的焦点，'关注民生、重视民生、保障民生、改善民生'，已经成为各级党和政府工作的重点。然而，我们也必须看到，民生问题并不是单纯的经济问题，也不仅仅是人们的物质需求，其实质是政治问题。民生问题与国家发展、社会安宁及政权稳定有着不可分割的联系。"③ 因此，需要切实保障和改善民生，推动少数民族社会全面发展。

---

① 关信平：《论当前我国转变社会发展方式》，《江苏社会科学》2011年第5期。
② 贾庆林：《奋力开创"十二五"时期民族工作新局面》，《人民日报》2011年11月19日。
③ 徐勇、项继权：《民生问题的实质是政治问题》，《华中师范大学学报》（人文社会科学版）2008年第3期。

只有从中国特色社会主义五位一体总布局来认识少数民族地区的发展，才能实现跨越式发展的战略构想，发挥后发优势，促进科学发展。

（四）边疆跨界民族问题

目前，跨界民族是一种普遍存在的现象，跨境民族是指由于长期的历史发展形成的，紧靠边境两侧，居住直接相连，分居于不同国家的同一民族。现代民族国家的构建逻辑与实践和民族的形成与发展不完全一致。"一般来说，民族与国家的结合构成了民族国家，但是由于民族形成的过程与国家形成和发展的方向、范围不完全一致。"① 因而形成了跨界民族问题。在西南边疆多民族地区中国特色社会主义的实践探索发展中，跨界民族问题是一个重要问题。云南省共有25个边境县（市）分别与缅甸、老挝、越南接壤，边境线长4 061公里。云南省有16个少数民族跨境而居，总人口1 587万人，少数民族人口775万人，占全省少数民族人口的58.5%，是全国跨境民族最多的省份。广西壮族自治区共有8个边境县（市）与越南接壤。总人口249万人，少数民族人口202万人，占81%。在跨界民族中，同一民族由于血缘、历史文化传统等多种原因，彼此之间存在着千丝万缕的联系。一旦边疆多民族地区与与周边国家发展差距拉得过大，或者我们国家政策出现一些疏忽，就容易引起各民族对自身发展状况的不满，从而引发政治风险。正如德宏傣族景颇族自治州的领导干部所说："我们的群众是用脚来表达他们对社会主义的拥护态度的。中国特色社会主义发展快，边境群众就往中国跑，经济发展低，发展速度慢，群众就往缅甸跑。"1997年越南政府出台了135号文件，其主要内容是，稳定少数民族，帮助发展生产，加快基础设施建设，加快社会事业发展，实行民族山区"区域中心"综合开发，2005年前完成"区域中心"建设任务。在边境地区采取了农业土地政策延包50年政策；对邻近我国河口的老街和勐康国家口岸，从1998年实行特殊优惠政策；对边境民族山区基本建设，实行国家投资、农民投劳，项目建成后交给农村基层政权自己管理；对边境地区农村实行休养生息等政策。另外在教育、卫生、医疗、边境干部政策上采取了一系列特殊政策，对边境稳定产生了影响。边境一些群众从中越边境地区双方政策对比中产生了失落感。目前，西南边疆多民

---

① 刘稚：《跨界民族的类型、属性及其发展趋势》，《云南社会科学》2004年第5期。

族跨界民族问题中，一是毒品走私问题十分突出，直接影响所属国的边疆安全和社会稳定。随着我国边疆对外开放程度的不断提高，进出境的人员不断增加，成分更加复杂，社会问题将更复杂化。如毒品犯罪、艾滋病、宗教传播等问题不断增长，已经严重影响到民族自治地方的和谐与稳定。2011年，仅德宏傣族景颇族自治州下面的瑞丽县每天进出境的人员达到3万多人次，全年突破1 000万人次。禁毒防艾规范宗教等工作的任务十分突出。如吸毒和艾滋病已经成为全州不和谐与不稳定的主要社会问题。有的村寨甚至大部分人都染上毒瘾，倾家荡产，家破人亡。二是难民问题。随着中国经济的高速发展，已经与周边国家的经济发展拉大了差距，形成了愈来愈高的势位差。如果继续发展下去，云南边境民族自治地方与邻国之间可能会产生如美国与墨西哥边境的情况。大量的非法移民进入到我国，产生新的社会问题。目前，我们了解到的情况是，在沧源佤族自治县有3 900多人以婚姻的形式进入中国，德宏傣族景颇族州有20 000多人以婚姻的形式进入中国。在怒江傈僳族自治州有3 000多人，属于20世纪60年代流到邻国的原中国人，长期漂泊在邻国，现在返回祖国。还有由于种种原因，被从邻国驱赶回国的人员。这些人的回归给边疆，尤其是边境一线的民族社会带来了很多问题。三是边疆多民族地区特殊的地理环境以及邻国政局动荡，使边境民族地区成为反分裂、反渗透斗争的最前沿。西方敌对势力同周边的地方民族势力勾结，利用民族、宗教问题进行渗透和破坏活动。意识形态领域的斗争也日益激烈，西方敌对势力利用少数民族语言文字的书刊、广播等进行渗透活动。各种思想文化相互激荡，深刻地影响着人们的思想观念和团结稳定大局。譬如，云南周边有频频开展分裂活动的王宝、扎谍、"世界文蚌民族同盟会"等民族分裂分子和境外组织，其背后有美国政府以及宗教组织的支持，其活动经费由西方国家提供赞助。四是跨界民族问题矛盾升级，跨界民族间的相互声援，特别是跨界民族的政治联系和谋求独立的倾向，不仅诱发了危害国家安全和领土主权的问题，造成相关国家间猜忌和误解，诱发边界战争，影响国际关系。如缅甸政府对克钦族非政府武装围剿中，中国边境一些景颇族（克钦族）群众表示准备出境参加战斗。跨界民族政策实践问题是中国特色社会主义在边疆多民族地区探索实践的重要内容。

(五) 民族发展中各民族自力更生与国家扶持相结合的关系

在边疆多民族地区加快现代化发展进程中,党和国家政策充分考虑到民族性与区域性的双重落后的状况,妥善处理国家的责任、民族地区的义务和市场经济的积极作用,特别是对民族地区的发展以"不公平"来实现公平,即以特殊优惠政策来调整资源的分配,政策的倾斜来支持民族地区的发展,注重了政策的系统性、科学性,强化了政策的执行力,优化了政策实施中的环境,并对政策实施相应的配套政策,国家政策是边疆多民族地区发展强大的助推力。如云南省在西部大开发战略"西电东送"的背景下,积极支持国家对澜沧江流域的水电开发。水电产业的发展不仅为国家提供了强大的能源,创造了巨大的财富,而且对当地经济的发展提供了重要的财政资源,带动了当地相关的经济发展。云南傈僳族怒族自治州的独龙族,人口只有5 000人,解放初期还处于原始社会末期,每年有半年大雪封山,交通封闭。国家投入5亿元,为独龙江乡修建一条公路。公路一竣工,独龙族社会的发展必然加快,民族群众的生产生活将发生根本改变。在各级政府的努力下,国家实施"十二五"规划期间,怒江上18条溜索将进入历史,18座大桥将彻底改变怒江各族群众交通困难的问题,把怒江的发展与内地紧密地结合起来,为怒江地区资源的开发利用,经济社会事业的发展创造良好的社会条件。进入21世纪以来,党和国家在民族地区实施对外开放政策,针对民族地区而制定实施的西部大开发战略等政策,推动了民族地区的快速发展。

但是我们也应该注意到,民族工作的主题是各民族"共同团结奋斗、共同繁荣发展"。各民族自我奋斗的精神、自我发展的意识、自主能力的提高是实现"两个共同"的关键。党和国家民族政策的实质是通过法律和政策支持和扶持手段改变各少数民族在发展中的不利因素,为实现跨越式发展创造社会条件。民族政策的制定应该以培育少数民族地区在经济社会发展中的自力更生精神,自我发展能力为主要价值取向。因为只有内化为少数民族自力更生精神和自我发展意识和自主发展能力,国家政策才能发挥出催化作用,发挥出动力作用。"特殊优惠"政策的目的不是意味着我们要包办代替民族自身的发展,而应该是催化激活民族地区自我发展的活力。云南省西双版纳傣族自治州自1996年4月起实施"五五"山区扶贫攻坚计划,在一个科研机构的帮助下,基诺山的少数民族开始学习种植沙仁，到 1997 年，基诺族农民的人均收入就已经达到全国农民的平均收入水平。然而，当负责这个项目的科研机构撤走后，基诺族地区的发展便一落千丈，目前人均收入仅达到全国平均水平的 1/2。究其原因，是由于这家科研机构帮助基诺族发展沙仁产业时，既提供种子技术，又指导农民种植，也负责回收全部产品，而农民们只需要按照专家们的指导，担负他们熟悉的农业技术，他们并不知道销售，也不了解市场，更不懂得管理，一旦离开了专家的指导帮助就再次回到贫困。云南省普洱市西盟佤族自治县岳宋村地处边远山区，交通不便，与外界交流很少，生产力发展缓慢，但由于自然条件不算差，在人少地多的时代，靠刀耕火种也能维持人的基本生存和生态的平衡。长期以来，国家包办式的扶持政策抑制了他们在思想意识上产生改变现状、摆脱贫困的自觉要求，内源发展动力不足，在经济发展的问题上，"等、靠、要"思想较为严重。比如，政府在扶贫项目中给一些农户免费提供了仔猪，但由于各种原因猪死了，他们不去查找原因和总结经验教训，而是到政府部门去说："你们的猪死了"。政府投资铺设的水管水龙头坏了，他们会说："你们的水管坏了"。至于化肥、农药、种子等农业生产物资，也就是政府补助了就用，不补就不用，该等的等，不该等的也等；这次等，下次还等，反正日子过不下去了政府也会管的。一些村组干部还把贫困作为"招牌"，不停地向上级索要各种物资和补助，抑制了村民要求发展的主动性和积极性，进一步阻碍了经济的发展。长期依靠国家优惠政策和财政支持所形成的"等、靠、要"的心理，以及客观上存在的经济发展水平比较低，贫困面大，解决吃饭的问题十分突出等诸多因素，严重制约着边疆民族地区经济社会的跨越式发展，也严重阻碍了少数民族地区现代化建设的步伐。

当民族自治地方只满足于国家的财政补贴和民生政策的福利，不能运用国家法律赋予的权利，以及国家政策给予的特殊条件和资源配置中的倾斜照顾来实现自身的发展，维护自身的特殊权益时，少数民族和民族自治地方如何能够加快自身经济社会的发展，加快缩小与内地和发达地区的发展差距，全面建成小康社会和实现社会主义现代化和中华民族伟大复兴事业呢？因此，在国家不断加大对少数民族地区支持力度的背景下，如何理解、贯彻落实好"两个共同"，把国家的特殊优惠政策转化各民族实现自我发展的精神和力量，成为推动边疆多民族地区跨越式发展的强劲动力，就成为中国特色社会主义在边疆多民族地区探索与实践中的重要课题。

深化和推进中国特色社会主义在边疆多民族地区的探索与实践,要求我们必须不断推进马克思主义民族理论中国化进程,丰富中国特色社会主义民族理论,始终坚持"全面贯彻落实党的民族政策,坚持和完善民族区域自治制度,牢牢把握各民族共同团结奋斗、共同繁荣发展的主题,深入开展民族团结进步教育,加快民族地区发展,保障少数民族合法权益,巩固和发展平等团结互助和谐的社会主义民族关系,促进各民族和睦相处,和衷共济,和谐发展。"[①]

[①] 胡锦涛:《坚定不移沿着中国特色社会主义道路前进,为全面建成小康社会而奋斗——在中国共产党第十八次全国代表大会上的报告》,《人民日报》2012年11月8日。

参考文献

一 经典著作

《马克思恩格斯全集》第1、23卷，人民出版社1972年版。
《马克思恩格斯全集》第3、19卷，人民出版社1993年版。
《马克思恩格斯全集》第2、4、46卷，人民出版社1979年版。
《马克思恩格斯选集》1—4卷，人民出版社1995年版。
《列宁选集》1—4卷，人民出版社1995年版。
《列宁全集》第19、20、24、27、41卷，人民出版社1986年版。
《列宁专题文集》，人民出版社2009年版。
《斯大林全集》第2卷，人民出版社1956年版。
《毛泽东文集》第2卷，人民出版社1993年版。
《毛泽东文集》第6、7卷，人民出版社1999年版。
《毛泽东选集》第2卷，人民出版社1966年版。
《毛泽东选集》第3卷，人民出版社1991年版。
《毛泽东选集》第5卷，人民出版社1977年版。
《邓小平文选》第1、2卷，人民出版社1994年版。
《邓小平文选》第3卷，人民出版社1993年版。
《江泽民文选》第2卷，人民出版社2006年版。
江泽民：《加强各民族大团结，为建设有中国特色的社会主义携手前进》，《人民日报》1992年1月15日。
江泽民：《加快改革开放和现代化建设步伐，夺取有中国特色社会主义事业的更大胜利》，《人民日报》1992年10月12日。
江泽民：《在中央民族工作会议暨国务院第三次全国民族团结进步表彰大会上的讲话》，《人民日报》1999年9月30日。

胡锦涛：《高举中国特色社会主义伟大旗帜，为夺取全面建设小康社会新胜利而奋斗——在中国共产党第十七次全国代表大会上的报告》（单行本），人民出版社2007年版。

胡锦涛：《坚定不移沿着中国特色社会主义道路前进，为全面建成小康社会而奋斗——在中国共产党第十八次全国代表大会上的报告》（单行本），人民出版社2012年版。

胡锦涛：《2003年7月1日在"三个代表"重要思想理论研讨会上的讲话》，《十六大以来重要文献选编》（上），中央文献出版社2005年版。

二　文献汇编

中国社会科学院民族研究所编：《马克思恩格斯论民族问题》，民族出版社1987年版。

中国社会科学院民族研究所编：《列宁论民族问题》，民族出版社1987年版。

中国社会科学院民族研究所编：《斯大林论民族问题》，民族出版社1990年版。

中共中央文献研究室：《改革开放三十年重要文献选编》（上），中央文献出版社2008年版。

中国社会科学院苏东所、国家民委政策研究室编：《苏联民族政策文件汇编》，科学文献出版社1987年版。

中共中央文献研究室：《江泽民论有中国特色社会主义》（专题摘编），中央文献出版社2002年版。

国家民族事务委员会，中共中央文献研究室编：《新时期民族工作文献选编》，中央文献出版社1990年版。

万里：《新时期民族工作文献选编》，中央文献出版社1990年版。

陈方斌等编：《中国共产党执政五十年》，中共党史出版社1999年版。

《当代中国的民族工作》编辑部：《当代中国民族工作大事记》，民族出版社1989年版。

《中共中央关于加强社会主义精神文明建设若干重要问题的决议》，载中共中央文献研究室编：《十四大以来重要文献选编》（上、下），人民出版社1999年版。

国家民族事务委员会研究室：《新中国民族工作十讲》，民族出版社2006

年版。

国家民族事务委员会：《在中国特色社会主义道路上共同团结奋斗、共同繁荣发展——改革开放 30 年民族工作成就》，民族出版社 2008 年版。

中共中央文献研究室编：《邓小平年谱》（1975—1997）（上、下册），中央文献出版社 2007 年版。

三　专著

［美］威廉·K. 弗兰克纳：《善的求索：道德哲学导论》，黄伟合等译，辽宁人民出版社 1987 年版。

［澳］欧文·E. 休斯：《公共管理导论》，彭和平等译，中国人民大学出版社 2001 年版。

［美］塞缪尔·P. 亨廷顿：《变化社会中的政治秩序》，王冠华、刘为译，上海人民出版社 2008 年版。

费孝通：《中华民族多元一体格局》，中央民族大学出版社 1999 年版。

王惠岩：《政治学原理》，高等教育出版社 1999 年版。

马曜：《云南民族工作四十年》，云南人民出版社 1994 年版。

吴敬琏：《中国增长模式抉择》（增订版），上海远东出版社 2008 年版。

王伟光：《利益论》，中国社会科学出版社 2010 年版。

马戎：《民族与社会发展》，民族出版社 2001 年版。

张维迎：《产权、政府与信誉》，生活·读书·新知三联书店 2001 年版。

周平：《民族政治学》，高等教育出版社 2007 年版。

毛公宁、王铁志：《团结进步的伟大旗帜——中国共产党 80 年民族工作历史回顾》，民族出版社 2001 年版。

金炳镐：《民族理论与民族政策概论》（修订本），中央民族大学出版社 2006 年版。

金炳镐：《民族理论通论》（修订本），中央民族大学出版社 2007 年版。

金炳镐、青觉：《中国共产党三代领导集体的民族理论与实践》，黑龙江教育出版社 2004 年版。

金炳镐、王铁志：《中国共产党民族纲领政策通论》，黑龙江教育出版社 2002 年版。

王文光、龙晓燕、李晓斌：《云南近现代民族发展史纲要》，云南大学出版社 2009 年版。

彭英明：《新编民族理论与民族问题教程》，中央民族大学出版社1995年版。

李小平、任新民：《区域性战略产业发展中的科技政策研究》，云南人民出版社2013年版。

黄光学主编：《当代中国的民族工作》，当代中国出版社1993年版。

杜玉亭主编：《传统与发展》，中国社会科学出版社1990年版。

马起华：《政治学原理》，中国图书公司1985年版。

钟世禄主编：《云南民族"直过区"经济社会发展研究资料汇编》，云南民族出版社2006年版。

王付昌、郭文亮：《中国近现代发展史论》，中山大学出版社1997年版。

罗开云等：《中国少数民族革命史》，中国社会科学出版社2003年版。

杨策、彭武麟：《中国近代民族关系史》，中央民族大学出版社1999年版。

萧君和：《中华民族史》下卷，黑龙江教育出版社2001年版。

郭大烈、董建中：《中华民族知识通览》，云南教育出版社2000年版。

刘先照：《中国共产党主要领导人论民族问题》，民族出版社1994年版。

吴楚克：《民族主义幽灵与苏联裂变》，中国人民大学出版社2002年版。

张建新：《中国化马克思主义民族理论》，云南教育出版社2008年版。

熊坤新：《苏联民族问题理论与政策研究》，中央民族大学出版社2010年版。

王连芳主编：《云南民族工作的实践和理论探讨》，云南人民出版社1995年版。

文精：《团结进步的伟大旗帜——中国共产党80年民族工作历史回顾》，民族出版社2001年版。

黄光学：《当代中国的民族工作》上、下册，当代中国出版社1993年版。

何龙群：《中国共产党民族政策史论》，人民出版社2005年版。

青觉：《马克思主义民族观的形成与发展》，民族出版社2004年版。

熊文钊、彭谦、田艳：《大国地方：中国民族区域自治制度的新发展》，法律出版社2008年版。

吕世荣：《马克思主义社会发展理论研究》，中国社会科学出版社2001年版。

刘东建：《当代中国跨越式发展中的协调问题研究》，中国传媒大学出版社 2008 年版。

王铁志主编：《新时期民族政策的理论与实践》，民族出版社 2001 年版。

江流、徐崇温主编：《当代社会主义的若干问题》，重庆出版社 1997 年版。

李琪主编：《有中国特色的民族问题理论及其跨世纪的实践》，中共中央党校出版社 1998 年版。

詹真荣：《继承与创新——马克思主义民族理论在中国的运用和发展》，民族出版社 2001 年版。

牙含章：《民族问题与宗教问题》，中国社会科学出版社 1984 年版。

刘志彪、安同良：《现代产业经济分析》（第 3 版），南京大学出版社 2009 年版。

何润：《马克思主义民族理论经典导读》，中央民族大学出版社 1998 年版。

田克勤：《马克思主义中国化的理论轨迹》，中共党史出版社 2006 年版。

马克思主义中国化的历史进程和基本经验课题组：《马克思主义中国化研究——历史进程和基本经验》，人民出版社 2009 年版。

国家统计局编：《中国区域经济统计年鉴（2010）》，中国统计出版社 2011 年版。

国家民委编写组：《中国共产党第三代领导集体民族理论学习纲要》，民族出版社 2002 年版。

国家民委编写组：《"三个代表"重要思想关于民族问题理论学习纲要》，民族出版社 2004 年版。

当代云南编辑部编写：《当代云南简史》，当代中国出版社 2004 年版。

中央民族学院民族研究所编：《马克思恩格斯列宁斯大林民族问题著作选》，中央民族学院出版社 1982 年版。

《云南民族工作 40 年》编写组：《云南民族工作 40 年》上、下卷，云南民族出版社 1994 年版。

《云南文史资料选集》（第 44 辑），《云南民族工作回忆录》（一），云南人民出版社 1993 年版。

云南省民族事务委员会、云南省统计局：《云南民族自治地方"九五"经济社会发展文献》，云南民族出版社 2002 年版。

云南省民族事务委员会编：《共同团结奋斗、共同繁荣发展——五年来的云南民族工作（2003年至2007年）》，云南民族出版社2007年版。
云南省民族事务委员会编：《云南民族工作大事记1949—2007》，云南民族出版社2008年版。
云南省民族事务委员会编：《云南民族团结进步事业光辉历程（1949—2009）》，云南民族出版社2009年版。

四　主要参考期刊类

《中国社会科学》
《马克思主义研究》
《马克思主义与现实》
《毛泽东思想研究》
《中国特色社会主义研究》
《社会主义研究》
《科学社会主义》
《民族研究》
《求是》
《当代中国史研究》
《历史研究》
《民族问题研究》

五　参考论文

胡锦涛：《做好新形势下的民族工作促进各民族共同繁荣进步》，《光明日报》2004年10月23日。
胡锦涛：《在中央民族工作会议暨国务院第四次全国民族团结进步表彰大会上的讲话》，《人民日报》2005年5月27日。
胡锦涛：《坚定不移走中国特色社会主义文化发展道路，努力建设社会主义文化强国》，《求是》2012年第1期。
贾庆林：《奋力开创"十二五"时期民族工作新局面》，《人民日报》2011年11月19日。
胡鞍钢、温军：《社会发展优先：西部民族地区新的追赶战略》，《民族研究》2001年第3期。
来仪：《从"民族"概念重构谈马克思主义民族理论的中国化探索》，《西南民族大学学报》(人文社会科学版) 2011 年第 6 期。

王承才:《抓住机遇、开拓进取,推动全省民委经济工作再上新台阶》,《今日民族》2009 年第 7 期。

李德洙:《大力发展少数民族文化,积极推进和谐社会建设》,《求是》2007 年第 1 期。

唐志君:《中国民族关系格局推进的历史启示》,《新疆社科论坛》2012 年第 6 期。

沙马乌鸿:《民族区域自治是我国三大基本政治制度之一》,《内蒙古社会科学》2004 年第 2 期。

任新民、沈寿文:《我国民族区域自治"自治权"与国际社会"地方自治权"研究》,《云南民族大学学报》(哲学社会科学版) 2010 年第 2 期。

敖俊德:《关于民族区域自治法的两个基本问题》,《贵州民族学院学报》(哲学社会科学版) 2004 年第 6 期。

张三南:《论马克思主义民族理论中国化的历史发展——从经典作家民族理论到"中国模式"》,《民族研究》2010 年第 1 期。

格桑顿珠:《改革开放 30 年云南民族团结进步事业的成就与启示》,《今日民族》2008 年第 12 期。

金炳镐、青觉、张谋:《论中国共产党第三代领导集体的民族理论》,《民族研究》2001 年第 5 期。

金炳镐、青觉:《论民族关系理论体系》,《中南民族大学学报》(人文社科版) 2001 年第 6 期。

金炳镐、张勇、苏杰:《"两个共同"的理论涵义》,《云南民族大学学报》(哲学社会科学版) 2006 年第 5 期。

金炳镐、孙军:《马克思主义民族理论中国化历史进程的规律性探讨》,《满族研究》2010 年第 3 期。

金炳镐、金东杰、陈永亮:《中国共产党与马克思主义民族理论中国化——纪念中国共产党建党 90 周年民族理论系列论文之一》,《黑龙江民族丛刊》2011 年第 1 期。

张宝安:《云南,决不让一个兄弟民族掉队》,《今日民族》2009 年第 8 期。

和福生:《云南民族教育的发展历程及主要特点》,《云南教育·视界》2005 年第 12 期。

何龙群：《论中国共产党民族政策的价值取向》，《学术论坛》2003 年第 2 期。

黎莲芬：《民族区域自治制度的价值蕴涵和价值功能》，《学术论坛》2004 年第 6 期。

侯德泉：《民族区域自治：民族政策、政治制度和政治体系》，《理论与改革》2003 年第 1 期。

郭家骥：《云南民族文化发展报告》，《贵州民族研究》2004 年第 3 期。

俞可平：《治理和善治：一种新的政治分析框架》，《南京社会科学》2001 年第 9 期。

周平：《民族自治地方政策过程》，《云南社会科学》1996 年第 3 期。

周平：《政治学视野下的中国民族和民族问题》，《思想战线》2009 年第 6 期。

阎孟伟：《"社会公正"与社会和谐》，《天津社会科学》2007 年第 1 期。

陈建樾：《全球化、民族国家与马克思主义》，《世界民族》2000 年第 3 期。

赵刚：《马克思主义民族理论中国化的科学内涵探讨》，《中央社会主义学院学报》2011 年第 3 期。

冯景源：《唯物史观视野中的生产力跨越发展》，《中国人民大学学报》2001 年第 5 期。

杨景明：《基层党组织表达群众利益的途径和方式研究》，《上海党史与党建》2008 年第 6 期。

申欣旺：《工会有力量》，《中国新闻周刊》2012 年第 20 期。

彭谦、廉克训：《浅谈民族政策与民族工作》，《黑龙江民族论丛》1997 年第 4 期。

余梓东：《民族政策定义推究》，《内蒙古社会科学》（人文版）1996 年第 3 期。

余梓东：《论中国民族政策体系与集成》，《中央民族大学学报》（哲学社会科学版）2011 年第 6 期。

陈玉屏：《马克思主义民族理论及其中国化问题的认识与思考》，《西南民族大学学报》2010 年 3 月。

张铁：《"乌坎转机"提示我们什么》，《人民日报》2011 年 12 月 22 日。

李红杰：《也谈民族政策的几个理论问题》，《中央民族大学学报》1995

年第 4 期。

石仲泉:《继承优秀历史文化,创造马克思主义的民族形式,形成中国特色——马克思主义中国化基本经验之三》,《中国特色社会主义研究》2010 年第 3 期。

马启民:《关于马克思主义中国化若干经验教训的思考》,《马克思主义研究》2009 年第 7 期。

戴小明:《民族区域自治的宪政分析》,《中南民族大学学报》2004 年第 9 期。

刘稚:《跨界民族的类型、属性及其发展趋势》,《云南社会科学》2004 年第 5 期。

赵新国:《论民族区域自治在云南实践的成就与经验》,《中共云南省委党校学报》2004 年第 2 期。

都永浩:《民族问题研究的基本思路和重要课题》,《黑龙江民族文化论丛》2011 年第 4 期。

李俊清:《民族地区转变经济发展方式刻不容缓》,《中国民族报》2010 年 3 月 9 日。

关信平:《论当前我国转变社会发展方式》,《江苏社会科学》2011 年第 5 期。

徐勇、项继权:《民生问题的实质是政治问题》,《华中师范大学学报》(人文社会科学版)2008 年第 3 期。

后 记

本书是 2007 年度国家社会科学基金重点项目"中国特色社会主义在西南边疆多民族地区的探索与实践"的最终研究成果。课题组由云南大学马克思主义学院任新民教授担任主持人，成员包括：云南大学马克思主义学院赵新国副教授、陈江洪副教授、杨荣副教授、陈娜讲师、邓玉函讲师、李小平博士，公安消防部队昆明指挥学校朱勇副教授，云南省委党校公共管理教学研究室王云强博士，昆明理工大学社会科学学院卿前峰副教授，云南师范大学成人继续教育学院牛飞讲师，云南国土资源职业学院公共教育部丁科讲师。自 2008 年课题组成立以来，经过多年研究，现已完成研究工作，并于 2013 年 11 月经全国哲学社会科学规划办公室审核准予结项，鉴定等级为良好。在此，课题组对支持、帮助过课题研究和结题的各位专家和同行表示衷心感谢，希望在今后继续得到你们的支持和帮助。

本书书稿由任新民担任主编，朱勇任副主编。任新民提出全书的编写思想，拟定框架结构并负责全书统稿，朱勇负责全书书稿的修改、校对及编辑工作。具体编写分工是：前言，第一、九章由任新民执笔；第二章由任新民、丁科执笔；第三、四章由朱勇执笔；第五章由邓玉涵、陈江洪执笔；第六章由赵新国、卿前峰执笔；第七章由杨荣、陈娜执笔；第八章由李小平、王云强执笔。牛飞为课题资料的收集整理和调查研究做了大量工作。

本书的出版要感谢云南省哲学社会科学学术著作出版专项经费的资助，同时，要特别感谢中国社会科学出版社的各位编审，感谢云南大学滇池学院的领导及教师们的支持。本项目研究中的不足，希望能得到专家和同行们的批评和指正。

任新民

2014 年 8 月 20 日